예수님을 따라

예수님을 따라

성서가족을 위한 마르코 복음서 해설(개정판)

성서와함께

개정판을 펴내면서

마르코 복음 해설서를 펴낸 지 십여 년만에 개정판을 펴냅니다. 그 사이에 우리 사회가 변했듯 성경에 대한 연구와 관점도 적잖게 진전하고 변화하였습니다. 특히 문학비평을 중심으로 다양한 방법론에 비춰 복음의 풍요로움을 드러낸 책이 많이 출간되었습니다.

이 책은 성서가족을 위한 안내서이기에 마르코 복음서를 이해하는 데 필요한 기본 사항과 복음에 담긴 가르침의 폭과 깊이를 소개하는 데 주력하였습니다. 기본 안내서가 지녀야 할 근간은 그대로 유지하면서 내용을 좀 더 다듬고 채웠습니다. 현재의 성경 본문을 꼼꼼히 살피고 구조와 흐름, 표현에 유의하면서 그 뜻을 헤아리는 일에 한층 노력하였습니다. 이를 위해 그동안 나온 여러 유형의 주석서와 참고 문헌을 두루 활용하였습니다.

복음은 마르지 않는 샘입니다. 그 물은 언제나 신선하고 새롭습니다. 무엇으로도 그것을 다 담을 수 없습니다. 자주 떠 마시는 이만이 거기에서 생명을 받습니다. 이 책은 그 원천으로 돌아가도록 자극하고 격려하며 이끄는 도우미일 뿐입니다. 이 책을 통해 주님의 말씀으로 더 깊이 들어가고, 생명과 구원의 세계로 한 걸음 더 나아가기를 소망합니다. 성령의 인도를 받아 예수님을 따르는 나날이 되기를 간구합니다.

2010년 주님 봉헌 축일에

성서와함께 편집부

펴내면서(초판)

이제사 성서가족을 위한 마르코 복음서 해설서를 펴냅니다. 요즈음 신약성서 및 마르코 복음서에 관한 참고서적이 퍽 많이 나와서, 복음 말씀을 이해하는 데 큰 도움을 주고 있습니다. 거기에 이 책 한 권을 덧보태는 것이 어떤 의미가 있을까를 곰곰이 새기면서 이 책을 엮었습니다. 물론 창세기 해설서 등도 그러했듯이, 이 책 역시 깊고 넓은 성서 말씀에 대한 다양한 관점들을 정리하고 제시하여 성서가족들의 이해를 돕고 자극하기 위하여 마련되었습니다.

그런 점에서 이 책은 누군가의 말처럼 하나의 꽃다발입니다. 이미 다채로운 색과 향을 지닌 갖가지 꽃(참고 문헌) 가운데 필요한 부분을 두루 참고하여 책을 엮었기 때문입니다. 비교적 많이 참고한 책은 킬그렌(예수회), 체드 메이어, 라마르 윌리암손, 그닐카 등의 주석서들입니다. 하지만 이 책에 실린 글에 대한 책임은 전적으로 엮은 데 있습니다.

이 책은 마르코 복음서라는 샘물 옆에 걸어 놓은 작은 물잔에 불과합니다. 우리의 목마름을 달래 주고 생명을 주는 것은 샘물 그 자체입니다. 세기말에 외롭고 고된 길을 걷는 이 땅의 그리스도인들이 이 물잔을 통해 샘물의 맛을 좀 더 잘 음미하고 계속 마시면서 "예수를 따라" 끝까지 기쁘게 가시기를 간구합니다.

1998년 부활절에

성서와함께 편집부

일러두기

1. 이 해설서에 인용하는 성경 구절은 한국 천주교 공용《성경》에 따른다.
   단, 해설상 필요한 경우 다른 성경을 참고 인용한다.

2. 성경의 이름과 약칭은《성경》의 표기에 따른다.
   예) 창세기→ 창세　　마르코 복음서→ 마르　　요한 묵시록→ 묵시
3. 성경 장절의 표기는 아래와 같이 통일한다.
   예) 마르코 복음서 1장 1절 → 마르 1,1
   1장 1절과 4절 → 마르 1,1.4
   1장 1절과 4절과 2장 5절 → 마르 1,1.4; 2,5
   1장 1절에서 2장 5절까지 → 마르 1,1–2,5
   1장 1절과 요한 복음서 1장 → 마르 1,1; 요한 1장
4. 성경에 나오는 신명과 인명, 지명 등 고유명사의 표기는《성경》에 따른다.
   예) 야훼→ 주님(필요한 경우에는 병기)
5. 히브리어와 아람어, 그리스어는 음역하여 적는다. 성경 구절과 단어 옆에 적은 원어는 다른 표기가 없는 한 그리스어다. 그리스어 동사는 어근을 적는 것을 원칙으로 하되, 일부 단어는 본문에 나온 대로 옮긴다.

그리스어	α	β	γ	δ	ε	ζ	η	θ	ι	κ	λ	μ	ν	ξ	ο	π	ρ	ς σ	τ	υ	φ	χ	ψ	ω
음역	a	b	g	d	e	z	ē	th	i	k	l	m	n	x	o	p	r	s	t	y	ph	ch	ps	ō

차례

마르코 복음서를 시작하며

마르코 복음사가, 14세기, 그리스어 복음서 세밀화, 오스트리아 국립도서관.

제1장 신약성경의 세계

먼저 마르코 복음서가 어디에 있는지 알아보자. 성경을 펴면 크게 '구약성경'과 '신약성경'으로 나누어져 있다. 풀이하면 '옛 계약'과 '새 계약'에 관한 거룩한 글이니, 분명히 새것이 형성되어 옛것과 구분된 후에 이렇게 짜인 것이다. 즉 구약성경과 신약성경이란 용어와 구분은 그리스도교에서 유래하였다. 본래 "새 계약"이란 표현은 기원전 6세기의 예레미야 예언자에게서 나왔다. 그는 언젠가 그날이 오면 하느님께서 "새 계약"을 맺으시리라고 예언하였다(예레 31,31-33; 참조 예레 32,40; 에제 16,60; 37,26). 이 예언을 기억하고 이것이 나자렛 예수의 죽음과 부활을 통해 실현되었다고 깨닫고 고백한 이들이 1세기의 그리스도인들이다. 그들은 전에 하느님께서 모세를 통해 이스라엘 백성과 맺으신 계약의 글도 계시의 말씀, 곧 성경으로 존중하였다. 새 계약이 옛 계약을 대체하는 것이 아니라 완성한다고 이해한 것이다. 그리하여 그것을 먼저 이루어진 계약이라 하여 '구약舊約', 예수께서 이루신 새로운 계약을 '신약新約'이라 불렀다[계약을 뜻하는 그리스어 디아테케(*diathēkē*)는 본래 '죽은 이의 유언과 마지막 뜻'을 의미하였는데, 칠십인역에서 계약을 뜻하는 히브리어 브리트(*b^erit*)의 번역어로 쓰이면서 번복할 수 없는 하느님의 구원 의지를 계약 형태로 표현한 신학 용어로 사용되었다]. 이 용어는 새 시대를 살고 있는 새 계약의 공동체로 자처한 그리스도교의 근본 믿음을 잘 드러낸다. 하지만 근래에 옛 계약이란 표현이 '낡고 가치 없는 것' 같은 느낌을 준다 하여 "첫째 계약"(히브 8,7; 9,1.15.18)과 '둘째 계약'으로, 아니면 구약성경이 주로 히브리인들에 의해 히브리어로 쓰였다 하여 '히브리 성경'(또는 '유다교 성경')과 '그리스도교 성경'으로 부르기도 한다.

신약성경은 크게 구분되어 있지 않지만, 잘 살펴보면 '복음서'(4권)와 '행전'(1권), '서간'(21권)과 '묵시록'(1권)이라는 네 가지 문학양식이 차례로 나타난다. 따라서 신약성경도 장르가 같은 글끼리 모아 놓았음을 알 수 있다. 복음서가 먼저 나오는 까닭은 구약성경의 오경이 그렇듯, 그리스도교에서 다른 신약성경 낱권들보다 더 중요하기 때문이다. 나머지 성경의 순서는 글의 분량(바오로 서간의 경우 대략 긴 것에서 짧은 것 순으로 배열), 서술된 내용의 시간 순서 등이 고려되었으리라 추정된다.

1. 신약성경의 형성사

구약성경이 그러하듯 신약성경도 처음부터 누군가 마음먹고 일관된 체제로 쓴 단일 저서가 아니라, 여러 사람이 시간과 장소를 달리하며 여러 양식으로 쓴 글을 모은 일종의 '총서'다. 이 총서가 배태되어 자라나고 기록된 다음, 현재와 같은 경전으로 결정한 모태는 그리스도교이다.

예수께서 선포하신 복음을 듣고 공동체를 이룬 첫 그리스도인들은 모두 유다인이다. 그들은 예수 부활 이후 성령의 영감을 받아 예수께서 하느님의 결정적 계시임을 깨닫고 고백하면서 이를 선포하기 시작하였다. 유다 주변은 물론 로마 제국 곳곳에 있던 해외 유다인들(디아스포라)에게 전해진 복음은 유다교를 믿지 않던 이방인들에게도 퍼져 나가 별도의 그리스도교 공동체(가정교회)를 이루었다. 각 지역교회의 문화적 · 경제적 배경과 처지는 조금씩 달랐으나, 그들은 성령과 성경(구약성경)에 힘입어 그들이 전해 받고 기억하고 있던 예수의 신원과 사건의 의미를 새롭게 이해하였고, 아울러 예수의 말씀과 부활의 빛으로 성경도 재해석하였다. 교회 안에 주 예수에 관한 이해가 깊어지고 전승이 풍요로워졌으며, 그것들은 교회 안팎에서 말과 글로 전해지고 선포되었다.

현재의 신약성경 가운데 가장 처음 기록된 성경은 예수 사건이 있은 지 20년 정도 지난 51년경에 쓰인 '테살로니카 1서'이다. 사도 바오로는 40년대 후반에서 50년대 초반까지 지중해 세계를 두루 돌아다니며 선교하면서, 각 지역교회나 개인이 겪는 어려움을 전해 듣고 편지를 보내 가르쳤다. 그가 직접 작성한 편지(이른바 '바오로 친서')로 인정된 것이 현재 일곱 통 남아 있는데, 이것들은 각 공동체의 구체적 상황에 대한 사도의 응답이었지만 다른 여러 교회에 널리 회람되어 읽혔다. 신약성경 중 가장 먼저 쓰인 이 편지들은 교회 안에서 신앙의 진리를 담은 글로 인정되면서 점차 수집되었다.

초대 그리스도교가 성장하면서 전례 때 봉독할 경전의 필요성이 높아졌다. 1세대 그리스도인들이 사라진 60년대 후반에 더욱 그러하였다. 그때부터 80년대까지 예수 사건을 서사敍事(narrative) 형태로 구성한 여러 '복음서'(마태오 · 마르코 · 루카 복음서)가 이런 배경에서 나오게 된 듯하다. 같은 시기에 위대한 인물의 행적을 소개하는 '행전'(*praxeis*) 양식으로 초기 그리스도교 역사를 정리한 사도행전使徒行傳, 바오로 사도의 가르침을 반영한 서간(콜로새서 등), 히브리서, 베드로 1서 같은 공동(catholic) 서간(특정 교회가 아닌 보편 교회를 대상으로 한 서간)이 쏟아졌다. 80–100년경에는 요한 복음서와 요한계 서간, 요한 묵시록 등 요한계 문헌이 쓰이고, 90–150년경에 베드로 2서가 가장 늦게 쓰였다.

그러니까 신약성경은 대략 51년부터 150년 정도에 걸쳐 쓰이고 모아졌다. 물론 이 시기에 교회에서 저술된 문헌은 훨씬 더 많다. 그중에는 복음서와 행전, 묵시록과 동일한 문학양식으로 쓰인 다른 문헌도 많았다. 숱한 문헌 가운데서 교회는 구약성경처럼 성령의 영감을 받은 하느님의 계시로 인정할 수 있는 정경(canon)을 결정하기 시작하였다. 200년경에 동방과 서방교회에서 이의 없이 권위 있는 경전으로 인정된 문헌은 네 복음서와 사도행전, 바오로의 서간 13통(로마서–필레몬서), 베드로 1서, 요한 1서다. 그 기준은 사도에게서 유래하고 각 지역교회에 두루 수용되었으며 그리스도교의 근본 가르침에 부합하는지 여부였다. 논란이 된 일곱 권(히브리서, 야고보서, 베드로 2서, 요한 2서, 요한 3서, 유다서, 요한 묵시록)까지 모두 포함된 현재의 신약성경 27권은 4세기 말에 확정되었다(367년 아타나시오 주교의 축제 서신에서 인정, 393년 히포 교회회의 인정).

지금까지 전해지는 신약성경의 원본은 전혀 없다. 남아 있는 것은 사본뿐인데, 19세기 말부터 대거 발견되어 현재까지(2008년 4월) 발견된 사본의 종류는 5700개가 넘는다. 그것도 시기에 따라 파피루스 사본(2-8세기, 124개), 대문자 사본(3-9세기, 약 300개), 소문자 사본(9세기 이후, 약 2900개), 성구집으로 나뉜다(민경식, 27). 그것들이 유래한 지역의 계보는 넷으로 분류한다: 초대 그리스도교의 중심지였던 이집트의 알렉산드리아, 팔레스티나의 카이사리아, 로마 등 서방, 시리아의 안티오키아 등 비잔틴 본문.

사본들을 비교하면 서로 정확하게 일치하는 것이 하나도 없을 만큼 오차가 있다. 이 차이를 면밀하게 살펴 원문에 가장 가까운 본문을 찾아내는 것이 '본문비평'(원전비평, Textual Criticism) 방법이다. 1516년에 에라스무스가 펴낸 신약성경 본문을 기초로 엘제비어 출판사에서 1633년에 출판한 그리스어 신약성경(2판)이 이른바 '공인 본문'(Textus Receptus)으로 19세기까지 널리 사용되었다. 그러나 그 뒤 고대의 우수한 사본들이 많이 발견되고 본문비평이 발전하면서, 오늘날은 뛰어난 비평 편집본인 '네스틀레-알란트 판' 그리스어 신약성경(Novum Testamentum Graece, 1993년 27판 개정판)과 세계성서공회에서 펴낸 그리스어 신약성경(UBS, 1993년 4판 개정판)을 신약성경의 번역 대본으로 채택하고 있다(《성경》의 일러두기 참조). 현재와 같은 장절 표기는 출판업자인 로베르 에티엔느가 1551년에 펴낸 그리스어 신약성경 4판에서 비롯한다.

2. 신약 시대의 정치 경제적 배경

무릇 모든 문헌은 시대와 문화의 산물이다. 예수께서 활동하시고 그 뒤로 그리스도교 공동체가 형성되어 그 안에서 신약성경이 쓰인 시대는 1-2세기의 로마 시대, 그 자리는 팔레스티나를 비롯한 동부 지중해 세계였다. 그때는 로마가 헬레니즘 시대의 여러 지역 국가를 정복하고, 로마 내부의 권력 투쟁도 끝나 황제의 통치가 정착되고 제국으로 확장되던 시기였다. 아우구스투스가 사실상 황제가 된 후 대규모 전쟁이 그쳐 이른바 '로마의 평화'(Pax Romana)가 정착되어 갔으며, 도시와 상업이 급격하게 성장하였다. 새로운 질서를 찾는 움직임이 활발하였고, 지역간의 교류도 활발하여 각종 종교적 · 철학적 운동이 제국 내에 널리 퍼졌다. 이러한 때에 로마의 한 식민지였던 팔레스티나에서 기원한 그리스도교는 주로 서방 로마 제국 안에 자리 잡았다. 따라서 신약성경을 이해하려면 1세기 팔레스티나의 정치 · 경제 · 문화 · 종교적 상황을 이해해야 한다. 또한 이를 둘러싼 로마 제국의 상황과 헬레니즘 문화에 대한 이해도 병행되어야 한다.

1) 정치 상황

알렉산드로스가 팔레스티나를 점령한 뒤(기원전 332년), 그 지역은 이집트의 프톨레마이오스 왕조와 시리아의 셀레우코스 왕조의 지배를 받았다. 마카베오 항쟁이 성공하여 잠시 독립하였지만(기원전 143-63년), 로마에 점령되었다(기원전 63년). 로마 황제는 이두매아 출신 헤로데를 팔레스티나의 임금으로 임명하여 제한된 자치권을 부여했다. 그가 죽은 뒤(기원전 4년), 로마는 영토를 셋으로 갈라 그의 아들 셋에게 다스리게 하였다(딸 살로메에게도 몇 도시의 지배권을 주었다). 그러나 유다 지역(사마리아와 이두매아 포함)을 다스리던 아르

켈라오스는 잔혹한 통치가 빌미가 되어 6년에 쫓겨났다. 그 뒤 유다 지역은 로마 황제의 직할 속주가 되어 총독(기사 계급이 맡는 하위 '지방행정관')에 의해 다스려졌다. 헤로데 필리포스가 죽고(34년) 헤로데 안티파스가 쫓겨난(39년)

뒤, 헤로데의 손자 아그리파스 1세가 잠깐(41–44년) 팔레스티나 전체를 다스렸으나, 그가 죽은 뒤로는 로마 총독의 지배를 받았다. 로마 총독들의 억압과 폭정으로 유다의 1차 독립항쟁이 터졌으나(66–70년), 로마에 완전히 굴복한 뒤 명맥을 유지하던 유다인들은 바르 코시바(별명 코크바)가 주도한 두 번째 독립항쟁(132–135년)이 실패한 다음 예루살렘과 유다에서 쫓겨났다.

이 짧은 역사에서 드러나듯, 예수와 사도 시대의 팔레스티나에는 팽팽한 긴장감이 감돌고 있었다. 막강한 군사력을 지닌 로마 정권은 세금 징수와 사회 질서 유지에 주력했다. 유다의 남다른 종교적 감성을 인정한 로마 총독들은 황제와 다른 신들에 대한 숭배를 직접 강요하지 않았으나, 그렇지 않은 총독들은 유다와 날카롭게 충돌했다. 하지만 어떠한 종류의 반란이든 로마에 도전하는 세력에게는 무자비하게 대응하였다(기원전 4년 시리아 총독 바루스는 봉기에 참여한 유다인 이천 명 이상을 십자가에 매달았다). 로마와 협력하여 팔레스티나를 다스리던 유다인 세력 중에는 이두매아 출신의 헤로데 왕가가 가장 강력하였다(대략 기원전 80–기원후 100년). 또 성전을 중심으로 한 대사제 가문과 원로들이 있었다. 그들은 로마의 힘을 인정하고 총독과 우호 협력 관계를 맺어 유다 사회를 안정시키려고 하였다. 즉 핵심 종교사항(성전, 하느님 신앙과 우상 숭배 금지 따위)을 침해하지 않는 한, 세금 징수 등의 정치 행정 업무는 로마의 정책에 기꺼이 협조하였다.

결국 예수 시대의 팔레스티나는 궁핍한 삶에서 벗어나기를 바라는 민중의 강력한 욕구가 바탕에 깔려 있는 가운데, 그리스화된 도시와 전통 농촌, 각 세력 간에 갈등이 잠재되어 있었다. 로마와 헤로데 왕가(정치, 군사력), 사두가이(경제, 종교적 권위), 바리사이(종교, 사회적 권위) 등 주요 세력이 균형을 이루며 현상을 유지하는 미묘한 평형 상태에 있었다. 따라서 그들은 자기 세력과 신앙을 보존하기 위해서 균형을 흔드는 사태에 몹시 민감하게 대응했다. 가령 신약 시대 최장수 대사제였던 카야파의 말에서 그들의 관점이 잘 드러난다. "온 민족이 멸망하는 것보다 한 사람이 백성을 위하여 죽는 것이 여러분에게 더 낫다"(요한 11,50). 예수 시대에는 비교적 큰 혼란이 없었으나 그 뒤 갈등과 혼란이 심해져 발생한 것이 1차 유다 독립항쟁이다.

2) 경제 상황

고대 사회에서 재화는 한정되었고, 재화의 생산과 재분배는 철저하게 지배계급에 의해 좌우되었다. 1세기 팔레스티나의 경우 지배층(인구의 1-2%)을 비롯한 상층계급은 5-7% 정도로 추산된다. 그들에게 고용된 관료와 군인, 사제와 상인들은 중간계급을 이루었다. 인구의 80-90%는 농민과 어부, 장인과 소상인 등 하층계급이었다. 사회의 최하층은 이른바 '죄인'으로 소외된 자와 나병 환자같이 공동체에서 배제된 이들이다.

1세기 팔레스티나는 인구의 대다수가 농업에 종사하는 농경 사회였다. 전통적으로 팔레스티나는 자급자족을 하는 자작농 체제였으나, 계속된 외국의 지배하에서 토지의 독점이 심화되었다. 예루살렘 등 도시에 사는 부유한 대지주들이 토지를 많이 보유하였으며, 그들은 생계형 작물(보리 · 콩)이나 과실수(무화과 등)보다 수확이 많고 잘 팔리며 수출이 가능한 작물(밀)과 과실수(포도 · 올리브 · 대추야자)를 많이 재배하였다. 촌락에 거주하는 농부들은 불모지를 농지로 개간하여 활용하였지만(개간율 65-70%; 현대 40%선), 소출은 적고(씨 뿌린 것의 10-15배 추정) 소작료를 비롯한 세금이 많아 소작농이나 품꾼으로 매우 고달프게 살았다.

어업도 팔레스티나 경제에서 한 부분을 차지하였다. 어업권을 지닌 지방 통치자(임금, 총독, 영주)는 이를 중개인(주로 세리)에게 팔았고, 중개인은 어부에게 팔거나 임대하였다. 어부들은 자체 조합을 결성하거나 동업자를 모아 일했던 것 같다(루카 5,10). 남는 소득을 대부분 세금으로 바쳐야 했기 때문에 배를 가진 어부도 넉넉하지 못했다. 잡힌 생선은 말리거나 소금에 절여 보존 처리한 후 유통되었다. 이 가공 산업의 중심지가 갈릴래아 호숫가의 막달라였고, 그곳 생산물은 프톨레마이스를 거쳐 수출되었다. 토기와 기름 제조, 포도주 생산, 직물 제조와 염색, 가죽 가공, 금속 가공, 목공업 등 수공업도 영세한 일부를 제외하곤 모두 지배계급과 그들의 대리인에 종속되어 있었다. 예수께서는 '목수'인데 농기구와 문짝 제작 같은 나무일과 돌일 등을 하는 요즘의 건설 노동자였다. 수공업 중 예루살렘 성전에 관련된 분야를 제외하면 별로 발전하지 못했으며, 밀과 올리브 기름, 포도주 등을 수출하는 해외 교역이나 상업도 도시에서 로마와 권력층을 중심으로 이루어졌다. 화폐는 보편적인 교환 수단으로 널리 쓰이지 않았으며, 금과 은은 재산 보존용이었고 은은 품삯이나 빚, 세금 등을 지불하는 기준으로 사용되었다. 그나마 동전이 유통되었지만, 대다수 시장은 물물교환으로 이루어졌고, 가까운 이들 간의 교환은 선물이란 명분으로 행해졌다.

농업은 기후 같은 자연 요인이나 전염병, 세금 등 여러 요인의 영향을 크게 받았다. 로마의 세금 정책은 독특하게 입찰제였다. 주로 해당 지역의 통치자나 대지주가 응찰하였는데, 낙찰된 최고액 응찰자는 그 해에 정해진 세금을 먼저 납부한 뒤 세리들을 고용하여 징수하였다. 그들이 정해진 몫보다 더 많이 거두었기 때문에 자주 비난받았다(마태 9,10; 11,19; 21,31; 루카 3,12-13 참조). 로마와 헤로데 왕가에 내는 토지세는 곡물과 과일 생산의 1/2-1/4, 주민세는 매년 1데나리온이었다. 그 밖에 간접세로 도시 시장에 내는 시장세, 선박에 매겨진 항만세, 국경 통과시의 관세, 임대료 등이 있었고, 국가 시설을 보수하기 위한 부역이 따랐다. 예루살렘 성전에 내는 조세로서 사제를 부양하는 십일조(소출의 1/10), 매년 1/2세켈(티로 세켈)씩 내는 성전세, 각종 희생 제물과 서원 봉헌물이 있었다(K. C. 핸슨과 D. E. 오크만 저서 참조). 이러한 세금은 매년 소득의 25-33%에 달해 일반 백성에게 큰 부담이 되었다.

3. 신약 시대의 사회 문화 상황

1세기의 동부 지중해 세계는 남성 중심의 가부장 사회였다. 성性은 불평등했고, 개인의 존재도 희미했으며, 사람은 그가 속한 집단의 지위와 성격으로 규정되었다. 가장 중요한 집단은 친족이며, 최고 의사결정권은 남자 어른인 가장에게 있었다. 여러 세대가 같이 살면서 생산과 소비를 공유하고, 혼인은 친족 사이에 이루어져 사촌간 혼인이 빈번하였으며, 가족끼리 협상하여 가장이 결정하였다. 혼인할 때 신랑 집이 신부를 데려오는 보상으로 신부 집에 일정한 비용을 지불하였으며, 신부는 지참금을 갖고 왔다. 신랑 집에서 새 부부에게 주는 땅과 집이 평생 생활 근거였다. 유산 상속은 장남에게 두 배, 다른 아들에게 한 배씩 했고, 딸에게는 지참금으로 주었다. 계급 이동은 물론 지역 이동도 매우 제한되었다.

당시 로마 사회의 독특한 제도가 '후견자 제도'이다. 각 가정을 연결하면 로마 제국은 하나의 거대한 피라미드를 이루고, 맨 위의 황제가 최고의 가장 지위를 갖는다. 이때 신분상 윗사람(남/여)은 후견자(라틴어 patronus)로 나서고 아랫사람(남/여)을 피후견자(라틴어 cliens)로 상호 관계를 형성한다. 후견자는 피후견자를 법적, 경제적, 행정적으로 지원하는 대신, 피후견자는 후견자에게 종속되어 충성하고 노동력을 제공하며 도움을 청할 수 있었다. 이러한 상호 교환의 후견자-피후견자 제도가 상속되면서 로마 사회 전반에 널리 형성되었다(노예도 피후견자를 두었다). 복음을 이 제도에 빗대어 생각하면, 예수께서 가르치신 하느님 나라는 하느님만이 유일한 후견자요 가장(아버지)이시며, 나머지는 모두 동등한 형제자매인 하느님의 가족으로 볼 수 있다(10,30 참조).

1세기 동부 지중해 세계에서 가장 중요한 가치는 명예였다. 명예는 개인의 사회적 지위로, 사회가 그것을 인정할 때 형성된다. 명예는 출생에 의해 또는 권력자에게 부여받거나, 업적에 의해 획득되었다. 따라서 모든 행동의 기준과 방향은 명예를 지키고 얻는 데 쏠렸다. 후견자가 피후견자를 많이 두거나 은혜나 기부를 많이 베푸는 것도 명예를 높이는 한 가지 길이었다(마르 6,10; 로마 2,7; 필리 2,29-30 참조). 명예를 잃거나 수치스러운 일을 당하면 조롱받았고, 특히 여성이 정조를 잃으면 집안의 명예를 잃게 하여 온 집안을 수치스럽게 하였다(집회 4,21; 루카 14,9; 1코린 1,27 참조).

4. 1세기의 팔레스티나 유다교와 로마 제국의 종교 상황

고대 사회에서 종교 제도는 신과 연관하여 사회 질서의 정당성을 보장하고 궁극적 의미를 부여하기 때문에 정치 제도와 밀접하게 결합되었다. 유다는 바빌로니아 유배 이후 페르시아의 지원을 받아 성전 중심 국가로 바뀌었다. 임금을 대신하여 대사제가 강력한 권위를 갖게 되었고 성전의 기능은 점차 확충되었다. 또 성경이 형성되면서 율법이 희생 제사와 함께 유다인들의 삶에 영향을 미치게 되었다. 그러면서 경전의 필사와 보존, 율법 해설을 맡은 서기관 출신의 율법 학자들이 부상하였다. 성전 중심 체제는 안티오코스 4세의 유다교 말살 정책으로 중대한 위기를 맞았다(기원전 167년). 그즈음에 다니엘서를 비롯한 묵시문학이 본격 등장하면서, 묵시사상이 기원후 2세기까지 강한 영향을 미쳤다. 한편 마카베오 가문의 항쟁(기원전 165-162년)이 성공하여 위기에서 벗어났으나, 곧이어 그들이 하스모네아 왕조를 세우고 스스로 대사제직까지 차지하여 권력을 독점하자 새로운 갈등이 싹텄다. 그 와중에 생겨난 몇 개의 분파가 예루살렘 성전이 무너질 때까지 유다교의 주요 세력으로 존재하였다.

하나는 사두가이파(*Saddukaioi*)이다. 다윗 솔로몬 시대의 사제였던 '차독의 후예'(2사무 8,17; 15,24; 1열왕 1,8)를 의미하는 사두가이는 수석 사제들을 중심으로 한 사제 귀족들의 무리다(대사제 중 일부도 참여하였다). 여기에 평신도 원로들과 율법 학자들이 참여하였는데, 예수 시대에 그 무리의 수효는 적었으나 사회적 힘은 무척 컸다. 대부분 대지주였으며, 예루살렘 성전의 제의와 경제까지 총괄하여 막강한 경제력을 지녔다. 그들은 성경에서 오경을 가장 중시하였으며(오경에 나오지 않는 부활이나 영혼과 천사의 존재 등을 부정하였다), 율법을 문자 그대로 해석하여 엄격하게 지키는 보수적 태도를 보였다. 평신도의 율법 해석에 반대하였고 바리사이들의 구전율법을 거부하였다. 로마 지배 시대에 로마 황제나 총독, 헤로데 왕가와 밀접한 협조 관계를 가졌다. 하지만 일반 백성과 연관성이 적었고 영향력 또한 크지 않았다. 그들은 성전이 파괴된 70년 이후 사라졌다.

다른 무리는 바리사이파(*Pharisaioi*)이다(히브리어 '프루쉼', 아람어 '프리쉬'에서 파생된 바리사이는 '구별된 자', '분리된 자'란 뜻이다). 그들은 마카베오 항쟁에 참여한 경건한 이들(하시드인)의 후예로 자처하였다. 율법을 해석하고 철저히 준수하였으며, 오경의 율법과 함께 구전율법을 존중하고 육신의 부활과 내세의 보상을 가르쳤다. 바리사이파는 대부분 중소지주 또는 자작농 출신의 평신도였는데, 사제와 귀족, 율법 학자들도 일부 참여하였다(1세기 유다인 역사가 요세푸스의 기록에 의하면 당시 바리사이파는 6천 명 가량이었다). 그들은 사제들의 정결례 규정까지 지킬 정도로 종교적 열성이 남달랐으며, 율법을 열심히 탐구하면서 사후 세계를 가르쳐 일반 백성과 가까웠다. 그리고 1차 유다 독립항쟁이 실패로 끝난 후 얌니아(야브네)에 머물면서 라삐 유다교를 건설하는 주역이 되었다(핵심 인물은 라삐 요하난 벤 자카이와 가말리엘 2세). 그들이 가르친 구전율법(할라카)들은 유다인들의 일상생활에 점차 보편 규범으로 자리 잡았다. 그 결과 신약성경에서 유다교를 대표하는 무리로 바리사이가 자주 등장한다.

또 하나의 독립집단이었던 에세네파(*Essēnoi*)는 대사제 출신 인물(일명 '정의의 스승')에 의해 세워진 분파로 여겨진다(기원전 150년경에 설립). 이들은 하스모네아 왕조와 예루살렘 성전을 멀리 하였고, 광야로 나가 율법을 엄격히 지키면서 마지막 때를 기다렸던 공동체였던 것 같다. 1947년 이후 발견된 쿰란 문서는 그들이 저술하고 편집한 작품으로 본다. 가장 늦게 등장한 시카리파(*Sicarioi*)는 로마의 통치에 무력으로 대항하던 집단으로 로마에 협력하는 지배층 인물을 단도(*sica*)로 암살하거나 가족을 유괴하였다(37년에 대사제 요나탄이 처음 당하였다). 열혈당원도 그들과 같은 혁명 노선을 걸었다.

이상에서 보듯 1세기의 초기 유다교(*Ioudaismos*란 단어는 2마카 2,21; 8,1; 14,38에 처음 나타난다)는 통일된 교리나 체제를 갖춘 단일한 조직이 아니었다. 성경의 해석, 실제 적용에서 분파마다 견해가 다양했다. 그러나 에세네파를 제외하고, 유다인 삶의 중심축은 예루살렘 성전이었다. 성전은 가장 중요한 제의 담당 기능부터 경제 기능(성전 재화 공급, 보물 창고, 은행 역할 등), 사법 기능(성전 질서 유지)을 망라하였다. 예수께서 "강도의 소굴"(11,17)이라 비판하셨을 만큼 성전에서 쓰이거나 유통되는 물품과 재화는 막대하였으며, 성전은 기존 체제를 정당화하고 유지하는 중요한 역할을 하였다.

헬레니즘은 1세기의 팔레스티나, 특히 도시와 상류계급, 건축과 교육(1마카 1,14의 "경기장", 2마카 4,9의 "체육관과 청년 학교" 참조), 언어(코이네 그리스어)와 경제 부문에 큰 영향을 미쳤지만, 유다교에는 별로 영향을 미치지 않았다. 하지만 해외 유다교와 로마 제국에 미친 영향은 대단히 컸다. 이집트의 유다인 철학자 필로(기원전 20-기원후 50년)는 플라톤주의와 스토아주의를 성경 해석에 적극 도입하였다. 뿐만 아니라 팔레스티나 밖의 로마 제국에는 비밀스러운 의식을 거행하는 엘레우시스인들의 제의 같은 그리스의 신비 종교가 널리 퍼졌다. 이집트에서 기원한 이시스 제의, 페니키아에서 건너간 아도니스 제의, 페르시아에서 퍼져간 미트라 제의 등 동방 종교도 성행하였다. 한편 플라톤 학파, 견유학파, 에피쿠로스 학파, 스토아 학파 등 주요 그리스 철학파도 지속적으로 로마에 영향을 미쳤다. 이러한 제의와 철학은 그리스도교가 로마 제국에 퍼져 나갈 때 상대했던 주요 사조로 신약성경에 흔적을 남겼다.

제2장 마르코 복음서의 세계

1. 마르코 복음서의 재발견

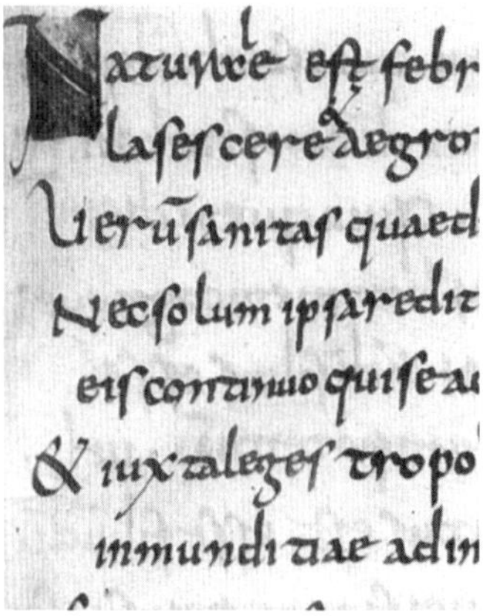

베다 존자의 마르코 복음서 주해서 첫 장, 9세기, 오스트리아 국립도서관.

왜 마르코 복음서는 신약성경의 두 번째일까? 그만큼 중요했는가 아니면 그만큼 애용되었는가? 마르코 복음서가 출현한 1세기에 널리 퍼지고 애용되었음은 분명하다. 서로 떨어져 있던 마태오와 루카가 이 복음서를 이용하였고, 2세기 중반쯤 요한 복음서를 포함하여 네 복음서가 묶일 때 함께 들어갈 정도로 권위를 인정받았다. 그러나 그 뒤 마르코 복음서는 점차 외면 받았다. 초대 교회의 명망 있는 교부들 중에 마르코 복음서의 주해서를 쓴 이는 거의 없다(5세기에 안티오키아의 빅토르가 쓴 마르코 복음 해석집이 최초이다). 현존하는 마르코 복음의 최초 주해서는 7세기 아일랜드 수도승의 작품(미카엘 카힐의 주장)이거나, 8세기의 베다 존자(673–735년)의 작품이다.

교부들의 관심은 먼저 제자들이 썼다고 전해진 마태오와 요한 복음서에, 그다음 루카 복음서에 쏠려 있었다. 실제로 교회의 역사에서 가장 널리 쓰인 성경은 단연 마태오 복음서이다. 교회론의 근거를 가장 풍부하게 제시한 마태오 복음서는 전례와 교리교육에서 기본 복음서로 많이 노릇을 톡톡히 하였다. 루카와 요한 복음서는 각기 독특한 특징을 지녀 그다음으로 사랑받았다. 가장 짧은 마르코 복음서는 마태오 복음서의 요약본이라는 아우구스티누스(354–430년)의 주장에서 나타나듯 덜 중요하게 여겨졌다. 그나마 마르코 복음서가 살아남은 까닭은 사도 베드로에서 기인하였다는, 그 기원의 사도적 권위가 큰 영향을 미쳤기 때문이었는지 모른다.

1) 공관복음서 문제

초대 교회는 네 복음서가 내용과 구조에서 앞의 세 권과 끝의 한 권(요한 복음서)으로 완연히 구분된다고 알고 있었다. 성서학계에서는 성격이 비슷한 앞의 세 권을 묶어 '공관복음서'라 부르는데(J. J. 그리스바흐 명명), 이는 세 권을 나란히 놓고 '같이 볼 수'(共觀, *synopsis*) 있다는 뜻이고, 예수 사건을 엮은 세 권의 흐름이 비슷하다는 이야기이다(정양모 편저, 《네 복음서 공관》 참조)

마태오 복음서(1068절), 마르코 복음서(16,8까지 661절), 루카 복음서(1149절)는 내용뿐 아니라 낱말까지 똑같은 부분(이른바 '삼중三重 전승')이 허다하다(마태오와 마르코는 90% 이상, 마르코와 루카는 45% 동일). 또 마르코에는 없지만 마태오와 루카에서 일부가 같은 부분(이른바 '이중二重 전승')이 220–235절이나 된다. 똑같은 순서와 어휘는 단순한 구두전승보다 문헌을 참고했음을 시사한다. 따라서 이 세 복음서의 기초 자료와 상호 관계를 다루는 주제를 '공관복음서 문제'라 일컫는다. 이에 대한 논의는 무척 다양하지만 크게 묶어 보면 다음과 같다.

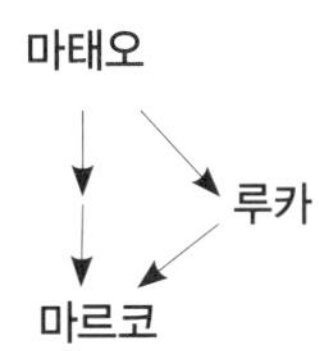

① 그리스바흐 가설(Griesbach Hypothesis): 마태오 복음서가 가장 먼저 쓰였고, 루카가 이를 수용하여 변형한 뒤 첨가하였으며, 마르코가 위 두 복음서를 축약하였다는 주장이다(1789년 제시). 아우구스티누스 교부를

비롯한 교회의 오랜 전통이고 현대의 일부 학자들도 이를 지지하지만, 마르코가 두 복음서가 지닌 풍부한 내용을 대폭 삭제하여 가장 짧고 거칠며 어렵게 썼으리라고 믿기는 어렵다는 비판을 받는다.

② 두 자료설(또는 이출전설, Two-source Hypothesis): 마르코 복음서가 가장 먼저 쓰였고, 마태오와 루카가 서로 모르는 상태에서 따로 마르코 복음서를 기초 자료로 사용하였다는 주장이다. 이런 경우 마르코에 없지만 마태오와 루카가 정확하게 겹치는 부분을 설명하기 어려운데, 이는 이른바 '예수 어록'['자료'라는 뜻의 독일어 크벨레(Quelle)의 머릿글자인 큐(Q)로 표기, 실존하지 않으나 50년대에 예수의 말씀만 기록한 문서가 있었다는 가설]에서 인용하였다고 본다. 즉 마태오와 루카가 마르코 복음서와 큐 문서라는 두 자료를 기초로 작성하였다는 것이다(아래 도표 참조). 이 안에도 마르코가 큐 문서를 알고 인용하였다는 주장, 또는 마태오와 루카가 인용한 마르코 복음서는 현재의 본문 이전의 원原마르코 복음서라는 주장 등 이견이 공존한다(마태오와 루카가 각각 고유한 특수 자료를 사용한 것까지 포함하여 두 자료설을 수정한 '네 자료설'로 부르는 이도 있다).

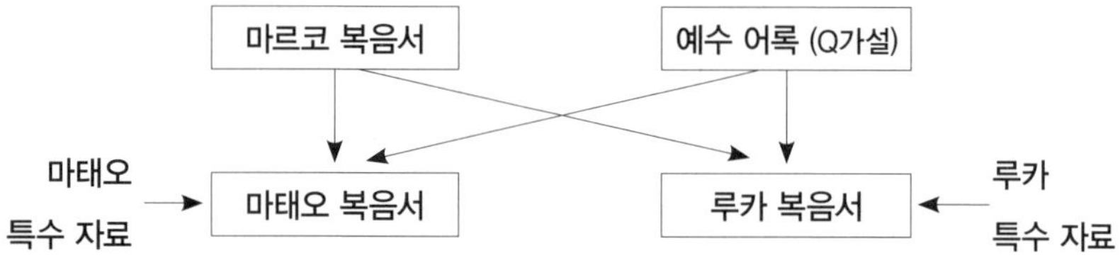

③ 기타 가설: 가장 먼저 쓰인 마르코 복음서를 마태오가 사용했고, 루카는 마르코 복음서와 마태오 복음서를 함께 사용하였다는 파러(Farror) 등의 주장이다. 아우구스티누스와 오리게네스 교부도 루카 복음서가 가장 늦게 쓰였다고 주장한 바 있다. 큐 문서는 배제하였다.

현재 신약성경 학계에서 통설은 '두 자료설'이나 이것으로 설명되지 않는 부분이 있어 계속 논의 중이다. 또 큐 문서의 존재를 인정하는 학자는 많으나 구체적 내용과 성격에는 논란이 크다. 나아가 요한이 마르코 복음서를 알았는지 여부와 어떤 공통 전승이 있었는지도 논란이 된다(공관복음서 문제에 대해서는 E. P. 샌더스 외, 《공관복음서 연구》를, 큐 문서를 짧게 정리한 글은 백운철, '예수 어록', 《가톨릭대사전》 9권, 6378-6382쪽 참고).

2) 복음서는 하나의 장르인가?

마르코 복음서의 정식 이름은 '마르코에 의한 복음서'(*Euangelion Kata Markon*)이다. 그런데 이 이름은 2세기에 붙었다. 그렇다면 전에는 어떤 이름으로 통용되었을까? 문헌의 주제를 흔히 이름으로 붙이는 그리스 로마 문학의 예를 참고하면, 아마도 첫머리에 나오는 '복음'이란 이름이 붙었을 법하지만, 복음은 그 시대에 통용되던 문학양식이 아니라 그리스도교의 보편된 선포 내용이었다. 그래서 '복음서'는 그리스도교 안에서 창안된 독창적 문학 장르로 여겼다(R. J. 밀러는 복음이라는 이름이 붙은 17개 작품을 소개한다). 하지만 오늘날 이런 주장에 대해 상당한 이의가 제기되고 있다.

마르코 복음서도 여느 문헌처럼 청중과의 의사소통을 위해 쓰였다. 그들에게 어떤 사실을 설명하고 설득하고 확신시키고자 쓰였다면, 그들과 친숙하고 적합한 장르로 접근하는 게 바람직하다. 학자들이 당대의 헬레니즘 문화권에서 통용되던 장르 가운데 '영웅담'(*aretalogia*)과 '비망록'(*apomnēmoneumata*) 등 여러 의견을 제안하였지만, 가장 가까운 장르로 '전기'(*bios*) 또는 '생애'를 꼽는 견해가 많다(C. Buran 책 참조). 전기는 한 위대한 인물의 모범적 삶을 기억하여 교훈으로 제시하려고 그의 출생부터 죽음까지, 특히 공적 생활을 시간 순서에 따라 서사 형태로 소개한 작품이다. 여기에는 사건뿐 아니라 그가 한 말, 경구, 에피소드 등이 첨가되었다. 분량은 1-2만 단어였으며(대략 마태오 복음서는 18300, 마르코 복음서는 11300 단어이다), 죽음에 관한 내용이 전체의 15-20% 정도였다(마르코 복음서는 18.4%). 해외 유다교에서는 이런 장르를 이용하여 1세기에 〈예언자들의 생애〉, 〈모세의 생애〉를 문학작품으로 내놓은 바 있다.

하지만 복음서가 '전기' 장르와 비슷한 면이 많다고 인정하면서도, 동시에 이 장르를 기초로 독특하게 발전시켰다는 의견 또한 높다. 즉 복음서는 저자가 드러나 있지 않고, 주인공 못지않게 하느님을 강조하는 신학적 경향이 뚜렷하며, 종말에 대한 관심이 두드러지고, 유다적 성격이 짙으며, 주인공의 죽음이 수치스럽고, 이야기의 끝이 매우 독특하며, 단순한 교훈 제시가 아니라 교회의 경전으로 기능했다는 점에서 남다르다. 따라서 복음서를 별개의 장르로 보아야 한다는 의견이다.

마르코 복음서는 오랫동안 전례나 성경 인용에서 도외시되었지만, 19세기의 성경 비평을 통해 재발견되었다. 오늘날 마르코 복음서는 서사 형태로 기록된 최초의 복음서로 인정받고 있다. 아마도 마르코는 구약성경과 그리스도교의 풍부한 전승을 바탕으로, 이미 묶인 여러 전승 단위에다 개별 이야기들을 연결하여 독특한 예수 전기 형태의 완결된 이야기책을 서술한 것이다. 마르코 복음서는 1969년 이래 교회 전례(나해)에서 중요한 자리를 차지하고 있으며, 복음서 연구에서도 관심을 많이 받고 있다.

3) 마르코 복음서와 구연

오늘날 고대 사회에 대한 연구가 활발해지면서, 그 사회의 구술 문화가 크게 대두되었다. 예를 들어 1세기 사회는 문학작품이 활발하게 생산되었음에도 불구하고 현대 같은 문자문화가 아니라, 구술문화가 지배하고 있었다는 사실이다. 따라서 책도 현대처럼 독서하기 위해서가 아니라 크게 소리 내어 읽거나 구연口演(oral performance)하기 위해 저술되었다. 1세기 팔레스티나에서 글을 읽고 쓸 수 있는 식자층은 대략 인구의 3–5%, 로마시의 경우에도 20%가 되지 않았다고 추정한다.

초대 그리스도교가 주로 사회의 중하층에서 신도를 확보했다는 사실을 고려하면(1코린 1,26 참조), 전례에서도 큰 소리로 낭독되거나 구연되었다고 볼 수 있다. 따라서 마르코 복음서의 특성도 달리 이해하게 되었다. 이제까지 복음서 가운데 마르코 복음서의 문체가 가장 거칠고 그리스어 활용 수준도 가장 낮다고 평가되었다. 하지만 마르코는 구술 문화권에서 청중에게 다가가기 위해 입말에 가까운 통속어를 사용하였으며, 교육 수준과 관계없이 누구나 이해할 수 있도록 투박하게 서술하였다고 볼 수 있게 된 것이다. 또 마르코가 자주 쓰는 문학 기법도 구연의 효과를 높이려는 전략으로 새롭게 인식하였다.

2. 마르코는 누구인가?

지적 재산권을 중시하는 오늘날 우리는 저자나 제작자를 반드시 밝힌다. 그러나 고대에는 익명의 저서가 많았고, 권위 있는 다른 저자의 이름을 대신 붙인 차명 저작물도 흔했다. 당시에 이런 일은 표절이 아니라 다른 저자에 대한 존경의 표현이었다. 앞에서 보았듯이, 처음에는 이름 없이 그리스도교 공동체 사이에서 유포되던 마르코 복음서에 이름이 붙은 때는 2세기에 들어서이다. 왜 그때 붙이게 되었을까?

2세기 교회에서는 전례 때 봉독할 성경이 확정되어 있지 않았다. 지역교회마다 오늘날 신약성경에 속하는 성경은 물론, 현재 외경이라 부르는 베드로 복음서 같은 성경도 낭독되곤 하였다. 그런데 150년경 소아시아 출신의 마르키온(*Marcion*)이란 유력한 그리스도인이 로마에 와서 자기 나름대로 성경을 선정하고(루카 복음서와 바오로 서간을 중심으로) 편집한(루카 복음서도 1/4로 줄

마르코 복음사가의 상징인 사자가 그려진 첫 장, 성경 세밀화, 국립도서관, 아테네.

이는 등) 일은 큰 충격을 주었다. 그리스도교 신앙의 근본 규범인 성경을 자의로 결정해도 되는가? 또 170년경 타치아누스가 네 복음서(사실상 마태오와 요한 복음서를 중심으로 하여)를 하나로 재구성한 예수의 전기 〈디아테싸론〉(*Diatessaron*)도 폭발적 인기를 끌었다. 이 전기가 네 권의 복음서를 대체해도 괜찮은가?

이러한 처지에서 교회는 믿을 만한 성경을 교회의 권위로 확정해야 했다. 그렇다면 각 성경을 쓴 사람을 밝히는 게 필요했다. 그가 믿을 만한 그리스도인인지, 그의 자료가 근본적으로 예수 그리스도나 사도들과 직결되는지 규명하였다. 마르코 복음서의 경우, 소아시아에 있는 히에라폴리스의 주교 파피아스가 결정적 증언을 하였다. 그가 2세기 초에 펴낸 〈주님 말씀 주해집〉에서 요한이라 하는 원로(사도들과 그들의 제자를 가리킴)에게서 자주 들었다며 이렇게 증언하였다. "마르코는 베드로의 통역자가 되었고, 그가 기억한 주님의 말씀과 하신 일을 정확하게 기록하였다. 사실 그는 순서대로 적지 못했는데, 그가 주님의 말씀을 직접 듣지도 못했고 주님을 따르지도 않았기 때문이다. 하지만 나중에, 내가 말한 것처럼 베드로를 따랐다. 베드로가 주님의 계시를 차례대로 만들지 않았지만, 마르코는 기억한 대로 요점을 적어가는 데 잘못한 것이 없었다"(에우세비우스, 《교회사》 3권 39).

그렇다면 마르코는 믿을 만한 그리스도인인가? 마르코(라틴어 마르쿠스)는 그리스 로마 세계에서 무척 흔한 남자 이름이다. 4세기에 에피파니우스는 마르코가 예수를 따르던 일흔 제자 중 하나였다가 떠났다고(루카 10,1; 요한 6,66)

주장하였다. 그러나 이레네오, 오리게네스, 예로니모 등 주요 교부들이 파피아스의 증언을 줄곧 인용하며 마르코 복음서의 사도적 권위를 주장하였다. 그로부터 그리스도교는 베드로의 통역자인 마르코를 저자로 여기고, 그를 바오로의 동반자였던 예루살렘의 유다계 그리스도인 요한 마르코(사도 12,12.25; 13,5.13; 15,37-39; 콜로 4,10; 2티모 4,11; 필레 24)와 동일시하였다. 또 그가 이집트의 알렉산드리아에 복음을 전하고 최초의 교회를 세웠다는 전승도 전해졌다(에우세비우스, 《교회사》 2권 16).

그러면 오늘날에는 어떻게 보는가? 요한 마르코라는 전통적 견해를 옹호하는 이들도 있지만, 파피아스의 증언은 당시의 이단 사조에 대항하여 가장 오래된 복음서를 옹호하려는 호교론에서 나온 것으로서 역사적 근거가 약하다고 보는 견해가 많다. 베드로 1서에 "나의 아들 마르코"(1베드 5,13)로 나오지만, 베드로가 이 서간을 쓰지 않았다는 주장이 압도적인 터라 확실한 증거가 되지 않는다. 그래서 마르코가 전해 받은 전승 중에 베드로에게서 내려온 전승이 있을 수 있다고 인정하되, 통역자라든가 직접 전해 받았다는 견해는 일단 의문시한다.

그래서 마르코 복음서 자체를 분석해 볼 때, 저자는 디아스포라 출신의 유다계 그리스도인 남자로 추정한다. 팔레스티나 지리는 잘 몰랐으나, 그는 예수에 관한 그리스도교 전승을 충실히 수집하여 보전하려는, 그러면서도 이를 창조적으로 재구성하여 복음서라는 장르로 발전시킨 탁월한 그리스도인 저술가라 할 수 있다. 그리스도교 예술에서 마르코는 흔히 '사자'로 상징된다. 이레네오가 네 복음사가를 에제키엘서(에제 1,10)와 묵시록에 나오는 네 생물(묵시 4,7)에 비유한 뒤(당시 복음서 배열은 마태오 - 요한 - 루카 - 마르코였고, 마르코는 독수리로 상징되었다), 예로니모가 불가타 성경에서 복음사가들을 다음과 같이 상징으로 표현하였다: 사자(마르코), 사람(마태오), 황소(루카), 독수리(요한). 마르코를 사자에 비긴 까닭은, 복음서의 첫머리에 실린 "광야에서 외치는 이의 소리"(1,3)에서 광야에서 울부짖는 사자를 연상할 수 있기 때문이다.

또 여기저기로 힘차게 움직이며 복음을 선포하셨던 예수의 모습을 나타내기도 한다.

3. 마르코 공동체의 시대 상황 – 복음서의 탄생 배경

성 예로니모는 "베드로가 이야기하면 마르코는 받아 적었다"고 기술했다. 그러나 성경은 이렇게 소박하고 단순하게 형성되지 않았다. 오늘날 교회는 성령의 영감이 비단 성경 저자 개인뿐 아니라 그가 모아 편집한 각종 전승의 형성 변모에 영향을 미친 공동체의 모든 이에게도 내렸다고 본다. 성경이 저자 개인의 독자적 작품이라기보다, 그가 속한 교회 공동체의 절실한 필요성에 의해 공동체 안에서 배태된 것이 성경 저자의 창의적 작업을 통해 드러났다고 보게 되었기 때문이다. 마르코 복음서의 경우, 도대체 그들이 어떤 처지에 있었기에 구술 문화권의 세계에서 이런 혁신적인 '복음서'라는 기록을 요구하게 되었을까?

전통적 견해에 따르면, 네로 황제가 로마 시의 대화재(64년 7월) 책임을 그리스도인에게 돌려 대대적으로 박해하던 64–67년경에 마르코 복음서가 쓰였다고 본다. 그런데 오늘날에는 70년경으로 보는 견해가 많다. 네로의 박해보다 마르 13장에 뚜렷이 드러난 예루살렘의 임박한 멸망이 더 큰 영향을 미쳤다고 보기 때문이다. 66년에 시작된 유다인들의 1차 독립항쟁은 결국 처참한 학살과 예루살렘 성전의 소실(70년 8월 10일), 도성의 파괴로 끝났다. 민족과 국가의 대파국을 눈앞에 두었거나 체험한 직후에 유다계 그리스도인들은 엄청난 혼돈과 처참한 슬픔에 빠졌다. 이 모든 일의 의미는 무엇인가?

당시 유다계 그리스도인들은 두 갈래로 핍박을 받았다. 하나는 반란을 일으킨 유다인이라는 이유로 로마 당국의 의심을 샀고, 또 하나는 민족주의 열정에 휩싸여 있던 동족 유다인에게서 독립항쟁에 참여하지 않은 민족 배반자로 낙인 찍혀 배척받았다(13,9 참조). 팔레스티나에 살던 유다계 그리스도인들은 전쟁 때 피하라는 예수의 말씀에 따라 요르단 강 건너편 펠라로 피난 가 학살을 피했다고 전한다(에우세비우스, 《교회사》 3권 5). 팔레스티나 밖의 유다계 그리스도인들도 이 전쟁의 여파로 갖가지 고통과 불이익을 받았다.

전쟁의 패배와 특히 성전의 상실은 그들에게 깊은 절망과 위기 의식을 심어 주었다. 또 유다교의 배척은 그리스도교의 특성, 예컨대 세례와 성찬식 등을 강화하여 신원을 확립하도록 몰아세웠다. 게다가 네로의 박해를 비롯하여 60년대의 혼란 속에 사도들을 비롯한 그리스도교 1세대 지도자들이 대부분 순교하였다. 이는 곧 권위 있는 구전이 사라졌고, 이제는 2세대 그리스도인들이 지역교회를 중심으로 기초를 다져야만 하는 처지에 이르렀다는 뜻이다. 한편 유다의 항쟁을 진압하다 황제가 된 베스파시아누스를 평화와 안정을 가져온 메시아로 소개하는 견해도(요세푸스 등) 널리 전해졌다(G. 타이젠, 33-50). 이렇게 혼란스러운 시기에 많은 그리스도인이 배교하였던 것 같다. 이러한 상황에서 마르코는 참된 하느님이자 참된 사람이신 예수 그리스도의 신원을 바로 알리며, 예수에 대한 그리스도인의 믿음을 굳건히 하고, 고통을 의연히 견디며 끝끝내 예수의 충실한 제자로 살게 하기 위하여 복음서를 썼다고 추정된다. 다시 말해 그리스도교 공동체의 보전을 가장 큰 목적으로 삼았다는 것이다.

마르코 복음서에서 가장 부각되고 강조되는 점은 예수의 죽음과 부활이다. 그리스도요 하느님의 아들이신 예수께서 앞장서서 고통과 치욕과 수난의 길을 걸으셨다. 그리스 로마 문화권에서 신이나 '신적 인간'(*theios anēr*: 초월적 세계와 통하여 구마 치유 등을 행한다고 여긴 특별한 사람)이 자청해서 '실제로' 고난을 받고 죽는다는 것은 극히 이해하기 어려운 가르침이었다. 그러나 마르코는 예수께서 세상에 구원과 생명을 가져다 주기 위해 수난하고 죽으셨으며, 그분께서 주님으로, 종말의 심판자로 재림하실 것이라고 강조한다. 그러니 제자들(그리스도인들)은 주님이 계시지 않는 듯한 어둡고 힘든 수난의 현실에 흔들리지 말고 믿음으로 의연히 버티며, 거짓 가르침에 미혹되지 말고 깨어 그분의 재림을 기다리라고 호소한다. 고통과 죽음을 넘어서서 끝끝내 버티는 이는 구원과 생명을 얻게 된다고 일러 주는 것이다.

마르코 공동체에는 그리스어를 사용하는 일부 유다인과 다수의 이방인 그리스도인이 섞여 있었다고 여겨진다. 유다 독립항쟁으로 이방인과 유다인의 갈등이 극심했던 당시에, 마르코는 이방인 선교에 대한 예수의 깊은 관심과 배려를 강조하면서 양쪽의 일치와 균형을 위해 애쓴다. 또한 그는 복음서에서 유다식 표현을 번역하고 유다 풍습을 설명하지만, 사탄이나 베엘제불 같은 용어를 그대로 사용하여 청중이 어느 정도 유다교 용어를 알고 있음을 드러낸다. 아마도 마르코 공동체의 그리스도인은 별로 유력한 신분의 사람들이 아니었던 것 같다. 보잘것없는 '꼴찌'와 자신을 동일시하는 모습이 마르코 복음서에 자주 나타나기 때문이다.

그런 배경에서 대대적인 박해에 휩쓸려 있던 로마가 유력한 저술 장소로 꼽히지만, 유다 독립항쟁의 처절한 패배를 가까이에서 보고 그 고통을 좀 더 직접 느꼈던, 안티오키아를 중심으로 한 북부 시리아와 북부 갈릴래아 지역을 집필 장소로 보는 견해도 제기되고 있다.

4. 마르코 복음서의 등장인물

마르코는 역사적으로 생존하셨던 예수에 초점을 맞추면서도, 그분의 전기를 소상히 쓰거나 역사적 사실로 그분의 말씀을 입증하려고 의도하지 않았다. 그렇다고 역사적 현실과 무관한 예수의 어록과 선포 내용만 모으지도 않았다. 그는 처음으로 예수의 공생활을 처음부터 끝까지 일관성 있는 하나의 이야기로 구성하여 예수의 전체 이미지를 제시하였다는 점에서 놀라운 일을 하였다.

마르코 복음서의 핵심은 복음 자체이신 예수와 그분이 선포하신 '하느님 나라'이다. 바로 거기에서 예수의 신원과 그분을 따르는 제자의 역할과 자리, 적대자들이 그분을 거부한 이유 따위가 풀려 나온다. 주요 등장인물을 중심으로 그 관계를 살펴본다.

1) 예수

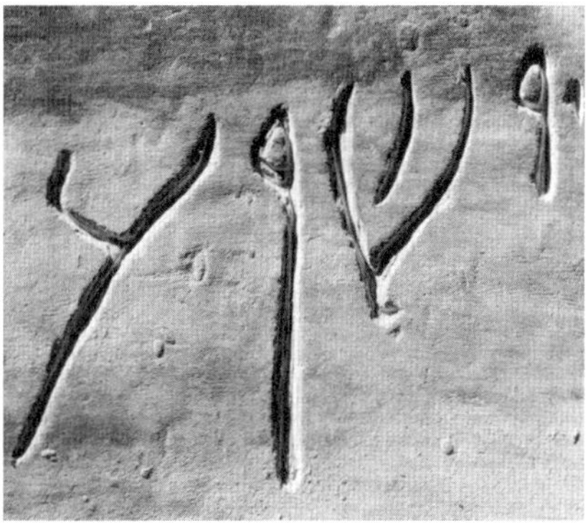
아람어로 쓴 예수, 2–3세기 석관에 새겨진 글씨.

복음서의 중심인물로, 이분을 알리려고 복음서가 쓰였다. 로마의 지배를 받던 기원전 7/6–4년 사이에 팔레스티나에서 유다인으로 태어나 갈릴래아의 나자렛에서 성장하신 그분은, 28년쯤 성령을 가득히 받고 하느님 나라가 왔음을 선포하는 공생활을 시작하셨다. 하느님의 자비와 하느님 나라의 현존을 말씀과 온 삶으로 생생하게 보여 주셨던 그분은 30년(일부 33년) 4월쯤 십자가형을 받고 돌아가셨다가 부활하셔서 그리스도로 선포되었다.

마르코는 예수의 탄생 기사 없이 바로 고대 예언의 성취로 이루어진 공생활의 시작부터 기술하며, 그분의 가르침을 길게 나열하지 않고(4장과 13장 제외) 오히려 그분의 힘있는 행위에서 그분을 깨닫도록 묘사한다. 그분은 새롭고 강력한 권위를 지니고 모든 일을 주도하셨으며, 성전 체제를 중심으로 한 기존 유다의 권력 구조를 거침없이 비판하면서 성별과 지역, 인종과 정결의 경계를 무너뜨리셨다. 그분은 특히 사회적으로 보잘것없었던 어린이와 여성, 병자를 존중하고 섬기는 데 애쓰셨다. 또 하느님의 새 가족을 구성하시고 새 공동체가 가야 할 새 삶의 길을 가르치며 솔선수범하셨다. 마르코는 어떤 칭호로도 다 표현할 수 없는 예수의 신원을 몇 가지 칭호로 밝힌다. 칭호는 대상의 성격과 관계를 나타낸다.

(1) 하느님의 아들

이 단어는 본래 어떤 특정한 신분이 아니라 하느님과 밀접한 관계에 있음을 표현하는 말이었다. 이스라엘에서 이 말은 이집트에서 나온 이스라엘 백성(탈출 4,22; 신명 14,1; 호세 11,1), 현자(집회 4,10), 고난당하는 의인(지혜 2,13-18)을 가리킬 때도 있으나, 주로 이스라엘과 유다의 임금, 특히 다윗 계보의 임금(시편 2,7; 89,27-28)을 가리켰다. 그리스 로마 세계에서도 신적 인물로 간주되던 로마 황제(칼리굴라가 그렇게 자처했다)나 영웅, 놀라운 기적을 행한 이를 가리켜 '신의 아들'이라 불렀다.

그러나 바오로가 예수를 '하느님의 친아드님'(로마 8,3.32; 갈라 4,4 등)이요 '하느님의 모상'(콜로 1,15)으로 고백하듯, 초대 교회에서는 이 단어를 그리스도이신 예수에게만 적용하여 그분의 신성을 표현하는 칭호로 썼다. 마르코 복음서에서 8번(1,1과 13,32의 아들 포함) 쓰인 이 말은 예수 인생의 결정적 시기였던 시작 부분의 세례 때(1,11), 가운데 부분의 예수 변모 때(9,7), 마지막 부분의 십자가 죽음 때(15,39) 등장하며 가장 중요한 칭호로 쓰인다. 그중 두 번에 걸쳐 하느님께서 직접 '사랑하는 아들'이라고 계시하시어, 당신과 예수의 유일무이한 특별한 관계를 드러내신다(요한은 예수를 하느님의 '외아드님'으로, 바오로는 '맏이'로 강조한다. 요한 1,14.18; 3,16.18; 로마 8,29; 콜로 1,18 참조). 예수께서는 이 칭호를 당신에게 적용하지 않으셨다.

하느님 외에 초자연적 존재인 마귀들만이 예수가 하느님의 아들임을 간파한다(3,11; 5,7 등: 백인대장만 예외). 메시아가 더러운 영을 추방한다고 기대하지 않았으므로, 마귀 추방은 하느님 아들의 권능으로 이루어진 것이다(1,24).

그럼으로써 마르코 복음서에서 하느님의 아들은 하느님께 순종하여 그분의 전권全權을 드러내고 그분의 뜻을 온전히 가르치며 선포할 수 있는 유일한 구원자로 나타난다(2,5–10.17). 예수께서는 하느님을 "아빠"(*abba* 아람어)라고 부르셨다(14,36). 당대의 유다인들이 사용하지 않았던['나의 아버지'(*abi*)라는 호칭을 사용했다.] 이 호칭을 통해, 그분은 하느님에 대한 깊은 신뢰와 순종, 친밀한 관계를 드러내신다(12,6; 13,32). 그러나 사람이 '하느님의 아들'이란 그분의 신원을 깨닫고 고백한 때는 예수께서 돌아가신 다음이다(15,39).

(2) 그리스도(그리스어 *christos*; 히브리어 마쉬아흐mashi'aḥ; 아람어 '므쉬하')

본디 이 말은 형용사로 그 뜻은 (하느님의) '기름부음을 받은'(이)이다. 이스라엘에서 '기름부음'은 특정 인물을 선택하여 하느님의 특별한 보호를 받으며 그분의 뜻을 펴는 이로 드러내는 의식이었다. 기름부음 받을 대상으로는 때로 예언자(시편 105,15 참조)가 뽑혔지만, 대다수는 임금(1사무 9,16; 10,1; 2사무 2,4 등 구약성경에서 39회 중 29회에 해당)이었다. 예언자나 백성, 원로들이 기름을 부어 임금으로 세우는데(2사무 5,3; 19,10 등 참조), 즉위식의 일부인 이 예식을 통해 임금은 하느님과 밀접한 관계를 맺고(이런 의미로는 '하느님의 아들'과 유사하다) 하느님의 뜻을 실현해 갈 거룩한 사람으로 인정받았다. 그래서 임금은 종종 "주님(야훼)의 기름부음받은이"로 불렸다(1사무 24,7.11; 26,9.11.16.23; 2사무 23,1).

왕국이 무너진 바빌로니아 유배 이후에는 임금을 대신하여 대사제가 기름부음을 받아 하느님의 뜻을 드러내었다(레위 4,3; 2마카 1,10). 그러나 시리아의 탄압과 하스모네아 왕조의 통치, 로마의 식민 지배를 차례로 겪으면서, 유다인들은 외국의 억압 체제를 뒤엎고 하느님의 해방과 평화를 이룰 존재로 메시아를 점점 더 기대하게 되었다. 메시아에 대한 기대와 관점은 분파에 따라 '아론 같은 대사제 메시아와 다윗의 아들인 이스라엘의 메시아'(쿰란 〈공동체 규칙서〉 9,10), "의로운 지혜를 지닌 다윗의 아들인 임금"(솔로몬의 시편 17,21-42) 등 다양했으나, 일반 백성은 독립 주권을 갖고 야훼 신앙을 지키며 좀 더 평등하게 살 수 있는 강력한 다윗 왕국의 재건을 꿈꾸었다.

그래서 마르코 복음서에서 그리스도란 칭호는 매우 조심스럽게 쓰이며, 예수의 수난과 죽음의 맥락과 연관되어 등장한다(8,31; 14,61; 15,32). 마르코는 메시아와 십자가의 신비를 분리할 수 없으며(15,39), 그분의 삶과 선포에 담긴 의미와 참된 신원도 부활한 후에야 비로소 알 수 있게 된다고 고백한다. 그러나 나무(십자가)에 매달린 사람은 하느님의 저주를 받은 자(신명 21,23)라고 여겼던 유다인들은 십자가에서 수치스럽게 죽은 예수가 세상을 살리고 구원하는 메시아라는 주장을 수용할 수 없었다. 그런 뜻에서 마르코는 당시 사람들에게 매우 낯설고 당황스러운, 고난받는 메시아관을 제시한 셈이다.

그래선가 마르코 복음서에서 예수께서는 제자들과(8,30) 더러운 영들에게(1,25.34; 3,12) 자신의 메시아 신원을 공표하지 말라고 엄금한다. 또 치유받은 사람들에게도 그 사실을 알리지 말라고 엄히 이르신다(1,44; 5,43; 7,36: 공표 허용 5,19). 바깥 사람들과 구분하여 제자들에게만 따로 가르침을 전하신다(4,10.34; 7,17; 9,28.31-50; 13,3). 이는 전통적으로 예수 생전에 당신을 메시아로 여겨 폭동을 일으킬까 우려하여 침묵을 명하셨다고 이해하였다. 그런데 빌헬름 브레데는 이런 표현을 묶어 '메시아의 비밀'이라고 불렀다(1901년 발표). 그러면서 이는 예수께서 자신을 메시아로 내세우지 않으셨지만 초대 교회가 예수를 메시아로 믿었기 때문에 이 두 사실 사이의 긴장을 해결하기 위해 마르코가 설정한 신학 표현이라고 설명하였다.

(3) 사람의 아들

구약성경에서 '사람의 아들'[히브리어로 '아담의 아들'(*ben-'adam*), 아람어 *bar-'enash*]은 보통 사람 또는 인류를 포괄하여 '어느 누구'라는 개별 인간을 뜻했지 특별한 칭호로 쓰이지 않았다(이사 51,12; 시편 80,18: 가장 많이 쓰인 에제키엘서의 용법에 대해서는 의견이 엇갈린다. 에제 2,1; 3,4 참조). 그런데 기원전 2세기 시리아의 박해 시기에 나타난 묵시문학인 다니엘서에서 사람의 아들은 새로운 의미를 갖는다. 그는 마지막 때에 하느님의 위임을 받아 하늘 아래 모든 나라와 민족을 심판하고 다스리게 되는 천상적 존재이다(다니 7,13–14). 이때 그는 '사람의 아들 같은 이'라고 비유된다(그가 누구를 가리키는지에 대해 여러 의견이 있지만, '이스라엘 백성'을 가리킨다고 본다. 김혜윤, 《두려움이 삶을 삼켜버려도》 174–184쪽 참조). 이 이미지는 지혜서(3,8), 묵시문학인 에녹 1서(37–71)와 에즈라 4서(11–13) 등에 널리 사용되었다.

신약성경에서 이 단어는 주로 복음서에[사도 7,56; 히브 2,6("사람"으로 옮김); 묵시 1,13 예외], 그것도 예수 자신의 말 속에 빈번하게 등장한다. 마르코 복음서에서 14번 나오는 이 단어는 크게 세 범주로 쓰인다. 주 예수의 인격과 연관하여 자신을 가리킬 때(2,10.28; 14,21.41), 예수의 수난과 죽음과 부활을 통해 이루어지는 구원과 연결되는 말(8,31; 9,9.12.31; 10,33–34.45)로, 묵시적 맥락에서 마지막 때에 영광스럽게 오실 심판자를 가리킬 때(13,26; 14,62) 쓰인다. 가장 두드러진 점은 "사람의 아들은… 섬기러 왔고 또 많은 이들의 몸값으로 자기 목숨을 바치러 왔다"(10,45)는 선언이다. 이 말씀에서 그리스도인은 고난을 견디어 낼 수 있는 믿음과 용기를 얻는다.

하느님의 아들이 예수와 하느님의 유일무이한 관계를 가리킨다면, 사람의 아들이 지닌 포괄적 의미 속에는 구원자 예수의 인격과 영광스럽게 되심이 도드라지게 드러난다. 예수께서는 한 인간으로서 약하고 보잘것없는 인간의 고통과 죽음의 운명에 깊이 동참하며 연대하신다. 그리하여 그분은 하느님께서 지으신 본래의 참인간, 있는 그대로 있어야 하는 인간, 존엄한 인간의 모습을 보여 주신다. 그런 의미에서 그분을 따르는 이들도 다른 사람들과 깊이 일치해서 살아야 한다.

마르코는 그 밖에도 "더 큰 능력을 지니신 분"(1,7), "하느님의 거룩하신

분"(1,24), "다윗의 자손"(10,47-48에 나오나 정치적 의미는 없다), "주님"(7,28에서는 인사말로 볼 수 있고, 11,3; 12,37에서는 특별한 의미가 없다), "유다인들의 임금"(15,2.9.12.18: 빌라도), "이스라엘의 임금"(15,32: 수석 사제들의 조롱)이란 호칭으로 예수를 가리킨다. 예수께서는 당신을 예언자에 빗대시나(6,4), 마르코는 결코 그분을 그렇게 부르지 않는다(그에게 예언자는 이사야와 세례자 요한일 뿐, 그분은 그 이상이다. 1세기에 예언자는 메시아란 의미와 일부 겹쳐 있었다). 또 그분을 단순한 선생이나 기적을 일으키는 이로 부르지도 않는다. 그가 거듭 강조하는 사실은 수난과 죽음과 부활을 거쳐서야, 예수가 하느님의 권위와 권능을 지닌 하느님의 아들이요 그리스도요 사람의 아들임이 온전히 드러난다는 것이다(예수의 칭호에 대해서는 샤를르 페로, 《초대 교회의 예수, 그리스도, 주님》 참조).

2) 제자들

마르코 복음서에서 예수 다음으로 중요하게 나오는 인물이 예수의 제자들이다. 그들은 예수의 부르심을 받아 스승이신 예수와 늘 함께 머무르면서(3,14) 그분의 인격과 삶의 방식, 가르침을 배우며 그분의 운명과 사명까지 전해 받는 일종의 도제였다[마르코 복음서에서 제자를 가리키는 말로 46번 나오는 마테테스(*mathētēs*)는 '배우는 사람'을 뜻한다]. 제자 중 예수가 직접 뽑은 열두 명의 공식 제자단이 중요한 역할을 맡는다.

마르코 복음서에서 열두 제자는 공생활 초기에 선뜻 부르심에 응답하는 등 긍정적으로 묘사된다. 그들은 예수께서 원하시는 이들로 마귀들을 쫓아내는 권한을 받고(3,13.15) 끊임없이 남다른 가르침을 받는다(4,10-11.34). 심복 제자들의 경우 계시의 순간까지 동석하였지만, 믿음보다 두려움이 크고 예수의 신원을 알아보지도 못하며, 그분의 말씀도 오해한다. 또 마지막까지 영광과 권력을 추구하다 예수를 배반하는 부정적 모습으로 끝난다(마태오와 루카는 이런 부정적 모습을 대부분 삭제한다). 열두 제자 중에서 예수의 수난과 죽음에 동반하는 이는 아무도 없다(14,50 이후 제자라는 단어조차 나오지 않는다). 하지만 예수께서 그들을 외면하거나 배척하지 않고 다시 받아들이시어 제자단의 회복을 암시하신다(16,7: "가서 제자들과 베드로에게…"). 반면에 몇몇 여성과 바르티매오 같은 부수적 제자들이 섬김과 따름의 참다운 제자의 모습을 보여준다.

마르코는 이러한 제자들의 모습을 통해 연약한 인간으로 예수를 따르는 '길'이 쉽지 않음을, 그럼에도 그리스도인이 성령의 도움을 받아 진정한 제자의 길을 끝까지 걷도록, 설사 실패했더라도 다시 시작하도록 격려한다. 그 길은 스승이 걸어간 십자가의 길이다. "우리는 하느님의 상속자입니다. 그리스도와 더불어 공동 상속자인 것입니다. 다만 그리스도와 함께 영광을 누리려면 그분과 함께 고난을 받아야 합니다"(로마 8,17).

3) 군중과 기타 인물

예수께서 치유하거나 가르치실 때 늘 군중이 모이고 함께한다. 그들은 "목자 없는 양들"(6,34)처럼 힘이 없기에 도움을 절실히 원한다. 그들은 예수의 가르침과 행위를 보고, 때로는 예수께서 그들을 치유하시는 모습을 보고 하느님을 찬양하며 놀라워한다. 대부분이 농부였을 이들은 출신에 관계없이 예수의 제자가 될 수 있다는 초대를 받는다("누구든지 내 뒤를 따르려면" 8,34; 3,34-35). 그래서 마르코 복음서에 나오는 군중(오클로스*ochlos*)을 일반 군중(라오스*laos*)과 구분하여 '민중'으로 보고 예수 사건의 한 축을 이룬다고 해석하는 견해도 있다(안병무). 하지만 군중은 열광할 뿐 예수의 말씀이나 신원을 전혀 이해하지 못한다. '다윗의 나라'를 기대하였던 그들은 결국 수난의 길로 나아간 예수를 배척하고 그분에게 십자가형을 요구한다.

4) 예수의 적대자들

예수의 자유롭고 권위 있는 행동과 가르침에 반발하여 그분을 죽이려는 이는 지방과 예루살렘의 바리사이들(2,16-24; 7,1; 10,2)과 율법 학자(2,6; 3,22; 7,1; 12,28), 사두가이들(12,18)과 수석 사제들과 원로들(11,27)이다. 당시 유다 사회의 지도자들인 그들은 성전과 율법에 터 잡은 기존의 사회 체제와 자신들의 권력이 예수의 도전과 위협을 받게 되자, 마침내 예수를 죽인다. 그들의 적대 행위는 예수의 명성이 높아질수록, 갈릴래아에서 예루살렘으로 갈수록 거세진다. 그들은 예수에게 수치를 안기려고 여러 형태로 도전하지만, 하느님 나라를 보지도 듣지도 못하는 눈멀고 귀 먹은 믿음 없는 세대로 판명된다. 그들이 하느님에게서 받은 권력을 남용하고 하느님의 일보다 사람의 일에 주력하는 것은, 마음이 완고하고(10,5) 하느님의 능력을 모르며(12,24) 하느님을 사랑하지 않기 때문이다(12,33). 예수를 조롱하고 십자가에 처형한 빌라도 총독과 로마 군사들, 세례자 요한을 처형한 헤로데 안티파스도 이 적대 세력에 포함된다. 또 예수의 출신지인 나자렛 사람들과 예수의 친척들도 예수를 이해하고 받아들이지 못하며 배척하는 편에 선다.

5) 세례자 요한

세례자 요한은 마르코 복음에서 독특하게 한몫을 차지한다. 마르코는 그를 그리스도의 길을 준비하는 엘리야로, 예수와 제자들의 운명을 앞서 보여 주는 전형으로 소개한다. 마르코 복음서에서 요한과 예수와 제자들은 세 줄기로 병행되며 고리를 이룬다. 요한과 예수는 구약의 인용(1,2-3 공유)부터 세례(1,8), 광야 생활(1,4.6/ 1,12-13), 회개의 선포(1,4/ 1,14-15), 넘겨짐(1,14/ 15,10)과 죽음(6,14-29/ 14,43-15,47), 장례(6,29/ 15,43-46)에서 차례로 병행된다.

예수와 제자들은 특히 수난 기사에서 병행되는데, 그리스도인의 수난을 묘사한 13장과 예수의 수난을 기술한 14-15장이 그러하다. 가령 총독과 임금 앞에 서고(14,55; 15,1/ 13,9), 가까운 이들에게 배신당하며(14,44/ 13,12), 매 맞고(14,65/ 13,9), 미움받으며(15,29-32/ 13,13), 마침내 넘겨져 죽게 된다(14,44.65; 15,15/ 13,9.11.12). 세 차례의 수난 예고도 그러하다. 이는 곧 예수에게서 일어난 일이 제자들에게서 반복될 수 있으며, 이럴 때 스승 예수처럼 처신하라는 가르침이다. 또 요한과 예수의 제자들도 병행된다. 제자들의 선교 기사(6,7-13.30-33) 중에 끼어 있는 요한의 순교 기사(6,14-29)는 제자들의 순교 기사(13,9.11-13) 중에 삽입된 선교 기사(13,10)와 호응하며, 둘은 같은 운명의 연속선 위에 있다.

5. 마르코 복음서의 문학적 구성과 기교

1) 최초의 예수 이야기책

마르코는 이러한 자기 구상을 담기 위해 어떻게 했는가? 그는 먼저 예수에 관한 다양한 전승을 수집했을 것이다. 그것들은 예수가 그리스도임을 알리는데 적합하고 그리스도교 공동체에 의미 있는 신앙의 메시지를 전하기 때문에 계속 남아 전해졌을 것이다. 그 가운데 토막 말씀(예수의 짧은 말씀), 비유, 논쟁, 치유와 기적 이야기, 수난 사화 등이 있었을 것이다. 사실 예수 사건이 발생한 지 한 세대가 흐르는 동안, 각 그리스도교 공동체는 저마다 전해 받은 단편적인 예수 전승을 간직하고 있었고, 그런 전승이 떠돌아다니는 선교사들을 통해 여러 교회에 전해지면서 서로 결합되어 전승 덩어리가 되었을 것이다. 대부분은 구두 전승이었겠지만, 곧 닥치리라고 믿었던 종말에 대한 기대가 사라져 가고 전승들에 대한 윤색이 우려되면서 점차 기록되기 시작한 문헌도 일부 있지 않았을까 추정된다.

마르코는 이러한 여러 전승을 모아 단순히 편집한 것이 아니라, 이를 자신의 신학적 의도에 맞게 새롭게 구성하고 재해석한 독창적 저술가였다. 그는 역사적 사건으로 전체 틀을 짜 전승의 흐름을 잡고, 큰 단락 사이에는 연결 어구(이른바 '요약문')를 넣고, 여러 단편 전승을 엮어 통합하고, 필요한 경우에는 설명구를 넣어 하나의 서사(narrative, 의미 있는 일련의 사건을 시간 경과에 따라 기술하되 '발단-전개-절정-결말'을 갖추고 변화와 진행의 인과 관계까지 서술한 형태. 형식적 체계를 갖춘 이야기)를 이루었다. 그러면서 그는 비슷한 내용의 전승 묶음을 그대로 사용하거나 한데 모아(예: 13장) 연결시켰다. 가령 치유 기적과 논쟁(2,1-3,5), 비유 모음(4,1-34), 기적 이야기(4,35-5,43), 예루살렘 성전 논쟁(11,27-12,34) 등이다. 이로써 예수의 가르침이 한층 분명해지고, 갈등 또한 여실히 드러나게 된다.

마르코 복음서의 가장 큰 공헌은 단편으로 전해지던 예수의 가르침과 행적을 통합하여 서사(이야기) 형태로 전체 면모를 보여 주었다는 점이다. 이로써 예수 이야기가 계속 풍성하게 만들어질 수 있는 기초가 놓였고, 예수의 신원과 가르침을 더 깊이 이해할 수 있게 되었으며, 기억과 보존과 전달이 훨씬 용이해졌다. 이는 전혀 다른 환경에서 곧이어 등장한 마태오 복음서와 루카 복음서로 입증된다(마르코 복음서로 인해 '복음서'의 성격이 예수에 관한 특정 본문을 가리키는 말로 확정되었다).

2) 구술문화를 반영한 문학 기법

앞에서 썼듯이, 구술문화가 압도하는 당시의 교회에서 마르코는 이 복음서를 '독서용' 책이 아니라 가정교회의 전례 모임에서 공동체에게 들려 주려고 크게 '소리 내어 읽거나' 구연하는 책으로 서술하였던 것 같다(동작, 침묵, 인상적 둘러봄 등 활용). 그래서 마르코 복음서에는 듣는 사람들이 좀 더 잘 알아듣고 오래 기억하도록 구술문화의 기법을 많이 활용하였다.

우선 이야기를 매우 생생하고 자세하게 서술하였으며, 선명한 이미지의 언어를 많이 사용하였다. 특히 예수께서 연민을 느끼고 화를 내며 놀라워하셨다는 식의 강한 감정 표현을 그대로 드러내어 그분의 인간적 면모를 생생하게 나타내었다(1,41.43; 6,6; 8,12; 10,14.21 참조: 마태오와 루카는 이를 생략하거나 부드럽게 바꾸었다). 또 문장을 시작할 때 접속사 '그리고/ 그래서'(*kai*)로 시작하고(대략 88개 단락 중 80개 단락), '곧바로'(*euthys*: 마르코 42번, 마태오 7번, 루카 1번)라는 부사를 자주 써서 이야기를 빠르게 진행시키며, 예수께서 매우 부지런하게 움직이고 계신다고 묘사한다.

일반적으로 서사는 과거 사건을 토대로 진행하기 때문에 과거시제를 사용한다. 그러나 마르코는 곳곳에서 동사를 현재형으로 사용하여(151번이나) 듣는 사람들의 주의를 끌고 생생한 현실감을 주어, 과거 사건이 아닌 현재 이야기로 알아듣고 응답하도록 이끈다(이런 특성이 번역문에는 잘 나타나지 않는다). 또 '복음'(1,1.14-15; 8,35; 10,29; 13,10)이나 '권한'(1,22.27; 2,10; 3,15; 6,7; 11,28.29.33; 13,34) 같은 주요 핵심어와 주요 메시지를 담은 구절(2,9ㄴ.11ㄱ; 3,14.16; 5,29.34; 8,17.21; 14,6 등)을 반복하여 이야기를 이끄는 동시에 각인시킨다. 마르코의 독특한 기술 방식으로 두드러진 예는 '끼워 넣기'(일명 '샌드위치') 기법이다. 그는 두 가지 이야기를 연결시킬 때, 순서대로 하기보다 한 이야기의 중간에 다른 이야기를 끼워 넣는다. 그럼으로써 두 이야기가 대조되면서 서로를 풀이하고 긴장과 극적 효과를 한층 높인다. '야이로의 딸 치유 이야기'(5,22-24.35-43 참조) 중에 '하혈하는 부인 이야기'(5,25-34 참조)를 끼워 넣은 것 등 일곱 군데에 쓰였다(3,20-35; 6,7-32; 11,12-25; 14,1-9.10-25.53-72).

마르코는 이야기를 구성할 때 세 차례 반복하여 긴장을 고조시키며 강조하는 점층법(예수의 수난 예고와 베드로의 부인 등), 교차대구법(가나다나'가'), 비슷한 사건으로 앞뒤 단락의 틀 짜기(8,22-26과 10,46-52의 '맹인 치유 이야기'), 이야기를 시간 순서로 진행하다가 기억을 돕고 연관성을 보이기 위하여 과거 사건으로 돌아가거나(6,16−29; 비교 1,14) 미래 사건을 예시한다(예: 2,20; 3,6; 8,31 등의 예수 수난 부활). 그래서 이야기는 직선으로 나아가지 않고 지그재그로 움직이는데, 마르코는 특히 구약성경의 모티프를 자주 반영한다.

3) 마르코 복음서의 전체 흐름

마르코 복음서는 전체가 완결된 구조를 갖춘 하나의 통일된 서사이다. 마르코 복음서의 전개 축은 예수의 복음 선포와 행위를 중심으로 한 갈등이다. 이 갈등은 두 차원에서 전개되는데, 하나는 예수와 유다 지도자들의 외적 갈등이고, 또 하나는 예수와 열두 제자의 내적 갈등이다. 이 갈등들은 예수의 십자가 죽음으로 절정을 맞는데, 예수의 부활로 반전된 채 갑자기 끝난다. 결국 갈등은 완전히 해소되지 않고, 해결의 몫은 독자에게 남겨진다.

또 예수의 권위에 대한 태도를 중심으로 이야기의 흐름을 살피면, 처음에는 예수의 정체와(1,1−15 참조) 그분의 권위가 말씀과 행동으로 드러난다(1,16−3,5 참조). 그러나 주변 사람들은 그분을 이해하지 못한 채 배척하며(3,7−6,6ㄱ 참조), 제자들까지도 이해하지 못한다(6,6ㄴ−8,26 참조). 예루살렘으로 가는 길에서 예수의 신원이 다시 거론되고 그분이 겪을 일이 예고된다(8,27−10,52 참조). 다시금 그분의 권위는 도전받고 배척되며(11,1−13,37 참조), 그 결과로 십자가 처형을 받으나 끝내 부활하신다(14,1−16,8 참조). 전체의 무게 중심은 구원의 메시지가 본격적으로 드러나고 실현되는 후반부에 놓여 있다.

한편 이야기의 배경이 되는 땅을 살펴보면, 갈릴래아(1,14−7,23 참조), 갈릴래아 건너편 이방인의 땅(7,24−8,26 참조), 카이사리아 필리피 근처에서 예루살렘에 이르는 길(8,27−10,5 참조), 예루살렘(11,1−16,8 참조)이 차례로 이어진다(마르코 복음서에서 장소 변화는 대략 40번 정도다). 갈릴래아와 예루살렘은 각각 유다교의 변두리와 중심지, 예수의 가르침을 따르는 쪽과 배척하는 쪽, 계시와 구원의 은총이 드러나는 터와 구원자를 죽이는 터, 미래로 열린 장소와 과거에 굳어진 장소의 양쪽 세력을 상징한다.

4) 마르코 복음서의 언어

마르코가 사용한 언어는 헬레니즘 시대 이후 일반 사람들이 흔히 쓴 코이네(*koine*, '통용되는'이란 뜻) 그리스어다. 이것은 아테네의 아티카 방언이 좀 더 단순하게 발달된 언어로 비문어체非文語體이다(유식한 이들이 쓴 문어체의 고전 그리스어와 다름). 예수 시대에 도시는 물론 촌락에서도 거래하거나 경제 행위를 할 때 이 언어를 사용하였던 것으로 보인다. 마르코의 그리스어 사용은 별로 세련되지 않고 빈약하다. 그가 라틴어(주로 군사 · 사법 · 경제 분야)와 셈어 관용어를 섞어 사용한 사실로 미루어 볼 때, 마르코 복음서는 그리스어를 모국어로 하지 않고 헬레니즘 문화와 셈계 문화가 혼합된 복합 문화권에서 나온 것으로 여겨진다. 이 복음서에서 인용한 구약성경은 칠십인역으로, 특히 예언자 전승이 많이 이용되었다.

1세기에 글은 파피루스에 빈칸이나 띄어쓰기 없이 빽빽하게 쓰였다. 당시 파피루스 두루마리 1개의 값은 대략 4드라크마(숙련 노동자의 하루 임금)인데, 마르코 복음서를 쓰려면 대략 두루마리 한 개 반이 필요했을 것이다(바오로 사도가 로마서를 쓰는 데 필요한 파피루스 두루마리 한 개를 사려면 적어도 나흘을 일해야 했다). 당시 700줄짜리 잘 쓴 사본 하나의 값이 5데나리온(덜 세련된 것은 1.5-2데나리온)인데, 마르코 복음서는 대략 1400줄 정도였다.

6. 오늘 마르코 복음서를 읽는 까닭은?

고대에 입으로 전하던 전승을 글로 기록한다는 것은 실로 엄청난 변화이다.

글은 남다른 권위를 지닌다. 구전은 당시 상황, 말하는 이의 억양과 자세, 듣는 이의 처지 등 숱한 변수에 따라 창조적으로 덧붙여지거나 변질될 가능성을 언제나 안고 있다. 그러나 일단 글로 기록되면, 전승은 고정되어 더 이상 주변의 영향을 받지 않는 확고 불변한 본문이 된다.

마르코 공동체가 복음 '이야기'가 아니라 복음'서'를 필요로 했다는 것은 그리스도교가 안팎으로 혼란했던 그 시대에 좀 더 흔들리지 않는 삶의 기준을 복음에서 찾고자 했기 때문이다. 고정되어 표준화된 복음 본문을 공유함으로써 하나의 믿음으로 일치하고, 의사소통이 빈약했던 흩어진 그리스도인 사이의 신앙고백도 일치할 수 있으며, 삶의 준거점 역시 확실할 수 있었을 것이다. 이런 전략이 시대 상황에 유효하고 적절했음은 뒤이어 다른 복음서들이 쏟아져 나온 사실로 입증된다. 그 점에서도 성령의 이끄심은 역력해 보인다.

마르코 복음서에서 예수께서는 이렇게 물으신다. "너희는 나를 누구라고 하느냐?"(8,29) 이천 년 동안 배우고 익혀 왔건만, 우리는 이 물음 앞에서 여전히 막연해진다. 그분은 머리로, 입으로 대답하지 말고 삶으로 고백하라 이르신다. "내가 너희에게 하는 이 말은 모든 사람에게 하는 말이다"(13,37). 그분을 알고 나를 알기 위하여, 생명의 길을 찾기 위하여 우리는 다시 복음서를 읽는다. 지금 그 안에서 들려오는 말씀을 듣고 눈을 떠 "예수님을 따라"(10,52)가기 위하여.

"복음서를 읽는 것은 시를 읽는 것과 비슷하다. 이것은 상상적 체험이다. 연속된 사건과 말씀들이 결합하여 우리 마음속에 하나의 복합적이며 강력한 상징, 의미의 패턴을 창안하여 제시한다"(헬렌 가드너).

3세기 파피루스 사본(마르 8,10-26), 체스터 비티 파피루스, 영국도서관.

제1부

머리말: 예수, 그리스도, 복음의 시작
(1,1-13)

무릇 시작이 중요하다.

특히 시작은 하나의 전형典型을 보인다.

1부는 복음의 전체 방향과 성격을 드러내며 이야기 전체의 복선을 제시한다. 전체 주제와 구약성경에서 나타난 하느님의 계시를 소개한 뒤, 광야에서 벌어지는 일을 서술한다. 혼돈의 땅 광야에서 이루어지는 세례와 하느님 체험, 시험과 도전을 집중 묘사한다. 이 단락에는 세례자 요한과 예수 외에 놀랍게도 성령(세 차례)과 사탄(한 차례)까지 등장한다. 이로써 이야기의 세계가 지상과 천상, 자연 세계와 초자연 세계를 망라한 우주로, 종말까지 포괄하는 시간으로 확장된다. 이 무대에서 펼쳐지는 예수의 이야기는 마침내 그분과 함께 계시며 당신의 뜻과 권능을 드러내는 하느님의 이야기로 나타난다.

제1장 복음의 시작(1,1)

"[하느님의 아드님] 예수 그리스도의 복음의 시작"(1,1). 그리스어 다섯 개로 구성된 이 신앙고백이 마르코 복음서의 전체 꼴과 내용을 이해하는 열쇠다.

마르코가 처음 쓴 말은 "시작"(*archē*)이다. 그리스어 첫 글자 알파α로 시작하는 '아르케'는 근원적 '시작'을 가리킬 뿐 아니라 그 시작의 '근거', '기원', '범례'(paradigm) 등을 나타내며, 책의 내용이 예수 그리스도에게서 비롯되었다고 밝힌다. 이 과정을 아주 단순하게 표현하면, '하느님의 복음을 예수께서 받아 선포하셨다 → 마르코가 예수의 복음을 받아 전한다 → 그리스도인들이 마르코에게서 그 복음을 듣고 믿는다'로 정리할 수 있다. 다시 말해 이 책의 내용이 진정한 '복음'으로 믿을 만하다는 주장이다. 또 아르케는 마르코 복음서에 다 담길 수 없어 계속 넘쳐나는 '복음'의 '시작'일 뿐임을 의미하기도 한다.

나아가 '아르케'는 칠십인역 창세기와 요한 복음서의 첫머리에 쓰인 바로 그 단어(*En archē*, "한처음에")이다. 이 단어가 모두 같은 의미로 쓰이지 않았지만 분명하게 겹치는 의미를 갖는다. 마르코를 비롯한 초기 그리스도인들에게 예수 그리스도의 복음 선포는 정녕 새로운 창조 행위, 새 시대를 알리는 고고성呱呱聲으로 여겨졌다. 따라서 마르코 복음서에는 창조부터 종말에 이르는 시간의 전체 지평에서 전개되는 하느님의 새로운 창조 활동이 담겨 있다고 볼 수 있다. 곧 하느님께서 예수를 통해 창조 질서를 회복하고 당신의 통치를 알리시는 복음이 기록된 셈이다.

무엇이 시작되었는가? '복음'(*euangelion*)이다. 이 단어에 상응하는 히브리어 '베소라'(*besorah*)는 임명된 심부름꾼이 전하는 중요한 소식을 가리켰다. 여기에는 승전(1사무 31,9)이나 하느님의 구원 소식(시편 96,2; 이사 40,9) 같은 좋은 소식뿐 아니라, 궂은 소식(1사무 4,17)도 포함되었다. 헬레니즘 시대에 '복음'은 주로 승전의 기쁜 소식을 가리키는 전문용어로 쓰였다. 이 말이 로마 시대에는 신적 인간으로 일컬어졌던 황제의 출생, 새 통치자(황제)의 즉위 등 제국 전체에 큰 영향을 미치는 소식을 의미했다. 제국에서는 그것을 '복음'으로 선포하였다. "세상에게는 신神(아우구스투스)의 탄생일이 그분으로 인해 퍼져 나가게 된 복음의 시작이다"(기원전 9년, 터키의 프리에네에 세워진 아우구스투스 황제의 비문에서).

그러나 초기 그리스도인들은 하느님의 통치가 시작되었다는 선포, 그리하여 억압과 불의가 지배하던 옛 시대는 끝나고 평화와 의로움의 새 시대가 열렸다는 선포이자, 이 기쁜 소식을 알리고 구현하기 위해 하느님의 아드님 예수께서 메시아로 오시어 십자가에 달려 죽으시고 부활하심으로써 마침내 성취하셨다는 메시지를 '복음'이라 일컬었다(1테살 1,2-10; 1코린 1,17-25; 로마 1,1.9.16-17 참조: 생생하게 선포되는 복음을 기록한 특정 문학양식, 또는 그 기록물을 '복음서'라 부른 것은 후대이다). 마르코 복음서는 그 메시지를 선포하고 구현한 예수의 삶에 관한 이야기, 당시 세상에 성행하던 갖가지 구원 이야기 가운데 예수의 구원 이야기만을 복음으로 지칭한다. 여기에는 '예수에 관한 복음' 또는 '예수께서 선포하신 복음'이란 두 가지 뜻이 함께 들어 있다(마르코는 '복음'을 수식어구 없이 명사로만 썼다).

마르코는 로마 제국에서 주로 쓰던 이 정치적 표현을 어떻게 나자렛 사람 예수에게 적용하였을까? 복음에 대한 입장이 이렇듯 상반되기에, 1세기 사람들은 무엇이 진짜 '복음'인지 갈등과 긴장을 느꼈으리라. 허나 그리스도교 신앙에서는 분명하게, 황제를 중심으로 한 기존의 권력 질서가 아니라, '예수를 통해 드러난 하느님 나라'라는 새 질서의 출현이 바로 복음이다. 예수야말로 창조 이래 인류의 온갖 희망과 하느님의 약속을 온전히 성취하신 바로 그분이다. 복음의 중심에 예수 그리스도가 있다. 그분은 죽기까지 하느님 나라를 선

아우구스투스의 초상이 새겨진 로마 금화(앞). 명문은 '신의 아들 아우구스투스'이다.
뒷면에는 병사들이 평화를 상징하는 올리브 가지를 헌정한다. 로마 국립박물관.

포하시는 데 온전히 헌신하셨고, 그 결과 그분이 그리스도(메시아)이며 하느님의 아들이심이 드러난다.

예수가 '그리스도', '하느님의 아드님'이라는 의미는 무엇인가? 과연 예수의 진정한 신원은 무엇인가? 일부 유력한 사본에는 1장 1절에 "하느님의 아드님"이란 구절이 없다. 그래서 본래 없었는데 후에 필사자들이 이 구절을 삽입하였다고 추정하는 학자들이 있다. 그러나 마르코가 이 칭호를 예수의 핵심 신원으로 이해한 것은 분명하다. 마르코 복음서에서 이 두 칭호는 결정적 시점에 두 차례 함께 등장할 만큼 중요하다(8,29; 14,61). 그래서 마르코는 예수께서 그리스도요 하느님의 아드님으로 수행할 사명이 무엇인지, 그로 인해 어떠한 길로 가야 하는지, 그분을 따르는 삶이 어떠해야 하는지 16장에 걸쳐 밝힌다. 그는 이러한 의미를 깨닫지 못하는 제자들의 몰이해와 유다인 지도자들의 배척을 숨김없이 폭로한다. 아울러 예수의 섬김과 수난을 부각하면서 죽음과 부활을 통해서만 그분의 진정한 신원이 드러나며, 성령에 힘입어야 그분을 알고 끝까지 따를 수 있다고 강조한다. 그럼으로써 버릇처럼 '성자 우리 주 예수 그리스도'를 되뇌이며 고난과 섬김 없이 손쉽게 그분을 따르려는 오늘의 그리스도인들에게 그 신앙고백의 막중한 의미를 준엄하게 일깨운다.

제2장 구약성경과 세례자 요한(1,2-8)

세례자 요한, 국립도서관, 아테네.

어둠 속에 여명이 비추듯이 복음의 시작은 일찍부터 예고되어 있었다. "이사야 예언자의 글에 기록된 대로" 하느님께서는 이미 말씀하셨다. 그분의 구원 계획은 진작 마련되었고, 그분의 뜻은 벌써 서 있었다. 옛 말씀과 새 소식은 단절되지 않고 연속된다(대 바실리우스 교부처럼 1–4절을 한 문장으로 보면, 복음의 시작과 이사야서가 바로 연결된다). 마르코는 아직 확연히 드러나지 않았지만 하느님께서 이 모든 일을 주관하시고, 그분이 약속하신 때가 이르렀음을 암시한다.

흔히 구약의 마지막

예언자로 불리는 말라키는 하느님께서 마지막 때에 성전에 오시어 당신 사자를 통해 심판하신다고 경고하였다. "보라, 내(하느님)가 나의 사자를 보내니 그가 내 앞에서 길을 닦으리라"(말라 3,1). 탈출기는 이스라엘 백성을 광야에서 인도할 하느님의 사자를 소개하였다. "보라, 내가 너희 앞에 천사를 보내어, 길에서 너희를 지키고 내가 마련한 곳으로 너희를 데려가게 하겠다"(탈출 23,20). 이사야서는 유배 중인 백성에게 하느님의 위로를 전하며 그분이 하실 놀라운 일을 선포하였다. "한 소리가 외친다. '너희는 광야에 주님의 길을 닦아라. 우리 하느님을 위하여 사막에 길을 곧게 내어라'"(이사 40,3; 참조 40,1-5.9-11).

마르코는 먼저 첫 두 구절을 결합하여 인용하되, "보라, 내가 네 앞에 내 사자를 보내니, 그가 '너의' 길을 닦아 놓으리라"(1,2)고 적어 '나'를 '너'로 바꾼다(마르코 이전의 전승에서 이미 이 결합문이 형성되었다고 보기도 한다. 마태 11,10; 루카 7,27 참조). 그럼으로써 마르코는 '너'로 암시된 예수가 하느님과 특별한 관계임을 시사한다. 또 본래 바빌로니아 유배지에서 외쳤을 제2이사야의 소리("한 소리")를 "광야에서 외치는 이의 소리"(1,3)로 변경한다. 마찬가지로 바빌론에서 약속의 땅까지 곧게 길을 놓아 귀향을 준비하라는 이사야의 메시지를 변경한다. 즉 그들에게 오시는 하느님을 만나기 위해 광야로 나가 길을 준비하며 새롭게 정화하라는 내용으로 예언의 성격을 변화시킨다. "너희는 주님의 길을 마련하여라. 그분의 길을 곧게 내어라"(1,3: 쿰란 공동체도 이 본문에 근거하여 광야로 나갔다고 보기도 한다. 1Qm 1,3; 4QpIsa 2,18 참조). 아울러 '주님'도 이사야서에서는 모두 야훼 하느님을 가리키며 그분께서 직접 오신다고 표현되지만, 마르코 복음서에서는 예수가 주님이라고 강하게 드러낸다.

이와 같이 마르코는 예수 사건에 비추어 구약성경에 기록된 하느님의 말씀을 새롭게 해석하여 그것이 성취되었다고 강조한다(특히 보편적 구원을 예언한 이사야서 후반부를 많이 인용한다: 1,3=이사 40,3; 1,7.14=이사 40,10; 1,10=이사

64,1과 63,10; 1,11=이사 42,1. 해링톤, 68). 아울러 이 구절에 말라키서를 인용함으로써, 말라키로 예언의 시대가 끝났다고 믿었던 유다인에게 예언의 시대가 다시 열렸음을 알린다. 하느님 말씀이 다시 선포되기 시작했으며, 그분이 역사에 직접 개입하실 때가 임박했다는 의미다. 그러면 그때가 지금인가?

이 대목에서 '사자使者'나 '소리'가 가리키는 사람도 중요하지만, '길'을 마련하라는 내용도 의미심장하다. 마르코에게 길은 사람들이 다니는 '도로'를 넘어 '생활방식', '제자도弟子道'를 가리키는 매우 중요한 개념이다(8,27; 9,33-34; 10,32.52; 11,8 참조). 예수의 제자는 '길'이신 예수를 따르는(사도 9,2) 존재이다. 하느님께서는 지금 있는 길이 아니라 새로운 길, 새로운 삶의 질서를 마련하라고 이르신다. 지금 누가 그 길을 마련하고 있는가? 그 길로 나오라고 초대하고 있는가?

"이사야 예언자의 글에 … 기록된 대로 세례자 요한이 광야에 나타"(1,2-4)났다. 구약성경에 제시된 약속이 실현되었다는 말이다. 그러므로 하느님께서 하신 말씀을 잊지 않고 기억하는 것은 매우 중요하다. 현재는 그 말씀을 상기하고 실현을 기대하는 때다. 구약성경은 하느님께서 심판하실 주님의 날에 앞서 하느님의 사자로 '엘리야 예언자'가 파견되어 준비시킬 것이라고 말하는데(말라 3,23; 집회 48,10), 마르코는 세례자 요한이 그 엘리야라고 주장한다. 마르코는 요한의 가족이나 신상 명세를 밝히지 않는다. 루카는 요한('야훼는 은혜로우시다'는 뜻)이 사제 즈카르야('야훼께서 기억하신다'는 뜻)와 엘리사벳['하느님은 (나의) 맹세'라는 뜻]의 아들이라고 밝힌다(루카 1,5-25.57-80 참조).

요한은 정결례와 희생 제물을 드리는, 당시 유다의 중심지인 예루살렘 성전에서 활동하지 않는다. 오히려 외진 변두리 '광야'에 등장함으로써 이사야의 예언을 성취한다(1,4). 성경에서 광야는 양면성을 지닌다. 인간이 살기 힘든 황량한 광야는 흔히 혼돈과 악령의 거처였다(레위 16,10 참조). 또 도망자들의 도피처였다(모세: 탈출 2,15; 다윗: 1사무 23,14). 한편 광야는 이스라엘 민족이 약속의 땅으로 가면서 하느님의 백성으로 양육되고 변모되는 장소이자,

하느님을 시험하고 또 시험받은 곳이었다(탈출 15–19장; 호세 9,10). 아울러 하느님의 현존을 체험하는 피난처(엘리야: 1열왕 19,3–5; 묵시 12,6.14 참조)였다. 그런 면에서 광야는 이스라엘 백성의 모태요 갱신의 터전으로 깊이 새겨졌다(호세 2,16–25; 참조 마르 6,31–44; 8,4–8). 요한과 예수의 광야 활동은 그들이 이 오랜 이스라엘 신앙사의 현장과 전통에 단단하게 얽혀 있음을 보여 준다.

요한이 활동한 광야의 지리상 위치는 분명치 않다. 요한 복음은 그곳을 "요르단 강 건너편 베타니아"(요한 1,28), "살림에 가까운 애논"(요한 3,23)으로 소개한다. 현재 베타니아를 예리코 맞은편 요르단 영역인 와디 알 카라르의 남쪽 텔 마르 리야스로 보고 발굴 중이다. 당시 그 지역은 유다 광야의 동쪽 접경지대로 헤로데 안티파스의 영토였으며, 엘리야의 승천 장소로 전해졌다(2열왕 2,6–12; 참조 여호 3,16). 요한은 광야에서 낙타 털 옷을 입고 가죽 띠를 둘렀으며 메뚜기(레위 11,22)와 들꿀(신명 32,13; 판관 14,8–9; 1사무 14,25)을 먹고 살았다(1,6). 이는 가난한 자의 모습인 동시에 고대의 예언자들처럼 하느님께 바쳐진 자로 충직하게 사는 모습, 특히 엘리야를 나타낸다(칠십인역 2열왕 1,8과 같은 표현; 참조 2마카 5,27; 즈카 13,4). 옛 예언자들이 그러했듯이, 요한 역시 야훼 신앙의 형식화, 극심한 불의와 부정에 대항하여 참된 신앙을 가르치고 지키기 위하여 위태로운 믿음의 길에 온몸을 던질 것이다. 그의 투옥과 비참한 최후(6,17–29 참조)가 이를 입증한다.

요한이 나타나자, "온 유다 지방 사람들과 예루살렘 주민들이 모두 그에게"(1,5) 나왔다. 당시 기록을 보면, 요한의 출현과 활동은 당시 유다인들에게 큰 영향을 미쳤다(유다 역사가 요세푸스가 94년경에 기록한 《유다 고대사》: 루카 3,15; 11,1; 요한 1,6–8.15.20 참조). 특히 그는 특별한 세례를 베푼 일로 인해 '세례자'라는 별명까지 얻었다(《유다 고대사》 18권 5장 2). 그를 따르는 사람들도 적지 않았으며 꽤 큰 공동체를 이루었던 것 같다. 예언의 부흥을 갈망하고 있던 당시 유다인들은(1마카 4,46; 14,41; 마태 11,9 참조) 요한을 하느님의 길을 선포하는 예언자로 여기며 존경하였던 것으로 보인다(11,32).

요한은 무슨 일을 하였는가? 그는 옛 예언자들처럼 이스라엘의 죄를 고발하며 회개하라고 요구하고 세례를 베풀었다. 요약하면 '회개의 선포와 세례 집행'이다. 히브리어로 '회개하다'(*shub*)는 본래 '(어디에서) 돌아오다', '갔던 길을 돌이켜오다'를 뜻하며 '길'과 연관되어 있다. 비유적으로 악과 우상을 좇았던 마음은 물론 의지와 행실까지 포괄하는 삶 전체의 '방향을 온전히 하느님께 돌린다'는 뜻이다. 그리스어로 '회개하다'(*metanoeō*)는 본래 '뒤늦게 깨닫다'는 뜻으로, 그 결과 '마음이나 목적을 바꾸다'는 뜻을 갖는다. 더 나아가 '죄를 깨닫고 거기에서 벗어나다'는 뜻으로 확장되었다. 여기서 요한이 요구한 회개의 표시는 자신의 죄를 깨닫고, 잘못을 드러나게 고백하는 것이다(1,5). 요한은 회개가 말로만 이루어지지 않고 실제 행실로 드러나길 요구했다(루카 3,7-14 참조). "하느님께서는 고백하고 회개하는 이들과 쉽게 화해하시기 때문이다"(요세푸스, 《유다 전쟁사》 5권 9장 4).

그는 왜 세례를 베풀었을까? 에세네파에서 흔히 볼 수 있듯이, 당시에 세례 예식은 널리 반복하여 행해졌다. '정화', '정결'을 뜻하는 의미로, 또는 한 종파에 입문할 때 세례 예식이 행해졌다. 그런데 요한은 한 사람에게 한 번만 세례를 베풀었던 것으로 보인다. 그 성격이 다소 분명치 않지만, 아마도 죄를 고백하고 회개한 사람들이 하느님에게서 '용서받았음'을 상징하는 예식으로 요르단 강에서 침례로 행해졌던 것 같다['세례를 주다'(*baptizō*)의 본뜻은 '적시다', '담그다', '완전히 젖게 하다']. 회개와 세례와 죄의 용서는 모두 하느님에게서 오는 동일한 은총의 선물이라 할 수 있다.

요한은 회개하여 주님의 길을 찾으라고 권고하는 데 그치지 않았다. 그는 가까운 미래에 하느님께서 개입하시리라고 선언했다. 자기보다 "더 큰 능력을 지니신 분이 (시간상) 내 뒤에 오시"(1,7ㄱ)고, 그분은 "성령으로 세례를 주실 것이다"(1,8; 참조 에제 36,25-26)고 외쳤다. 바로 이 소식을 선포하는 일이 요한이 해야 할 가장 중요한 임무였다. '곧 오실 분'을 선포하는 요한의 모습에서 구약성경에서 기대하였던 엘리야를 볼 수 있다(다만 요한은 말라 3,23처럼

'주님의 날'이 아니라 '사람의 아들'이 오신다고 예고한다. 9,11 참조). 또 그는 성령의 존재를 처음 언급한다(곧이어 나오는 1,10.12에서 성령이 주체로 등장한다).

이제 곧 주님께서 요한이 마련한 길을 통해 오실 것이다. 그분이 얼마나 위대하신지, 요한은 "몸을 굽혀"(마르코 복음에만 나옴) 그분의 신발(샌들) 끈을 풀어 드릴 종의 자격조차 없다(1,7ㄴ). 그분은 요한이 받지 못한 성령을 받아 더 큰 능력을 드러내실 것이다(1,21-27; 3,20-27 참조). 나아가 '성령으로 세례를 베푸실 것'이다. 마르코는 오시는 그분을 하느님의 아들 예수로 드러낸다. 성령은 예수께서 세례를 받으실 때 내려오시어(1,9-11), 예수 안에서 늘 힘 있게 작용하셨다(사도 10,38 참조). 하지만 하느님께서 성령을 부어 주시는 성령 세례 자체는 예수 부활 후에 성령께서 오시면서 실현된다(사도 2,1-13; 19,1-7 참조). 결국 요한의 외침을 듣는 이는 누구나 자기 삶의 방향을 바꿔 주님이 오시는 길로 나아가라는 메시지를 강력하게 받고 있는 것이다.

교회는 매년 주님이 오시는 성탄시기에 앞서 '대림시기'를 지내면서 특별히 세례자 요한을 묵상한다. 대림 제2주일(나해)에 봉독되는 마르 1,1-8과 2베드 3,8-14에 귀 기울이면서, '요한의 후계자'격인 그리스도인들은 다시 오실 주님, "새 하늘과 새 땅"(2베드 3,13; 묵시 21,1)을 기다리며 주님에 대한 믿음을 고백한다. 주님은 결코 먼 훗날이 아니라 지금 여기에 다시 오실 수 있기에, 그리스도인은 자신부터 회개하는 뜻으로 보라색 대림초에 불을 밝힌다. 아울러 '지금 여기에' 함께 계신 주님의 현존을 깨닫고 회개와 사랑의 삶으로 신앙을 증거한다. 이 일이 주님을 위해 '길을 곧게 내는' 것이기에.

제3장 예수의 세례와 유혹(1,9-13)

1. 예수, 세례를 받으시다(1,9-11)

이사야의 예언대로 요한이 등장했고, 요한이 '더 큰 능력을 지니신 분'의 오심을 예고한 대로 마침내 예수께서 등장하신다. 하느님의 계획은 예고된 대로 하나씩 실현된다. 마르코 복음에서 예수의 세례 기사는 유혹 기사와 짝을 이뤄 복음서 전체의 기초를 이룬다. 예수께서는 "갈릴래아 나자렛에서 오시어"(1,9) 세례를 받으시고 다시 "갈릴래아에 가시어"(1,14) 일하실 때까지 광야에 머무르신다. 그런데 이때 있었던 사건을 통해, 복음서 전체의 핵심인물인 나자렛 예수의 신원과 권위가 밝혀진다.

마르코는 예수의 출생 기사를 소개하지 않는다. 단지 그를 나자렛 출신이라고만 언급한다. 나자렛은 구약성경에 전혀 언급되지 않는 갈릴래아 남부의 작은 마을이다(1,24; 10,47; 14,67; 16,6). 이즈르엘 평야의 한 산지(해발 380m)에 자리 잡은 나자렛은 갈릴래아 호수에서 24km, 지중해에서 32km, 예루살렘에서 160km쯤 떨어져 있다. 당시 나자렛 인구는 대략 삼사백 명 정도로 추정되는데, 북서쪽으로 6km 정도 떨어진 대도시 세포리스(인구 이삼만 명으로 추정)의 영향권에 속해 있었다. 세포리스는 기원전 4년에 이곳 출신 유다가 봉기하여 로마군에 의해 초토화되었다. 그러나 헤로데 안티파스(기원전 4-기원후 39년 재위)가 그곳을 자기 영토의 수도로 삼아 로마식 도시로 재건하면서 갈릴래아에서 가장 강력한 도시로 만들었다. 왕궁과 극장, 인구 수만 명의 헬레니즘의 화려한 대도시 세포리스는 그 주변에 있는 빈한한 촌락 나자렛과 극적 대조를 이룬다. 그러나 어느 복음서에도 세포리스는 등장하지 않는다.

갈릴래아 지방('원'이라는 뜻, 남북 길이는 대략 72km)은 역사상 출애굽 전승과 예언자 전통이 강했던 북이스라엘의 옛 영토였다. 아시리아의 티글랏 필에세르 임금에게 정복당한(기원전 733년) 뒤로 이방인들이 이주해 와, 가난한 북이스라엘 토착민들과 어울려 살았던 것으로 추정된다. 하지만 고고학의 발굴 결과, 기원전 8세기 후반부터 기원전 2세기까지 주요 도로 주변을 제외하고는 지속적으로 거주하면서 뚜렷한 문화 정체성을 보인 흔적이 없었다. 하스모네아 왕조의 아리스토불로스 1세(기원전 104년)가 이 지역을 다시 점령한 다음에 유다인들이 본격 이주해 정착하면서 유다와 연결되었다. 하지만 둘의 관계는 그다지 돈독하지 않았다. 유다의 지도층은 여전히 이방인 지역으로 둘러싸여 있는 이 지역을 덜 거룩한 땅으로 여기며 "이민족들의 갈릴래아"(마태 4,15=이사 8,23)로 여겼다. 게다가 갈릴래아는 팔레스티나 최대의 곡창지대였지만, 그만큼 많이 빼앗겨 대다수 농민이 소작인으로 힘들게 살았다. 그럼에도 야훼 신앙에 대한 열정은 뜨거워 로마에 대항하는 대규모 민중 봉기를 일으켰다(기원전 4년과 기원후 6년). 그로 인해 지배층은 주저없이 갈릴래아를 가장 불온한 지역으로 꼽고 주목했다.

갈릴래아 사람 예수께서는 요한을 찾아와 세례를 받으신다(1,9). '유다와 예루살렘' 출신이 아닌 갈릴래아 출신으로 유일하다. 그것도 갈릴래아에서 가장 이름 없는 '나자렛' 출신이다. 그분은 왜 세포리스나 다윗의 도성인 예루살렘에 가지 않고, 숱한 죄인들이 모여 드는 광야로 가셨을까? 역사에서 추정해 보면, 예수께서는 요한에게 세례를 받으신 후 그의 공동체와 어느 정도 관계를 가졌던 것 같다. 요한의 제자였던 안드레아가 예수의 제자가 되고(요한 1,35-40), 요한의 세례터 근처에서 예수의 제자 일행이 세례를 베풀었으며(요한 3,23-26; 4,1-2), 사람들이 예수를 요한과 동일시했던(6,14-16) 것을 입증자료로 들 수 있다.

그러나 마르코 복음의 맥락에서 예수께서 세례를 받으신 까닭은 두 가지로 생각해 볼 수 있다. 하나는 예수께서 요한이 베푸는 세례라는 상징 행위에 참여하여 그를 인정하고 지지하신 것이다. 또 하나는 연대성이다. 예수께서는 죄가 없는 분이셨지만(히브 4,15), 죄의 용서가 필요한 인간 존재와 연대하기 위해(2코린 5,21 참조) 함께 세례를 받으신 것이다. 사실상 본문에서 그분은 다른 사람과 달리 죄를 고백하지 않으신다. 하지만 세례를 통해 여느 사람과 같은 당신의 인성人性을 드러내신다고 볼 수 있다. 또 그분은 물속으로 완전히 들어가 잠기시는데, 이는 일종의 죽음을 뜻한다(창세 7,20–21; 마르 10,38–39; 로마 6,3–4 참조). 그렇게 보면 세례 기사는 모든 이의 죄를 뿌리부터 용서해 주려는 예수의 활동과 죽음을 암시하는 시작 부분일 수 있다.

예수께서 물속에 잠겼다 올라오면서 보시니(요한의 세례는 침례였다), 곧바로 하늘이 갈라지고 있었다(1,10). '하늘이 갈라진다는 것'은 수동태로 하늘이 스스로 갈라지지 않고, 하느님께서 그렇게 하신다는 뜻이다. '갈라지다'(*schizō*)란 동사는 예수께서 죽으실 때 "성전 휘장이 위에서 아래까지 두 갈래로 찢어졌다"(15,38)에서 '찢어졌다'는 동사와 같다. 두 경우 모두 오랫동안 가려져 있던 것이 갑자기 활짝 드러나는 모습을 뜻한다(마태 3,16; 루카 3,21의 "열렸다" 비교). 한 번 찢어진 것은 원상으로 회복되지 않는다. 이로써 하늘과 땅이 만나고 소통한다(요한 1,51). 실로 오랫동안 지녀 왔던 갈망이 채워졌다. "아, 당신께서 하늘을 찢고 내려오신다면!"(이사 63,19; 참조 이사 24,17–20; 묵시 19,11) 에제키엘처럼(에제 1,1 참조) 예수께서는 갈라진 사이로 또 다른 세계를 체험하신다. 하느님께서 예수에게 내린 첫 번째 계시 또는 묵시 장면이다.

예수께서 물속에서 올라오실 때 "성령께서 비둘기처럼 당신께 내려오신다." 하늘과 땅의 두 움직임이 만나 합쳐진다. "비둘기처럼"은 비둘기 같은 형태를 가리키기보다 비둘기의 움직임에 빗댄 표현으로 이해할 수 있다. 구약성경에서 성령은 혼돈의 물 위를 감돌며 창조를 준비하시고(창세 1,2), 새 창조를 알리는 비둘기처럼 움직이셨다(창세 8,8–12 참조). 또 비둘기는 이스라엘을 상징한다(시편 68,14; 74,19; 호세 11,11). 여기서 강조점은 이스라엘에게 약속되었던 성령께서 오셨다는 데 있다(이사 44,3; 63,11; 에제 39,29; 요엘 3,1-2).

동시에 하늘에서 들려오는 소리, 하느님의 말씀은 이러했다. "너는 내가 사랑하는 아들, 내 마음에 드는 아들이다"(1,11). 구약성경에서 '하느님의 아들'은 주로 하느님과 특별한 관계를 갖는 특정 직무 또는 직책과 연관되어 쓰인다. 그 예로, 이스라엘의 임금(시편 2,7의 "너는 내 아들")과 뭇 민족에게 하느님의 공정과 정의를 구현하기 위해 오실 메시아(이사 11,3-5; 16,5; 예레 23,5), 고난받는 주님의 종("여기에 나의 종이 있다. … 내 마음에 드는 이다." 이사 42,1; 참조 이사 49,1-6; 50,4-11; 52,13-53,12)을 들 수 있다.

그렇다면 예수께서 하느님의 아들이란 말씀은 무슨 뜻일까? 여기서 한정형용사 "사랑하는"으로 예수와 하느님의 특별한 관계를 표현한다는 점이 중요하다. 특히 이 단어가 나왔다고 추정되는 히브리어 '야히드'(*yaḥid*)는 가족관계에서 '고유한' 또는 '유일한'이란 뜻을 지닌다('사랑하는 외아들'은 창세 22,2 참조). 또 '마음에 들다'는 표현은 '기뻐하고 즐거워한다', '선택한다', '결정한다'는 뜻을 갖는다. 결국 묶어 보면, 예수께서는 하느님의 외아들이요 종말론적인 이스라엘 임금으로 선택되셨다는 것이다. 더구나 지금 성령께서 그분에게 내려와 머무르신다. 그런 의미에서 예수의 세례는 마치 하나의 출산이요, 임금의 즉위식과 같은 중요한 순간으로 묘사된다. 이 장면은 나중에 예수의 죽음 때 재현된다. 성전 휘장이 찢어지고 "하느님의 아드님"이란 고백이 터져 나온다(15,38-39). 교회 전례에서 이 세례 대목과 '주님의 종의 노래'(이사 42,1-4)는 견진성사 미사 때 봉독된다.

세례자 요한이 엘리야의 뒤를 이어 전통적인 예언자 운동의 맥락에서 세례를 주었다면, 예수께서는 그보다 더 크고 근원적인 맥락에서 세례를 받으신다. 그분은 하느님의 사랑받는 아들로 아버지와 밀접한 관계를 맺어 기쁨을 드리신다. 그분을 통하여 하늘과 성전의 휘장은 찢긴다. 이제 앞으로 예수의 이야기, 하느님께서 예수를 통하여 이루실 일이 드러날 것이다. 무엇보다 예수에게 내려와 그를 사로잡아 이끄시는 성령으로 인해, 예수의 생활은 완전히 바뀐다. 지금까지 작은 농촌 나자렛에서 조용히 일꾼으로 사셨다면, 이제부터는 현자와 예언자, 기적을 일으키는 이를 넘어 그리스도로 일하실 것이다.

예수께서는 공적으로 확인할 수 없는 이 영적 체험을 통해 자신의 사명과 신원을 깨달으신다. 앞으로 그분은 당신의 말씀과 행위, 삶과 죽음과 부활로써 '하느님의 아들'이 어떤 존재인지 명백하게 드러낼 것이다.

예수의 세례가 그분의 정체를 드러냈듯, 그리스도인의 세례는 그가 누구인지 밝힌다(갈라 3,26–27 참조). 세례 때 그리스도인은 삼위일체 하느님의 사랑하는 자녀로 태어난다. 그 역시 '너는 내 마음에 드는 내 아들/딸이다'는 하느님의 말씀을 들으며 새롭게 태어난다(출산). 출산은 몹시 위험한 전환 과정이다. 그러나 새로 나지 않으면 자유와 생명을 얻지 못한다. 새로 난 그는 하느님의 은총과 성령의 인도로 그리스도의 길을 따르며 참다운 자유와 생명을 누리며 증거할 것이다.

가톨릭교회에서는 동방 박사의 방문으로 주님의 구원이 모든 사람에게 드러났다고 보아 '주님 세례 축일'에 앞서 '주님 공현 대축일'을 지낸다. 이와 달리, 동방교회에서는 '주님 공현 대축일'에 예수의 세례를 기념하며 연중 3대 축일 중의 하나로 성대하게 거행한다. 세례를 받으실 때 예수의 가장 중요한 신원이 '공적으로 드러났다'고 보기 때문이다. 이는 예수의 세례가 마르코 복음에서 차지하는 역할이 얼마나 큰지, 아울러 세례가 신앙인의 삶에서 얼마나 중요한지 잘 보여 준다.

2. 예수, 유혹을 받으시다(1,12–13)

예수께서 세례를 받으신 "즉시 영이 예수를 광야로" 내보냈다(1,12). 곱게 내보낸 게 아니라 쫓아내듯이 '내보냈다'(*ekballō*)는 무척 강한 말이다. 예수께서 악령을 쫓아내셨다고 할 때 쓰인 단어다. 성령께서 새 삶을 향해 힘차게 나가도록 예수를 광야로 몰아갔다고 볼 수 있고, 예수께서 성령으로 충만하시어 광야로 내달렸다고도 볼 수 있다. 그렇다면 왜 예루살렘 같은 큰 도성이 아니라 광야로 가야 했을까?

이미 앞에서 광야는 두 번이나 언급되었다(1,3.4). 광야에서 외치는 이에게 화답하듯, 예수께서는 광야에서 40일간 머무르신다(1,13ㄱ). 구약성경에는 이와 병행하는 내용이 여러 군데 나온다. 모세가 광야의 시나이 산에서 단식하며 40일간 머물렀고(탈출 34,28), 이스라엘 백성도 광야에서 40년간 머물렀다(민수 32,13). 엘리야 예언자도 천사가 전해 준 음식을 먹고 밤낮으로 40일을 걸어 광야에 있는 하느님의 산으로 갔다(1열왕 19,8). 이 모든 경우의 공통점은 '광야에서 만난 하느님'이다. 광야는 무엇보다 인간 생명을 위협하는 불모지요 혼돈의 터다. 그런데 놀랍게도 바로 이 광야에 창조와 구원의 하느님께서 현존하신다(신명 2,7; 32,10; 마르 1,2-4.35; 6,31-44 참조). 이스라엘 백성이 그러하였듯, 그분을 만나 가르침을 받아들여 관계를 맺으면 그분의 사람으로 변화된다. 하지만 그런 변화 과정에서 끊임없이 하느님께서 계시지 않는 듯한 유혹이 닥친다. 광야에서 예수께서는 이스라엘 백성이 지금까지 겪었던 모든 광야 체험을 집약해서 치르면서 이를 극복하신다.

마르코 복음서의 유혹 기사는 다른 공관복음서(마태 4,1-11; 루카 4,1-13)와 달리 매우 간결하다. 굶주림 같은 유혹과 그 결과가 전혀 언급되지 않는다. 여기에 나온 '유혹하다'(*peirazō*)는 말에는 '죄로 유인하다' 외에 '시험하다'는 뜻도 있다(지혜 2,12-20; 5,1-23 참조). 마르코 복음서에서 이 단어는 공관복음서의 병행구와 달리, '시험하다'는 뜻으로 이해할 수 있다(8,11; 10,2; 12,15; 14,38 참조). 초기 이스라엘 백성은 광야에서 하느님을 시험했으나(탈출 17,7; 신명 6,16), 마르코 복음에서는 광야에서 사탄이 예수를 시험한다.

이 대목에 등장하는 세력은 초자연적 존재인 성령과 사탄('적대자')과 천사, 그리고 인간 예수와 들짐승이다(1,13ㄴ). 이들을 볼 때 벌써 자연과 초자연 세계를 망라한 우주 차원의 전투를 느낄 수 있다. 또 창조 때의 사건이나 종말 때를 연상할 수 있다. 가령 들짐승은 인간과 평화롭게 공존하며 인간의 다스림을 받던 에덴(창세 2,19–20), 또는 종말에 올 평화(이사 11,6–9; 65,25 참조)를 암시한다고 볼 수 있다. 그렇다면 예수께서 종말의 평화를 가져오리라는 비전이 암시되는 셈이다. 이와 반대로 들짐승을 묵시문학과 관련지어(다니 7,3–7 참조) 하느님께 대적하는 세상의 권력으로도 볼 수 있다(시편 22,11–22; 에제 34,5–8 참조). 성경에서 사탄과 들짐승은 첫 범죄 기사(창세 3,1)에 처음으로 함께 나타난다. 신구약 중간기에 나온 여러 위경에는 규모가 더욱 커져 사탄과 천사들, 온갖 짐승이 유혹에 빠진 아담과 하와와 함께 등장한다. 여기서 아담은 40일간 단식하며 기도하기도 한다(기원전 100–기원후 200년 사이에 나온 〈아담과 하와의 생애〉 6장; 〈아담과 하와의 묵시록〉 29,11–12 참조).

마태오와 루카 복음의 병행 대목에서는 예수께서 모세처럼 40일간 단식한 후에 사탄이 유혹하는 데 반해, 마르코 복음서에서는 40일 내내 '밤낮으로' 유혹을 받는다. 또 다른 공관복음서에서는 사탄이 떠난 후에 천사가 등장하는데, 마르코에서는 계속 함께 머물며 '시중든다'(*diakoneō*; 참조 1,31: 여기부터 '섬김'이란 주제가 부각된다). 나아가 마르코 복음서에서는 사탄이 예수 곁을 떠나지 않는다. 즉 성령을 충만히 받으신 예수와 사탄, 이 두 세력 간의 우주적이며 종말론적인 다툼과 시험은 마르코 복음서 전체에 걸쳐 계속된다(1,21–28; 12,35–37 참조). 세상에서 하느님의 창조 질서를 왜곡시키며, 죽음과 파괴와 소외의 뿌리인 사탄의 힘은 세다. 그 밑에서 인간은 병들고 죄악에 짓눌리며 거짓 신념에 질식한다. 하지만 그 싸움은 아직 선언되지 않았지만 눈치챌 수 있듯이, 결국 성령과 하나 된 예수의 승리로 귀결된다(예: "힘센 자를 묶어 놓다" 3,27; 참조 15,37–39; 16,1–8). 새 창조의 희망이 예시된 것이다(13,24–27).

초기 이스라엘의 하느님 백성이 그러했듯, 성령을 받고 하느님의 아들이란 신원과 사명을 깨달은 예수께서도 광야에서 시련을 겪으신다. 성령의 빛 속에서야 사탄의 정체를 올바로 알아차릴 수 있고, 사탄의 시험을 통해 성령

이반 크람스코이, 광야에서 유혹 받으시는 예수, 1827, 트레티야코프 미술관.

의 권능을 올바로 인식할 수 있다. 삼위일체 하느님과 깊이 일치하는 데서 오는 예수의 권능은 사탄이나 세상의 권력 행사 방식과 전혀 다르게 나타날 것이다. 폭력과 무력같이 지배하는 힘이 아니라 사랑과 섬김, 순종에서 나오는 생명의 힘으로 그분은 죽음의 세력을 꺾으실 것이다. 그러기 위해 예수께서는 그 뒤에도 자주 광야 같은 외딴곳으로 가서 기도하셨다. 하느님께서 주시는 성령의 힘이 언제나 절실히 필요하기 때문이다.

그리스도인들은 이 구절에서, 자기도 하느님의 자녀로서 하느님과 사탄의 이 우주적 싸움에 '밤낮으로' 참여하고 있다고 여긴다. 그들은 이 본문에서 경고("사십 일 동안 사탄에게 유혹을 받으셨다")와 약속("천사들이 시중을 들었다")을 전해 듣는다(1,13). 특히 주님의 수난을 기억하는 사순 제1주일에 이 본문을 봉독하면서 그 사실을 기억하고, 깨어서 유혹에 빠지지 말라고 권유한다. 기도와 피정은 그리스도인들이 광야의 주님과 일치하는 좋은 기회다.

제2부

예수의 복음 선포와 이에 대한 반응
(1,14-3,6)

1부는 전체 이야기의 도입부로서 앞으로 전개될 주제를 암시하였다. 1부와 2부를 연결하는 이음매는 1,14–15이다. 2부에서는 예수께서 복음을 선포하시면서 나타나는 일과 이에 대한 여러 반응을 소개한다. 먼저 예수께서는 제자들을 불러 하느님의 다스림을 받아들이는 공동체를 형성한다. 그분이 선포하시는 하느님의 복음은 더러운 영을 몰아내고 각종 병을 고치는 권능을 드러낸다. 사람들은 놀라워하며 열광적으로 모여들지만, 안식일과 율법의 해석을 둘러싸고 바리사이파 등과 갈등이 빚어진다. 지리적 배경은 갈릴래아의 카파르나움과 주변 지역이다. 2부의 틀을 '멸망시키다'(*apollymi*, 없애다)라는 단어를 중심으로 다음과 같이 볼 수 있다(로버트 벡, 51).

"저희를 멸망시키러 오셨습니까?"	→	"예수님을 어떻게 없앨까 모의를 하였다."
(1,24)		(3,6)

제1장 예수의 복음 선포와 첫 제자 부르심(1,14-20)

1. 예수, 복음을 선포하시다(1,14-15)

예수께서는 광야에서 유혹을 극복하신 다음, 본격적인 복음 선포(1,16-8,26)에 들어가시기 전에 당신이 선포할 핵심 메시지를 밝히신다(1,14-15). 이 짧은 대목은 마르코가 예수의 가르침을 집약한 선언문으로, 앞뒤를 이으면서 이후에 전개될 내용을 미리 알린다(비교 1,39; 3,7-12; 6,6ㄴ.53-56).

요르단 강에서 행해지는 요한의 세례 운동이 확산되자, 요르단 동쪽 페레아의 영주(*tetrarch*, 임금이 다스릴 영토의 1/4을 다스리는 낮은 지위의 통치자로 흔히 '사분봉왕四分封王' 또는 '영주'로 옮긴다. '임금'이 아닌데도 복음서는 그를 '임금'으로 부르며 하느님의 다스림과 대비시킨다) 헤로데 안티파스는 이것이 사회 불안 요인으로 작용할까 봐 두려워하여 요한을 잡아 가둔다. 이로써 요한의 역할은 끝나고 선구자는 사라진다. 동시에 그의 운명은 그가 준비한 길을 걸어갈 예수의 운명을 암시한다. 요한의 '뒤에 오시는'(1,7) 예수께서 이제 갈릴래아로 돌아가 본격적으로 일하신다.

예수께서는 하느님의 복음을 '선포하신다'(*kērysseōn*, 지속적인 상태를 뜻하는 현재분사. 1,14). 선포는 공적公的으로 발표하는 행위로서, 중요한 것은 선포자(발표자)가 아니라 선포되는 내용이다. "하느님의 복음", 하느님에게 위탁받은, 하느님에 관한 복음의 진정한 선포자요 유일한 선포자는 예수시다. 그분의 뒤를 이어 초대 교회는 선포자 예수 그리스도의 죽음과 부활을 통해 성취된 구원의 기쁜 소식을 '하느님의 복음'으로 선포하였다(이 내용을 케리그마

(*kerygma*)라 한다. 로마 1,1; 15,16; 2코린 11,7; 1테살 2,2.8; 1베드 4,17]. 그러나 마르코 복음서에서 복음은 하느님 나라가 가까이 왔다는 예수의 선포 내용뿐 아니라 그것을 가르치고 구현하시는 예수의 말씀과 행적을 모두 가리킨다. 예수께서는 유다 종교의 중심지인 예루살렘이 아니라 "이민족들의 지역"(이사 8,23-9,1 참조)인 갈릴래아를 일터로 택하신다. 여명은 열어지고 마침내 큰 빛이 떠오른다. 새 시대의 개막이다.

예수께서 그리스도로서 선포하신 말씀은 다음과 같다(1,15).

(1) 선언 ① **때가 찼다**
② 하느님의 나라가 가까이 왔다

(2) 호소 ① **회개하라**
② 복음을 믿어라

"때가 찼다"는 말에서 '때'(*kairos*)는 순차적인 일상 시간(*chronos*)과 달리 하느님께서 당신의 뜻을 이루려 개입하시는 구원 역사의 특정한 순간을 뜻한다. 성경에서 이 '때'는 하느님의 구원과 생명을 얻을 수 있는 절호의 기회, 그리하여 놓칠 수 없는 순간이다. 이제 그때가 다 찼다는(정확히 말하면 '때가 차게 되었다'는 수동태 완료형으로 하느님께서 주도하여 이루셨음을 뜻함), 최종 완성점에 이르렀다는 이 긴박한 말은 무슨 뜻일까? 일반적으로 요한이 잡혀서 예언자의 시대, 기다림의 시기는 끝나고 예수의 때, 성취의 시간이 왔다고 풀이한다. 이스라엘 백성이 '장차' 갑자기 이루어질 것이라고 기대하던 하느님 나라가 예수의 등장으로 '눈앞'에 이르렀다는 뜻이다. 시간상 가까이 왔다는 의미를 넘어, 성령을 가득히 받으신 예수를 통해 하느님의 권능이 이미 현존하며 작용한다는 뜻이다(마르 1,16 이하; 마태 12,28; 루카 11,20; 17,21; 요한 3,36 참조). 지금(요한이 잡힌 후), 여기(갈릴래아)에서 복음의 새 시대가 열렸다는 것이다(갈라 4,4–5 참조). 초기 교부들은 이를 율법의 때가 끝나고 복음의 시기가 열렸다고 이해했다.

하느님의 나라(*basileia*), 좀 더 정확히 말해 '하느님의 다스림'은 이스라엘의 뿌리 깊은 신앙에서 나온 표현이다. 이 말의 원형은 "야훼께서 임금으로 군림하심"이다. 넓게 보면 창조주 하느님께서 온 세계의 임금이시며, 좁게 보면 야훼 하느님께서 이스라엘의 유일한 임금으로서 최고 통치권(주권)을 가지고 다스리신다는 뜻이다. 지상의 임금은 하느님의 대리자에 불과하다. 유배 이후 유다는 계속 외세의 지배를 받았다. 하스모네아 왕조의 짧은 독립 시절을 뒤로 하고 로마 제국의 통치를 받던 예수 시대의 유다인들은 자신들의 임금이신 권능의 하느님께서 이스라엘과 세계사에 확실하게 개입하실 날을 꿈꾸었다. 그들은 이집트 탈출 체험과 마카베오 항쟁의 성공 체험을 기억하며, 하느님께서 개입하시면 현재의 세계 질서가 무너지고 이스라엘이 다시 복 받은 나라가 될 것이라고 굳게 믿었다. 그들이 꿈꾸던 하느님 나라는 유일하게 통일 이스라엘로 황금기를 이루었던 다윗 왕국의 이미지에 가까웠다. 막강한 독립 국가, 자기 민족이 만방의 중심으로 되는 '정치적' 국가였다. 때가 되면 하느님의 위임을 맡아 그 일을 이룰 대리인으로 메시아가 오리라 여겼다.

그러나 지금 하느님께서 다스리는 나라는 유다인들이 기대하듯 이스라엘 민족에 한정되거나 현세의 권력을 대체하는 또 다른 정치권력이 아니다. 하느님의 다스림은 묵시문학에서 묘사하듯 어느 날 갑자기 벼락처럼 떨어지지 않고, 사람의 아들 예수 안에서 서서히 뚜렷하게 드러나면서 참여를 호소한다. 그 나라는 인간의 열망과 노력과 선행에 따라 좌우되지 않고, 온전히 하느님께서 거저 주시는 은총의 선물이다. 그분이 다스리는 삶의 모든 영역에는 정의와 평화와 평등이 온전하게 실현된다. 폭력과 불의와 억압에 기초한 기존 질서와 체제는 끝장난다(종말의 심판을 언급하는 13장 참조). 역사의 총체적 변혁, 새 세계는 이미 '지금 여기서' 드러나고 있다. 그러니 그 나라를 받아들이든지 배척하든지 결단해야 한다.

가까이 온 이 나라, 새 시대를 받아들이게 하기 위해 예수께서도 요한처럼 회개하라고 이르신다. '회개'는 돌아오는 것, 기존의 삶의 방향을 돌이키는 것, 고수해 온 삶의 우선 순위와 지향, 궁극적 관심을 오시는 하느님에게 맞추는 것이다. 또 믿음은 하느님의 다스림을 받아들이며, 그분을 유일한 주님으로 인정하고 충성하며, 이르시는 말씀대로 충실히 사는 것이다. 그럴 때 성령 안에서 살게 되고, 그것이 하느님 나라와 예수 공동체의 삶이라고 일러 준다. 그러기 위해 먼저 예수 안에 현존하는, 예수를 통해 드러나는 하느님 나라를 알아보고 말씀에 귀 기울여 깨달아야 한다. '지금이 바로 매우 은혜로운 때이며 구원의 날'(2코린 6,2)이자 기쁨의 때이기 때문이다.

오늘날에도 복음은 계속 선포된다. 그때 갈릴래아에서는 예수께서 몸으로 계셨지만, 오늘 여기서는 선포되는 말씀 속에 계신다. 그 복음이 충실하게 선포되는 곳마다 하느님의 나라는 듣는 이에게 가까이 온다. 그때마다 그들에게 때가 찼으니, 곧 결단의 때가 온 것이다. 그들에게 요구되는 응답도 동일하니, 곧 회개와 복음에 대한 믿음이다. 이는 한 번으로 끝나는 게 아니라, 하느님의 현존 안에 머물기 위해 끊임없이 계속해야 할 일이다.

예수께서는 복음을 전하기 위해 갈릴래아 곳곳으로 여행하신다. 이 복음에 대한 반응은 다양하다. 그 복음을 들은 나는 지금 어떻게 반응하고 있나?

2. 예수, 첫 제자를 부르시다(1,16-20)

하느님 나라는 어떻게 드러나는가? 선포하시는 예수의 말씀에서 나타난다. 그 말씀은 권능과 권위를 지녀 그대로 이루어지며, 그분의 한 말씀에 사람들이 따른다. 예수께서 가장 먼저 하신 일은 하느님 나라의 공동체 형성이다. 하느님을 아버지로 모시고 아버지의 뜻을 가장 우선하는 새로운 가족의 형성이다. 그들은 예수께서 드러내시는 하느님 나라의 목격 증인이 되고, 나중에는 예수를 대신하여 그 나라를 선포할 것이다.

그때는 언제일까? 시몬이 "호수(원문 '바다')에 그물을 던지고"(1,16) 있다고 하는데, 좀 이상하다. 고기잡이는 아마포 그물이 햇빛에 반사되지 않는 밤에, 또 수심이 가장 깊은 호수의 중앙에서 주로 이루어지기에 호숫가에서 꽤 멀텐데…. 아마도 고기잡이를 마치고 호숫가에서 그물을 손질하고 있지 않았을까? 아무튼 마르코의 소명 기사는 매우 간결하면서도 생생하다. 이 단락에서 말씀하시는 이는 예수뿐이다. 다른 이들은 전혀 말하지 않는다. 곧 이 단락의 핵심은 바로 예수의 말씀과 이에 대한 사람들의 반응이다.

예수께서는 갈릴래아 호숫가를 '지나가시다가'(주님의 지나가심은 구원을 뜻한다. 탈출 34,6) 두 무리의 어부를 자비와 은총으로 보신다(루카 1,48 참조). 하나는 시몬과 그의 동기 안드레아였고, 다른 무리는 제베대오의 아들 야고보와 동기 요한이다. 그들을 부르시고 그들이 응답하는 방식은 동일하다. "예수님께서… 이르셨다. '나를 따라오너라….' 그러자 그들은 곧바로… 예수님을 따랐다"(1,16-18). "예수님께서… 곧바로 그들을 부르셨다. 그러자 그들은… 그분을 따라나섰다"(1,19-20). 그분이 먼저 '부르시자' 그들은 따른다. 얼굴도 알지 못하는 첫 만남에서, 이름도 알려지지 않은 낯선 사람의 부름에서 어떻게 이런 일이 일어날 수 있었을까?

그들을 부르시는 예수의 말씀은 세 마디다. "나를 따라오너라(내 뒤로 오라)"(1,17). 이는 제자를 부르는 스승의 강력한 명령이다. "주님(야훼)께서 하느님이시라면 그분을 따르십시오"(1열왕 18,21)라는 엘리야의 요구보다 훨씬 더 힘찬 말씀이다. 여기서 권위를 갖고 부르면서 앞에 서는 이는 항상 스승 예수시다. 주도권은 늘 예수에게 있다. 이 점이 예수-제자 관계의 특징이다. 당시의 스승-제자 관계를 보면 제자들이 먼저 명망 있는 스승을 찾아가 그 집에 함께 머물면서(드나들면서) 경전(오경)과 그 해석을 배우고, 만 40세가 넘어 라삐 자격을 얻으면 스승의 품을 떠나 독립했다. 그들은 스승의 지식뿐 아니라

사는 모습까지 배우려고 애썼다.

반면에 스승 예수께서는 삶의 현장에서 평범한 이들을 먼저 제자로 권위 있게 부르셨다. 그분은 그들에게서 하느님의 증인이 될 수 있는 가능성을 보신다(그러나 그들은 그것을 의식하지 못한다). 그분은 먼저 회개하라고, 믿음을 가지라고 요구하지 않으신다. 다만 함께하자고 부르신다. 제자들의 자리는 그분의 뒤다. 이로써 예언자, 선구자 요한, 예수의 뒤에 제자들이 섬으로써 하느님의 현존과 구원을 선포하는 증인들의 기나긴 행렬이 형성된다. 만약 이 관계를 뒤집어 제자가 스승의 앞에 나서려 할 때, 제자는 방해자로 규정된다(8,33의 베드로). 예수의 제자들은 졸업 기한도 없고 스승을 능가할 길도 없다. 장래 대책은 약속뿐이다. 그들은 다양한 삶의 자리로 계속 움직이며 여러 갈래로 가르치시는 스승과 동행하고, 경전이나 어떤 지식을 배우기보다 스승의 말씀과 삶 전체를 직접 체험하고 신뢰하고 따르면서 깨닫게 된다. 그러면 예수께서는 그들을 왜 부르셨을까?

“내가 너희를 사람 낚는 어부가 되게 하겠다”(1,17). 이제껏 산 물고기를 낚아 죽였지만, 이제는 살아 있는 사람을 더 충만한 생명으로 인도하게 하겠다는 약속이다. ‘어부’는 그들의 직업, 현재의 처지다. “사람 낚는 어부”는 그들이 새롭게 맡은 사명을 상징한다. 지금 예수께서는 사람 넷을 낚은 어부이고 네 어부는 그분의 말씀에 걸린 물고기다. 그분은 그들을 낚아 새 세계, 곧 하느님 나라로 인도하신다. 구약성경에서 사람 낚는 어부는 심판의 때에 등장하여 위험에 빠진 죄인들을 가르친다(예레 16,16-21; 에제 29,4-6; 아모 4,2; 하바 1,14-17 참조). 이제 결정의 때가 되었다. 제자들에게 주어진 약속은 자연히 이루어질 미래가 아니라, 그들이 이 말씀을 믿고 투신하여 수행해야 할 사명이요 도전이다. 그들이 사람들을 낚기 위해 던질 그물은 하느님 말씀 곧 복음이다. 먼저 낚인 하느님의 백성(교회 공동체)은 성령의 능력을 받아 그들 가운데 있는 하느님 나라(루카 17,21)의 복음을 전하고 구현하며 증거한다. 복음에 낚인 사람들은 익숙하고 안정된 각자의 삶에서 완전히 새로운 공동체로 들어가는 급격한 변화를 겪는다. 그 변화는 일종의 죽음과도 같은 심각한 위기다(8,34-35ㄱ; 10,39 참조). 하지만 사실상 그들이 머물렀던 기존의 세상(죽음과 고통의 바다)은 뭇 생명을 위협하는 파괴 세력이다(창세 7,11.21 참조). 그 세력에서 구원되어 생명의 나라로 가는 것은 새로운 탄생이요 창조이다(8,35ㄴ; 10,43-44; 14,9 참조).

예수의 말씀을 들은 이들은 "곧바로 그물을 버리고"(1,18), "아버지 제베대오를 삯꾼들과 함께 배에 버려두고"(1,20) 그분의 뒤를 따라나섰다. "저희는 모든 것을 버리고 스승님을 따랐습니다"(10,28; 비교 엘리사를 부름: 1열왕 19,19-21). 포기해야 따를 수 있다. 그들은 예수에게서 나오는 거역할 수 없는 참된 권위, 자신들의 속 깊은 곳에 있는 갈망을 채워 주실 수 있는 분이라는 확신을 느꼈기에 즉시 따라 나서지 않았을까? 아브라함처럼(창세 12,1-3 참조) 그들도 익숙했던 기존의 삶에서 떠나 매우 값비싼 대가를 치른다. 회개를 실천하는 모습이다. 또 부르시는 말씀에 '곧바로' 순종하는 모습에서 이미 그들의 삶에 작용하신 하느님께, 그들이 믿음으로 자유롭게 응답하였음을 알 수 있다. 그들이 '곧바로' 떠났다는 것에서 때가 찼고 사태가 긴급하다는 것이 나타난다. 소명에 대한 응답은 예수 공동체에 참여한다는 뜻이다. 하느님은 이러한 응답과 말씀의 순종을 기뻐하신다. 부름을 받은 우리, 정녕 떠났는가?

이렇게 이상적으로 산뜻하게 출발한 제자들의 여정이 바람직하게 이어졌는가? 마르코 복음서는 제자들의 몰이해와 오해, 두려움과 예수를 따르는 것에 대한 보상 논의(10,28-31.35-40)를 계속 기술한다. 그들이 예수와 그분의 가르침을 이해하고 따르는 게 얼마나 어려웠는지 보여 준다. 그러나 예수께서는 끝끝내 그들을 버리지 않으신다. 제자들의 대표격인 베드로가 주님을 끝까지 따르지 못했다고, 실패했다고 느꼈을 때, 그는 자기를 부르는 스승의 따뜻한 음성을 다시 듣게 된다. "나를 따라라"(요한 21,19.22).

그리스도인은 주님의 부르심을 받은 제자다. 대부분 그분이 누구신지 잘 알지 못한 상태에서 불린다. 그리하여 우리도 베드로와 함께 앞서가시는 스

수위권 성당

승의 피땀 어린 수난의 길을 제자로서 줄곧 뒤따르면서, 실패의 체험을 통해 그분을 조금씩 알게 될 것이다. "제자란, 주님께서 손수 가르쳐 주신 바처럼, 그분의 말씀을 듣고, 그분을 주님이요 임금이며 의사요 진리의 스승으로 믿고 순종하며 따르기 위해, 주님께 가까이 가는 사람이다"(성 바실리우스, 〈세례에 관하여〉 1,2).

그러면 예수께서 제자들을 부르신 곳은 어디일까? 예수께서는 나자렛을 떠나 세포리스를 경유해 비둘기 계곡을 타고 갈릴래아 호숫가에 이르셨을 것이다. 겨울과 봄철에는 주로 갈릴래아 호수 서북쪽 호숫가에서 고기를 잡았다. 그중 타브가(아랍어 현재 지명, 그리스어는 '마가단') 일대에는 26℃ 정도 되는 온수가 샘에서 솟아 호수로 흘러들었다. 그런 탓에 열대성 어종인 틸라피아스(Tilapias, 일명 '베드로 물고기')가 이 호숫가에 많이 모여들었고, 어부들 역시 그 일대에서 물고기를 잡으며 흘러들어오는 샘물로 그물을 씻곤 했다. 그래서 예수께서 베드로 등 제자들을 부르신 곳도 그곳이 아닐까 짐작한다.

오늘날 타브가 일대에는 부활하신 예수께서 베드로에게 목자의 권한을 주심을 기념하는 '수위권 성당'(Mensa Christi)과 '빵의 기적 기념 성당'이 있고, 동쪽에는 자그마한 '베드로 포구'가 있다. 카파르나움은 거기서 3km쯤 북방에 있다.

제2장 카파르나움에서 이루어진 복음 선포(1,21-45)

1. 예수, 카파르나움 회당에서 권능을 보이시다(1,21-28)

제자들을 불러 한 무리를 이룬 예수 일행은 갈릴래아 호숫가에 있는 카파르나움으로 '들어간다'(21절). 마르코는 역사적 현재 시제를 사용하여 지금 우리가 참여하고 있는 사건으로 묘사한다. 연속되는 사건은 카파르나움에서 하루 동안(안식일 아침에서 일요일 새벽까지)에 벌어진 일이다. 곧 예수께서 보내신 공생활의 하루를 압축하여 보여 주어 그렇게 나날을 보내셨다고 일러 준다. 이어지는 이야기의 구조도 매우 긴밀하다. 한 예를 든다.

① 예수께서 더러운 영 추방, 율법 학자들보다 놀라운 권위(1,21-27)
② 예수에 대한 소문이 갈릴래아 주변 모든 지방에 두루 퍼짐(1,28)
③ 시몬의 장모 치유(1,29-31)
④ 예수의 온갖 치유와 마귀 추방(1,32-34)
③′ 시몬, 예수를 찾아 나섬(1,35-38)
②′ 예수, 온 갈릴래아를 다니며 복음 선포(1,39)
①′ 예수의 나병 치유, 사제보다 놀라운 권위 지님(1,40-45)

첫 번째 사건이 벌어진 때는 안식일이고 장소는 회당이다(1,21 참조). 회당은 일정 지역에 사는 유다인 공동체가 하느님을 예배하는 공적 모임이다. 예수 시대에 이런 예배 모임이 독립된 건물에서 있었는지, 아니면 별도의 가정집에서 있었는지 논란 중이다. 이 모임의 관리 책임자는 회당장이고, 주요 역할을 맡은 이는 율법 학자다. "율법 학자 에즈라"(느헤 8,1.4; 12,26)의 영적 후예임을 자부하던 율법 학자들은 문서의 관리와 기록, 사법 영역, 성경(주로 오경)에 대한 해석을 맡았던 당대의 대표 지식인이었다. 대부분 바리사이파에 속했던(일부는 사두가이파) 그들은 유다인 삶의 준칙인 모세의 율법을 현실 상황에서 어떻게 준수해야 할 것인지 판단하고 가르치면서, 민중에게 존경과 남다른 권위를 인정받고 있었다.

마르코에 따르면, 예수께서는 유다인에게 무척 중요하고 거룩한 날, 중요하고 거룩한 장소에서 처음 당신을 드러내신다. 그분은 먼저 가르치시는 분으로 나타나신다(1,21ㄴ-22: 공관복음서에 40번 나오는 동사 '가르치다'는 마르코에 17번, 공관 복음서에 7번 나오는 명사 '가르침'은 마르코에 5번 나온다). 가르침의 내용은 자세하게 소개되지 않는다. 마르코 복음서에서 예수의 가르침은 말씀만이 아니라 행동으로 드러내신 것을 다 망라한다(1,27 참조). 첫 이야기에서 먼저 부각되는 것은 가르침을 접한 사람들의 반응과 그들이 받은 충격이다.

가르침을 들은 사람들은 '몹시 놀란다'(*ekplēssō*, 1,22). 크게 충격을 받은 모습을 뜻한다. 가르치시는 그분의 권위(*exousia*, 권능 · 위력)가 율법 학자들과 달랐기 때문이다. 권위는 어떤 일을 할 수 있는 정당한 권리와 힘을 뜻한다. 율법 학자들은 성경과 함께 권위 있다고 여긴 다른 율법 학자들의 견해, 지식 등 외부의 근거에 기초하여 자기 진술의 권위를 세웠다. 따라서 대부분 기존 질서에서 크게 벗어나지 않았다. 반면에 예수께서는 외부의 근거에 기대지 않고 성경과 함께 당신의 말로만 가르치시는데, 매우 새로웠다. 하느님 나라는 기존의 세상 질서와 전혀 달랐기 때문이다. 마르코에 의하면 그분은 어떠한 정규 교육도 받지 않았지만, 성령에 힘입어 하느님의 뜻과 마음을 올바로 밝히시는 말씀에 힘이 가득하다. 기존의 권위를 능가하는 새로운 권위가 대두되면서 놀라움과 충격을 던진다. 실로 그리스도인에게 예수는 하느님의 뜻을 가장 확실하게 보여 주는 유일한 창구다.

사람만이 아니다. 예수께서 처음으로 드러내시는 권위에 대한 가장 놀라운 반응은 더러운 영에게서 나온다(1,23-27). 이 이야기는 기적 이야기처럼 전개된다. 먼저 문제(더러운 영: 1,23-24)가 드러나면, 권위 있는 말씀으로 해결되고(1,25), 더러운 영이 큰 소리를 지르고 떠나 치유가 확인된다(1,26). 마침내 사람들이 놀라워한다(1,27).

정작 충격은 회당에 더러운 영이 들린 사람이 있다는 사실이다(1,23). 유다교에서 '더럽다'는 말은 제의적으로 순수하지 않아 예배와 하느님 현존에 적합하지 않으므로 분리되어야 한다는 의미다. 그럼에도 하느님을 예배하는 거룩한 모임에 더러운 영이 있다면 그 모임에 중대한 문제가 있지 않은가? 마르코 복음서에 나오는 더러운 영, 악령, 사탄은 모두 거룩하고 정결하신 하느님의 본성을 적대시하는 입장을 취하는 보이지 않는 영적 존재다. 다만 더러운 영(히브리식 용어)과 악령(그리스식 용어)은 제의적 부정不淨과 관련해서 쓰이고 사탄은 악마의 힘과 연결되어 언급될 뿐, 존재의 본질은 동일하다.

정작 자기들 사이에 더러운 영이 있는데도 누구도 알지 못했다. 오직 예수라는 밝은 빛만 어둠의 존재인 더러운 영을 드러낸다. 그러기에 하느님의 빛, 그분의 나라가 절실히 필요하다. 더러운 영이 들린 사람이 예수를 향해 소리를 지른다. 사람의 소리지만 실제로 외치는 존재는 더러운 영이다. 더러운 영은 하나인("저") 동시에 무리("저희")이다(1,24). 그들에게는 고유한 개별성이 없다. 더러운 영은 자기보다 더 강한 그분이 하시려는 일을 알아채고("저희를 멸망시키러 오셨습니까?") 두려움에 싸인다. 그래서 예수의 신분("하느님의 거룩하신 분")을 안다고 허세를 부린다(1,24 참조). "하느님의 거룩하신 분"이라는 말은 아론(시편 106,16)과 엘리사(2열왕 4,9) 같이 종말에 사탄을 묶을 '하느님의 대리인'인 메시아 대사제를 의미할 수도 있고, 나지르인인 삼손을 '하느님의 거룩한 자'로 옮긴 칠십인역(판관 16,17 참조)에 따라 '나지르'(*nazir*) 발음과 비슷한 '나자렛 사람'(*nazarēnos*)이란 예수의 출신을 밝힌 것으로 보기도 한다. 그러나 이 말은 '거룩한' 분께서 '더러운' 영과 대결하고 있으며, 그분은 하느님과 유일하게 독특한 관계를 맺고 계신다고 강하게 암시한다(요한 6,69; 사도 3,14; 4,27.30; 묵시 3,7). 여기서 예수의 직무가 분명히 드러난다. 겉으로 드러나는 양상은 개인의 병을 고치는 일이지만, 실제로 그분의 직무는 종말의 차원에서 성령의 권능으로 사탄을 물리치는 데 있다(1요한 3,8 참조). 사탄과 하느님 나라는 함께할 수 없다.

예수께서는 더러운 영에게 당신의 정체를 말하지 말라고 명하신다. "조용히 하여라"(1,25). 그분은 믿음이 없는 빈 소리로 하느님의 아들이라는 당신의 신원을 고백하고 알리는 것을 원하지 않으신다(1,34; 3,12 참조). 이 신원은 그분의 수난과 죽음, 부활을 통해서만 온전히 드러나야 하기 때문이다('메시아의 비밀'). 그리고 한 말씀으로 더러운 영을 꾸짖으신다. "그 사람에게서 나가라"(1,25). '꾸짖다'(*epitimaō*)는 본래 야훼 하느님의 권능에 찬 꾸짖음을 나타내는 단어다. 마르코는 예수께서 더러운 영을 비난하고 경고하며 쫓아내실 때(1,25; 3,12; 9,25 참조), 사탄처럼 예수의 앞을 가로막아 선 베드로에게 이 단어를 쓴다(8,30.32-33). 더 강한 자만이 강한 자를 쫓아낼 수 있다(3,27). 더러운 영은 마지막 발악으로 자신이 장악하고 있던 사람에게 경련을 일으켜 놓고 즉시 나갔다. 예수께서는 말씀으로 더러운 영과 사람을 분리하신다. 혼돈에서 창조물을 빚어 내실 때의 그 모습이다. 성령을 가득히 받으신 예수의 권능과 권위가, 그분에게서 나오는 말씀이 사탄의 힘을 능가한다. 성령만이 악령을 몰아낼 수 있다.

이 첫 번째 공적 활동을 통해 예수께서 하시는 복음 선포의 지향이 분명하게 나타난다. 사람은 더러운 영의 권세에 짓눌려 살면서도 알지 못하고 스스로 자유롭게 될 힘도 없다. 이 본문에서도 더러운 영이 들린 사람은 아무 역할도 하지 못한다. 하느님께서 개입하셔야 비로소 인간은 온전하게 자유를 회복한다. 악에서 벗어날 때 사회 관계와 인간 관계에도 자유가 실현된다. 인간의 역사에서 거짓과 불의와 폭력에 기초한 악령의 지배가 끝장나고 사람이 자유로워지는 하느님 나라, 창조된 본래의 생명을 죽음과 죄악의 세력에서 살려 내어 새롭게 하는 복음의 실체가 예수를 통하여 '처음으로' 드러난다.

인간의 무의식 세계를 발견하고 다양한 기법과 약물로 정신 문제를 치료하기 시작한 오늘날, 많은 현대인이 더러운 영을 간질이나 정신 질환으로 간주하여 부정한다. 그러나 악령과 영의 세계가 실제로 사람들에게 강력한 영향을 미치고, 영에 사로잡힌 이들이 이상한 행동이나 비상한 능력을 보인다고 믿는 이들은 여전히 있다. 우리는 악령의 존재를 눈으로 확인할 수 없으나, 현대 세계와 사회, 심지어 신앙 공동체와 개인 안에서 볼 수 있는 온갖 폭력과 소외, 분열과 탐욕, 불신과 경쟁에서 인간을 망가뜨리는 악령의 힘을 느낄 수 있다. 가톨릭교회에서 구마는 오랫동안 내려온 전통이다.

"교회가 어떤 사람이나 물건이 마귀의 세력으로부터 보호되고 마귀의 지배력에서 벗어나도록 예수 그리스도의 이름으로 공적인 권위를 가지고 청하는 것을 구마驅魔라고 한다. 예수님께서 이를 행하셨으며 교회는 마귀를 쫓아내는 권능과 의무를 예수님께 받았다"(《가톨릭교회 교리서》 1673항).

사람들은 이것을 보고 모두 놀라며(*thambeō*, 놀라 멍해 있다) "새롭고 권위 있는 가르침"(1,27)이라 말한다. '새롭다'(*kainos*)는 말은 시간상 최근이어서 새롭다(*neos*)는 말과 달리, 전례가 없는 전혀 새로운 일이라는 뜻이다. 물론 예수의 구마 행위가 역사상 처음 이루어진 일은 아니다. 그러나 성령의 권능에 의한 예수의 가르침, 행위와 말씀이 얼마나 새롭고 놀라운지는 차차 드러날 것이다.

예수의 명성은 "곧바로" 갈릴래아 주변 모든 지방에 두루 퍼져 나간다(1,28). 그분은 율법 학자 등 유다의 기존 세력과 전혀 다른 권위와 권능을 지닌 새로운 지도자로 부각된다. 팔레스티나의 변두리 갈릴래아 호숫가에서 일어난 이 파장은 점점 퍼져 마침내 기존 체제의 중심지 예루살렘까지 미칠 것이다. 지방의 회당에서 벌어진 이 일은 중앙의 성전까지 이어질 것이다. 그러나 아직 어느 누구도 예수에 대해 제대로 알지 못한다. 오직 악령들만이 낌새를 알아채고 성령의 전사와 싸울 준비를 강화한다. 최후의 격전지는 십자가다.

카파르나움('나훔의 집'이란 뜻)은 예수의 활동 본거지이다. 그곳에서 가르치고 활동하셨으며 선교 여행을 떠났다가도 그곳으로 되돌아오셨다. 그렇지만 그곳에 당신의 집을 마련해 놓지 않으셨고, 베드로의 집을 이용하신 것 같다. "사람의 아들은 머리를 기댈 곳조차 없다"(마태 8,20). 예수 당시의 카파르나움 상주 인구는 1000-1500명 정도로 마을 규모가 크지 않았지만, 로마 제국의 동북부 국경 지역이라 백인대장이 이끄는 군대가 주둔해 있었다. 카파르나움은 700년경 아랍의 공격으로 폐허가 된 뒤 20세기 초반까지 풀숲에 묻혀 있었다. 프란치스코회 성지보존회에서 1905-1921년에 걸쳐 발굴 작업을 시행하여 옛 모습을 일부 되찾았다. 현재 복원된 회당은 3-4세기경에 세워진 것인데, 그 기초인 검은 현무암 건물은 1세기경의 회당 초석으로 추정된다.

2. 예수, 계속해서 치유하시다(1,29-39)

1) 예수, 시몬의 장모를 고치시다(1,29-31)

예수 일행은 회당에서 나와 곧바로 시몬과 안드레아의 집으로 간다(1,29). '집'은 예수님과 제자들이 머무르는 곳이며 제자들을 가르치는 장소이다(7,17; 9,28.33; 10,10 참조). 마침 시몬의 장모가 열병으로 누워 있었는데, 사람들이 전하는 말을 듣고 예수께서 다가가 손을 잡아 일으키신다(1,30-31 참조). 손은 힘을 상징하며, 손을 잡아 '일으키심'(*egeirō*)은 병이 나아 일어났음을 넘어 종종 부활을 암시한다(2,11; 3,3; 5,41; 9,27; 12,26; 14,28; 16,6 참조). 그런데 앞의 구마와 이곳의 치유 기적이 몇 가지로 대조된다. 앞의 장소가 회당이라는 공적 공간인 반면, 이곳은 일반 가정집인 사적 공간이다. 앞에서 치유된 이는 남성인데, 여기서는 여성이다. 앞의 문제는 더러운 영에게 매어 있는 질환인

데, 이 대목에서는 열병이란 일반 질환이다. 두 경우 모두 치유된 이의 믿음은 언급되지 않는다. 결국 마르코는 두 경우를 묶어 예수께서는 언제 어디서나, 남녀노소를 불문하고, 어떤 질환이든 가리지 않고 악령과 질병의 고통에서 인간을 자유롭게 해 주시며, 그럴 권능을 지니셨다는 것을 분명하게 보여준다. 하느님의 다스림이 인간 삶의 모든 영역으로 들어가 온전하게 회복시킨다는 뜻이다.

병이 나은 부인은 예수 일행의 시중을 들었다(1,31). 물론 이는 누구나 알 수 있게끔 확실히 치유되었다는 증거다. 그러나 '시중 들다'〔섬기다(*diakoneō*), 미완료 능동태로 계속되는 상태 표현〕는 말을 '섬기러 왔다'는 예수의 말씀(9,35; 10,43-45 참조)과 연결해 보면, 이는 치유된 이가 치유한 분에게 드리는 적합한 응답이며, 예수의 치유 은총을 통해 병자가 남을 섬기는 이로 변화된 예다. 또한 주님을 지극히 섬기는 제자의 바람직한 모습이기도 하다. 그가 다시 일어선 까닭은 남을 섬기기 위해서라고도 말할 수 있다. 특히 마르코는 둔한 남성 제자와 달리 여성 제자들이 제자의 본보기를 보인 예를 곳곳에 소개한다(12,41-44; 14,3-9; 15,40-41; 16,1 참조).

400년경에 성 예로니모 교부는 삶의 고역과 질병, 허무 등 좋지 않은 것(욥 7,1-7 참조)을 모두 열로 간주하여 주님께 치유를 간청하라고 권한다. "주님께서 우리 집에 들어오셔서 당신의 명령으로 우리 죄의 열을 낫게 해 주십니다. 우리 각자는 열로 고통받고 있습니다. 내가 성을 낼 때, 나는 열이 있습니다. 많은 악덕마다 많은 열이 있습니다. 하지만 예수께서 오셔서 우리 손을 잡아 주시도록 사도들에게 청합시다. 그분께서 우리 손을 잡으신다면, 열은 즉시 도망갈 것이기 때문입니다"(〈그리스도교 총서〉 78, 468).

오늘날 카파르나움 회당 남쪽에 지붕이 덮인 팔각형 성당 터가 있다. 5세기에 세워진 이 비잔틴 교회의 지하에서 1세기 어부들의 집터가 발굴되었다. 그 집 벽에는 2-3세기 순례자들이 써놓은 기도문과 베드로의 이름 등이 있다. 교회의 전승에 따르면 베드로의 집이라고 한다.

2) 예수, 많은 병자를 낫게 하시다(1,32–34)

저녁이 되고 해가 떨어지자(4,35; 6,47; 14,17; 15,42) 유다인들은 하브달라(*Havdalah*) 예식을 행하며 안식일을 끝낸다. 하느님의 세상 창조를 경축하고 삶의 온전한 재창조를 기대하며 거행하는 예식이다. 사람들은 안식일이 끝났기에 앓는 이들과 마귀 들린 이들을 모두 예수께 데려온다(1,32 참조). 그들은 예수의 복음을 듣거나 예수의 정체를 알기 위해서 오지 않았다. 예수께서 그들에게 베푸실 은혜를 받기 위해서 온 것이다. 예수의 명성이 근방에 두루 퍼졌음을 입증하듯(1,28 참조), '온 고을 사람들'이 문 앞 곧 시몬의 집 앞에 모여든다(1,33: 당시 유다인의 집으로 들어가는 대문 겸 방문은 하나였다). 예수께서는 복음을 선포하시지 않고 대신 많은 병자를 고쳐 주며 많은 마귀를 쫓아내신다. 아울러 마귀들이 당신의 정체를 말하지 못하도록 금하신다(1,34). 마귀들의 폭로로 오해 받기를 원하지 않으시기 때문이다. 이로써 군중은 예수께서 특별한 영의 능력을 지니셨다고 알게 된다. 그러나 그분의 진정한 신원은 모른다. 당시에도 의원은 있었지만 드물었을 뿐더러 치료비가 비쌌다. 따라서 일반 병자가 치유될 기회는 거의 없었다. 게다가 유다의 정결 체계에서 병은 죄와 연관되었기에 병자와 그 가족의 처지는 매우 힘들었다. 그런 그들에게 예수의 치유는 얼마나 큰 복음인지.

이 대목은 마르코가 예수의 치유 활동을 짧게 정리한 요약문이다. 요약문은 앞뒤 맥락의 이음매 구실을 한다. 당시 갈릴래아에는 예수 외에도 '하니나 벤 도사' 같은 비범한 치유사가 있었다(하니나는 수많은 병자를 고쳤으며, 갈릴래아에서 예루살렘에 있는 병자를 고치는 기적을 보였다고 전한다). 그러나 마르코 복음에서 예수의 치유와 구마는 모두 '권위와 권능'(*dynamis*)의 표현이다. 예수와 함께 계신 하느님의 영이 이루시는 일로, 지금 여기서 하느님 나라를 드러내며 복음이 참되다는 것을 실제로 보여 주는 복음 선포다. 하느님 나라는 요한이 있었고 옛부터 기대하던 광야가 아니라, 고통받는 사람들이 있는 바로 그 자리에서 드러난다. 그 나라에는 어떠한 사회적, 도덕적, 종교적 장벽도 차별도 없다. 그분은 모든 이의 존엄성과 온전성을 삶의 온 영역에서 회복시키신다. 새로운 창조다.

3) 예수, 기도하시고 전도하시다(1,35-39)

날이 바뀌고 장소가 바뀐다. 카파르나움의 하루에서 그분의 전도 여행으로 넘어가는 전환점이다. 다음날 이른 새벽, 그러니까 공생활의 둘째 날인 일요일 새벽 아직 캄캄할 때 예수께서는 외딴곳으로 나가 기도하신다(1,35: 유다인의 새벽기도는 시편 5,4; 88,14 참조). 그분의 일상은 일(복음 선포)과 쉼, 그리고 기도로 이뤄진다. 기도는 그분 삶의 중요한 축이었다.

마르코는, 기도하는 예수의 모습을 루카보다 드물게 소개하지만, 중요하게 다룬다. 예수께서는 중요한 순간에 세 차례에 걸쳐 외딴곳에서 홀로 기도하신다(1,35; 6,46; 14,32 참조). 그분은 늘 기도하셨지만(*prosēycheto*, 미완료형으로 계속 반복을 뜻함. 1,35), 특히 유혹을 받거나 중요한 결정을 할 때 하느님께 힘을 주시고 인도해 주시기를 간구하였다. 예수의 삶은 온전히 하느님을 지향하였으며, 그분과의 소통으로 유지되었다. 하느님께서 주시는 생명력, 은총, 권능에 힘입어 당신의 사명과 비전을 견지하고 확장할 수 있었다. "예수님께서는 이 세상에 계실 때, … 눈물을 흘리며 기도와 탄원을 올리셨고, 하느님께서는 그 경외심 때문에 들어 주셨습니다"(히브 5,7). 그래서 성경은 그리스도인에게 기도하라고 권고한다. "확신을 가지고 은총의 어좌로 나아갑시다. 그리하여 자비를 얻고 은총을 받아 필요할 때에 도움이 되게 합시다"(히브 4,16).

예수께서 기도하신 '외딴곳'은 타브가 뒷쪽의 언덕(산상 설교를 하신 곳)으로 전해진다. 그런데 외딴곳(*erēmos*)이라는 단어는 광야도 가리킨다(1,12; 6,31-33 참조). 광야에서 예수는 직접 사탄과 부닥쳤고 유혹을 받으셨다. 여기서도 예수

기도하시는 예수, 성경 사본 세밀화, 국립도서관, 아테네.

를 찾아 나선 시몬과 그 일행이 "모두 스승님을 찾고 있다"고 말씀드린다(1,36-37 참조). 제자들이 처음 한 말이다. 그런데 왜 모든 이가 찾는가? 예수께서 이 곳에 머무시며 계속 자기들을 치유해 달라는 욕망의 표현이다. 시몬은 왜 찾아 나섰는가?(*katadiōkō*, 이 단어는 사냥감을 뒤쫓는다는 뜻이다) 다시 고을로 돌아가 치유를 계속하여 그들의 칭송과 감사를 받으며 명예롭게 머물자는 욕심이다. 예수를 한 곳에 묶어 두려는 유혹이다. 시몬 일행은 아직 예수의 참된 정체와 사명을 모른다. 그들 역시 예수를 은사 있는 치유자 또는 신통력을 지닌 신적神的 인간으로 여겼는지 모른다. 아직 "하느님에게서 받는 영광보다 사람에게서 받는 영광을 더 사랑"(요한 12,43) 하는 사람들이다.

그러나 예수께서는 이 명성의 유혹을 물리치고 당신의 사명을 직접 밝히신다. "다른 이웃 고을들을 찾아가자. 그곳에도 내가 복음을 선포해야 한다. 사실 나는 그 일을 하려고 떠나온 것이다"(1,38). 그분은 치유하러 오시지 않고 온 누리에 복음을 선포하러 오셨다(비교: "나는 진리를 증언하려고 태어났으며, 진리를 증언하려고 세상에 왔다" 요한 18,37). 그것이야말로 무엇보다 우선하는 하느님의 일이요 하느님의 비전이다. 또 그 비전에 따라 사는 그리스도인의 사명이다("사실은 내가 복음을 선포한다고 해서 그것이 나에게 자랑거리가 되지는 않습니다. 나로서는 어찌할 수 없는 의무이기 때문입니다" 1코린 9,16). 복음 선포에 부수되는 활동이 가르침, 치유, 구마 등이다. 기도하면서 우리는 자신의 신원과 소명을 분명히 식별한다. 기도는 삶의 우선 순위를 재조정하고 본래의 소명을 추구하도록 이끈다. 예수께서도 기도 중에 세례와 광야 체험을 갱신하고 심화하셨으리라.

그리하여 그분은 온 갈릴래아의 회당을 일일이 찾아가 복음을 선포하시며 마귀들을 쫓아내신다(1,39 참조). 이 점 역시 그분 활동의 독특한 모습이다. 유다교의 유명한 라삐나 비범한 치유사들은 대개 한 지역에 붙박이로 머물러 활약하였다. 그러나 예수께서는 직접 각지를 다니며 복음을 전하시는 메시아다. 안주하길 거부하고, 구원이 필요한 이들을 직접 찾아 나서는 하느님의 역동적 사랑을 보이신다. 그분은 분명히 카파르나움에서 본보기로 보이셨던 바로 그 양상으로 복음을 전하셨으리라. 그리하여 "이방인의 땅"으로 업신여겼던 갈릴래아가 가장 먼저 하느님의 복음을 듣는 은총을 받는다. 역전이다.

예수의 공생활은 1장에서 전형을 보인다. 이에 대한 그분 주변 인물들의 반응은 다양하다. 시몬의 장모가 긍정적이라면, 제자 시몬 등은 아직 예수를 이해하지 못한다. 한편 군중은 하느님께 갖가지 필요한 것을 구하는 인간의 전형이다. 예수께서는 그들을 어여삐 여겨 아낌없이 사랑과 은혜를 베푸시나 하느님의 방식으로 하신다. 그들의 호소에 응답하는 것도 중시하지만, 가장 중요한 것은 하느님의 뜻에 응답하는 것이다. 군중은 욕구가 충족되는지 여하에 따라 머물기도 하고 떠나기도 한다. 오늘 우리는 자원, 시간과 돈, 관심을 대부분 자기 보존과 발전에 쓴다. 이웃과, 하느님에게 향한 몫은?

3. 예수, 나병 환자를 고치시다(1,40-45)

갈릴래아 선교 활동 중에 또 한 번 극적 치유 사건이 일어난다. 여기서도 나병이란 문제가(1,40) 치유되고(1,41-42), 치유된 증거(1,43-44)와 군중의 반응(1,45)이 차례로 소개된다. 이미 소개한 두 건의 치유 기사와 달리 매우 자세하나, 치유의 정확한 시기와 장소를 밝히지 않아 일반 치유 기사로 볼 수 있다.

문제는 나병인데, 이는 오늘날 한센 병(Hansen's disease)이라 부르는 본래의 나병(만성 전염병)을 포함하여 모든 피부 질환을 가리킨다. 유다에서 병은 죄의 결과요, 불치병인 나병은 천형天刑으로 간주되었다. 천벌을 받은 나병 환자는 부정한 자요 죄인이기에 성전이나 회당은 물론 마을도 출입할 수 없고, 사람들 주변에도 가까이 오지 못했다(레위 13,45-46; 신명 24,8 참조). 병과 부정의 전염을 막아 공동체를 보존하려는 조치였다. 그래서 여기저기 떠돌며 사람들이 던져 주는 음식으로 연명해야 했던 나병 환자는 몸의 훼손과 함께 하느님과 사람들에게서 소외되어 심하게 고통받던 가장 버림받은 이였다.

어떤 나병 환자가 감히 예수께 와서 무릎을 꿇고 도움을 청한다. 무릎을 꿇는 자세는 존경과 탄원의 표현이다(시편 22,30; 95,6 참조). 환자 본인이 직접 와서 치유를 호소하는 첫 번째 사례다. "스승님께서는 하고자 하시면(*thelēs*) 저를 깨끗하게 하실(*dynasai*) 수 있습니다"(1,40). 그는 예수께 '고쳐 달라'고 청하지 않고 '깨끗하게 해 달라'고 청한다. 깨끗함과 더러움은 율법에 기초하여 유다교 정결 체계에서 구분하는 것인데, 신체 상태와 밀접한 관계에 있다. 지금 그는 자신이 죄의 결과로 더러운 상태, 환자 상태에 있다고 고백한다. 그렇지만 예수께서 원의(*thelēma*)만 가지시면 얼마든지 자신을 깨끗하게 하실 수 있다고 믿는다. 누군가 치유하려면 치유하려는 적극적 원의(의지)와 함께 치유할 수 있는 능력이 있어야 하는데, 예수에게 그런 권능(*dynamis*)이 있다는

예수께서 나병 환자를 깨끗하게 하시다. 복음서 세밀화, 12세기, 국립도서관, 아테네.

말이다. 지금 환자는 치유를 간절히 원하는데, 예수께서도 그런 원의를 가지고 계신지 묻는다.

예수께서는 "가엾은 마음" 곧 연민(*splagchnizomai*)을 느끼신다. 그의 처지를 깊이 안타까워하고 그의 고통을 함께 느끼신 것이다. 그래서 접촉해선 안 되는 나병 환자에게 권능을 상징하는 당신 손을 펴 만지신다(1,41 참조). 나병 환자인 나아만에게 손을 대지 않았던 엘리사와 달리(2열왕 5,1-14 참조), 나병 환자에게 손을 대신 것은 그를 온전한 한 인격체로 받아들이시는 그분의 깊은 연민과 용기와 사랑을 표현한다. 동시에 이는 기존 정결 규범의 틀을 벗어나는 하느님 사랑의 파격을 드러낸다. 그럼에도 그분이 더러워지지 않고 오히려 더러운 이를 깨끗하게 하신 것은 그분이 거룩하시기 때문이다.

일부 사본(베자 사본 등)에 따르면 예수께서는 "화를 내신다." 그분께서 더러운 영(1,26; 9,25)과 마음이 완고한 종교 지도자들(3,5)에게 화를 내신 것처럼, 하느님께서 창조하신 본래의 사람 모습을 망가뜨리는 죄와 병과 따돌림 같은 악의 세력에 분노하신다는 것이다. 그런 의미로 본다면, 예수께서 나병 환자를 고쳐 주신 것은 더럽고 파괴적인 악의 세력을 공격하신 것이다.

마침내 예수께서 “내가 하고자 하니 깨끗하게 되어라” 하고 말씀하시자, 나병이 즉시 그에게서 물러가고(마치 더러운 영이 떠나듯) 환자는 깨끗해졌다(1,41-42 참조). 예수께서는 육체의 질병은 물론 심리, 정신과 영혼의 질환까지도 치유하실 수 있다. 1998년에 세계보건기구는 건강을 재정의하면서 ‘몸과 함께 정신과 사회적 관계를 넘어 영혼의 온전함’까지 포함시켰다. 그런 의미에서 그분의 치유는 개인뿐 아니라 사회적 갈등과 분쟁까지 해결하여 공동체를 회복시키는 관계의 치유이며, 전체를 온전케 하는 평화(*shalom*)의 은총이다. 나아가 악마의 세력을 물리치는 종말의 승리이기도 하다.

예수께서는 그를 곧 돌려보내시면서, 이 일에 대해 “누구에게든 아무 말도 하지 않도록” 단단히 이르신다(1,43-44; 참조 5,43; 7,36). 그분은 당신의 신원이 분명하게 드러날 때까지 용한 치료사나 기적을 일으키는 사람으로 인식되길 원치 않으신다(‘메시아의 비밀’). 그런 오해가 당신의 근본 사명인 복음 선포에 지장을 주기 때문이다. 사실 카파르나움에서 하신 치유로 이미 그분의 명성은 주변에 널리 퍼지고 있었다. 그런데 불치병인 나병의 치유는 그런 소문이 확산되는 데 기름을 부을 수 있다. 기적이 불러일으킨 놀라움과 열광으로 인해, 정작 해야 할 회개와 하느님 나라를 향한 믿음이 가려질 수도 있다. 하지만 달리 보면, 이런 천형의 질병을 고치신 것은 그분이 지닌 특별한 권능과 신원을 암시한다.

대신, 그분은 사제에게 가서 몸을 보이고 모세가 명령한 예물을 바쳐 그들에게 증거가 되게 하라고 이르신다(1,44). 모세 율법에 따르면, 나병이 나은 사람은 예루살렘 성전에 가서 정화 예식을 치르고 사제의 확인을 받아야 했다(레위 13-14장). 그래야만 사회에 다시 돌아가 정상 생활을 할 수 있었다. 예수께서는 그의 몸뿐 아니라 사회 관계까지 온전히 회복시키려고 당대의 정결 체계를 지키라 명하신 것이다. 또한 이는 예수께서 치유의 영광을 하느님께 돌리는 믿음의 표현이기도 하다. 아울러 그분이 유다인으로 모세 율법을 가볍게 여기시거나 무시하지 않으셨다는 반증이기도 하다(7,9-13; 12,29-31 참조).

그렇다면 그 다음에 율법 준수가 왜 문제가 되는가? 그 이유는 차츰 밝혀지겠지만, 예수께서 지니신 하느님의 권위가 문제의 핵심이다.

그러나 나병 환자는 예수님의 말씀대로 따르지 않는다. 그는 떠나가서 이 이야기(*logos*)를 널리 알리고(*kēryssō*) 퍼뜨렸다. 아직 그럴 때가 아닌데, 그가 성급하게 자신이 받은 '복음'을 전한 것이다. 불치병인 만큼 치유의 효과도 한층 극적이라서 그가 체험한 놀라운 치유 사건에 크게 고무되었다는 표시이다. 나아가 발설 금지 명령에도 불구하고 터져 나올 만큼 예수의 치유 능력이 대단하다는 것을 반증한다. 아무튼 치유의 은혜를 입고도 예수의 말씀에 순종하지 않은 그는, 치유된 뒤 시중을 든 시몬의 장모와 대조된다.

그 결과 예수와 나병 환자의 처지가 뒤바뀐다. 그가 예수의 말씀과 치유를 조용히 갈무리하지 않고 드러나게 고을과 마을에 들어가 알렸으므로 예수께서는 복음을 선포하지 못하고 바깥 외딴곳, 광야 언저리에 머무르셔야 했다. 예수께서 우려하신 대로, 나병 환자의 힘찬 증언이 그분의 사명 수행을 방해한 것이다. "그래도 사람들은 사방에서 그분께 모여들었다"(1,45). 기적에 열광한 군중이 늘수록, 본의 아니게 예수의 이름은 더 널리 퍼지고, 그 결과 유다 지도자들이 예수를 주목하게 된다. 곧이어 예수와 지도자가 충돌하게 될 것이다.

예수에 이어 사도들도 "나자렛 사람 예수 그리스도의 이름으로" 놀라운 치유 행위를 하였다(사도 3,1−10; 9,33−42 참조). 하느님의 권능은 사도들과 그 후의 교회를 통해서도 줄곧 드러났다. 오늘날에도 이런저런 기도회에 많은 사람이 모여들고 치유가 이루어지곤 한다. 비록 성령께서 놀라운 치유를 행하시더라도, 치유는 그리스도교 메시지의 중심에 놓이지 않는다. 치유는 하느님의 지극한 사랑과 구원을 보여 주는 표징일 따름이다. 오늘날 세례를 받아 '깨끗해진' 그리스도인들도 기뻐하며 복음을 전한다. 그러나 복음 선포의 주체는 예수와 성령이시기에, 그분들의 일을 가리지 않도록 유의해야 한다. 그리스도인이 나병 환자처럼 주님께 와서 무릎을 꿇고 청할 것은, 온 세계의 뭇 생명들이 온갖 상처에서 깨끗해지는 것, 하느님의 나라와 그분 뜻의 실현이다.

제3장 예수의 복음에 대한 논쟁과 반발(2,1-3,6)

1. 예수, 중풍 병자를 고치시다(2,1–12): 갈등 1

새 판이다. 하나씩 펼쳐지는 예수의 활동에 따른 충격과 찬양 외에, 갈등과 논쟁이 뒤따른다. 양상은 다르나 갈등은 심화된다. 차례로 소개되는 다섯 가지 이야기 중 첫째와 다섯째 이야기가 치유를 모티프로 한다. 그중 첫째 이야기를 보면, 앞에 나왔던 치유 이야기와 달리 자세하고 생생하게 묘사되어 있어 청중(독자)에게 현장감을 준다. 또 전체 구성을 보면, 기적 이야기(배경과 문제 제시: 2,1–5ㄱ)로 시작하였다가 도중에 논쟁(2,5ㄴ–10ㄱ)이 끼어들고, 다시 기적 이야기(해결과 증거: 2,10ㄴ–12)로 끝맺는다. 그러니까 치유 이야기는 소재이고, 중간에 끼어든 논쟁이 초점임을 알 수 있다. 그러면서 치유의 의미가 새로운 양상으로 발전한다. 곧 병과 죄, 치유와 죄의 용서, 치유와 용서에서 믿음의 문제 등이 새로 거론된다.

며칠 후, 예수께서는 외딴곳에서 카파르나움으로 들어가셨다. 사람들이 소문을 듣고 그분이 계신 집으로 벌떼같이 모여들었다(2,1). 그분의 명성이 이미 널리 알려진 것이다. 예수께서는 집안에서 문 밖에 모인 사람들에게 하느님의 다스림이 임하였다는 말씀(*logos*, 복음)을 전하셨다(2,2 참조). 그러던 중에 사건이 생겼다. 어떤 네 사람이 중풍 병자를 들것에 싣고 왔는데 인파 때문에 예수께 가까이 갈 수 없었다. 그러자 그들은 길이 막히자 누구도 생각지 못한 파격적인 방식으로 새 길을 냈다. 진흙 지붕의 일부를 벗기고 구멍을 낸 다음 병자를 그분 앞에 달아 내려 보낸 것이다(2,3–4 참조: 팔레스티나는 비교적 건조한 지역이라 일반 집의 지붕은 서까래 위에 나뭇가지와 대추야자나무 잎 등을 얼기설기 놓고 진흙으로 덮었다. 우기가 지나면 다시 흙을 보강하였다). 그들은 병자를 위해 기꺼이 큰 수고를 감당하였다. 우정이 기적을 낳는다!

예수께서는 그들(네 사람과 병자?)의 '믿음'을 보셨다(2,5ㄱ). 신앙고백이나 청원은 없지만, 예수께서 중풍 병자를 능히 치유하실 수 있으며 또 자비롭게 그렇게 해 주실 것이라는 신뢰를 그들의 말없는 행동에서 읽으셨다. 그들 서로간의 사랑도 느끼셨다. 그래서 그분은 놀랍게도 치유의 말씀 대신 "얘야, 너는 죄를 용서받았다"고 응답하셨다(2,5ㄴ). 치유를 넘어 하느님의 구원을 선포하는 이 말씀은 일대 파문을 일으켰다. 그분은 왜 이렇게 말씀하셨을까?

많은 고대 문화권에서 그렇듯, 유다인들도 병과 죄를 한 덩어리로 인식하였다(민수 5,20-22; 신명 28,15-68; 시편 107,17-18; 이사 37,36 참조). 물론 유배에서 돌아온 뒤에 병과 불행의 원인을 당사자의 죄에서 찾는 일반 사조를 의문시하는 견해도 나타났다(욥 1-2장; 10장 참조). 그런 사조는 예수 시대에도 여전히 살아 있었지만(요한 9,2.24; 루카 13,1-2 참조), 신약성경은 이 문제를 다른 시각에서 언급한다(요한 9,3 참조). 마르코도 이 대목에서 병과 죄의 상관관계를 명확히 밝히지 않는다. 이후에도 이런 사조나 죄, 죄의 용서를 그다지 자세히 언급하지 않는다(서로 용서하라는 11,25 참조).

이 본문에서 예수께서는 병과 죄의 연관성을 보시되 병보다 죄를 근본 문제로 파악하셨다. 사실 중풍 병자처럼 질병으로 마비되어 있거나 알게 모르게 죄악과 미움, 외로움에 짓눌린 사람들은 모두 악의 세력에 매여 있어 생명력을 잃고 있다. 그리하여 예수께서는 이 악에서 인간을 자유롭게 하시어, 육체와 영혼의 생명을 하느님께서 지으신 본 모습으로 회복시키신다. 죄의 용서는 몸의 치유보다 차원이 더 깊은 치유다. 이로써 하느님 나라의 온전함이 더 깊이 드러난다. 결국 복음의 초점은 죄나 병이 아니라 예수를 통한 하느님 나라의 현존이며, 그것을 받아들이는 믿음에 있다.

그런데 그 자리에 함께 있던 율법 학자 몇 사람이 예수의 말씀을 가장 심각하게 받아들였다(2,6). 그들은 율법에 기초한 유다교 신앙의 실천에 큰 관심을 가진 터라 율법의 올바른 해석과 준수를 매우 중요하게 여기고 이를 맡아 수행하던 전문가이다. 매우 경건했던 그들은 하느님과 율법에 무척 민감했으나, 고통받는 병자에게는 관심을 두지 않았다. 죄인으로 여겼기 때문이다. 지금도 그들은 예수의 말씀에만 집중한다. "이자가 어떻게 저런 말을 할 수 있단 말인가? 하느님을 모독하는군"(2,7). 이러한 판단의 근거는 유일하게 죄를 지을 수 없는 의로우신 하느님 한 분 외에는 누구도, 메시아도 죄를 용서할 수 없다고 믿기 때문이다(신명 6,4 참조). 따라서 죄를 용서받으려면 하느님께서 일러 주신 율법 규정대로 성전에 가서 속죄 제물을 드리고 보상을 해야 했다(레위 4,1-5,26; 민수 5,5-8). 그러면 대사제가 제의와 희생 제물을 통해 '하느님의 이름으로' 죄를 용서하였다. 죄의 용서, 그것은 대사제가 지닌 고유 권한이자 막강한 권력이었다. 그런데 예수가 누군데 이런 율법 규정을 무시한 채 죄를 용서하는가?

해당 성경 본문을 보면, 죄를 용서받았다고 했지 누가 죄를 용서했는지 밝혀 있지 않다(수동태 문장이기에 하느님을 주어로 볼 수 있다). 예수께서는 그의 죄를 용서해 달라고 하느님께 청하지도 않았다. 또 언젠가, 이를테면 그가 회개한 뒤나 종말 때 죄를 용서하겠다고 약속하지 않고 즉시 죄의 용서를 밝히셨다. 기존의 사회 규범과 율법 규정을 무시하는 대단히 파격적인 말씀이다. 그래서 율법 학자들은 경악한다. '자신을 감히 율법 위에 두다니! 이런 짓은 하느님의 권위를 짓밟고 그분을 모독하는 일이 아닌가?'

그러자 예수께서는 속으로 의아하게 여기는 그들의 생각을 곧바로 당신 영으로 알아채시고, 치유와 용서 중 어느 쪽이 더 쉬우냐며 물으셨다(2,9). 사실 어느 쪽도 사람에게는 어렵다. 그러나 하느님께는 둘 다 쉽다. 그래서 예수께서는 이렇게 선언하셨다. "사람의 아들이 땅에서 죄를 용서하는 (하느님의) 권한을 가지고 있음을 너희가 알게 해 주겠다"(2,10ㄱ). 여기서 처음으로 '사람의 아들'이란 말이 등장한다. 이 단어의 뜻은 여럿이지만, 묵시사상에서는 하느님에

중풍 병자를 고치시다, 11세기, 하인리히 3세 복음서 세밀화, 엘 에스코리알 왕립도서관, 마드리드.

게서 권한을 받아 종말의 심판을 맡을 존재로 여겼다(다니 7,13 참조). 그렇더라도 사람의 아들이 사죄권까지 받으리라 믿는 유다인은 없었다. 그러나 사람의 아들로 자처하시는 예수께서는 당신이 지닌 권한을 알게 하겠다고 이르신다.

마침내 예수께서는 중풍 병자에게 일어나 가라고 말씀하셨다(2,11). "그러자 그는 일어나(수동형이므로 직역하면 '일으켜져') 곧바로 들것을 가지고, 모든 사람이 보는 앞에서 밖으로 걸어 나갔다"(2,12). 그는 마비되었던 몸이 풀려 당당히 걸어 나갔다. 핵심 단어는 세 번씩 나온 '일어나다'(*egeirō*)이다. 이 단어는 앉아 있거나 누워 있던 상태에서 일어난다는 뜻 외에 죽음에서 일어난다는 뜻을 가진다. 이로써 장차 하느님께서 하실 놀라운 일이 암시된다. 이 놀라운 치유의 현장을 지켜본 군중은 다들 넋을 잃고 하느님을 찬양한다. "이런 일은 일찍이 본 적이 없다"(2,12). 이사야는 하느님께서 오시면 다리 저는 이가 사슴처럼 뛰리라고 노래하였다(이사 35,6). 지금 이 땅에 도래한 하느님의 나라에서 그런 일이 일어났다. 그분은 죄를 용서하시는 하느님, 마비된 이를 일으켜 움직이게 하시는 하느님으로 오셨다. 용서는 관계를 치유한다. 그래서 그분이 오셔서 사람을 살리는 일은 복음이다. 이제 치유는 뒷전으로 물러나고, 관심의 초점은 '예수가 누구인가?' 하는 문제로 모인다. 이를 둘러싸고 예수와 율법 학자의 갈등과 충돌은 점점 커간다.

오늘날도 죄는 사람을 마비시켜 움직일 수 없게 한다. 우리가 중풍 병자를 들것에 들고 온 사람들처럼 예수에 대한 믿음을 실천할 때, 권능을 지니신 예수께서는 놀랍게 죄를 용서하시어 일어나게 하실 것이다. 예수님에게서 먼저 용서받았고, 하느님께서 예수를 통하여 베푸신 은혜를 먼저 체험했기 때문에 우리가 남을 용서할 때, 사람들은 우리의 신앙을 체험한다(2,5 참조). 또 다른 사람에게서 용서받을 때, 우리는 자신의 병과 무능력을 깨닫고 홀로 용서할 수 있는 능력을 지니신 하느님의 현존 안에서 새로 태어난다. 믿음과 용서와 치유는 사실상 한 덩어리다.

연중 제7주일(나해) 전례 중에 교회는 이 본문과 함께 이사 43,18-25을 읽는다. 마르 2,10과 연결되는 이 말씀은, 당신을 저버린 당신 백성에게 베풀어 주시는 야훼 하느님의 은혜로운 용서를 선포하고 있다. "내가 너의 죄를 기억하지 않으리라"(이사 43,25).

끝으로 볼테르가 했다는 말 한마디. "하느님은 나를 용서하실 것이다. 그것이 그분의 일이니까"(Dieu me pardonnera, c'est son métier). 우리는 하느님의 용서를 자칫 당연한 것으로 가볍게 여기는 경향이 있다. 적어도 율법 학자들은 그렇게 경박하지 않았다. 그래서 예수의 신성 모독을 맹렬히 탓했다(여기서 신성을 지니신 분께 신성 모독의 혐의를 씌우는 아이러니가 발생하며, 후에 예수께 신성 모독죄를 선고하는 대사제와 연결된다. 14,64 참조). 물론 예수께서도 죄의 용서를 가볍게 여기시지 않았다. 그분은 용서의 대가를 익히 알고 계셨다. 사람의 아들은 "많은 이들의 몸값으로 자기 목숨을 바치러 왔다"(10,45)고 밝히시기 때문이다. 죄를 용서하는 권한을 주장하는 것은 결코 가벼운 사안이 아니고, 죄의 용서 역시 결코 값싼 은혜가 아니다. 그래서 고해성사의 의미는 깊다.

2. 예수, 세리 레위를 부르시다(2,13-17): 갈등 2

앞에서 죄와 용서가 다루어졌다면, 여기서는 '죄인'과의 관계가 논란이 된다. 무대도 집에서 갈릴래아 호숫가(직역: '바닷가')로 바뀐다(2,13). 예수께서는 집이나 회당 같은 실내에서 사건을 해결하거나 논쟁을 벌이신 다음, 늘 바깥(외딴곳이나 호숫가)으로 물러가신다(1,45; 2,13; 3,7; 4,1 참조). 그리고 그곳에 몰려든 군중을 가르치신다. 뒤이어 전개되는 내용은 예수의 중요한 말씀을 전하는 선언문 형태의 이야기이다.

가르치신 뒤 예수께서는 길을 지나가시다가 세관에 앉아 있는 알패오의 아들 레위를 보시고 "나를 따라라"(2,14) 하고 부르셨다. 분량이 짧을 뿐이지, 이야기의 전체 틀은 첫 제자를 부르시는 것(1,16-20)과 똑같다. 예수께서는 레위를 그의 일터에서 제자로 부르시지만, 먼저 회개하라고 요구하거나 즉시 직업을 포기하라고 명령하지 않으셨다. 먼저 그를 용서하고 당신 품에 받아 안으셨다. 레위는 열두 제자에 속하지도 않고, 그후로 전혀 언급되지도 않는다. 또 병행구인 마태 9,9-13은 레위 대신 마태오라 부른다. 신약성경에서 알패오의 아들은 열두 제자 중의 하나인 야고보를 가리킨다(마태 10,2-4; 마르 3,16-19; 루카 6,14-16; 사도 1,13 참조). 마태오와 레위, 야고보의 관계가 어찌 되는지 분명히 알 수 없다.

이 소명 기사에서 눈에 띄는 점은 레위가 당시 사회에서 '죄인'으로 간주되었던 세리라는 사실이다. 그런데 그가 예수의 부름에 응하여 자리에서 "일어나[*anastas*, 부활(*anastasis*)을 시사하는 단어]" 따름으로써 제자가 되었다. 또 하나는 예수께서 그를 비롯한 세리와 죄인들과 식사를 함께 하시어 하느님에게서 죄인들을 갈라 놓는 유다의 사회 규범을 뛰어넘으셨다는 점이다.

예수께서는 "그의 집"(루카 5,29에 따르면 레위의 집이나 분명치 않다)에서 식사를 하셨다(2,15). 이 식사에 '세리와 죄인'이 많이 참여했다. 누가 그들을 초대했을까? 그들은 이 대목에서 세 차례나 언급된다(2,15-17). 구약성경에서 죄인은 하느님께 거역하는 악인으로 나온다(집회 41,5−10 참조). 하지만 복음서에서 죄인은 유다 사회의 정결 체제에서 버림받고 내쫓긴, 배척된 무리를 대변한다(이 점에서 모든 사람이 '죄의 지배 아래' 있는 죄인이라고 보는 바오로의 신학적 견해와 구분된다. 로마 3,9 참조).

세리는 두 부류였다. 하나는 로마에 세금을 미리 낸 징세 대리인에게 고용된 말단 집행인이다. 또 다른 부류는 '관세 세리'다. 상인들은 물품을 교역하느라 국경을 드나들 때 일정한 관세를 내야 했다(에즈 4,13−14; 7,24 참조). 주요 국제 통상로인 '해변길'(Via Maris)이 지나가고 헤로데 필리포스의 영토와 인접한(6km 떨어진 요르단 강이 국경) 갈릴래아의 카파르나움도 관세를 걷는 징수처 중 하나였다(헤로데 안티파스가 쫓겨난 뒤 국경이 재조정되면서 세관도 사라졌다). 관세는 그 지방 통치자의 몫이므로, 갈릴래아에서는 헤로데 안티파스의 관료가 말단 세리(레위)를 시켜 거두었다. 세리 가운데 지도층 인물도 극히 드물게 있었지만, 대다수 세리는 거짓과 탐욕으로 지탄받았다(루카 3,12−13; 19,8 참조). 그래서 세리는 법정에 증인으로 설 수도 없는 사회의 최하층으로 간주되었다. 여기 나오는 죄인들은 일시적 율법 위반자가 아니라 아예 율법 규정과 무관하게 지속적으로 사는, 혐오 직업을 가진 이들이다. 동족에게 돈놀이하는 사채업자나 목자, 백정, 무두장이 등이다(레위 25,36−38 참조). 성전에 십일조를 내지 못하는 가난한 사람들도 죄인으로 간주되었다.

그런데 예수께서 그런 세리와 죄인들과 함께 식사하시다니? 바리사이파에 속한 율법 학자들이 그분의 제자들에게 예수의 처신을 비난한다(2,16: 타인을 '죄인'으로 규정하는 데서 자신을 '의인'으로 여겼음을 알 수 있다. 또 그들의 속생각이 밖으로 표현된 점에서 적대자들의 비판이 한층 강화되었음도 알 수 있다). 동방에서 함께 먹고 마시는 행위는 신의와 형제애, 평화를 나누고 보증하는 매우 중요한 상징 행위였다. 게다가 유다에서는 종교 의미까지 내포되어 있어 아무나 함께 식사하면 안 되었다. 바리사이와 율법 학자들은 의인과 죄인이 섞이는 것을 하느님께서 원하지 않으신다고 여겼다. 이스라엘의 역사에서 드러났듯이, 하느님 백성의 순수성과 거룩함을 보존하고 악에 물들거나 위협받지 않도록 하려면 구분하고 분리해야 하기 때문이다(시편 101,3.5.7.8 참조).

이 논리의 바탕에는 '거룩하신 하느님을 거룩하게 모셔야 한다'는 그들의 경건한 믿음이 스며 있다. 그래서 그들은 식탁 교제를 나눌 사람이나 음식 종류, 식사 예법(카셰르*kasher*) 등을 상세히 규정하고 이를 강조하였다. 식탁 교제에 이러한 의미를 부여하고 유지 보존하는 책임과 권한을 지닌 것이 그들의 권력이었다. 만약 예수처럼 제멋대로 죄인들과 뒤섞여 식사하며 사귄다면("저 자는… 세리와 죄인들의 친구다." 마태 11,19), 율법과 정결 체계라는 상징 질서로 질서정연하게 짜인 유다 사회는 심각한 혼란에 빠질 수 있다. 사실 유다인과 이방인이 함께 식사해도 좋은지 여부는 초대 교회에서도 크게 논란이 된 문제였다(갈라 2,12 참조). 70년에 성전이 파괴된 후 라삐 유다교는 식탁을 제단으로 여겨 음식과 식탁 교제 규정을 한층 강화하였다. 이 점에서 그리스도교와 유다교의 거리는 점점 멀어졌다.

예수께서는 병자에겐 의사가 필요하다는 상식을 들어 율법 학자들에게 대답하신다. 의사가 병자와 접촉하지 않는다면 어떻게 그를 고칠 수 있겠는가? 여기서 예수께서는 모든 이를 온전케 하는 의사로 당신의 정체를 밝히신다["나는 너희를 낫게 하는 주님(야훼)이다." 탈출 15,26]. 나아가 그분은 의인과 죄인을 가른 바리사이들의 표현을 빌려, "의인이 아니라 죄인을 부르러 왔다"(2,17)고 선언하신다. 앞에서 죄를 용서하는 권한을 드러내셨다면, 여기서는 죄인을 받아들여 모든 이가 구원받는 새로운 때가 임하였다고 밝히신다. 죄인이라 불렸던 세리 레위는 이제 예수의 제자로 새롭게 바뀌었다. 예수께서는 '제자들과 함께' 새 제자의 낮은 삶의 자리에 들어오시어, 죄인도 '조건 없이' 있는 그대로 받아 품어 주는 지극히 자비로우신 하느님을 보여 주신다. 지금 이 식사 자리는 하느님 나라에 참여하는 새로운 공동체의 삶의 자리인 동시에, 의인과 죄인이 함께 참여하는 종말의 천상 잔치를 예표한다고 볼 수 있다. 따라서 지금 예수의 말씀에는 율법 학자들도 초대한다는 뜻이 담겨 있다.

사실 그분 앞에 누가 참된 의인으로 설 수 있을까? 누가 어떤 기준으로 죄인과 의인의 경계를 가를 수 있는가? 하느님의 구원과 자비가 필요하지 않은 사람이 어디 있겠는가? 당시 바리사이들은 경건하게 살려고 무척 애썼다. 그리고 세리와 죄인들이 회개하여 율법 규정을 준수한다면 언제든지 함께 어울리겠다고 문을 열어 놓았다. 그들이 먼저 회개(변화)를 요구하였다면, 예수께서는 먼저 사랑하시고 그 안에서 회개하도록 이끄셨다. 아마도 세리와 죄인들 중에서 많은 이가(2,15 참조) 예수의 초기 활동에 참여했거나, 마르코 복음서가 쓰이고 유통될 당시의 초대 교회에서 활동하였을 것이다. 그래서 그리스도인들이 회당에서 비난받을 때 이 이야기를 기억하며 감사하였는지 모른다.

의미심장하게도 예수께서는 식사 질문에 대해 치유 속담을 들어 대답하셨다(2,16-17). 사람들이 같은 상에 앉아 함께 식사할 때 어긋난 관계는 치유된다. 오늘날 예수의 뒤를 따르는 교회는, 각종 배타주의와 분리주의와 차별에 도전하기 위해 갖가지 명목으로 버림받고 소외된 변두리 인생과 연대하고 우애를 나누며 하느님의 관용과 자비를 보이려 노력한다. 하느님 나라에는 어떤 꼬리표도 달려 있지 않다. “얼마나 다양한 무리인가! 하느님의 식탁에는 친구도 원수도 자리한다”(괴테). “진흙에 빠진 사람을 끌어내려 하지 말고 당신 자신이 진흙 속에 걸어 들어가라”(18세기 라삐 바알 셈 토브). 백정 출신의 순교자 황일광(알렉시스)은 “농담조로 자기에게는 자기 신분으로 보아, 사람들이 그를 너무나 점잖게 대해 주기 때문에, 이 세상에 하나 또 후세에 하나, 이렇게 천당 두 개가 있다고 말하였다”(달레, 《한국천주교회사 상권》, 473-474).

3. 예수, 단식에 관해 가르치시다(2,18-22): 갈등 3

곧이어 아무런 시간적 지리적 연결점 없이 다른 이야기가 이어지는데, 이야기의 소재는 앞의 식탁 교제와 같이 유다 사회의 주요한 종교 관습인 단식이다. 앞에서 '함께 먹는 것'이 문제였다면, 여기서는 '먹지 않는 것'이 문제이다. 그러나 이야기의 진정한 초점은 단식의 성격이나 시행 여부에 있지 않고, 그것을 빌미로 예수가 누구이며 그분이 보여 주는 새로운 하느님 나라를 어떻게 맞을 것인지에 맞춰져 있다.

이 대목에서 예수께 문제를 제기하는 이들은 "사람들"이다. 그들은 단식 중인 요한의 제자들과 바리사이들을 들어, "선생님의 제자들은 어찌하여 단식하지 않습니까?"(2,18) 하고 힐난조의 질문을 던졌다. 스승은 자기 제자들의 행동거지에 책임을 져야 했다. 이제 불똥은 예수에게 미친다. 요한의 제자들에 관해 역사상 알려진 바는 별로 없다. 그러나 본문을 보면 그들도 하나의 집단을 형성하고 스승 요한처럼(루카 7,33 참조) 단식을 철저하게 준수하였던 것 같다. 경건한 유다인들에게 강조되는 신앙 행위가 기도, 단식, 자선이었다. 그중 단식은 민족의 위기(느헤 9,1; 에스 4,16 참조)와 율법이 정한 공식 단식(레위 16,29에 나오는 속죄일의 단식)을 가리키지 않고, 개인이 임의로 하는 단식을 말한다. 가령 바리사이들은 기원전 2세기부터 일주일에 두 번(루카 18,12 참조), 매주 월요일과 목요일에 단식했다(모세가 월요일에 시나이 산에 올라갔다가 목요일에 내려왔다는 전승에 따라). 단식에는 속죄의 뜻과 함께 메시아가 속히 오시도록 하느님의 자비를 구하는 간구와 탄원의 뜻이 담겼다.

앞에서도 보았듯, 예수 일행은 자주 먹고 마시며 즐겼나 보다. 그것도 볼썽사납게 죄인들과 자주 어울렸으니 경건한 이들이 보면 영 못마땅했으리라("먹보요 술꾼" 루카 7,34 참조). 예수께서는 먼저 신랑과 혼인 잔치에 빗대어 답변하셨다(2,19 참조). 여기서 신랑은 예수이고, 흥겨운 혼인 잔치는 메시아가 종말에 베푸는 풍요로운 생명과 구원을 상징한다(신부는 예레 2,2; 묵시 21,2.9 참조). 신랑이신 메시아(마태 25,1-13; 요한 3,28-30; 묵시 19,7 참조)가 '지금' 혼인 잔치를 베푸는 것은 하느님 나라가 '이미' 와서 모든 이가 주님으로 기뻐하는 때(이사 62,4-5; 에제 16,8; 호세 2,16-20 참조)라는 뜻이다. 이 기쁨은 사회적 종교적 경계와 전통적 금기禁忌를 뛰어넘어 현존하는 성령의 선물이다(바로 앞 단락에 나오는 식탁 자리를 보라). 그러니 지금은 단식할 때가 아니다. 예수께서는 단식 자체를 거부하지 않으신다. 다만 도래한 하느님의 다스림 속에서 그 때와 의미를 새롭게 보게 하신다.

그러나 놀랍게도 신랑을 빼앗길 날이 오면 그때에는 혼인 잔치 손님들도 슬퍼하며 단식할 것이다(2,20). '지금'과 '그때'가 대립한다. 왜 신랑을 빼앗겨야 하는가?(이사 53,8 참조) 초대 교회가 덧붙인 이 말에는 신랑이 치러야 할 희생(예수의 죽음)과, 그럼에도 그분이 다시 오시리라는 기대가 담겨 있다. 하느님 나라는 '아직 온전히 성취되지 못했다.' 따라서 하느님의 다스림이 온전히 도래하기를 갈망하며 깊이 기도하기 위해, 자신의 욕망을 끊고 그 나라에 온전히 참여하기 위해 초대 그리스도인들은 대부분 단식하기 시작했다(〈디다케〉 8,1: "여러분은 수요일과 금요일에 단식을 하시오." 마태 6,16-18; 사도 13,2-3; 14,23 참조). 2세기 말부터 성금요일 오후에서 부활절 아침까지 마흔 시간을 단식하는 관례가 생겼고, 후에는 사순절 내내 단식하게 되었다. 교부들은 신앙인이 단식을 통해 다른 종류의 영양, 곧 하느님의 말씀(마태 4,4 참조)과 아버지 뜻의 실천(요한 4,34 참조)이라는 음식을 받을 준비를 한다고 보았다. 단식에 수반되는 것이 자선이다. "당신의 기도가 하느님을 향해 날아 올라가기를 바라십니까? 두 개의 날개를 달아 주십시오. 단식과 자선입니다"(성 아우구스티누스, 《시편 상해》 42,7).

둘째 단락에서 예수께서는 서로 조화를 이룰 수 없는 한 쌍의 새것과 헌것을 들어 지혜의 말씀을 들려 주신다(2,21-22). 옷과 포도주는 모두 혼인 잔치의 필수품이며, 오랜 전통과 생활 양식을 반영한다. 헌옷과 새 헝겊, 헌 가죽 부대(통째 벗긴 양이나 염소 가죽을 묶어서 만든 부대)와 새 포도주, 나란히 제시된 두 부류는 쉽게 결합하지 않는다. 헌것은 새것을 감당할 수 없다. 새 헝겊을 댄 헌 옷은 더 심하게 찢어진다(*schizō*)(1,10의 찢어진 하늘, 15,38의 찢어진 성전 휘장 참조). 새 포도주는 헌 부대를 터뜨린다. 결론은 이러하다. "새 포도주는 새 부대에 담아야 한다"(2,22).

여기서 헌것은 기존의 유다 사회와 세상, 새것은 예수를 통해 드러나고 현존하는 하느님 나라를 가리킨다. 둘 사이에는 긴장이 있다. 하느님의 다스림은 전부 새롭고 강력하기에 그것에 걸맞는 새로운 제도와 생활 방식이 필요하다. 따라서 기존의 낡은 관례를 뛰어넘어 새로움으로 나아가는 '회개'가 필요하다. 마찬가지로 하느님과 예수를 새롭게 이해하기 위해서도 기존의 인식에서 벗어나야 한다. 그렇게 하면 그들은 변형된다. 하느님의 현존 안에 머무르기 때문이다. 새것과 헌것의 기준은 우리 안에서 나오지 않고 하느님에게서 나온다. 그분 안에 있을 때 늘 새롭다. 교회와 사회의 진정한 쇄신, 혁신, 갱신은 하느님 안에서 이루어진다. "누구든지 그리스도 안에 있으면 그는 새로운 피조물입니다. 옛것은 지나갔습니다. 보십시오, 새것이 되었습니다. 이 모든 것은 그리스도를 통하여… 하느님에게서 옵니다"(2코린 5,17-18).

사순절이 시작되는 재의 수요일에 교회는 단식의 근본 정신을 가르치는 이사 58,3-12을 독서로, 마르 2,15-20을 복음으로 봉독한다. "내가 좋아하는 단식은 이런 것이 아니겠느냐? 불의한 결박을 풀어 주고… 모든 멍에를 부수어 버리는 것이다. 네 양식을 굶주린 이와 함께 나누고… 네 혈육을 피하여 숨지 않는 것이 아니겠느냐?"(이사 58,6-7) "진정한 단식은 악을 끊는 것이다"(위僞 바실리우스).

4. 예수, 안식일에 대해 가르치시다(2,23-28): 갈등 4

이 이야기의 지리적 배경은 밭이다. 흔히 '밀밭'으로 옮기지만, 작물의 종류는 확실치 않다. 때는 안식일이다. 이 사실로 인해 사건이 벌어진다. 유다교 율법 규정 중에 안식일 관련 규정이 상당히 많을 정도로 안식일은 유다인 신앙

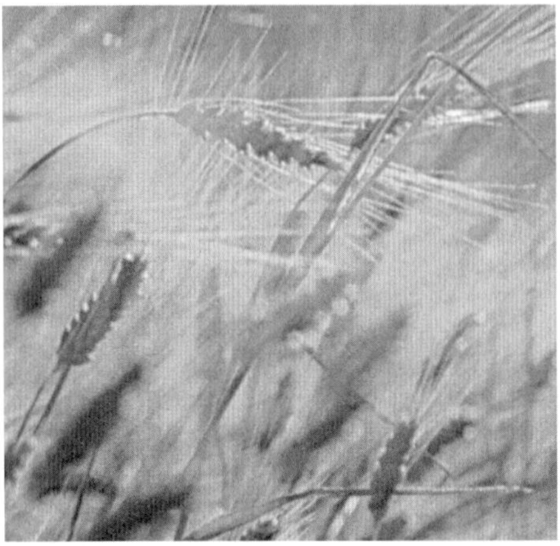
밀 이삭

생활의 핵심이었다. 라삐들의 율법 해설집인 《미쉬나》에는 안식일 율법 규정(탈출 34,21; 신명 5,12-15 참조)을 준수하기 위하여 안식일에 해서는 안 되는 일 서른아홉 종류를 규정하였다. 그중에 '농작물을 베는 일과 탈곡하는 일'이 포함되어 있다(샤바트 7,2). 또 곡물이 일단 줄기에서 분리되면, 그것은 이미 수확물로서 정결 규정에 따라 처리되어야지 마음대로 이용할 수 없다. 하지만 《미쉬나》가 190-200년경에 편집되었기 때문에 예수 시대에는 아직 이러한 명문 규정이 없었고, 따라서 강제되지도 않았다. 다만 바리사이들을 중심으로 논의가 활발하게 진행되었을 뿐이다.

일차 문제는 밀밭 사이에 길을 내고 가던 예수의 제자들이 밀 이삭을 뜯었던 데서 생겼다(2,23). 그들은 이삭을 까서 먹었던 것 같다(마태 12,1 참조). 뒤에 예수께서 먹는 문제만 거론하시기 때문이다. 이 일을 본 바리사이들은 곡물을 베고 탈곡했다고 하여 예수께 비난하는 질문을 던졌다. "저들은 어째서 안식일에 해서는 안 되는 일을 합니까?"(2,24) 스승과 제자는 서로 책임지는 관계다. 복음서에 따르면 예수께서는 안식일에 병을 고치셨기 때문에 여러 번 바리사이들과 부딪쳤다(마태 12,9-14; 루카 13,10-17; 요한 5,10 참조). 따라서 안식일은 예수님부터 초대 교회까지 그들과 지속적으로 치열하게 다툰 문제였다.

예수께서는 세 마디 말씀으로 대답하신다. 먼저 라삐식 논쟁처럼 수사적 반대 질문을 던지신다. "너희는 읽어 본 적이 없느냐?"(2,25) 읽어 보아서 모를 리가 없다는 뜻이다(마태오와 루카는 다윗의 일화에서 부정확한 '에브야타르 대사제'란 단어를 뺐다). 그분은 다윗과 그의 일행의 일화(1사무 21,1-7)를 들어, 인간의 절박한 필요(여기서는 굶주림)에 부응하는 것이 율법 준수보다 먼저라고 밝히신다. 사실 다윗은 안식일에 빵을 달라고 하지 않았고, 지금 제자들은 다윗 일행처럼 굶주렸다고 볼 수 없다. 하지만 날이 저물 때 사제만이 진설된 제사 빵을 먹을 수 있다는 율법 규정(레위 24,5-9)에도 불구하고, 다윗은 그 빵을 먹었고 그로 인해 비난받지 않았다. 사실 라삐들도 생명이 위협받을 경우 안식일 규정을 지키지 않아도 된다고 가르쳤다(《바빌로니아 탈무드》 속죄일 8,6). 비슷한 표현이지만, 라삐들이 예외 '규정'을 생각하는 데 비해 예수님께서는 근본 정신을 가르치고 그렇게 사셨다는 점에서 남다르다. 그분은 사람에게 절실히 필요할 때 하느님의 몫도 나눌 수 있다고 단호하게 밝히신다. 하느님은 "희생 제물이 아니라 자비"(마태 12,7; 참조 호세 6,6)를 원하시기 때문이다.

예수께서는 같은 맥락에서 "안식일이 사람을 위하여 생긴 것이지, 사람이 안식일을 위하여 생긴 것은 아니다"(2,27)고 이르신다. 사무엘기 상권에 이어, 그분은 창세기(2,3)와 탈출기(20,11)를 들어 설명하신다. 안식일은 당신의 거룩함에 참여하도록 사람에게 준 하느님 자비의 선물이므로, 사람은 창조주 하느님께 감사드리며 하느님의 뜻을 기억하고 실천하는 날로 지내야 한다. 동시에 안식일은 하느님과 맺은 계약의 영원한 표징이다(탈출 31,17). 또 신명기(5,15)의 가르침에 따라, 안식일은 이집트 종살이에서 해방시키신 주 하느님을 기억하며 자유를 누리는 날이기도 하다. 바리사이들도 그렇게 주장하였다. 다만 그들은 하느님의 날을 잘 지키려고 금지 규정을 숱하게 만들어 냈다. 그러나 예수께서는 안식일을 존중하시되, 세세한 금지 규정보다 하느님의 근본 뜻을 알아듣고 따르는 것이 더 중요하다고 보신다. 자칫하면 규정만 (겉으로) 지키면 제대로 지킨다는 식의 거짓된 안도감과 허위 의식을 심어 줄 수 있기 때문이다. 가령 가톨릭 신자들의 경우 대부분 주일미사에만 집중한다. 물론 가장 중요한 시간이지만, 그 밖의 시간을 어떻게 쓰는지는 무관심할 수 있다.

예수께서는 안식일보다 사람에 초점을 두신다. 사람을 위해 안식일을 만들었듯, 사람을 섬기며 구원하기 위해 당신이 오셨기 때문이다. 이런 흐름에서 그분은 "사람의 아들은 또한 안식일의 주인(*kyrios*)이다"(2,28)고 단언하신다. 구약성경에서 안식일의 주님은 야훼 하느님이시다(레위 23,3 참조). 라삐들도 안식일이 사람을 위한 것이기 때문에 "사람이 안식일의 주인이다"(《바빌로니아 탈무드》 속죄일 85)고 적었다. 그러나 예수께서는 당신을 하느님에게서 전권을 위임받은 분으로 암시하신다는 점에서 독특하다. 그분은 다윗보다 더 권위 있는 주님이시기 때문이다(12,36-37 참조). 사람의 아들이신 예수께서는 인성을 지니셨기에, 인간에게 무엇이 필요한지 제일 잘 아신다. 또 신성을 지닌 분으로서 주님의 날을 어떻게 지내야 옳은지 말할 수 있는 권위를 지니고 계신다. 지금 하느님의 복음을 선포하시는 예수님을 통해, 안식일은 하느님께서 다스리시는 새 시대에서 그분의 뜻이 온전히 드러나고 실현되는 표징이 된다. 이런 모습은 안식일의 치유를 다룬 다음 이야기에서 더 분명하게 나타난다.

예수께서는 안식일을 부정하거나 폐기하지 않고 존중하셨다. 할례와 마찬가지로 안식일도 사도 시대에 자주 논란이 되었다(로마 14,1-6 참조). 안식일과 주일을 함께 기념했던 초기 그리스도교는 점차 안식일의 주인이신 주님이 부활하신 주간 첫날(일요일)을 안식일의 정신이 온전히 구현된 '주님의 날'(묵시 1,10)로 여겨 정규적으로 지켰다. 주일에는 창조와 이집트 탈출 외에 새 창조와 죄의 해방이란 의미까지 기념하게 된 것이다. 이로 인해 그리스도교와 라삐 유다교는 갈라서게 되었다.

오늘날 사회와 교회에서 주일의 의미는 어떠한가? 미사와 예배는 계속되고 있지만(한국 천주교 신자들의 주일미사 참여율은 20% 초반으로 계속 낮아지고 있다), 하느님 나라의 기쁨을 자신이나 이웃과 나누는 경우는 얼마나 되는가? 하느님의 창조를 오감으로 느끼기 위해, 주일날 텔레비전을 꺼 놓는가? 종살

이의 해방처럼 소비 활동을 하루 자제하여 소비에서 자유로움을 느끼는가? 주일 하루라도 신문보다 성경과 영성 서적을 한 대목 이상 읽는가? 주일을 그 날의 주인이신 분과 함께 지내고 있다고 느끼는가?

5. 예수, 안식일에 할 일을 가르치시다(3,1-6): 갈등 5

예수께서 다시 회당에 들어가셨다. 때는 안식일이었다(3,1). 안식일을 고리로 앞의 가르침과 이어지며 그 실체가 한층 분명하게 드러난다. 먼저 전체 꼴을 살펴보면, 마르코가 즐겨 쓰는 '끼워 넣기' 구성이다. 앞(2,1-12 참조)에서처럼, 전형적인 치유 이야기가 문제(3,1)-해결-치유의 증거(3,5ㄴㄷ) 순으로 구성되어 있다. 그리고 그 가운데 논쟁 기사(3,2-5ㄱ)가 들어 있다.

예수께서 회당에 들어가셨을 때, 그곳에 한쪽 손이 오그라든 사람이 있었다. 자기 능력을 발휘할 수 없는 장애인이다. 그분의 눈이 그에게 쏠린다. 반면에 어떤 사람들의 눈은 그분에게 집중되어 있다. "예수님을 고발하려고… 지켜보고 있었"(3,2)던 것이다. 예수께서는 손이 오그라든 이에게 이르신다. "일어나(*egeirō*, 16,6) 가운데로 나와라"(3,3). 말씀의 빛이 죽은 듯 구석에 숨어 있는 이를 일으켜 모든 사람이 볼 수 있는 중앙으로 인도한다. 당신께서 특별히 관심을 가지셨다는 표현이요, '이 형제를 보라!'는 뜻이다. 예수께서는 이미 그들의 속셈을 알고 계셨다(2,8). 그래서 물으신다. "안식일에 좋은 일을 하는 것이 합당하냐? 남을 해치는 일을 하는 것이 합당하냐? 목숨을 구하는 것이 합당하냐? 죽이는 것이 합당하냐?"(3,4; 참조 신명 30,15-20) 수사 의문문이라 누구나 그 답변을 알고 있다. 안식일에는 좋은 일을 하고 목숨을 구해야 하고, 또 그런 일을 하기 위해 안식일 규정을 어길 수도 있다(1마카 2,41 참조)는 것을 안다. 그럼에도 예수께서는 하느님의 뜻을 이루는 것이 무엇인지 다시 생각하여 그들의 관점을 재조정하라고 가르치신다.

그러나 그들은 입을 열지 않았다. 앞에서 보았듯, 생명이 위험한 경우에는 언제든 안식일 규정을 지키지 않을 수 있었으나 손이 오그라든 이는 중환자가 아니다. 어디까지 예외를 인정해야 하는가? 작은 틈 때문에 큰 둑이 무너질 수 있지 않는가? 확고한 관점을 바꾸는 것이 얼마나 어려운가.

예수께서는 노기(*orgē*, 매우 격렬한 분노)를 띠고 천천히 "그들을 둘러보신다"(*periblepō*, 꿰뚫어 보는 시선이다. 3,5.34; 5,32; 10,23; 11,11 참조). 분노는 종종 인간의 악에 대한 하느님의 거룩하고 의로운 분노를 뜻한다(탈출 32,10; 민수 11,1; 이사 60,10 참조). 주님 '분노의 날'은 심판의 날로 묘사된다(스바 1,15; 로마 2,5 참조). 그분은 그들 "마음의 완고함"(*pōrōsis*) 때문에 몹시 슬퍼하신다. '완고하다'(*poroō*)는 단어는 '두꺼운 가죽으로 덮여 딱딱해지는 것'을 뜻한다. 구약성경에서 이 표현은 파라오를 비롯하여 하느님께 마음을 열고자 하지 않는 사람들에게 적용되었다(탈출 7-11장; 시편 95,8; 여호 11,20; 2역대 36,13; 잠언 28,14; 예레 11,8; 에제 3,7 참조). '마음'은 생각과 의지를 관장하는 신체 기관인데, 마음이 딱딱해지면 믿지 못하게 된다(로마 11,7-10; 에페 4,18 참조). 손이 오그라든 이는 신체 장애인이지만, '마음이 말라' 오그라든 이들은 영적 장애인이다(6,52; 8,17; 10,5 참조).

마침내 예수께서 "손을 뻗어라"(3,5) 하고 말씀하시자, 그 손이 다시 성하여졌다(1열왕 13,4-6 참조). 창조 때처럼 말씀으로 모든 것이 온전해진다. 하느님께서 다스리시자 찌들고 위축되었던 삶이 바로 펴진다. 그분은 말씀만 하셨지, 안식일을 위반하는 어떤 일도 하지 않으셨다. 그런데 다른 치유 이야기와 달리, 이를 목격한 증인들이 경탄하며 하느님을 찬양하는 모습이 없다. 대신 그 '사람들'이 바리사이들과 헤로데 당원으로 소개된다(3,6 참조). 예수 시대에 바리사이들은 로마와 그 앞잡이인 헤로데 일족에게 호의를 보이진 않았지만, 자기네 종교 생활에 간섭하지 않는 한 심하게 적대하지 않았다. 율법을 철저히 준수하는 '거룩한 삶'을 추구했던 그들은 바로 그 율법의 중심축이라

할 수 있는 정결례와 안식일 규정 등에 도전하는 예수를 용납할 수 없었다. 반면에 '헤로데 당원'은 예수 시대에 갈릴래아의 영주였던 헤로데 안티파스, 후에 아그리파스 1세(41-44년 재위)를 섬겼던 사람들이다. 그들은 자유나 독립, 메시아주의를 부르짖으며 소란을 일으켜 기존 체제를 위협하는 자들에게 신경을 썼다. 그러기에 예수를 유다 사회의 안정을 뒤흔들어 혼란을 가져올 수 있는 잠재적 위험 인물로 보았음직하다.

평소에 사이가 좋지 않던 종교 집단과 정치 집단이 "예수님을 어떻게 없앨까"(3,6) 모의하였다. 그들은 남을 해치고 사람을 죽이는 일을 선택하여 안식일을 모독하는 죄를 짓는다. 반면에 안식일의 첫 회당 방문에서 더러운 영을 없애신 분은(1,23-26), 이제 당신이 없어질 위험에 처하신다. 사람을 위해 마련해 주신 안식일에, 사람을 살린 '좋은 일을 하신' 탓으로, 안식일의 주인이 안식일 모독죄로 죽어야 할 위기에 몰린다. 치유로 생명을 주신 분이 자기 생명을 잃게 된다. 역설이다. 그런데 장애인이 치유를 청하지도 않았는데, 왜 예수께서는 이런 위험을 감수하실까?

안식일이 아닌 다른 날에는 사람들이 예수께 치유를 청했다. 반면에 안식일에 발생한 치유 사건은 모두 예수께서 나서신 일이다. 그분이 갈등과 충돌을 아시면서도 그 일을 하신 뜻은 하느님 나라가 임하였고 사람을 살리는 새로운 질서가 세워졌기 때문이다. 그래서 안식일이 지닌 본연의 뜻, 곧 하느님께서 창조하신 본래의 모습을 되찾고, 죄와 모든 굴레에서 자유롭게 해 주시고자 하신다. 이 치유를 통해 모든 생명이 온전해지는 하느님 나라의 현존을 깨닫고 함께 참여하기를 바라신다. 하지만 이를 알지도 보지도 못하는 이들의 반발이 거세진다. 그러면서 장차 어떻게 이야기가 펼쳐질지 암시된다.

안식일 또는 주일을 거룩하게 지키는 것은 쉼과 전례 참여뿐 아니라, 좋은 일 곧 모든 생명을 '살리는' 일을 하는 것이다. 하느님을 흠숭하고 이웃을 사랑하는 마음으로 좋은 일을 행하는 것은 그것을 받는 이를 치유할 뿐더러 베푸는 이에게도 치유의 효력이 미친다.

제3부

제자단의 형성과 가르침
(3,7-6,6ㄱ)

예수께서 시작하신 복음 선포와 권능의 행위는 놀라운 호응과 지지를 받았지만, 동시에 종교 지도자들의 의심과 모함도 받게 되었다. 위험과 위협에도 불구하고 그분은 도피하지 않고 당신의 사명을 더욱 적극적으로 실행하신다. 그 일을 위해 그분은 제자단을 형성하는 전략을 택하신다. 당신을 적대하는 이들이 연합하는 것처럼(3,6), 당신을 따르는 이들 가운데 제자들을 부르시어 당신과 함께 있게 하신다. 그들이 하느님의 다스림을 받아들이는 새로운 백성, 예수의 참된 가족이다. 그들이 대두되면서 동시에 기존의 가족과 친척은 그분에게서 멀어진다. 새 시대에 따른 공동체의 자리바꿈이다. 이를 기준으로 3부의 틀을 다음과 같이 정리한다(로버트 벡, 53).

집으로 돌아오라!	→	집에서 떠나다!
(3,20-21)		(6,1-6)

제1장 예수, 호숫가에서 치유하시다(3,7-12)

예수께서는 회당에서 나와 당신 제자들과 함께 호숫가로 물러가신다(3,7). 이제부터 제자들은 분명하게 예수와 함께 머무른다. 호숫가(직역: 바닷가)는 예수의 공개적 활동 장소요(2,13; 4,1; 5,21), 피신처이자 변모의 터다(4,35-42; 6,45-52). 이 요약문을 계기로 예수의 갈릴래아 선교가 전환된다. 지금까지 예수의 선교에서는 두 가지 점이 두드러졌다. 지도자들의 반대가 점점 커져서 예수와 제자들이 위험한 지경에 놓이게 된 것과(3,6), 예수를 따르는 군중이 점점 늘어 예수의 인기가 절정에 이른다는 것이다(1,28.32-33.37.45; 2,2.13 참조). 군중은 남쪽(유다와 이두매아), 북쪽(티로와 시돈), 동쪽(요르단 건너편) 등 사방(갈릴래아의 서쪽은 지중해)에서 밀물처럼 모여들어 그 수가 많았다고 세 번이나 언급된다(3,7.8.10). 크게 보면 유다인 거주 지역(남쪽)을 넘어 부정하다고 간주되던 이방인 지역(북쪽과 동쪽)까지 망라하므로, 예수께서 모든 이의 호응을 받았음을 암시한다(세례자 요한에게는 주로 예루살렘과 유다 출신들이 모였으니 그보다 인기가 더 높다는 것이다).

이렇게 군중이 모여온 것은 예수의 말씀과 행위에 권위가 있었음을 잘 보여 준다. 하지만 그들은 예수에게 치유만 원했지(3,10) 그분의 가르침을 올바로 이해하지 못했다. 병고에 시달리는 이들은 그분을 만지려고 밀려들었다. 그렇지만 예수께서는 불평하거나 회피하지 않고 그 많은 사람의 요구에 응하셨다. 그분은 당신을 밀쳐 대는 군중을 피해 배 한 척을 마련하라고 이르셨다. 이 구절에 명백한 표현이 없지만, 아마도 예수께서는 그 배에서 많은 사람을 가르치셨을 것이다(마르코의 편집구 4,1-2 참조).

지금 이 상황은 미묘하다. 군중이 운집한다 해서 예수의 복음 선포 활동을

갈릴래아 호수

성공했다고 평가할 수 없다. 그들이 예수의 가르침을 참으로 이해했다고 보이지 않기 때문이다. 이를 통찰하시는 예수께서는 그들의 요청에 응답하시되 일정한 거리를 유지하신다. 그러나 기존 지도자의 눈에는 예수의 영향력이 확대되는 것처럼 보이므로 그분을 없애야 한다는 주장이 거세진다.

여기서는 오직 더러운 영들만이 그분의 참된 정체를 알고 소리 지른다. "당신은 하느님의 아드님이십니다!"(3,11) 그들의 고백은 정확하나 적대적이고, 신앙이 아니라 두려움에서 터져 나온다. 입으로는 고백하나, 예수의 길을 따르며 그분의 가르침에 순명하지 않는다. 그래서 예수께서도 올바른 증인이 아닌 그들에게 침묵을 명하여 더는 당신의 정체가 알려지지 않게 하신다('메시아의 비밀'). 동시에 그들과 달리, 참으로 당신의 길을 따르며 올바로 고백할 수 있는 제자들을 부르신다(3,13-19). 마찬가지로 주님께서는 우리가 그분을 성자聖子나 그리스도로 외쳐 대는 것보다, 당신의 십자가 길에 동참하길 바라신다. 우리는 그분을 알리려고 노력하기 전에 먼저 그분을 바르게 알아야 한다.

제2장 예수의 새 가족(3,13-35)

1. 예수, 열두 제자를 정하시다(3,13-19)

예수께서는 호숫가에서 산으로 가신다(3,13). 고대 세계에서 산은 신과 소통하는 우주의 배꼽이다(엘리아데, 14-45). 구약성경에서 이스라엘 백성은 시나이 산에서 하느님을 만나고 그분의 백성으로 계약을 맺었다(탈출 3장과 24장의 '시나이 산' 참조). 산에서 하느님 백성이 형성된 것이다. 마르코 복음에서도 산은 하느님의 계시와 권위가 드러나고 그분과 일치하는 곳으로(6,46; 9,2; 13,3 참조), 활동 중심의 호숫가와 구분된다. 지금 예수께서는 산에 올라가신 다음 당신께서 "원하시는"(마음에 품고 계시던, 미완료 형태로 지속성을 의미) 이들을 가까이 부르신다. 그들은 응답하여 자기 자리를 떠나 그분께 나아왔다.

예수께서는 열둘을 "세우셨다"(3,14). 이 말의 의미는 '만들다'(*poieō*)인데, 칠십인역에서 '어떤 사람을 지명하여 하느님의 사명을 맡긴다'는 뜻으로 쓰인다(1사무 12,6; 1열왕 12,31; 13,33 참조). 즉 예수께서 열두 제자를 새 이스라엘 공동체의 핵심 지도자로 '만드셨다'는 뜻이다. 북이스라엘의 멸망으로 열 지파는 사라졌고, 열두 지파가 회복될 꿈은 종말의 비전으로만 남아 있는 상태였다. 그런데 지금 새로운 형태로 기존 이스라엘 공동체를 대신할 새로운 대안 공동체가 '새로운 시나이 산'에서 등장한 것이다. 제자들의 면모에서 드러나듯, 이 공동체는 사제 중심의 기존 이스라엘 공동체와 뚜렷이 대조된다.

뒤이어 나오는 "사도라 이름하셨다"(3,14)는 구절은 일부 사본에만 나온다(흔히 루카 6,13과 조화시키려고 후에 덧붙인 구절로 여긴다). 마르코는 열두 제자를 '사도'(*apostolos*)라 부르지 않고 사도라는 용어도 거의 쓰지 않는다. 여기서 사도는 "그들을 파견하시어"(*apostellē* 3,14)란 말에서 나타나듯,'파견된 자'라는 일반적 의미로 쓰인 것 같다(6,30 참조). 예수께서 열두 제자를 뽑으신 뜻은 두 가지다. 하나는 "당신과 함께 지내게" 하는 데 있다. 제자는 스승과 함께 있으면서 삶의 모든 부분을 배우고 누린다. 이것이 우선 할 일이다. 그리스도인은 주님과 함께 지내면서 하느님의 현존을 체험한다. 또 하나는 파견이다. 그들은 세상에 나가 스승을 대신하여 '복음을 선포하며 마귀들을 쫓아낸다'(3,14-15). 이것은 '사도'로서 하느님 백성을 치유하고 섬기며 악과 투쟁하는 일이다(마르코 복음서에서 마귀 추방은 치유와 같은 뜻). 이렇게 활동할 수 있는 힘은 예수께서 주신 "권한"(*exousia*, 힘) 곧 성령의 권능에서 나온다.

열둘의 이름 중에는 셈어 이름(시몬, 마태오 등)과 그리스어 이름(안드레아, 필립보 등)이 섞여 있으며, 직업도 다양하다. 또 열둘의 명단은(3,16-19) 다른 복음서의 명단과 다소 다르다(마태 10,2-4; 루카 6,14-16; 사도 1,13 비교). 명단 제일 앞에 놓인 세 제자(베드로 · 야고보 · 요한: 5,37; 9,2; 14,33)는 별명도 덧붙여 있어 중요한 존재로 드러난다. 마르코 복음에서 가장 가까운 제자로 등장하는 베드로는 한 군데서만(14,37의 겟세마니) 옛 이름 시몬으로 불린다(바노에 신부는 이를 베드로가 인간적 차원으로 떨어졌을 때라고 풀이한다). 요한은 네 번째 복음서의 저자요 사랑받던 제자라고 여기던 전통적 이미지와 달리, 천둥의 아들(이 말이 '보아네르게스'의 정확한 뜻인지 분명치 않다)이라 불릴 정도로 성급한 성격(9,38; 10,35-41)이었던 같다. 안드레아는 형 시몬과 함께 처음 불린 제자였지만 별명도 없고 네 번째로 언급되어 덜 중요한 인물로 소개된다.

이름만 나오는 마태오('마타디아'의 줄임말)를 마태오 복음에서는 '세리'라 부른다(10,3). 그가 앞에 나온 레위(2,14)와 동일인인지는 알 수 없다. 토마스(아람어로 쌍둥이를 뜻하는 '테오마'에서 유래), 알패오의 아들 야고보(흔히 '작은 야고보'라 부른다), 타대오(루카 6,16에서는 "야고보의 아들 유다"가 대신 소개됨), 열혈당원(원어는 가나안 사람인데 '열심한'이란 뜻을 지닌 히브리어 '가나'와 관련하여 율법에 열정적인 사람, 또는 열혈당원이란 뜻을 지닌다) 시몬 등 일곱 명의 제자는 여기 외에 다시 등장하지 않는다. 유다 이스카리옷(유다의 크리욧 출신, 또는 시카리파를 뜻하는 '시카리오스', 또는 '거짓의 사람'이란 별명인지 모호함)은 계속 "열두 제자 중의 하나"(14,10.20.43)라고 언급된다. 이로써 그의 배신이 남긴 상처가 얼마나 깊었는지 드러난다. 그럼에도 예수께서는 왜 그를 열둘 중 하나로 정하셨을까? 되짚어 생각해 볼 거리이다(사도 바오로는 부활하신 예수께서 "열두 사도"에게 발현하셨다고 1코린 15,5에서 밝힌다. 이 열둘과 복음서의 열두 제자가 동일한지, 그러면 유다의 자리는 어찌 되었는지 불분명하다).

열두 제자는 남다른 공적이나 탁월한 인간성 때문에 뽑히지 않았다. 그분은 열둘 외에 당신이 원하시는 다른 남녀도 제자로 기꺼이 부르신다. 언제나 그들을 부르고 세우시는 분은 예수시다. 오늘날 신앙 공동체의 구성원을 임명할 때, 이러한 주님의 주권을 인식하고 인정하는 것은 중요하다. 그들이 세워진 뜻은 그들의 자리에서 제자와 사도의 삶을 살아가는 데 있다. 그들의 삶은 주님 예수께 파견되고 돌아오는 과정의 연속이다. 이때 가장 중요한 것은 예수와 함께 있으면서 그분을 깊이 알고 그분의 말씀을 들으며 그분의 뜻을 깨닫는 것이다. 올바로 알아야 바르게 증언한다. 기도와 전례 참여, 성경 읽기에서 받은 비전과 힘, 식별이 각종 사도직 활동의 방향과 성격을 결정한다. "필요한 것은 한 가지뿐이다"(루카 10,42).

2. 예수, 당신의 참된 가족을 밝히시다(3,20-35)

1) 예수의 친척

다시 무대가 바뀌어 예수께서 산에서 집으로 돌아오신다. 그 집은 아마도 카파르나움에 있던 베드로의 집이었을 것이다(1,29 참조). 그러나 복음서에서 '집'은 예수께서 머무르며 가르치시는 예수 공동체, 초기의 '가정교회'를 상징하는 듯하다. 늘 그렇듯이 군중이 집으로 모여들어 그분 일행은 음식을 들 수조차 없었다(3,20).

이때 새롭게 두 부류의 사람들이 나타난다. 그중 하나는 카파르나움에서 48km쯤 떨어진 나자렛에서 온 예수의 가족과 친척들이다. 예수와 함께 30여 년을 보낸(예수께서 기원전 7-4년에 태어나 기원후 28년경에 공생활을 시작하셨다면) 그들은 자신들이 전해 들은 예수의 놀라운 행적을 이해할 수 없었다. 그들은 예수를 "미쳤다"고 여겨, 더 활동하지 못하게끔 붙잡으러 나섰다(3,21). 1세기 팔레스티나 사회는 친족 공동체 사회였기에 개인의 존재가 인정되지 않았고, 각자의 신분과 재원이 어느 정도 고정되어 가장 중요한 가치는 친족 공동체의 명예였다. 따라서 예수로 인해 친족 전체가 수치스러워질까 우려했던 그들의 처신을 능히 이해할 수 있다.

2) 예루살렘의 율법 학자들

한편 친척 이야기 사이에 끼어든 논쟁 사화에서는 예루살렘에서 내려온 율법 학자들이 새로 등장한다. 율법과 제의의 중심지로 권위를 지닌 예루살렘 출신들이 등장함으로써, 예수와 율법 학자들의 갈등은 한층 가열된다. 당대의 최고 지식인인 그들은 마귀를 쫓아내는 예수의 놀라운 행위가 어떤 '영의 힘'으로 일어난다고 인정하되, 그 영의 원천을 사탄으로 풀이한다. 즉 "베엘제불이 들렸다(사로잡혀 있다)"거나 "마귀 우두머리의 힘을 빌려 마귀들을 쫓아낸다"고 험담한다(3,22.30). 정작 더러운 영은 그분을 "하느님의 거룩하신 분"(1,24)이라고 밝히는데, 하느님을 따르는 율법 학자들은 그분을 마귀의 패거리로 본다. 역설이다. 베엘제불(바알세불)은 '높은', '거주지' 등을 의미하는 히브리어로 사탄의 왕자를 가리키는 가나안 신의 이름, 또는 '오물汚物의 주主'(*Baal*)

를 의미한다고 하는 등 정체가 분명치 않다. 때로는 에크론의 수호신(바알즈붑 2열왕 1,2)의 이름을 바꾸어 '파리들의 주'를 가리키는 '베엘제붑'이라고 옮기기도 한다. 모두 사탄을 에둘러 표현한 말로 볼 수 있다.

이러한 해석은 기존의 인식으로 도저히 파악할 수 없는 새로운 주장을 이해하기보다 사악한 적으로 규정해 배척하는 전형적인 수법이다. 특히 기존의 전통과 제도, 집단의 권위를 주장하는 이들이 자주 사용한다. 신약성경에 이러한 표현이 많이 나오는 것은 그분이 마귀들의 주술로 치유한다는 예수 생전의 비난뿐 아니라, 특히 예수를 마술사라고 비난하는 유다교(《바빌로니아 탈무드》 산헤드린 43 참조)와 그리스도교의 갈등(마태 9,34; 10,25; 12,24.27; 요한 7,20; 8,48,52; 10,20)이 반영된 것 같다. 아무튼 지방의 바리사이와 헤로데 당원들이 꾸미는 앞의 모의(3,6)와 달리, 중앙의 최고 지식인들이 내리는 이러한 판정은 예수와 그의 공동체에 한층 치명적인 위협이 된다. 상황은 가파르게 악화된다.

예수께서는 세 가지 '비유'를 들어 그들을 논박하신다. "어떻게 사탄이 사탄을 쫓아낼 수 있느냐?"(3,23) 비유는 "〔만약(*ean*)〕 … 갈라서면" 형태로 구성된다. 예수께서는 나라(유다, 다윗 왕국?)나 집안(성전?), 사탄, 어느 집단이건 서로 편 갈라 제각기 중심이라 주장하여 분열되면 스스로 망하고 만다는 상식을 제기하셔서, 그들 논리의 허구성을 폭로하신다(3,24–26). 그분은 마귀를 쫓아내신 일(1,23–28.34.39; 3,11–12)을, 사탄("힘센 자")을 묶어 놓고(5,3 참조) 그의 집에서 재물을 턴 일에 빗대어 표현하신다. 당신이 사탄보다 '더 힘세다'는 뜻이다(3,27; 참조 1,7). 예수께서는 하느님과 함께 계시며 성령에게서 권능을 받아 사탄과 싸우고 있기 때문이다.

"주님께서는 이렇게 말씀하신다. '용사에게서 포로들을 빼앗을 수도 있으며 폭군에게서 전리품을 빼낼 수도 있다'"(이사 49,25). 주님께서는 이 예언 말씀처럼 사탄의 집에 묶여 있던 사람들을 빼내어 죄와 마귀, 질병과 죽음에서 해방시키셨다. 이미 싸움은 시작되었고, 그분은 마지막 때에 도둑처럼 오시어 사탄의 집을 완전히 없애실 것이다(마태 24,43; 1테살 5,2.4; 2베드 3,10; 묵시 3,3; 16,15 참조). 그런즉 예수와 사탄은 이미 초기의 유혹 사화에서 보았듯, 시종일관 적대 관계에 있다.

이어 예수께서는 경고의 말씀을 하신다. “내가 진실로(*amēn*) 너희에게 말한다”(3,28)는 어구는 극히 중요한 말씀, 특히 마지막 때의 심판 등을 선언하실 때 쓰는 그분 특유의 권위 있는 표현이다(13차례 사용 8,12; 9,1.41; 10,15.29; 11,23; 12,43; 13,30; 14,9.18.25.30 참조). 아람어에서 나온 ‘아멘’은 구약성경에서 축복이나 저주, 맹세 등 장중한 서약 양식 제일 끝에 주로 쓰였다. ‘진실히, 확실하게 이루어지게 하소서’라는 청원과 믿음의 표현이었다. 반면에 복음서에서 예수께서는 이 말로 시작하여 당신 스스로 권위를 지니고 엄중하게 말씀한다는 뜻을 밝히신다.

예수께서는 ‘사람들(직역: 사람의 아들들)이 짓는 모든 죄와 ‘하느님’을 모독하는 어떠한 말도 용서받을 것’이라고 밝히신다(3,28). 용서하시는 하느님의 자비가 헤아릴 수 없기 때문이다. 그러니 복음이다. 그런데 “성령을 모독하는 자는 영원히 용서를 받지 못하고 영원한 죄에 매이게 된다”(3,29)고 이르신다. 도대체 그런 죄는 무엇인가?(히브 6,4-6; 10,26; 1요한 5,16 참조) 유다교에서는 아브라함의 계약을 깨뜨리는 일, 죽은 자의 부활을 부인하는 일, 하느님께서 오경을 기술하셨다는 것을 부인하는 일 등이 그런 죄이다(《바빌로니아 탈무드》 산헤드린 10,1).

그러나 마르코 복음서에서 예수께서는 세례 때 성령을 가득 받으셨고(1,10), 그 후 성령의 인도와 권능으로 모든 일을 하신다. 그런즉 예수 안에서 작용하시는 성령의 치유와 구마 행위를 듣고 보면서도, 이를 인정하지 않고 방해하거나 거부하며 마귀의 짓으로 비방하는 일은 그분을 모독하는 것이다. 다시 말해 성령을 통해 우리에게 오시는 하느님의 사랑과 우리 죄를 기꺼이 용서하시는 하느님의 자비를 거부하면, 용서받을 수 있는 길을 스스로 막는 것이다. 하느님께서는 단죄와 처벌을 원하시지 않고 누구에게나 구원의 기쁨을 선사하길 원하시는데, 그 선물을 거부하기 때문이다. 이 말씀은 적대자들에 대한 단죄가 아니라, 삼가고 조심하도록 주시는 경고다. 지금이라도 바로 보고 회개하라는 초대다.

3) 예수의 옛 가족과 새 가족

이제 다시 그분의 가족, 곧 어머니와 형제들(*adelphos*: 그리스어에서 이 단어는 친형제부터 사촌과 먼 친척, 나아가 동료 시민까지 폭넓은 의미를 갖는다)과 누이들이 나타난다(3,31–32). 그들은 그 집에 들어가지 못하고(혹은 거기 모인 '죄인'들 때문에 부정 탈까 봐 들어가지 못하고?) 밖에 서서 사람을 보내어 그분을 불렀다(3,31). 당신을 찾는다는 군중의 전언을 듣고 던지시는 예수의 반문(3,33), 당신 주위에 앉은 사람들을 둘러보시는 그분의 독특한 시선(3,34ㄱ)을 거쳐 초점은 예수에서 군중과 독자로 옮겨진다. 마침내 그분은 입을 열어 당신 주변에 모여 말씀을 듣고 있는 사람들(제자들?), '하느님의 뜻을 받들어 실행하는 사람'이야말로 당신의 형제요 누이요 어머니라고 선언하신다(3,35). 그분에게는 이미 새 가족이 형성되어 있었다.

인류 역사에서 가족 관계만큼 강력하고 근원적인 사회 관계는 없다. 1세기 사회 관계는 혈통과 남성 중심의 가부장제로 단단히 얽혀 있었다. 그런데 예수의 한 말씀으로 그것이 무너진다. 이제 중요한 것은 하느님과의 관계다. 하느님 나라에서는 하느님 아버지를 중심으로 그분의 뜻을 이루려는 이들이 형제와 자매로서 평등한 공동체를 이룬다. 그들은 피와 살이 아니라 하느님에게서 성령을 통해 새로 난 가족이다(요한 1,13 참조). 그렇게 맺은 관계는 혈연처럼 영원히 고착되지 않으니, 하느님의 뜻을 깨닫고 실행하여 늘 살아 있도록 유지하는 게 중요하다(로마 2,13 참조). 특히 마르코에게 "하느님의 뜻을 실행하는" 것은 예수의 길을 죽기까지 따르는 일이다(8,33 참조). 예수의 실제 가족도 예수의 말씀에 부응하여 하느님 나라에 들어오지 않으면, 예수와 무관한 바깥 사람으로 언제나 "밖에서"(3,31.32) 머무를 수밖에 없다. 교회사에서 그들의 변화는 두드러진다. 예수의 어머니 마리아는 십자가 아래까지 예수를 따랐고 제자들과 함께 성령을 받으셨다(요한 19,26; 사도 1,14; 2,1-2). "주님의 형제 야고보" 역시 교회의 기둥으로 일하였다(갈라 1,19; 2,9).

예수의 새 가족이 되려는 이는 그분처럼 "미쳤다"(*existēmi=ek+histēmi*, '밖에 있다'는 뜻으로 마르 2,12처럼 극도의 놀라움이나 2코린 5,13처럼 정신 상태가 정상이 아닌 경우를 가리킨다)는 오해를 받을 수 있다(마태오와 루카는 이 표현에 너무 충격을 받았는지 삭제했다). 세상 사람들은 자기 뜻을 이루려고 투쟁하는 데 삶의 대부분을 보낸다. 반면에 예수께서는 당신의 뜻이 아니라 하느님의 뜻을 실현하는 데 온전히 투신하신다. 그 길에서 가장 깊고 참된 자신을 실현할 수 있다고 확고히 믿으신다. 보통 사람들의 생각과 삶의 틀에서 완전히 벗어나 있다는 점에서, 예수는 사실상 '제 정신이 아니다.' "아버지 제베대오"를 배에 버려두고 예수를 따른 야고보와 요한처럼(1,20), 기존의 가족 관계를 떠난다는 것은 그것과 연관된 모든 것을 끊어 버린다는 뜻이다(창세 12,1 "고향과 친족과 어버지의 집" 참조). 그렇게 떠난 이들은 하느님 안에서 새 가족을 만나며 영원한 생명을 받는다(10,30).

교회에서는 이 대목을 연중 제10주일의 복음으로 봉독한다. 함께 읽는 제1독서는 창세 3,9-15(뱀의 후손과 여인의 후손이 계속 투쟁함)이고, 제2독서는 2코린 4,13-5,1(우리의 내적 인간은 나날이 새로워진다)이다.

제3장 예수, 하느님 나라를 비유로 가르치시다(4,1-34)

그렇다면 하느님의 뜻을 받들어 실행하는 사람들은 누구인가? 그들이 애써 예수를 뒤따르며 하느님 나라를 선포하는데, 실제로 응답하는 사람이 왜 적은가? 복음을 듣고 순종하면 삶에 어떤 변화가 생기는가? 예수께서는 제자들에게 하느님 나라에 대해 먼저 '비유' 형태로 가르치시고(4,1-34) 이어서 각종 기적으로 가르치신다(4,35-5,43).

예수께서 줄곧 가르치고 선포하시는 사항은 하느님의 복음(1,15), 하느님 나라이다. 그런데 이는 말로 다 표현할 수 없는 새롭고 낯선 세계라, 누구나 쉽게 알아들을 수 없다. 그래서 불가피하게 이 세상 사람들에게 익숙한 것에 빗대어 설명할 수밖에 없다. 게다가 예수의 청중은 대부분 무식한 민중이다. 그런 사람들을 가르치기 위해 예수께서 택하신 표현 방식이 '비유'다. "예수께서는… 군중에게 비유를 들지 않고는 아무것도 말씀하지 않으셨다"(마태 13,34).

본래 신약성경에 쓰인 그리스어 '비유'〔*parabolē*=*para*(옆에)+*ballō*(나란히 놓다)〕는 비유(4,3-9. 26-29. 30-32), 우화(알레고리, 4,13-20 참조), 짧은 어구(4,21-25) 외에 격언, 잠언, 수수께끼, 예화까지 포함하는 폭넓은 개념으로 히브리어 마샬(*mashal*)에 해당한다. 좁은 의미의 비유는 '봄은 고양이에 비할 수 있다'는 식의 은유다. 이때 비유의 의미는 모범 답안처럼 하나로 고정되지 않는다. 또 비유 내용의 세세한 점까지 그 의미를 낱낱이 밝힐 필요가 없고(이 점에서 우화와 다르다), 핵심 메시지만 파악하면 된다. 이와 같이 비유의 내용이 다양한 의미로 열려 있기에 청중이나 독자는 앞뒤 맥락과 더 큰 맥락, 책 전체 맥락으로 넓혀 가며 잘 성찰해야 한다. 따라서 같은 비유라도 복음서에 따라 다르게 해석한 것을 볼 수 있다. 비유는 무슨 비밀스러운 가르침이 아니라, 모든 사람에게 공개된 교훈이다. 그렇지만 단순히 교훈을 전하는 수단을 넘어 듣는 이를 변형시키려는 목적을 갖는다. 비유의 언어가 매우 사실이면서도 그 사실성을 깨트리는 역설과 과장이 심하기 때문이다. 복음서의 비유를 이해하는 관건은 그 배경과 상황에 대한 바른 이해와, 비유를 말씀하신 예수에 대한 열린 마음과 믿음이다. "비유는 대답을 기다리는 질문이며 응답을 기다리는 초대이다"(도나휴, 37).

마르코 복음서에서 비유를 주로 모아 놓은 곳은 4장이다. 여기에 소개된 비유는 세 가지다. 씨 뿌리는 사람의 비유(4,3-9), 씨의 성장에 관한 비유(4,26-29), 겨자씨의 비유(4,30-32). 나중에 포도밭 소작인의 비유(12,1-11), 무화과나무 비유(13,28-29), 문지기 비유(13,34-37) 등이 나온다. 이 모든 비유는 '하느님 나라'의 선포라는 맥락과 연관된다. 하느님 나라가 지닌 놀라움을 말과 글로 표현하기 어려우므로 '무엇과 비슷하다'는 식의 이미지와 상징에 빗대어 비유로 설명한 것이다(라삐들도 비유를 많이 사용하였는데, 주로 율법을 설명하였다는 점에서 다르다). 또 비유의 원래 의미대로, 하느님 나라와 세상 것을 나란히 보면서 진정한 실재를 느끼고 깨닫게 하였다. 이러한 비유의 배후에는 이미 그 나라에 참여하고 있는 예수 자신의 체험이 녹아 있으리라.

4장의 구조는 잘 짜여 있다(도나휴, 55).

단계	구절	내용	분량	대상
ㄱ	4,1-2	이끎말	2절	상황 설명
ㄴ	4,3-9	씨 뿌리는 사람의 비유	7절	군중
ㄷ	4,10-12	비유를 쓴 까닭	3절	제자들
ㄹ	4,13-20	씨 뿌리는 사람의 비유 설명	8절	제자들
ㄷ′	4,21-25	등불의 비유	5절	제자들
ㄴ′	4,26-32	씨의 비유들	7절	군중
ㄱ′	4,33-34	마침말	2절	상황 설명

이 구조에서 보면 비유 단락의 중점이 씨 뿌리는 사람의 비유에 대한 설명에 놓여 있으며, 제자들에 대한 가르침이 강조되었음을 알 수 있다. 여기서 씨 뿌리는 사람의 비유는 다른 비유를 이해할 수 있도록 이끄는 비유로(4,13), 설명까지 붙어 있는 것으로 보아 비유 단락뿐 아니라 마르코 복음 전체를 이해하는 데에도 중요한 내용이다. 씨로 표상된 복음이 선포될 때 허다하게 반대받을 것을 예시하고, 그럼에도 하느님 나라는 성장하리라고 알리기 때문이다.

이 비유 담화 전체에 걸쳐 드러나는 중심 주제는 인간의 역사 속에서 일하고 계신 하느님과 그분의 나라를 깨닫고, 그 나라에 참여하라는 촉구이다. 4장이 이처럼 그 나라의 시작과 과정의 모습을 집중 부각한다면, 13장은 그 나라의 결정적 도래를 주로 보여 주어 4장을 보완한다. 두 장 모두 그때가 멀지 않기에 깨어 있으면서 주의 깊게 살펴 재빠르게 응답하라는 긴박성을 강조한다. 그것과 함께 4장에서 강조된 것은 제자들이 지녀야 할 자세다. 가장 중요한 자세는 경청(13번 나오는 *akouō*)이다. 열매를 맺지 못하는 들음(4,4-7.12.14-19.25ㄴ)과 열매를 맺는 들음(4,8.11ㄱ.20.25ㄱ.33)을 대조하면서, 하느님 말씀을 잘 듣고(히브리어 셰마*shema*) 실천으로 응답하라고 이르신다. 여기에 옳게 듣지 못하고 응답하지 않음에 대한 경고("새겨들어라" 4,24)가 수반된다. 그런 가운데 하느님 나라가 시작할 때는 작고 보잘것없으나, 끝날 때에는 크고 놀라운 모습이라고 연이어 보여 주면서 제자들을 격려하신다. 또 그들에게 "하느님 나라의 신비"가 주어졌다고 알리면서(4,11), 그 신비가 지닌 '감춰짐'과 '드러남'의 상관성(4,21-22)을 파악하도록 이르신다. 제자들이 이 모든 것을 듣고 이해해야 나중에 복음 선포 사명을 제대로 이행할 수 있다(6,7-13; 13,10; 16,7).

1. 예수, 호숫가에서 비유로 가르치시다(4,1-2)

예수께서는 세 번째로 '호숫가'로 물러가 군중을 가르치신다. 물가에서 소리는 더 넓게 퍼져 전달된다. 이번에도 어김없이 모여든 '너무 많은 군중'은 예수의 대중적 인기가 커지고 있는 동시에, 이 말씀이 모든 사람을 위해 제시되고 있다고 알린다. "사람 낚는 어부"(1,17)요 스승이신 예수께서는 호숫가의 배를 강단으로 삼아 앉으셔서 세상 사람을 위해 가르침의 그물을 넓게 던지신다[1-2절에 가르치다(*didaskō*)는 말이 세 번 나온다].

2. 예수, 씨 뿌리는 사람의 비유를 말씀하시다(4,3-9)

예수께서는 비유를 들어 가르치신다. "자, 들어 보아라"(4,3: 원문에는 "들어라"가 먼저 나와 강조된다). 첫 비유인 '씨의 비유'는 마태오와 루카 복음서 외에 위경인 토마스 복음서에도 실려 있다. 이 비유들을 대조해 보면, 각 복음사가가 자신의 신학적 구상에 따라 비유의 성격을 변화시켰음을 한눈에 알 수 있다(비유에서 사람이 전혀 부각되지 않지만, 흔히 이것을 '씨 뿌리는 사람의 비유'로 부른다. 비유의 첫 구절에 나오고 교회사에서 복음 선포자가 강조되었기 때문인 듯하다).

장소는 물가까지 곡물 밭이 펼쳐진 호숫가의 언덕 기슭이다. 갈릴래아 호수 연안에서 농부와 어부가 일하는 여건은 모두에게 친숙한 모습이다. 팔레스티나에서는 10월 중순경 최초의 비(가을비, 이른 비: 예레 5,24)가 내리는데, 이때 농부는 건기 내내 딱딱해진 밭을 대충 쟁기질해 놓고, 11월 중순 이후 겨울비가 본격적으로 올 때 밭을 고르고 씨를 뿌린다(1세기 팔레스티나에서 씨를 뿌린 뒤 땅을 갈아엎었는지, 아니면 땅을 먼저 갈아엎은 뒤 씨를 뿌렸는지 분명치 않다). 이 씨(밀 또는 보리)는 우기 내내 서서히 크다가 이듬해 4월 말경 마지막 비라 할 수 있는 봄비(늦은 비: 요엘 2,23)가 내릴 즈음부터 수확에 들어간다.

씨 뿌리는 광경을 그려 보자. 농부는 생명력이 풍부한 황금색 씨를 종자 그릇에서 꺼내어 손으로 밭 구석구석까지 멀리 넓게 뿌린다(당시 유다교 배경에서 씨 뿌리는 이는 '하느님' 또는 '선생'이다. 복음서에서는 예수시다). 씨 뿌리는 이와 씨앗은 동일한데, 뿌려진 곳에 따라 씨앗의 운명이 달라진다. 평야가 적고 야산이 많은 팔레스티나에서는 산기슭을 개간한 좁은 계단식 밭이 많다. 돌(석회암)이 많은 지형이라 밭에 있는 돌을 주워 밭둑을 만드는데, 건기에는 길로 이용된다. 그 길 위에 떨어진 씨(단수)는 그대로 노출되어 새의 먹이가 된다. 돌밭에 떨어진 씨(단수)는 뿌리를 내릴 흙이 깊지 않아 말라 버린다. 돌 틈에 자라는 가시덤불(엉겅퀴) 속에 떨어진 씨(단수)는 질식하고, 좋은 땅에 뿌려진 씨(복수)는 많은 열매를 맺는다. 농경의 일상생활에서 겪는 어려움이다.

이 장면은 생생하여 잊히지 않는다. 예수께서는 시작할 때 "들어 보아라"(4,3 현재 명령형) 하고, 마칠 때 "들을 귀 있는 사람은 들어라"(4,9 현재 명령형)고 거듭 이르신다. 이 비유는 자체가 설명이기 때문에 비교적 쉽게 이해된다. 네 가지 경우가 소개되는데 리듬이 점차 고조된다. 처음에는 씨 자체가 사라지나(4,4), 두 번째는 싹이 나오고(4,5), 세 번째는 싹이 나서 자라지만 열매를 맺지 못하며(4,7), 마지막에는 잘 자라나 열매를 맺는다(4,8). 이중 세 경우에서 씨가 허비되었듯이 전체가 실패한 것처럼 보일 때가 있다(실패율 75%).

그러나 씨 하나가 30배, 또 하나가 60배, 또 하나가 100배의 열매를 맺어 손해를 만회할 뿐 아니라 대풍을 이룬다. 고대의 밀은 개량되지 않아 이삭 하나에 6-7개가 달릴 뿐이었다(그래서 굶주림이 상존했다). 예수 당시에 갈릴래아에는 토질이 좋은 황토(terra rossa)밭이 많았지만, 평년 수확량이 7.5배였고, 10배면 풍작이었다(예레미아스, 《비유》 145. 이에 대해 30배, 60배, 100배의 수확이 드물었으나 불가능하지 않았다고 반박하는 스캇의 견해도 있다). 결국 행복한 결말로 끝나는 이 비유는 인간의 기대와 예상을 훨씬 뛰어넘는 하느님 나라의 풍요로움을 강조한다. 그 풍요로움은 생명을 돌보시는 하느님의 놀라운 자비에서 나오는 선물이다.

그러나 그 열매의 풍성함을 확인하려면 수확 때까지, 곧 하느님 나라가 온전히 실현되는 때까지 기다려야 한다. 그 전에는 실패를 목격하여 실망하고 좌절할지 모른다. 현실적으로 비전이 보이지 않고 하느님 나라가 성취되리라는 희망을 가지기 어려울 때, 다양한 요인(자연재해, 질병, 박해, 유혹, 사탄)으로 생존 자체가 위협받거나 곤경에 처할 때, 예수께서는 이 비유를 들어 당신의 제자들과 초대 교회의 복음 선포자를 위로하며 하느님 나라에 대한 확신을 심어 주신다. 사탄과 사람들의 반대로 그들의 수고가 결실을 못 맺은 것처럼 보일지라도, 하느님께는 자라나는 씨가 있으며, 거기에서 거두는 소출은 엄청날 것이다. 그래서 이 비유는 기쁜 소식으로 선언된다.

아울러 이 비유는 열매 맺는 땅이 되라고 일러 준다. 열매를 맺지 못하게 방해하는 세력은 많지만, 씨에는 풍성한 열매를 맺는 생명력이 깃들어 있다. 그러면 어떻게 열매 맺는 좋은 땅이 될 수 있을까? 바로 앞 단락에 제시된 것처럼 예수의 복음을 하느님의 말씀으로 듣고 "하느님의 뜻을 실행하는"(3,35) 삶, 예수의 가족이 되는 것이 그 답변이다. 열매 맺는 자들을 통해 하느님 나라는 성장하며 드러날 것이다. 그래서 말씀을 듣고 이에 순종하는 일은 계속 강조된다. 비와 눈이 씨 뿌리는 사람에게 씨앗을 주고 먹는 이에게 양식을 주듯이, 하느님의 말씀은 반드시 하느님의 뜻을 이루며 그분의 사명을 완수하고 말기 때문이다(이사 55,10-11 참조).

3. 예수, 비유로 말씀하신 까닭을 설명하시다(4,10-12)

갑자기 이야기의 배경이 달라진다. 호숫가에서 군중을 가르치시던 예수께서 군중 없이 "혼자 계실 때"라고 나온다(1절과 36절을 보면 예수께서는 계속 배를 타고 계시므로 잠깐 휴식하실 때로 볼 수도 있다). 또 앞에서 말씀하신 비유는 하나인데, 사람들은 '비유들'(4,2 참조)에 대하여 묻는다(전의 가르침까지 포함한다고 볼 수도 있다).'열두 제자와 함께 있던 주위의 사람들'은 현재 그 둘레에 있는 사람들은 물론, 지속적으로 그분에게 속해 있는 후대의 교회 공동체로 넓게 볼 수 있다. 문맥상 10절은 예수께서 설명하시는 13절과 이어진다. 흐름을 깨트리는 것은 11-12절이다. 그래서 이 대목은 마르코가 초대 교회의 전승을 편집하여 끼워 넣은 삽입구로 분류된다.

예수께서는 비유의 뜻을 묻는 사람들에게 비유로 가르치신 까닭을 먼저 설명하신다. "너희에게는 하느님 나라의 신비가 주어졌지만, 저 바깥 사람들에게는 모든 것이 그저 비유(들)로만 다가간다"(4,11). 비유의 뜻이 달라진다. 앞에서는 청중이 쉽게 이해하도록 비유를 제시하셨는데, 여기서는 쉽게 알아들을 수 없는 수수께끼 같은 가르침으로 제시된다(요한 16,25 참조). 비유의 기능을 이렇게 달리 보게 된 것은 상황이 달라졌음을 시사한다(이 주제를 다룬 마태 11,25; 루카 10,21과 마태 13,16-17; 루카 10,23-24 참조: 마태오는 마르 4,11-12를 삭제한 후 소개한다).

제자들과 신앙 공동체의 신자들에게 비유는, "하느님 나라의 신비"(4,11)를 알려 주는 계시로 작용한다(이 신비가 신적 수동태로 '주어졌다'고 표현되어 하느님께서 주셨음을 시사한다). '신비'(*mystērion*)란 단어는 복음서에서 오직 이 구절(단수: 병행구 마태 13,11; 루카 8,10의 원문에는 복수)에만 나온다. 복음서에서 '신비'는 비밀스러운 지식이 아니라 하느님의 감추어진 목적을 가리킨다(다니 2,18.19.27-30 참조). 그런데 하느님의 권능과 목적이 예수를 통해 하느님 나라의 도래로 드러났으며, 이는 예수의 신적 신원과도 연관된다. 따라서 그 나라의 신비를 아는 길은 예수의 신원을 올바로 깨닫는 것이다. 즉 예수를 하느님께서 보내신 그리스도로, 죽으셨다 부활하신 하느님의 아들로 고백하고 따를 때 그분의 활동과 말씀 속에 깃들어 있는 하느님 나라의 현존과 신비를 알 수 있다. 이와 같이 신비는 예수님을 바로 아는 하느님의 계시요 소명받은 자에게 주시는 하느님의 은총이다. 제자들은 예수의 죽음과 부활을 체험한 후에야 이 사실을 깨닫고 "하느님의 신비를 맡은 관리인"(1코린 4,1)이 된다.

그런데 저 '바깥 사람들'에게는 왜 모든 것(예수의 가르침과 활동 등 직무 전체)이 비유(들)일까? 이사 6,9-10이 인용된다. "보고 또 보아도 알아보지 못하고 듣고 또 들어도 깨닫지 못하여 저들이 돌아와 용서받는 일이 없게 하려는 것이다"(4,12: 이 인용구는 히브리어 본문이나 그리스어 본문과 다르다. 히브리어 구약성경에는 동사가 명령형이고 칠십인역에는 미래형인데, 마르코 복음서에는 가정법으로 되어 있다. 또 12절의 "용서"가 히브리어 이사야서에 "치유"로 나온다). 이사야서에서 이 말씀은 주님께서 이사야를 불러 예언자로 '파견'하실 때 그의 예언 활동이 실패할 것이라고 결과를 일러 주시는 데 나온다. 그 이유는? 하느님께서 그들의 회개를 방해하셔서가 아니라, 유다 백성의 마음이 굳어져 예언자를 통한 당신의 말씀을 그들이 듣지 않으려 하고, 당신께서 하시는 일을 보지 않기 때문이다.

그러면 신약성경에서 가장 난제로 꼽는 이 구절의 의미는 무엇일까? 예수께서 왜 이렇게 모진 말씀을 하셨을까? 여기에 나오는 저 "바깥 사람들"은 누구일까? 앞 단락(3,23-35)과 연결지어 보면, 그들은 제자나 군중 등으로 단순하게 규정되지 않는다. 분별의 기준은 예수께서 선포하시는 하느님의 말씀을 듣고 하느님의 뜻을 따르느냐이다. 따라서 바깥 사람은 하느님의 뜻을 실행하지 않는 사람, 예수의 가르침을 받아들이지 않고 예수 공동체(3,35)에 속하지 않는 사람(1코린 5,12; 콜로 4,5; 1테살 4,12)을 가리킨다고 볼 수 있다. 그들은 예수가 누구신지 올바로 알지 못하고 믿지 못해서, 하느님 나라의 신비를 이해하지 못한다. 그런데 왜 예수께서는 여기서만 유별나게 그들이 돌아와 용서받는 일이 없게 하려고 비유로 말씀하셨다고 하시는가?

12절에서 먼저 논란이 되는 것은 본문의 번역이다. 가령 첫 단어인 그리스어 접속사 '히나'(*hina*)는 목적(~하도록)과 결과(그래서~) 두 가지 의미를 갖는다. 목적으로 풀면, '비유로 가르치신 뜻은 ~깨닫지 못하도록 하려는' 데 있다. 결과로 풀면, '비유로만 가르치셔서 그 결과 ~깨닫지 못하게 된' 것이다. 고전 그리스어에서 이 접속사의 뒤에는 대체로 목적 또는 의도 구절이 나오나, 신약 시대의 코이네 그리스어에서는 결과 구절이 나오곤 한다. 마르코 복음서의 다른 구절에서도 결과를 나타내는 어조를 띤다(3,9; 5,18 참조). 마태 13,15에서는 이를 '원인'을 뜻하는 접속사 '호티'(*hoti*)로 바꿔 문제를 없앤다("백성이 마음은 무디고… 때문이다"). 또 12절의 세 번째 구에 나오는 그리스어 접속사 '메포테'(*mōpote*)의 번역도 논란이 된다. 이 단어는 흔히 부정 목적을 표현하나(~하는 일이 없게 하려고), 고전 후기 그리스어에서는 '추측'(혹시 ~하지 않을까)을 뜻하는 부사로도 쓰인다. 이에 대해 예레미아스는 이 본문이 아람어 역본(이사야서 타르굼)의 본문과 가장 비슷하며, 거기에 쓰인 단어 '딜르마'(*dil*[e]*ma*)를 라삐들은 또 다른 의미, 곧 '~하지 않는다면'으로 풀이하여 회개와 용서의 가능성을 인정하였다고 주장한다. 따라서 그는 같은 의미를 가진 그리스어 '메포테'도 '~하지 않는다면'으로 옮겨야지(즉 '저들이 돌아와 용서받지 않는다면'), 칠십인역 이사 6,10의 메포테처럼 '~하지 않도록'으로 옮겨서는 안 된다고 주장한다(《비유》, 15-16). 그런데 이 아람어 역본이 예수 당시의 아람어 표현을 담고 있다고 볼 수도 있지만, 그것이 실제로 기록된 때는 4-5세기라 시기상 너무 차이가 난다는 난점이 있다.

오늘날 대다수 성경 번역본은 히나와 메포테를 모두 목적으로 옮겼다. 바깥 사람들이 깨닫지 못하게 하고 회개와 용서받는 일이 없게 하려는 것이 하느님의 뜻이라는 것이다. 구약성경에도 야훼 하느님께서 적의 마음을 완고하게 하셔서 알아보지도 깨닫지도 못하게 했다는 내용이 나타난다(탈출 7,14.22 참조). 하느님께서 역사의 주님으로 흐름을 결정하시며, 당신만이 알고 계신 비밀을 미리 뽑으신 이들에게 계시하신다는 믿음이다(로마 8,29-30; 참조 마르 4,26-29: 씨를 자라게 하는 것은 하느님의 몫이다). 초대 교회도 예수를 배척하는 이해하기 어려운 유다인들의 잘못을 통해 이방인들이 복음을 듣게 된 것을 하느님의 섭리로 이해했다(로마 9,16–29; 10,16–21; 11,7–10; 요한 12,37–41; 사도 28, 25–28 참조). 오리게네스 교부는 이러한 하느님의 뜻을, 아직 복음을 받아들일 준비를 갖추지 못한 바깥 사람들에게 베푸시는 하느님의 큰 선善으로 설명한다. 때로는 신속한 치료가 병자에게 유익하지 않을 수 있다고 예시한다(〈첫 원리론〉 3,1).

또는 이 이사야서 구절이 인용된 신약성경의 다른 본문(요한 12,40; 사도 28,26)과 연결하여 해석하기도 한다. 그 본문에서 언급되는 하느님 나라의 신비는 예수의 삶과 가르침, 특히 예수의 십자가 죽음을 의미한다. 십자가에 못 박히신 "그리스도는 유다인들에게는 걸림돌이고 다른 민족에게는 어리석음"(1코린 1,23)이었다. 그리스도가 '반드시' 죽었다가 부활해야 한다는(8,31) 십자가의 신비를 하느님의 계시로 받아들이는 이는 '안 사람'이 되고, 알아듣지 못하고 배척하면 '바깥 사람'이 된다. 이에 따라 예수의 십자가를 통해 드러난 하느님의 뜻을 받아들이지 않는 한 바깥 사람들은 돌아와 용서받는 일이 없게 된다고, 이 본문을 '결과'적으로 풀이하는 견해도 있다.

이 대목에서 제자들과 바깥 사람들은 분명히 구분된다. 그런 면에서 이 대목은 구약의 예언자들처럼(이사 1,2–20; 6,9–13; 예레 1,9–10 참조), 예수께서 당신을 믿지 않는 '바깥 사람들'의 불신앙을 경고하고 심판하는 동시에 그들을 회개와 신앙으로 초대하는 말씀으로 볼 수 있다. 물론 하느님의 넘치는 자비로 언젠가는 그들이 알아들을 수 있으리라는 희망도 엿보인다("주님 언제까지입니까?": 이사 6,11–13; 마르 4,21–25 참조). 그러나 그때를 기다리지 말고 지금 즉시 응답하라는 초대이다.

아울러 이 경고는 예수 공동체의 '안 사람'으로 자처하는 이들에게도 해당한다. 누구나 바깥 사람이 될 수 있다. '들음'과 '이해'와 '앎'은 모두 같은 의미인데, 예수의 말씀을 제대로 알아듣거나 이해하지 못하며, 특히 십자가의 길을 거부하는 제자들 역시 바깥 사람이라고 할 수 있다(4,41; 8,17–18 참조). 예수와 예수의 제자임을 부인했던 베드로가 좋은 예다(14,68–71). 따라서 누구도 세례를 받아 '안 사람'이 되었다고 자만해서는 안 된다. 주님 말씀을 유의해서 들으며(4,3.9.23) 그분을 이해하고 '그분과 함께' 십자가의 길을 걸어야 안 사람으로 남을 수 있다.

4. 예수, 씨 뿌리는 사람의 비유를 설명하시다(4,13-20)

4장의 중간에 이르렀다. 예수께서는 제자들에게 되물으신다. "너희는 이 비유를 알아듣지 못하겠느냐? 그러면서 어떻게 모든 비유를 깨달을 수 있겠느냐?"(4,13) 여기서 "이 비유"는 앞에 나온 씨 뿌리는 사람의 비유를 가리킨다. 그러면서 이 비유의 중요성이 강조된다. 그런데 제자들도 비유(또는 예수)에 대해서는 바깥 사람들과 마찬가지로 어둑하다. 그들의 부족한 이해나 오해는 이후에도 계속된다. 마르코는 이 모티프를 통하여 예수의 수난, 죽음, 부활을 통해서만 그분을 제대로 알 수 있으며, 그분을 믿고 알려는 노력을 계속하라고 가르친다(6,52; 7,18; 8,21; 9,19 참조).

이제 예수께서는 씨 뿌리는 사람의 비유에 나오는 여섯 가지를 하나하나 지적하며 설명하신다. 즉 씨(말씀), 새(사탄), 네 종류의 땅이다. 그럼으로써 이 비유는 우화(알레고리)로 성격이 바뀐다. 본디 비유에서는 전체 요점만 분명하고 각 대상이 무엇을 가리키는지는 열려 있는데, 우화에서는 개별 요소가 저마다 깊은 의미를 지녀 하나하나가 설명되어야 한다. 따라서 앞에서는 씨의 풍성한 수확이 초점이었다면, 여기서는 뿌려진 씨앗에 대한 사람(제자)들의 반응과 결과가 초점이다.

이렇게 달라진 해석과 언어와 상황 따위를 보면, 이 대목이 예수 생전보다 긴장과 시련에 처해 있던 초대 교회의 삶을 반영하고 있음을 알 수 있다(사도 4,4; 8,4; 1테살 1,6; 2베드 2,13 참조). 초대 그리스도인들은 예수께서 말씀하신

씨 뿌리는 사람의 비유를, 복음을 듣고 설교하는 자기들에게 적용하였다. 씨는 '하느님의 복음'이며, 씨를 뿌리는 이는 예수시다. 교회 시대에는 예수께서 사도와 제자들, 모든 그리스도인을 통해 사람들의 삶 한가운데 복음의 씨를 뿌리신다(4,14의 동사 '뿌리다'는 현재형). 앞의 세 경우는 복음을 '듣고도'(4,15.16.18) 결실을 맺지 못하고, 마지막 경우만 열매를 맺는 예수의 진정한 제자이다.

말씀이 '길 (위)'에 뿌려지는 사람들은 말씀을 듣고도 곧바로 사탄에게 빼앗기는 사람이다(4,15). 그들은 말씀을 알아듣지 못해(4,12) 잃어버리거나, 말씀을 알아듣고도 마음이 굳어 거부하며 따르지 않는 이들이다. 마음이 완고하고(3,5) 사탄처럼 예수를 시험하는 바리사이(8,11; 10,2; 12,13-14 참조), 예수를 사탄으로 몰아세우는 율법 학자(3,22), 나자렛 사람들(6,2-3), 수석 사제와 원로들(12,12; 14,53-65 참조)이 그 예다. 돌밭(*petrōdēs*)에 떨어지는 이들은 말씀을 들으면 '곧' 기쁘게 받으나, '환난'(13,19.24)이나 '박해'(10,30)가 일어나면 (이것도 사탄의 배후 작용일 수 있는데) 예수 공동체에서 떨어져 나가는 이들이다. "걸려 넘어지다"(*skandalizō*)는 말은 더는 예수의 제자로 살아가지 못함을 의미하는 전문용어다(4,17). 베드로(*Petros*)와 제자들의 경우, 말씀을 듣고 '곧' 기쁘게 따랐으나 겟세마니에서 걸려 넘어져 도망가거나(14,50) 배신할 것이다(14,66-72 참조).

가시덤불 속에 뿌려지는 사람을 가리키는 셋째 경우는(4,18) 말씀을 받아들이나(이해하나) 열매를 맺지 못한다는 점에서 넷째 경우와 구분된다. 그들을 위협하는 요소는 "세상 걱정과 재물의 유혹과 그 밖의 여러 가지 욕심"이다(4,19; 참조 6,14-29; 7,20-23; 10,32-45). 이런 것은 하느님의 일이 아니라 '사람의 일'에 몰두하게 하기에 사탄의 영역에 속한다(8,33). 재물의 유혹에 걸려 넘어진 부자 청년(10,17-22.25), 많은 일을 걱정하는 마르타(루카 10,41)가 그 예다. 넷째 경우로 좋은 땅에 뿌려진 사람들은 지속적으로 복음을 '듣고(현재형으로 계속 들음을 암시) 받아들여 서른 배, 예순 배, 백 배의 열매를 맺는', 회개하여 삶을 바꾸고 십자가의 길을 걸어가는 이들이다(4,20). 그들은 장차 백

배의 보상을 받게 될 것이다(10,30). 예수의 말씀을 듣고 믿어서 치유된 하혈하는 부인(5,25-34), 시리아 페니키아 여인(7,29), 눈먼 거지 바르티매오(10,52)가 그 예다. 요한은 그들을, 죽어 많은 열매를 맺고 영원한 생명에 이르는 밀알로 본다(요한 12,24-25).

이 말씀을 듣는 청중은 '지금 나는 어떤 종류의 땅에 해당할까?' 하고 자문할 것이다. 돌밭과 좋은 땅은 지척에 있다. 그것은 결정되어 있지 않다. 말씀에 응답하는 여러 모습이 네 종류의 땅으로 표현되어 있지만, 말씀에 응답할 수 있는 잠재 능력은 모두가 받았다. 말씀은 항상 듣는 이에게 반응을 요구하는데, 문제는 듣는 우리다. 예수의 말씀을 듣고 따르는 데 수반되는 장애는 무척 많으며 매우 현실적이다. 실제로 예수의 신원을 깨닫고 말씀을 온전히 알아듣는 일은 쉽지 않다. 하지만 말씀이 이해하기 어렵고 모호하다고 해서 말씀에 응답하지 못하는 것은 아니다. 혹시 말씀의 진의를 받아들이기가 부담스러워 짐짓 외면하거나 스스로 합리화시키지는 않는지.

말씀을 받아들이는 일 못지않게 중요한 일은 말씀을 뿌리는 일이다. 사도 바오로는 겉으로 드러나는 허다한 손실에 좌절하지 말고 꾸준히 말씀을 전하라고 촉구한다. "말씀을 선포하십시오. 기회가 좋든지 나쁘든지 꾸준히 계속하십시오"(2티모 4,2).

5. 예수, 등불의 비유에 관해 말씀하시다(4,21-25)

비유에 대한 설명에 이어, 예수께서는 영영 알아듣지 못하고 깨닫지 못하게 하려고 비유로만 말씀하신 것은(4,11-12) 아니라고 밝히신다. 여기 소개된 네 마디 어구는 독립된 것이었으나, 마르코가 '등불(계시)'과 '알아들음'이란 두 가지 주제로 함께 묶고, '들어라'는 경고까지 덧붙여 4장의 맥락에 넣었다(마태오와 루카는 해당 본문을 흩어 놓았다). 각 어구는 동일한 표현으로 반복된다.

> 예수님께서 그들에게 말씀하셨다. "… [왜냐하면(*gar*)] 숨겨진…."
> (4,21-22)
> 　누구든지 들을 귀가 있거든 들어라(4,23; 참조 4,9).
> 예수님께서 그들에게 말씀하셨다. "… [왜냐하면(*gar*)] 가진 자는…."
> (4,24-25)

등불의 비유가 소개된 첫째 어구는 비유 유형에 속하나 비유의 역할을 하지 않는다. 수사 의문문으로 표현된 이 어구는 '등불을 가져오는 이유가 무엇인가'를 묻는다. 등불을 함지 속이나 침상 밑에 놓으려고 가져오겠는가? 대답은 물론 '아니다.' 예수 시대에 팔레스티나의 일반 가정집에서는 토기 등잔에 올리브 기름을 넣어 불을 밝혔다. 하나뿐인 창문이 작고 높았으므로 등잔은 대개 다리가 긴 쇠 등경 위에 두었으며, 등불을 끌 때에는 흔히 됫박으로 덮었다. 곡물의 십일조를 재기 위해 어느 집이나 반드시 됫박을 가지고 있었다. 그러니까 등불을 됫박이나 함지 속에 두는 것은 불을 끄기 위해서다.

이 구절에 나오는 '(가져)오다'(*erchomai*)는 말은 마르코 복음서에서 예수에게 흔히 적용된다(1,14.39; 6,1; 8,38; 10,45; 14,62 참조). 여기서 이 동사는 현재형으로 쓰여, 예수께서 어두운 세상에 빛을 비추기 위해 등불로 오시는 모습, 또는 오고 있는 하느님 나라의 면모를 가리키는 듯하다. 해가 만물을 비추듯이, 예수의 현존과 복음은 세상을 비추어 드러내기 때문에 널리 드러나야 한다는 것이다.

"숨겨진 것도 드러나기 마련이고 감추어진 것도 드러나게 되어 있다"(4,22)는 약속의 말씀은 앞에서 나온 "하느님 나라의 신비"(4,11)와 연결된다. 그 '신비'는 그리스의 신비 종교가 그러하듯 비밀스럽게 전수되는 특별한 지식이 아니라, 등경 위에 둔 등불처럼 계속 드러나야 할 것으로 기술된다.

신앙인에게 그 신비는 예수의 죽음과 부활로 드러날 참된 하느님 나라요, 예수의 신원이다. 또 이 말은 앞에 나온 "바깥 사람들"의 완고함(4,11ㄴ-12)을 누그러뜨린다. 감추어진 것은 드러나게 마련이기 때문이다. 하지만 무심하고 부주의한 눈에는 여전히 가려져 있거나 잘못 보일 것이다. 그러므로 이 말씀은 우선 제자들에게 계속해서 주의를 기울여 '들으라'고 격려한다. 아울러 계속 복음을 선포해야 지금 듣지 못하는 사람도 때가 되면 들을 수 있게 된다.

"너희는 새겨들어라"(4,24)는 구절은 두 가지 뜻으로 풀이된다. 하나는 "들을 만한 바른 것을 택하라"는 뜻이다. 사회에서 쏟아 내는 숱한 정보 더미에서 우리가 꼭 보고 들어야 할 것을 잘 선택하라는 권고다. "우리는 질식할 정도로 많은 정보에 시달린다. 그러나 삶을 변화시킬 수 있는 중요한 정보는 전달되지 않고 있다"(러시아 영화감독 타르코프스키). 또 하나는 "너희가 듣는 바에 유의하라"는 뜻이다. 현대의 번역본 성경들은 대체로 병행구인 루카 8,18에 따라 그렇게 해석한다. 여기에도 양면이 있다. 하나는 지금 듣는 하느님 나라의 비유가 매우 중요한 것이니 새겨들으라는 권고이다. 또 하나는 다른 구절에서 보듯이, 예수의 가르침과 어긋나는 이단의 가르침을 조심하라는 뜻이다(8,15; 12,38; 13,5.9.23.33 참조).

"너희가 되어서 주는 만큼 되어서 받고… 가진 것 없는 자는 가진 것마저 빼앗길 것이다"(4,24-25). 이 말씀도 두 갈래로 살펴볼 수 있다. 먼저 현실 생활을 반영하는 격언으로 볼 수 있다. 즉 소출을 많이 내면(24절에 나오는 '측량 도구'는 로마에서 곡물을 재는 8리터짜리 용기다) 대우도 더 받고 갈아 먹을 땅도 더 많이 주어진다는 실생활의 지혜다. 당시 부재지주의 땅을 부쳐 생활하던 갈릴래아의 소작농들에게는 피부로 다가오는 현실이다. 예수께서는 이러한 불의한 현실과 달리, 누구에게나 풍요롭게 주시는 하느님 나라의 비유를 이어서 들려주신다.

앞뒤 맥락에서 보면 이 구절은 말씀을 듣는 자세로 이해할 수 있다. "너희(제자들)가" 이미 들은 말씀에 좀 더 주의를 기울인다면, 말씀에 좀 더 자기를 연다면, 말씀에 따라 살아간다면 말씀을 잘 이해하는 통찰력을 받아 더 많은 신비를 깨닫게 된다는 것이다. 반면에 자기를 닫고 복음을 듣지 않는 사람은 자기에게 있는 약간의 통찰력마저 잃고 마침내 아무것도 듣지 못하게 될 것이다. 말씀이 듣는 이를 심판한다. 따라서 이 말씀은 인간의 노력에 덧붙여 주시는 하느님의 은총을 강조하며, 모든 청중(제자)에게 경청을 권고하면서 게으르거나 무관심한 이들을 경고한다.

6. 예수, 하느님 나라를 씨에 비유하시다(4,26-32)

예수께서 또 비유를 말씀하신다. 대상은 제자들이 아니라 군중인 듯하다. 이 비유는 분명하게 하느님 나라를 가리킨다고 명시된다. 하느님 나라가 '언제', '어떻게' 드러날 것인지가 밝혀진다. 앞에 나온 씨 뿌리는 사람의 비유처럼, 여기서도 처음과 끝이 극적으로 대조된다. 두 비유 모두 씨 뿌리는 것에서 시작하여 열매 맺는 모습으로 끝난다. 특히 열매 맺는 모습에서 좋은 땅에 뿌려진 씨의 성장 과정을 보여 준다고 할 수 있다.

저절로 자라나는 씨앗의 비유는 세 가지에 집중한다. 하나는 씨 뿌리는 사람의 비유에서 드러났듯이, 하느님 나라는 비록 씨앗의 형태이지만 현존하고 있다는 점이다. 그리고 작은 씨앗에서 엄청난 결실이 맺어지듯, 시작과 마침이 날카롭게 대조된다. 또 하나는 사람이 씨앗을 뿌리지만[4,3의 뿌리다(*speirō*)와 달리 26절은 여기저기 던진다(*ballō*)] 일상생활을 하는(밤에 자고 낮에 일어나고) 사이에 자기도 모르게 그것이 자라서 낟알을 맺는다는 점이다. 생명력 있는 하느님 나라는 신비로운 방식을 통해 힘차게 커 가기에(싹-줄기-이삭-낟알-수확) 성장 과정을 일일이 확인할 수 없다(성장의 신비). 비록 자라는 데 시간이 걸리지만, 하느님 나라는 '반드시' 성장하며 그 성장을 저해할 세력은 전혀 없다. 이 과정에서 인간의 수고는 큰 의미가 없다.

다른 하나는 저절로(*automatē*) 열매를 맺게 하는 땅의 놀라운 비옥함이다(4,28). "땅은 푸른 싹을 돋게 하여라"(창세 1,11). 그것은 전부 창조주 하느님의 은총과 크신 자비에서 나온다(레위 25,5.11; 2열왕 19,29 참조). 하느님 나라는 인간의 노력에 힘입어 발전하거나, 인간의 계획이나 의도에 따라 조장되고 통제되지 않는다. 그 나라는 드러나지 않게 끊임없이 일하시는 하느님(요한 8,17 참조)의 돌봄에 힘입어, 하느님의 때에 '저절로' 열매 맺어 이루어질 것이다. 하느님의 권능과 활동은 나름대로 때와 리듬을 탄다. 그러므로 우리는 인간의 때에 연연하여 절망하거나 조급해하지 말고 하느님 나라의 미래를 확신하고 기다려야 한다. 아마도 초기 교회 상황으로 보면, 이 비유는 유다 항쟁처럼 로마의 지배에 폭력으로 대항하려는 이들에게, 오히려 인내하고 희망하며 하느님 나라를 기다리라는 가르침을 주었을 것이다.

수확 때가 되어서 씨를 뿌린 사람이 낫을 댄다는 말(4,29)은 주님의 날, 마지막 심판의 때(요엘 4,13; 참조 묵시 14,14-20)를 뜻한다. 하느님의 다스림이 시작되는 새로운 시기가 도래한다. 그때에 말씀의 선포와 선포된 말씀에 대한 들음과 응답에서 나오는 풍부한 효과가 마침내 드러날 것이다(그때가 언제이고 어떻게 행동해야 하는지는 13,28-33에 언급된다). 그러니 지금 하느님 나라의 도래를 알리는 예수의 메시지를, 곧 그리스도인의 복음 선포를 진지하게 듣고 응답하라는 초대이다. 그들이 맞을 수확의 때는 혹독한 시련이 아니라 풍성한 수확을 즐기는 기쁨의 때가 될 것이다. 수확의 소득은 하느님께서 주시는 선물이고 기적이기 때문이다. 결국 사람이 할 일은 씨를 뿌리는 일(복음 선포)과 올바른 응답뿐이다.

겨자씨의 비유

예수께서 군중에게 다시 말씀하신다. 그분은 하느님 나라를 겨자씨에 비유하신다(4,30-31). 마르코는 겨자를 풀로 설명한다(루카 13,19; 마태 13,32에서는 '나무'). 겨자는 1년생 풀이라 매년 살아 있는 씨를 새롭게 뿌려야 계속 번식할 수 있다. 팔레스티나에 무척 흔한 겨자씨는 매우 작고 하찮지만 모여드는 하늘의 새도 깃들일 수 있을 만큼 크게(1-3m) 자란다(4,32). 비록 그 씨가 세상에서 제일 작은 씨도 아니고 그 풀이 제일 크지도 않지만, 문제는 시작(씨앗)과 마침(1-3m)에서 드러나는 극적 대조이다(에제 31,6 참조). 또한 성경에서 푸른 초목은 하느님의 베풂을 상징한다(시편 1,3; 92,13-15; 104,12; 예레 17,7-8). 결국 이 비유는 종말에 모여들 각 나라(새)의 백성(이방인들)을 모두 품을 만큼 ("그늘에 깃들일") 큰 안식처가 될 하느님 나라에 대한 믿음을 키워 준다(새 둥지는 흔히 '왕국의 통치'를 암시한다). 또 엄청난 세력이 압도하는 세상에서 '세상의 어떤 씨앗보다도 작다'고 느끼는 예수 시대와 초대 교회의 제자 공동체에게 용기와 희망을 준다.

이 본문(4,26-34)은 연중 제11주일의 복음으로, 제1독서는 다른 나라가 망하더라도 다윗의 나라는 회복되어 번성하고 지속되리라고 선언하는 레바논의 향백나무의 비유(에제 17,22-24)이다. 두 본문은 모두 종말론적 약속을 선언할 뿐 아니라 하느님 나라에 둔 희망과 인내에 관해 말하며, 하느님께서 작은 시작에서 엄청난 결과를 이루실 것이라고 확언한다. 씨가 많은 열매를 맺게 되듯이(4,8), 겨자씨도 크게 자라면 "하늘의 새들이 그 그늘에 깃들일 수 있게" 되며, 향백나무가 자라면 "온갖 새들이 그 아래 깃들이게" 된다. 가장 작은 것이 가장 큰 것으로 될 것이다(9,35; 10,31.42-45 참조). 제2독서는 2코린 5,6-10('우리는 믿음으로 살아간다')이다.

여기에 나오는 겨자씨와 향백나무의 극단적 대조는 예수께서 선포하신 희망이 보통 사람들의 성공에 대한 비전과 질적으로 다르다는 것을 보여 준다. 세상 사람들은 흔히 향백나무같이 크고 강하며 눈에 띄는 존재가 되어야 성공했다고, 위대하다고 인정한다(큰 향백나무의 높이는 80m, 지름은 12m 정도이다: 에제 31,6; 다니 4,17 참조). 이런 큰 나무는 큰 나라(제국)를 우의적으로 표현한다(판관 9,7-15; 다니 4,10-12.19-27 참조). 그에 반해 겨자씨는 무척 작고 하찮지만, 생명의 하느님께서 함께하실 때 기적을 낳는다. 종말에 새들이 깃들이는 곳은 겨자풀이다. 겨자씨가 자라는 것은 그들을 품기 위해서다. 하느님 나라는 권력과 폭력으로 세워지고 지탱되는 큰 나무 같은 제국과 같지 않다. "하느님의 씨는 우리 안에 있다. … 배씨는 배나무로 자라고, 호두는 호두나무로 자라고, 하느님의 씨는 하느님으로 자란다"(마이스터 에크하르트).

새들이 겨자 줄기에 깃들이다

그렇기에 그리스도인들은 '하느님의 나라를 이루기' 위해 일할 때, 자기들의 수고를 너무 중시하거나 수확에 대해 지나치게 민감할 필요가 없다. 이 비유에서도 씨는 뿌려지지만 사람이나 땅의 역할은 전혀 언급되지 않는다. 농부가 갖은 애를 쓰고 안달하더라도 수확에 미치는 영향은 매우 제한되어 있다. 그렇다고 씨를 준비하지 않고 가꾸지 않으면 하느님께서 씨의 성장을 위해 하실 일이 전혀 없게 된다. 모든 것이 은총이지만, 우리가 예비하지 않는 한 은총이 와 있음을 결코 알지 못한다.

결국 그리스도인이 할 일은 "기회가 좋든지 나쁘든지 꾸준히"(2티모 4,2) 씨를 뿌리고, 하느님께서 그 씨를 성장시키신다고 믿으며(1코린 3,7) 끝끝내 신앙을 견지하는 것이다. 다시 말해 복음을 선포하고 가르치며, 서로를 지탱해 주고, 도움이 필요한 이를 돕고, 사회 질서를 좀 더 정의롭게 구현하며 일해야 한다. 때로 우리의 노력이 헛되다고 여길지라도, 복음의 씨는 분명히 스스로 자라면서 하느님의 가려진 현존과 힘을 강력히 드러낼 것이다. 마지막 때에 우리는 놀라고 경탄할 것이다. 우리가 모르게 이루어진 신비롭고 풍요로운 수확에 관해. "나 주님은 말하고 그대로 실천한다"(에제 17,24). 그래서 이 비유들은 기쁜 소식으로 다가온다. 하지만 씨앗 한 번 뿌려 보지 않고 그 결과물만

흥청망청 낭비하는 현대인이, 생태계가 위태로운 이 시대에 씨앗의 비유에 깊이 잠길 수 있을까.

7. 예수, 비유 말씀을 마치시다(4,33-34)

이제 비유를 든 가르침은 끝난다. 여러 비유를 드셨지만 초점은 '말씀'이다(4,14). 마지막으로 이를 정리하는 짧은 요약구가 나온다. 예수께서는 비유로써 사람들이 "알아들을 수 있을 정도로"(4,33) 가르치셨다(4,21-25 참조). 그분은 하느님과 현존하면서도 숨겨진 하느님 나라를 가르치면서 그것을 이해시키려고 애쓰셨다. 비유는 하느님 나라를 알리고 가르치는 효과 있는 수단이었다. 그래서 "비유를 들지 않고는 그들에게 말씀하지 않으셨다"(4,34). 그럼에도 그분은 "당신의 제자들에게는 따로 (비유의) 모든 것을 풀이해"(4,34) 주시어, 그들이 가르침을 깨닫도록 이끄셨다. 이와 같이 본문에는 공적 선포와 개별 지도의 구별, 비유를 밝히려는 의도와 바깥 사람들에게는 감추고 제자들에게는 풀이해 주시는 모습 사이에 긴장이 함축되어 있다. 나아가 본문은 초대 교회에서 행해진 제자들의 가르침이 스승 예수의 풀이에 따른 것이므로 진실하고 유효하다고 강조한다.

결론적으로 이 단락이 모든 사람에게 갖는 의의는 제자로 계속 초대하는 데 있다. 핵심은 '들음'이며 성경에서 들음은 순종과 연결된다(12,29; 참조 신명 6,4-9; 11,13-21). "누구든지 들을 귀가 있거든 들어라"(4,23).

제4장 예수, 기적으로 가르치시다(4,35-5,43)

예수께서는 당신의 새 가족인 제자들에게 하느님 나라를 비유로 가르치셨다. 그러고 나서 처음으로 호수 여행을 명령하신다. 4장에서 8장까지 모두 여섯 차례에 걸쳐 스승과 제자는 배를 함께 타고 호수를 오가는데, 이때 예수께서는 여러 놀라운 기적을 행하여 제자들을 일깨우시고 당신의 신원을 알도록 이끄신다. 이 역시 제자들에 대한 가르침으로 볼 수 있다. 마르코 복음서에서 기적은 하느님의 권능을 볼 수 있게 드러내는 표징이 아니다(8,11-12 참조). 오히려 그 행위를 통해 예수께서 선포하시는 하느님 나라와 그분의 신원을 깊이 알아보도록 이끄는 상징이라 할 수 있다(해링톤, 170-171). 이런 면에서 기적 역시 비유처럼 알아보고 깨달아 하느님께 돌아가 믿음을 갖도록 인도하는 기능을 수행한다.

이 단락에 나오는 네 가지 기적은 대상도 다양하고(자연, 마귀, 질병, 죽음) 앞부분보다 정도가 훨씬 심각하다는 점에서 효과도 훨씬 크다.

1. 예수, 풍랑을 가라앉히시다(4,35-41)

때는 그날 저녁, 예수께서 비유를 가르치신 날이다. '저녁'은 유다의 중요한 종교 의식이 행해지는 시각이요 주요 사건이 이어지는 때이다(1,32의 '안식일'; 11,11.19; 14,17과 15,42의 '파스카'). 오랫동안 가르치신 예수께서는 지치고 피곤하셨을 텐데, 느닷없이 제자들에게 "호수 저쪽으로 건너가자"(4,35)고 이르신다. 처음으로 스승 예수께서 제자들에게 명령하신다. '호수 저쪽'은 어디인가? 폭이 12-13km밖에 안 되는 갈릴래아 호수지만, 호수 맞은편 동쪽은 전혀 딴 세계, 그리스인 등 이방인들이 주로 사는 데카폴리스 지역이다(호수의 원문은 '바다'이며, 바다로 보는 것이 본문을 이해하는 데 중요하다). 유다인들에게는 건너가 상종하고 싶지 않은 낯선 땅이다. 새로운 세계로 나아가자는 스승의 뜻을 이해하지 못하고, 마뜩잖아 하는 제자들은 그래도 스승의 말씀에 순종한다(1986년에 갈릴래아 호수에서 발견된 1세기 배를 보면, 배 한 척에 탈 수 있는 인원은 약 12-15명이었다). 배에 탄 채 가르치시던 예수(4,1)를 그대로 모시고 '처음으로' 호수 저편으로 배를 몬다(4,36). 호수를 여행하는 장면은 마르코 복음서에 여섯 번 나온다. 네 번은 건너편에 갔다 오는 길이고(두 번의 왕복 여정: 4,35=5,21; 6,45=8,13), 두 번은 같은 지역에서 이동한다(6,32; 8,10 참조).

그들이 건너가는 도중에 갑자기 거센(*megalē*, 엄청난) 돌풍이 일어 물결이 배 안으로 들이쳐서 배에 물이 가득 찬다(4,37; 참조 시편 107,23-32; 요나 1,11-2,10: 이 대목은 요나서의 주제와 비슷하고 같은 어구도 많이 쓰였다). 어둠이 짙어가는 저물녘의 폭풍우란! 골란 고원 같은 산악 지대와 평원에 둘러싸인 갈릴래아 호수는 지형 간의 기압 차이로 종종 돌풍이 생기곤 한다. 호수 주변에 사는 어부 출신으로 이런 일에 익숙했을 제자들도 겁에 질릴 정도로 돌풍이 대단하다. 돌풍이 불면 파도가 거세져 작은 배가 사정없이 흔들린다. 그런데 세상에! 이런 위기 속에서도 예수께서는 배의 뒤쪽 고물에서 베개를 베고 주무신다(4,38). 이는 그분이 피곤하시기 때문이 아니라, 당신을 붙들고 보호하시는 하느님에 대한 깊은 '신뢰'를 나타낸다(욥 11,18-19; 잠언 3,23-24 참조). 동시에 제자들의 능력을 믿고 그들에게 당신을 맡기신 모습일 수도 있다. 그런데 정작 제자들은 어떠한가? 나중에 닥친 겟세마니의 위기에서는 스승과 제자가 상반된 모습을 보일 것이다(14,32-42).

그들은 자고 계신 예수를 깨운다. 그리고 볼멘소리를 한다. "스승님, 저희가 죽게 되었는데도 걱정되지 않으십니까?"(4,38) 예전에 이스라엘 백성이,

마치 야훼 하느님께서 자신들의 위험을 돌보지 않고 주무시는 것처럼 보였을 때, 그분께 '깨어나라'고 간청했던 바와 같다(시편 35,23; 44,24; 59,5; 이사 51,9 참조). 어떻게든 도와 달라는 간청이요, 그 이면에는 자신들의 곤경을 외면하시는 듯한 야속함이 배어 있다. 예수께서는 깨어나 바람을 꾸짖으시고(시편 104,7; 106,9 참조), 호수에게 힘차게 명령하신다. "잠잠해져라. 조용히 하여라!"(4,39) 이런 꾸짖음과 명령어는 악한 세력을 꾸짖고 그들의 활동을 금지시키는 말씀이다(회당에서 더러운 영을 쫓아내시는 1,25과 같다). 그러자 말씀을 들은 거센(*megalē*) 바람은 멎고 호수는 아주(*megalē*) 고요해졌다(4,39).

여기까지 보면 이야기의 상황(4,35–36), 문제 발생(4,37–38), 해결(4,39ㄱ), 기적 발생의 증거(4,39ㄴ), 두려움이란 반응(4,41) 등 보통의 기적 이야기 꼴로 짜여 있다. 치유를 다루지 않은 다른 기적 이야기처럼(6,30–52; 8,1–10; 11,12–14.20–23 참조) 예수를 자연 세계를 다스리는 주님으로 강조하는 것이 이 이야기의 본래 기능이었을 것이다. 성경에서 심연인 '바다'는 하느님께 반항하는, 사악하고 위협적이며 큰 힘을 지닌 혼돈의 세력을 표상한다. 알 수 없는 힘을 지닌 거대한 짐승 같은 존재로, 사탄의 거처로 나타난다(묵시 12–13장). 그러나 구약성경은 하느님께서 바다의 거칠고 거대한 힘을 꺾으셨다고 고백한다(시편 65,8; 89,10; 107,25–29; 이사 51,9–10; 예레 5,22; 31,35; 아모 5,8 참조). 예수께서도 지금 여기서 하느님의 권능과 주권을 지니고 악의 세력에 쫓겨 당신의 도움을 간구하는 신앙인을 구원하시는 분으로 드러난다(6,48–50).

마르코의 이야기는 이것으로 끝나지 않는다. 바람을 꾸짖으셨던 예수께서 이번에는 제자들을 꾸짖으신다. "예수님께서는 그들에게, '왜 겁을 내느냐? 아직도 믿음이 없느냐?' 하고 말씀하셨다"(4,40). 이 구절이 들어감으로써 전체 이야기의 비중이 여기에 쏠리게 된다. 제자들은 기적을 체험하고 하느님을 찬양하는 대신 하느님의 현현을 체험했을 때 큰(*megan*) 두려움을 느낀다. 그리고 서로 말한다. "도대체 이분이 누구시기에…." 이를 통해 예수와 그분의 신원으로 초점이 옮겨진다. 그래서 이야기 전체가 독자에게 두 가지 질문

을 던진다. '예수는 누구신가? 당신은 그분을 믿는가?'

"아직도 믿음이 없느냐?"(8,17.21 참조) 마르코에게 믿음은 우선 예수가 그리스도이며 하느님의 아드님이심(1,1; 5,7)을 인정하는 것이다. 제자들은 이제껏 예수께서 행하신 놀라운 권능의 행위(기적)를 보며 하느님 나라의 신비를 받고 특별한 설명까지 들었다. 하지만 그들은 함께 계신 예수가 누구신지, 그분을 통해 드러나는 하느님의 권능이 어떠한지 아직도 신뢰하지 못한다. 그래서 이 이야기는 초대 교회의 그리스도인들에게 예수를 좀 더 확고히 믿고, 그들을 위협하고 흔드는 혼란과 박해에도 확신을 갖고 이방인 선교로 '건너가라'고 촉구한다. 인류학에서 봐도, '바다를 건너는 것'은 다른 세계로 가는 통과의례로 불확실하고 위험한 상태를 뜻한다. 거센 돌풍은 바깥에서 불어오지 않는다. 그것은 새로운 세계로 나아가기를 내켜 하지 않으면서 두려워하는 제자들의 마음에서 생겨났는지도 모른다. 그래서 본문은 주님께서 능히 그들을 지키고 살리실 수 있다고 믿고 새로운 세계로 건너가라고 격려한다.

교회는 연중 제12주일에 이 본문을 복음으로, 욥기 38장을 제1독서로 봉독한다. 마르코의 "돌풍"(*lailaps,* 4,37)은 욥기의 "폭풍"(38,1)과 같은 단어다. 이 말은 악마의 엄청난 힘을 표상한다. 하느님께서 창조 때의 원초적 혼돈을 극복하실 권능과 주권을 가지신 것처럼(욥 9장; 38,8-11; 시편 74,13-14; 77편 참조), 예수도 자연과 삶에서 나타나는 악마의 힘을 극복할 권능을 지닌 주님이라고 강조한다. 그러므로 예수에 대한 믿음과 신뢰를 더욱 키우고 성숙시키라고 권유한다.

우리도 심각한 위험에 처할 때 하느님께 울부짖는다. "주님, 왜 저희를 돌보시지 않습니까?" 그러나 본문은 예수께서 당신 제자들과 함께 한 배에 타고 계신다고 일러 준다. 배는 오랫동안 신앙인의 공동체, 교회를 상징해 왔다. 예수께서는 당신 교회와 함께 계시고, 그리스도인들이 그분의 보호와 도움을 인식하지 못하는 최악의 순간에도 그들을 보살피신다. 이 단락은 인간의 불안과 하느님의 평온, 혼돈의 폭력과 주님의 평화가 뒤섞인 우리 삶을 반영한다.

우리도 삶의 거센 풍랑이 잠잠해졌을 때 이렇게 묻곤 한다. "이분이 누구신가?"

"성령의 숨결로 힘을 얻은 이들은 자는 동안에조차도 물결을 타고 나아갑니다. 우리 영혼의 배가 여전히 바람이나 폭풍우에 시달리고 있다면, 그곳에서 쉬고 계시는 주님을 깨워야 합니다. 그러면 그분께서는 즉시 바다를 잠잠케 해 주실 것입니다"(부활의 라우렌시오 수사, 123).

2. 예수, 게라사에서 더러운 영들을 쫓아내시다(5,1-20)

마침내 예수 일행은 호수 건너편 게라사인들의 지방에 도착한다(5,1). '게라사'(Gerasa, 현재 요르단의 '제라시')는 갈릴래아 호수 남동쪽으로 58km쯤 떨어져 있는 열 개의 그리스 도시(데카폴리스) 중 하나이다(5,20). "게라사인들의 지방"은 게라사와 연관된 주변 지역을 가리킨다. 하지만 아무래도 호수에서 너무 멀리 떨어져 있어 성경 본문과 잘 맞지 않기에, 마태오는 호수에서 8km쯤 떨어져 있는 도시인 "가다라"(Gadara, 마태 8,28)로 바꾸었다. 일부 사본에는 호수 동편에 맞닿아 있는 '게르게사'(Gergesa, 현재 '엘 쿠르시')로 나와 있는 등 그 지역이 분명치 않다. 다만 "갈릴래아 맞은쪽"(루카 8,26) 이방인 지역이라는 것은 확실하다. 유다교의 입장에서 보면 여기에 등장하는 더러운 영, 무덤, 돼지, 지역 모두가 부정하다(이사 65,4 참조).

그런데 놀랍게도 이 부정하고 소외된 이방인 지역에서 처음으로 예수의 구마 활동이 이루어진다. 이 활동 기사는 갈릴래아의 회당에서 처음으로 행했던 구마 기적(1,21-28 참조)과 비슷한 꼴로 진행된다. 하지만 앞의 무대가 회당이라는 정결한 영역인 데 비해 여기는 무덤 주변의 부정한 장소다. 또 앞에서는 더러운 영이 하나인 데 비해 여기에서는 많다는 점이 다르다. 특히 이 본문은 마귀 들렸던 이의 처지를 상세히 묘사하고 구마 후의 여러 반응을 자세히 소개하는 등 가장 풍부한 내용을 담고 있다.

예수께서 배에서 내리시자마자(본문에는 예수께서 홀로 내리신다) 더러운 영이 들린 사람이 '즉시' 그분께 마주 왔다. 더러운 영은 그가 돌로 제 몸을 치는 등 스스로를 학대하고 파괴하며(5,5) 몸뿐 아니라 그의 인격과 사람됨까지 잃게 하였다. 세 차례나 언급된 '무덤'은 살아 있되 산다고 볼 수 없는 그의 참혹한 처지를 나타낸다. 아울러 예수께서 직면한 문제가 '삶과 죽음'을 가늠하는 대결이라고 시사한다. 누구도 "그를 휘어잡을 수가 없을"(5,4) 만큼 힘이 세고 부정한 탓에 사람들은 그를 족쇄와 쇠사슬로 묶어 둘 수 없었고, 그에게 접근하려고 하지 않았다. 더러운 영에게 묶여 사람들에게 소외된 그가 멀리서 예수를 알아보고 달려와 엎드려 절한다(5,6). 예수께서는 '잃어버린 양 한 마리'를 찾아가는(루카 15,3-7) 지극한 연민과 담대함으로 그를 외면하지 않고 마주하신다. 의도된 대결이다.

다른 악령 추방 기사처럼, 여기서도 그 사람이 아니라 더러운 영이 그를 대신하여 먼저 말한다. 그는 예수를 "지극히 높으신 하느님의 아들"이라 부르며, 자기를 괴롭히지 말아 달라고 외친다. "지극히 높으신 하느님"은 이스라엘의 하느님을 가리키는 유다식 칭호("하느님의 거룩하신 분" 1,24)와 비슷한 뜻의 그리스식 칭호로 루카의 글에 자주 나온다(사도 16,17 참조). 지금 더러운 영은 "하느님의 아들"(5,7; 참조 3,11)이신 예수께서 자기들과 무슨 상관이 있느냐고 항변한다(5,7). 그가 공포에 휩싸인 이유를 설명하는 8절에서 예수께서는 악령 추방 명령을 '이미' 말씀하셨는지, 아니면 '말씀하려 하셨는지' 분명치 않다. 문맥상 말씀하려 하셨던 것 같다.

예수께서는 더러운 영에게 이름을 물으신다(5,9). 악령 추방자는 제압하려는 대상의 신원을 정확히 파악하기 위해 이름을 물어 그를 능가할 힘을 행사한다. 그는 "제 이름은 군대입니다"(5,9)고 답한다. "군대"(*Legiōn*)는 4천-6천 명의 군인으로 편성된 사단급의 로마군 편제를 가리키는 라틴어를 그리스어로 옮긴 것이다. 이는 수효가 많다는 의미와 함께 당시 그 지역의 현실을 보여

예수께서 풍랑을 가라앉히시고(위), 게라사에서 악령을 쫓아내시다(아래).
1000년경, 오토 3세 복음서, 바이에른 주립도서관, 뮌헨.

준다. 데카폴리스는 반半자치 도시라 로마의 직접 통치를 받지 않았지만, 요르단 동편은 로마 제국의 동쪽 국경이라 로마 군대가 상주하고 있었다. 특히 게라사 지방은 유다 독립항쟁 중에 루키우스 안니우스가 이끄는 로마군에게 점령당하여 천 명이 넘는 젊은이가 몰살당하고 도시가 불살라지는 참변을 당한 바 있다(요세푸스, 《유다 전쟁사》 4권 9장 1). 항쟁 후에는 근처에 로마 제10군단이 주둔하였다.

더러운 영에 사로잡힌 이가 정말 귀신들린 자인지, 정신질환자인지, 아니면 로마 제국이나 로마 군대와 연관된 미친 자인지 불분명하다. 어떠한 요인이 그를 짓밟았는지 알 수 없지만, 성경은 그러한 요인을 묶어 더러운 영이라고 부른다. 이제 더러운 영의 '군대'는 예수의 권능을 깨닫고 위협을 크게 느낀다. 7절의 "괴롭히다"(*basanizō*)는 흔히 하느님의 종말 심판을 의미한다(마태 18,34; 루카 16,23.28; 묵시 18,7 참조). 그들은 예수께 자기들을 그 지방 밖으로 쫓아내지 말고 산기슭에 놓아 기르는 돼지 떼(로마 군대와 이방인들의 양식) 속으로 보내 달라고 간청한다(5,10.12). 아마 이 표현에는 악령들이 특정한 지역과 연관되어 있고 부정한 동물 등에 기생한다고 생각했던 고대의 믿음이 반영된 것 같다. 예수께서 그들의 청원을 허락하시자, 더러운 영들은 이천 마리쯤 되는 돼지 떼 속으로 들어갔다. 그러나 그들의 계산대로 돼지들을 장악하기는커녕, 오히려 돼지 떼는 비탈을 내리 달려 호수(바다)에 빠져 죽었다(5,13). 더러운 영들은 무력해진 채 본래 머무르던 곳, 태초의 심연과 바닷속 깊은 곳으로 떨어진 것이다. 또 하나의 자기 파괴다(병행구인 루카 8,31에는 더러운 영들이 그들의 거처라고 믿었던 지하나 심연 같은 바닥 모를 곳으로 물러가라는 명령을 내리지 말아 달라고 청한다).

바로 앞 단락에서 예수께서는 그곳으로 오지 못하도록 강하게 방해하던 거센 바람과 호수(바다)를 꾸짖어 잠잠케 하셨다. 여기서도 그분은 한 말씀, 비폭력적 수단으로 더러운 영들을 바다로 보내 멸망시키신다(떼로 몰려다니지 않는 돼지를 "떼"로 표현하고, 그것들이 여느 돼지와 달리 일제히 내리 달리는 모습은 명령대로 따르는 군인의 이미지를 연상시킨다). 또 원수들이 물에 빠져 죽는 모습은 홍해(갈대 바다)에 빠져 죽는 파라오의 군대를 떠올려 준다(탈출 14,28; 15,4). 두 힘의 대결에서 그분의 권위와 권능이 더러운 영의 군대를 압도하였다. 곧 예수께서 하느님의 힘을 지니신 그리스도라고 증언하면서, 그분이 로마 제국의 무력을 훨씬 능가하는 권능을 가진 주님이라고 알려 준다.

대결은 끝났다. 이 본문에서 예수께 더러운 영이 들린 이의 치유를 청한 이는 없었다. 그 사람이나 주변 사람들은 그냥 내버려 두기를 바랐다. 하지만 예수께서는 그것을 원하지 않으셨다. 그래서 사건을 주도하셨다. 그분은 당신의 권능과 치유의 힘을 자유롭게 행사하시지만, 그 기준은 하느님의 다스림을 구현하여 하느님의 뜻을 이루는 데 있다. 하느님의 뜻은 우리를 해방하고 온전케 하는 것이다. 지금 마귀 들렸던 이가 전과 전혀 다른 모습으로 옷을 입고(원문이 수동태이므로 예수께서 입히신 듯하다) 제정신으로 앉아 있다(5,15). 하느님에게서 분리된 '부정한' 상태에서 벗어나 질서와 통합과 평화의 '온전한' 상태(샬롬)로 바뀐 것이다. 하느님의 손길은 삶을 뒤바꾼다!

마을 사람들이 마귀 들렸던 이와 돼지들에 관해 전해 듣고 알았을 때, 그들은 겁을 먹고 예수께 "저희 고장에서 떠나 주십사고 청하기 시작하였다" (5,17). 앞에서 제자들이 갑작스러운 변화에 겁을 냈듯이, 여기서는 마을 사람들이 제정신을 되찾은 이웃을 통해 드러난 새로운 상황에 겁을 낸다. 그들은 알 수 없고 통제할 수 없는 놀라운 권능을 지닌 예수를 신으로 여겨 두려워했을 것이다. 또 그분이 일으킨 변화에 직면하기보다 당장 눈앞에서 겪은 큰 손해를 또 당하지 않을까 겁을 냈다. 그들에게는 별 볼 일 없는 한 사람의 온전한 치유보다 재산상 손실이 훨씬 더 중요했을 것이다. 사람의 가치보다 물질을 중시하고 그것에 집착하는 그들의 모습에서, 여전히 남아 있는 더러운 영의 존재를 느낄 수 있다. 그들에게 복음의 빛이 필요했지만, 예수께서는 억지로 머무르지 않고 그들의 간청대로 떠나려고 배에 오르신다(5,18). 그 거친 바다를 헤치고 그분께서 이 땅에 오신 뜻은 결국 한 사람을 살리는 데 있었다.

그때 마귀 들렸던 이가 예수께 같이 있게 해 주십사고 청하였다. 예수의 제자가 되고 싶다는 청원이다(3,14 참조). 그러나 예수께서는 그에게 다른 사명을 주신다. 사실상 제자로 삼으신 것이다. "집으로 가족들에게 돌아가"(5,19), 더러운 영으로 인해 깨진 공동체의 관계를 먼저 회복하라는 말씀이다. 더러운 영들이 죽음의 세계로 갔다면, 그는 생명의 세계로 돌아간다. 그리고 "주님께서 너에게 해 주신 일과 자비를 베풀어 주신 일을 모두 알려라(*anaggellō*)"(5,19). 예수께서는 그의 치유가 당신의 능력보다 하느님의 자비로 이루어진 일이라고 지적하며, 이를 알리라고 이르신다. 이제 처음으로 치유 사건을 알리라는 사명을 내리신다. 마귀 들렸던 이력을 가진 그가 사회에 복귀하는 일은 그리 쉽지 않았을 것이다. 그럼에도 그는 예수님의 말씀에 순종한다. 그런데 그가 데카폴리스 지방에 사는 이웃들에게 선포하기(*kēryssō*) 시작한 내용은 "예수님께서 자기에게 해 주신 모든 일"(5,20)이었다. 그에게 주님은 예수였으니, 예수의 복음을 선포한 것이다.

이야기는 이로써 구마를 통한 치유에서 선포로 이어지며 절정에 이른다. 예수께서 더러운 영이 들린 이를 치유하고 복음 선포의 사명을 주신 것은 마르코 복음서에 등장한 이방인 선교의 첫 번째 예다. 더러운 영의 소리를 대변하던 그가 하느님의 복음을 선포하는 제자로 바뀌었다. 그의 이런 태도는 다양한 제자됨의 한 모습이다. 그는 예수의 몸과 함께 있는 대신 예수의 말씀에 따라 복음을 선포하면서 그분과 동행한다. 복음 선포는 제자직에서 중요한 사명이다(3,14-15; 6,12 참조). 이 단락에 등장하지 않는 제자들을 대신하여, 마귀 들렸던 이가 제자의 모습을 여실히 보인다. 그와 같이 개인적 소개든 공적 선포든, '주님께서 나에게 자비를 베풀어 주신 일'을 말하는 것 자체가 강력한 복음 선포이다. 또 그 기억을 간직하고 정기적으로 감사드리며, 반복하여 증언하는 역사화 과정에서 믿음은 성장하고 복음은 선포된다.

이 본문에 등장하는 인물들의 반응은 제각각이다. 예수를 알아본 더러운 영은 그분을 두려워하며 그분께 간청한다. 마을 사람들은 그들을 도우러 오신 낯선 예수를 두려워하고, 그분이 누구신지 알려 하지 않고 배척한다. 치유된 이는 예수의 신원을 온전히 알지 못하지만 예수와 함께 있고 싶어 했으며, 나아가 말씀에 순종하여 이웃에게 예수께서 하신 일을 충실하게 알린다. 세 명 모두 예수께 간청하여 다 응답을 받았지만(5,12.17.18), 결과는 전혀 달랐다. 우리는 지금 그분께 무엇을 간청하고 있는가?

3. 예수, 하혈하는 부인을 고치시고 야이로의 딸을 살리시다(5,21-43)

예수께서는 배를 타시고 "다시 건너편으로" 곧 서쪽으로 가셨다. 정확한 도착 지점은 기술되지 않지만 카파르나움 근교로 추정할 수 있다. 회당장과 완전수 '열둘'을 보아 그곳이 유다인들의 땅임을 분명히 알 수 있다. 자연의 풍랑과 더러운 영들을 쫓아내신 예수께서 이제는 난치병과 죽음까지 관장하신다.

예수께서 나타나시자 또 많은 사람이 호숫가로 모여들었다(5,21). 그 가운데 회당장 야이로가 예수의 발 '앞'에 엎드려 존경을 표하며 자기도 어찌할 수 없는 일을 호소한다. 회당은 본래 지역 유다인들의 모임인데, 회의와 교육뿐 아니라 기도와 예배, 성경 공부도 하였다(희생 제물은 예루살렘 성전에서만 봉헌할 수 있었다). 회당 기구로는 '지도자 회의' 외에 회당장 한 명을 두어 회당의 질서를 유지하고 재정을 관리하게 하였다. 지금 야이로는 죽어가는 딸에게 예수의 '손을 얹어'(16,18; 2열왕 4,34) 죽음의 손아귀에서 구원하여 살게 해 달라고 간청한다(5,23). 예수께서는 기꺼이 허락하여 함께 떠나신다. 이렇게 진행되는 야이로의 딸 이야기(5,21-24ㄱ.35-43) 사이에 하혈하는 부인의 이야기(5,24ㄴ-34)가 도중에 끼어들었다. 마르코는 이런 끼워 넣기 기법을 자주 사용하여 이야기의 긴장감을 높이고, 극적 효과를 내었다.

예수께서는 인파에 휩싸여 밀려가듯 가고 계셨다(5,24ㄴ). 군중 가운데 하혈하는 여자가 한 명 있었다. 여자가 정기적이든 비정기적이든 피를 흘리면 부정한 상태가 되고(레위 15,19-30 참조), 그와 접촉하는 사람도 부정해진다. 12년이나 하혈한 여자는 가정 생활을 정상으로 할 수 없었을 것이므로 혼인할 수 없었거나 혼인했더라도 소박맞거나 이혼당했을 것이다. 그래서 '숱한'(*pol-*

la) 고생을 하며 '많은'(*pollōn*) 의사들에게 가진 재산을 '모두' 쏟아 부어 병을 고치려 하였지만, 재산만 잃었지 상태는 더 나빠졌다(5,26). 하혈은 단순히 부정한 상태에 그치지 않고 생명을 잃게 하는 심각한 병이다. 마르코는 여자의 처지를 상세하게 기술하여(마태오와 루카는 간략하다), 그가 죽음의 나락으로 빠져들고 있다고 보여 준다.

어떻게든 도움이 절실했던 여자는 예수의 소문을 듣고 큰 용기를 냈다. 그래서 부정한 상태인데도 밀쳐 대는 군중을 죽기살기로 뚫으며 예수의 '뒤'로 다가갔다('뒤'에 서는 것은 본래 제자의 위치다. 1,7.17.20; 8,33.34 참조). 야이로처럼 앞에 나설 처지가 아니었던 것이다. "내가 저분의 옷에 손을 대기만 하여도 구원을 받겠지"(5,28) 하고 생각하였기(직역: '계속 말하였기', 그런 생각을 계속 가졌다는 의미) 때문이다. 거룩하고 특별한 것에 손을 대면 힘을 받아 치유된다는 생각은 헬레니즘 세계에 널리 퍼졌던 사조였다. 마침내 여자가 예수의 옷에 손을 대자 곧 출혈이 멈추었다(직역: 그 여자의 피의 샘이 즉시 말랐다. 5,27.29). 여자가 먼저 손만 대었을 뿐 예수께서는 어떤 일도 하지 않으셨으니, 겉으로는 예수의 옷에 어떠한 주술적 힘이 있는 듯 보인다(9,3 참조). 병이 나은 것을 여자의 몸이 즉시 느낄(*ginōskō*, 알다) 정도로 치유의 증거는 확실했다(5,29). 여자의 목표는 달성되었다.

여자와 동시에 예수께서도 당신에게서 '힘(*dynamis*)이 나간 것'을 즉시 아신다(*epiginōskō*). 그분에게는 하느님의 힘 곧 성령의 능력이 충만해 있었다. 그분은 걸음을 멈추고 군중에게 돌아서서, 당신의 옷에 손을 댄 이를 찾으신다. "누가 내 옷에 손을 대었느냐?"(5,30) 그러자 제자들은 군중이 밀쳐 대고 있는데 누구를 찾으시냐고 반문한다(5,31). 그들은 아무것도 알지 못한다. 많은 이가 예수와 접촉했으나, 실제로 만난 이는 한 사람뿐이었다. 예수께서 그를 보려고 사방을 살피시자, 여자는 두려워 떨며 나온다(5,32−33). 사실 여자는 부정한 몸이기에 누구와도 접촉해서는 안 되었다(레위 15,19−30 참조). 그런데 감히 군중 속에 끼어들어 많은 사람과 예수를 부정하게 했으니! 사회적 금기를 깨트린 데서 오는 두려움 외에, 여자는 기적 같은 치유를 통해 신의 현현을 대하는 듯한 두려움과 떨림을 느낀다. 하지만 여자는 두려움에 떨면서도 예수 '앞'에 엎드려(야이로처럼) 그 사실(*alētheia*, 진실 · 진리)을 모두 말씀드린다(5,33). 군중 속에 숨어 버리지 않고 용기 있게 나서, 자기가 겪은 진실을 정직하게 털어 놓는다.

예수께서 하혈하는 여자와 이야기하시자 야이로가 크게 놀라다. 14세기, 카리예 박물관, 이스탄불.

예수께서는 당신을 부정 타게 한 여인을 꾸짖지 않고, 오히려 네 갈래로 강복하신다. "딸아, 네 믿음이 너를 구원하였다. 평안히 가거라. 그리고 병에서 벗어나 건강해져라"(5,34).

이제 여자는 예수의 자매(3,31-35), '하느님의 딸'이다. 또 예수께서는 여자를 살린 것은 당신의 옷이 아니라 그의 믿음이라고 분명히 하신다. 예수에 대한 믿음은 참된 의사이신 그분(2,17) 안에 현존하는 하느님의 권능과 자비를 신뢰하는 것이다. 치유는 믿음의 응답이요 거저 주시는 하느님의 은총이다. 또 다른 하느님의 선물이 평안(*eirēnē*)이다. 그분은 존재의 온전함과 친교와 생명의 충만함의 복을 빌어 주신다. 12년 동안 '죽은' 것 같이 살던 여인을 다시 살려 공동체에서 정상으로 살게 하신다. 마지막으로 그렇게 얻은 건강을 잘 유지하라고 이르신다. 이로써 꼴찌가 첫째가 되는 역전이 벌어졌다(43쪽).

딸 하나 얻고 딸 하나 잃고

그러는 사이에 우려했던 일이 벌어졌다. '딸' 하나 구하는 사이에 다른 '딸'이

덜컥 죽어 버렸다. 예수께서는 별로 급해 보이지 않는 일에 시간과 신경을 써서 그만 화급한 본래의 일을 망쳐 버리셨다. 이럴 수가! 아버지의 초조함과 낙심, 절망감이 크게 울려 온다. 이제 딸이 죽었으니 사람들은 "스승님을 수고롭게 할"(5,35) 필요가 없어졌다고 말한다. 그러나 그들의 말을 '곁에서 들으신'(무시하고 묵살하다는 뜻도 가짐) 예수께서는 "두려워하지 말고 믿기만 하여라"(5,36)고 격려하신다. 딸이 죽었는데 무엇을 두려워할까? 죽음의 힘, 그 공포와 절망을 두려워하지 말고 계속 믿으라는 권고이다. "두려워하지 마라"는 말은 하느님께서 나타나실 때 사용되는 구약성경의 전형적 어구이다(창세 15,1; 21,17; 26,24; 46,3 등). 두려움의 반대가 믿음이다. 앞에서 두려워 떤 여자가 믿음으로 구원을 확인하였듯이, 여기서도 믿음을 통하여 하느님의 특별한 은총을 체험할 것이라고 시사한다(마태 28,5; 루카 1,13.30 참조).

예수께서는 베드로 등 제자 세 명만 데리고 회당장의 '집'으로 가신다(5,37). 베드로와 야고보와 요한은 예수께서 세 차례에 걸쳐 중요한 계시를 주실 때 함께한 증인이다(9,2; 14,33). 또 집은 앞에서 치유하고 가르치는 곳으로 나타난 바 있다(1,29–31; 2,1–12). 야이로의 집에 이미 초상집에 반드시 고용되는 '통곡하는 이들'이 모여 있는 것을 볼 때 딸의 죽음이 다시금 확실해진다(5,38). "저 아이는 죽은 것이 아니라 자고 있다(현재형)"는 예수의 말씀(5,39; 참조 1테살 4,13–18)을 다들 비웃는다(5,40; 참조 14,65; 15,16–20). 믿지 않는다. 현상에 대한 다른 차원의 해석이 팽팽히 맞선다. 이제 예수께서는 죽음 그 자체와 대면하신다. 그러나 그분의 현존 안에서, 권능 아래서 죽음은 한낱 잠에 불과하다.

예수께서는 방에 들어가 서슴없이 아이의 손을 잡고(시신 접촉도 부정하다) 아람어로 한 말씀을 하신다. "탈리타 쿰"(*Talitha koumi*, 글자 그대로는 '새끼 양아, 또는 젊은이야, 일어나라.' 2사무 12,3 참조) 하시자, 소녀는 '곧바로' 일어서서 걷기 시작했다(5,41–42). 호칭이 "아이"(*paidion*, 자녀를 친밀하게 부르는 호칭)에서 "소녀"(*korasion*, 혼인 적령기의 여자를 가리키는 말)로 바뀌면서, 소녀의 나이는 열두 살이었다고 밝힌다(5,42). 그냥 딸이 아니라 새 가정을 꾸미고 새 생명을 낳을 수 있는 어엿한 여성으로 일어난(*egeirō*, 흔히 부활의 어조를 띰) 것이다. 주님께서 구원의 손을 내밀어(탈출 3,20; 7,5; 시편 37,24; 44,4; 루카 1,66; 사도 11,21 참조) 능력을 잃은 '손'에 새 힘을 주고 창조의 말씀을 하신 덕분이다. 마침내 죽은 사람이 살아나는 기적이 일어나자, 사람들은 몹시 놀라 넋을 잃었다(5,42ㄴ; 참조 16,8). 인간의 판단과 하느님의 권능이 극명하게 대조된다. 그리하여 예수야말로 인간을 질병과 죽음에서 온전케 하고 생명을 주시는 구원의 주님이심을 드러낸다(12,27). 그리고 지금이 '메시아의 시대'임을 증언한다.

이미 사람들이 극도로 놀란 이 사건에 대해서도 예수께서는 아무에게도 알리지 말라고 명하신다(5,43; 참조 1,44; 7,36). 여건상 적합하지 않은 이 명령은 이 사건의 진정한 의미가 예수 부활의 빛 아래에서 이해되고 알려져야 한다는 '메시아의 비밀'을 반영하는 것으로 보인다(9,9 참조). 마지막으로 예수께서는 소녀에게 "먹을 것을 주라"(5,43)고 이르신다. 이는 소녀의 소생을 확인하는 동시에 그가 계속 살 수 있도록 '먹을 것'을 주라는 명령이기도 하다. 그러면 생명을 주는 '먹을 것'은 무엇인가? 마르코는 6장부터 '먹을 것'을 두드러지게 소개할 것이다.

본문에 나오는 두 여성은 이름이 없고, 열두 해의 삶이 죽음으로 끝날 지경에 이르며, 모두 부정한 상태에서 예수를 만났다는 공통점을 갖는다. 그들이 치유되고 소생되는 이야기는 모두 '기적 이야기'라는 틀로 짜여 있지만, 단순한 기적 이야기를 뛰어넘는다. 이 둘을 묶는 주제는 믿음과 구원이다. 믿음은 생명이 위협 받아 희망을 포기할 수밖에 없는 두 이야기의 절정 부분에서 언급된다(5,34.36). 모두 절망에 빠졌다. 그러나 믿음을 갖고 – 그것이 본인(하혈하는 부인)의 믿음이든 아니면 다른 사람(야이로의 딸)을 위한 믿음이든 관계없이 – 그분께 나아갈 때 응답받는다. 그런즉 본문은 어느 처지에서도, 박해와 어려움 가운데에서도 그분에 대한 믿음을 잃지 말라고 호소하고 있다.

구원(*sōzō*)은 몸뿐 아니라 영혼과 정신, 사회 관계 등이 모두 온전해지는 것을 의미한다(5,23.28.34). 하혈하던 여인이 예수의 옷에 손을 대었을 때 몸의 병은 나았지만(5,29), 구원받지는 못했다. 그가 구원받게 된 것은 예수 앞에 나와 그분과 관계를 맺었을 때다(5,34). 마찬가지로 야이로가 청한 '구원'(5,23) 역시 그의 딸이 죽음에서 생명을 회복하면서 이뤄진다(5,41–43). 나아가 그 부인과 야이로의 딸은 생명을 회복하는 데 그치지 않고 여성으로서 출산할 수 있는 능력까지 회복한다. 새로 받은 생명을 풍요롭게 나눌 수 있게 된 것이다.

이 본문에서는 '일의 중단'에 대해 묵상해 볼 수 있다. 예수께서는 딸의 죽음을 눈앞에 둔 아버지 야이로의 조바심을 잘 아시면서도, 도중에 당신을 만진 사람을 찾느라 하혈하던 여인과 대면하여 시간을 허비하신다. 마르코 복음서에서 예수의 일은 여러 번 방해받는다. 기도하실 때는 베드로가(1,35–39), 회당에서 가르치실 때는 중풍병자가(2,1–12), 예루살렘으로 올라가실 때는 눈먼 거지가(10,48) 도중에 끼어든다. 그때 예수께서는 당신이 먼저 해야 할 일을 분명히 밝히고 그대로 행하신다. 하느님의 은총을 간구하는 보잘것없는 이들의 울부짖음을 귀 여겨 듣고 먼저 응답하신다.

정보화 사회에서 다들 쫓기듯 살고 있다. 그래서 나와 무관한 사항으로 내 일과 삶의 흐름이 끊기는 것을 싫어한다. 게다가 버림받은 이를 우선 선택하기 위해 일을 중단해야 한다면('착한 사마리아인의 비유' 루카 10,30–37 참조), 쉽게 결정할 수 있을까? "당신도 아시다시피… 내 생활에서 나는 내 일이 계속 방해받아 중단되는 데 대해 계속 불평해 왔습니다. 그렇게 중단되는 게 바로 나의 일임을 발견하기 전까지만 해도 말입니다"(헨리 나웬, 《멀리 뻗어나가며》, 36).

제5장 예수, 고향 사람들에게 배척당하시다(6,1-6ㄱ)

예수께서는 제자들을 데리고 고향 나자렛(1,9)으로 가신다. 첫 고향 방문이다. 앞에서 그분이 친척들에게 오해 받는 모습을 이미 보았다(3,21.31-35). 그런데도 그분은 왜 스스로 고향에 오셨을까? 예수께서는 안식일에 나자렛 회당에서 가르치신다(6,1-2ㄱ). 이번이 회당에서 벌어진 안식일 사건으로는 세 번째이자 마지막이다(안식일 사건은 항상 갈등과 배척으로 이어졌다. 1,21-28; 3,1-6). 가르침을 들은 사람들은 '놀라 자빠질 정도로 크게 놀란다'(*ekplēssō*, 6,2ㄴ; 참조 1,22; 11,18).

마을 사람들은 그분이 가르친 내용에 놀라기보다, 그분이 '어디서' 그런 지혜와 능력을 얻었는지 그 근원에 대해 경악한다. 그분의 신원과 놀라운 권능에 대해 줄곧 의심한다(1,24.27; 2,7; 4,41; 8,4; 11,28 참조). 나자렛 사람들의 의심은 연속되는 다섯 차례의 의문문으로 뚜렷하게 표현된다(모두 미완료형으로 표현되어 계속된 의심을 나타낸다). 그들에게 그분은 고작 "목수로서 마리아의 아들"(6,3)에 불과하다. 그분의 출신 계층은 보잘것없다. 목수(*tektōn*)는 나무나 돌로 물건을 만들거나 집 짓는 일을 돕는 영세수공업자(장인)로 존경받는 직업이 아니다. 특히 유다인들은 누구를 가리킬 때 "(아버지 이름)의 아들 (이름)"이라 불렀다("제베대오의 아들 야고보" 10,35 참조). 여기처럼 아버지의 이름을 언급하지 않은 채 '어머니 누구의 아들'이라 부르는 것은 매우 욕된 언사다. 게다가 외아들이나 맏이가 홀어머니를 봉양하지 않고 나다니는 삶은 당시 유다인의 상식으로는 큰 불효였다. 여기서 예수의 형제자매(*adelphos*)로 언급된 "야고보, 요세, 유다, 시몬" 등이 친형제(개신교)인지 친척(가톨릭교회, 특히 이종사촌)인지 이복형제(정교회)인지 불명확하다. 유다에서는 혈연 관계에 있는 이들을 형제라고 넓게 보기 때문이다(창세 13,8; 14,14 참조). 마르코에게 이 사실은 전혀 중요하지 않다. 그들이 누구든 지금 모두 예수를 배척하기 때문이다.

그들은 그분을 못마땅하게 여겼다(직역: 그분에게 걸려 넘어졌다. 6,3). 그분을 너무나 잘 알고 있었던 그들은 그분의 현재 모습을 이해하지도 수용하지도 못한다. 하느님께서 하찮은 이를 통해 일하신다고 전혀 생각할 수 없었다. 그들은 고정관념과 하느님관, 세상의 판단에 갇혀 하느님께서 이루시는 온전히 새로운 일을 알아보지 못한다. 과거에 사로잡혀 현재를 바로 보지 못하는 것이다. 성경은 놀랍고 극적인 장면에서만 하느님을 찾는(8,11 참조) 이들에게, 우리 주변의 평범한 이들의 삶에서 그분이 일하신다고 알려 준다. 지극히 평범한 나자렛 사람 예수 안에 하느님의 권능이 숨어 있었다.

그러자 예수께서는 "예언자는 어디에서나 존경받지만 고향과 친척과 집안에서만은 존경받지 못한다"(6,4)는 관용구를 들어 당신의 심정을 드러내신다. 그러면 그분은 당신을 예언자로 여기시나? 적어도 마르코 복음에서는 예수께서 이 칭호를 거부하신다. 당신은 예언자를 능가하시는 분이기 때문이다(6,15; 8,28 참조). 이 관용구는 여러 문헌에 비슷한 형태로 널리 쓰였다. "예언자는 자기 고향에서 받아들여지지 않고, 의사는 자신을 아는 이를 고치지 못한다"(옥시린쿠스 파피루스; 토마스 복음 31). 가까운 이들에게서 배척당하는 모습은 일찍이 예언자들에게서 두드러지게 나타났다(2역대 36,15-16; 에제 2,1-7; 호세 9,7 참조). 어디 예언자뿐이랴? 세상에서 성공하여 금의환향하는 무리는 환영받지만, 인간의 정신과 삶의 골수를 꿰뚫는 이들은 별로 인정받지 못한다. "고향으로 돌아가지 말게, 거기서 진리를 가르칠 수 없으니. 마을 시냇가에서 한 노파가 어릴 때 이름으로 당신을 부르네"(마조 선사, 709-788).

예수께서 고향 사람들에게 배척당하신 것은 네 복음서에 모두 나오나 강조점이 좀 다르다. 마르코는 마태오('고향과 집안', 13,57)나 루카('고향', 4,24), 요한('고향', 4,44)과 달리 '친척'을 삽입하여 강조함으로써, 일찍이 예수께서 친척과 친구, 가족들에게 이해받지 못하셨다고 은연중에 드러낸다(3,21.31-

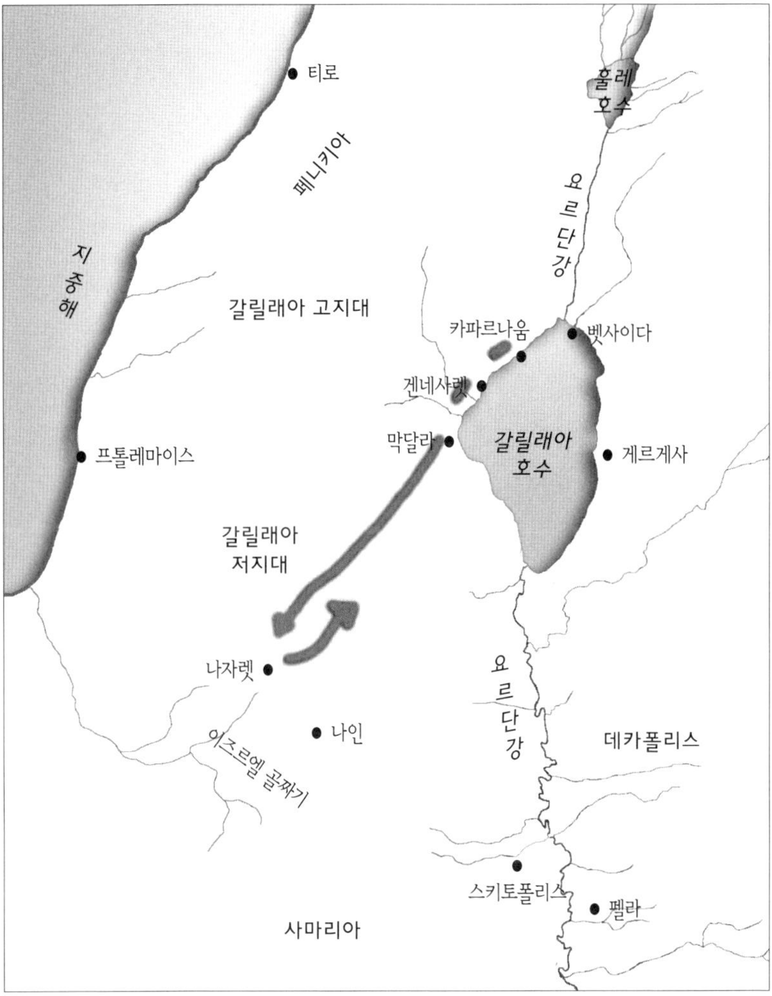

예수의 나자렛 여정

35; 참조 요한 7,5). 나아가 그분은 당신의 겨레에게 배척당하시고(요한 1,11; 로마 9–11장 참조), 끝내는 제자들에게도 거부당하신다. 그분과 가장 가깝고 사랑하시는 사람들이 가장 진실을 볼 수 없었다는 사실은 역설이다. 하지만 그들이 영영 그분을 배척했는가? 성경은 성모님 외에 "주님의 형제"라 불리는 야고보 등 예수의 친척(형제)들이 부활 후에 예루살렘 교회에서 중요한 역할

을 맡았다고 증언한다(사도 15,13; 21,18; 갈라 2,11-12; 참조 야고 1,1; 유다 1,1).

예수께서는 거기서 몇몇 사람을 치유해 주신 것 외에, "아무런 기적도 일으키실 수 없었다"(6,5: 루카는 이 말에 충격을 받았는지 이 구절을 뺐고, 마태 13,58은 '기적을 많이 일으키지 않으셨다'고 완화했다). 예수의 권능이 약화되었나? 믿음이 없으면 기적도 없는가? 꼭 그런 것은 아니지만(자연 기적과 몇몇 치유 기적에서), 마르코에게 믿음은 하느님의 구원 의지에 참여하고 싶은 지향과 의지를 드러내는 주요한 통로다. 하느님께 마음을 열지 않는 불신 상태에서 예수를 통하여 일하시는 하느님의 구원 행위는 한정될 수 있다. 몇 사람에 대한 치유는 하느님 자비의 표현일 것이다. 예수께서는 기적으로 당신의 권위와 권능을 드러내어 사람들의 믿음을 불러일으키려 하지 않으신다.

처음에는 사람들이 놀랐지만, 끝에서는 예수께서 그들이 믿지 않는 것에 '놀라셨다'(*thaumazō*, 6,6ㄱ). 어쩌면 예수께서는 당신의 가르침을 직접 들으면 고향 사람들이 믿게 되리라 기대하셨는지 모른다. 그들을 잘 알고 계셨고 인간적으로 사랑하셨기에, 그들의 배척을 수용하기 힘드셨을 것이다. 하지만 그분은 그들을 설득하려고 더 머무르거나 좀 더 놀라운 일을 보이지 않으시고, 당신의 길을 떠나신다(6,11). 당신을 배척하는 이들에게 걸려 낙심하거나 좌절하지 않으시고, 그분은 들으려고 하는 누구에게나 하느님의 복음을 전하는 선교 활동을 계속하신다. 이 배척 역시 당신의 뒤를 따르는 제자들에게 미리 맛보게 한 선교 체험인지 모른다. 또한 장차 당신의 동족인 유다인 지도자들에게 배척당하신다고 예시한 것일 수 있다.

교회에서는 이 대목을 연중 제14주일의 복음으로 봉독한다. 당시 그분을 배척한 고향 사람들은 나자렛 사람이고 유다인이었지만, 오늘날 그분을 잘 알아 형제요 자매라고 자처하는 이들은 그리스도인이다. 따라서 이 구절은 그리스도인들에게 예수와 가장 가까운 사람들이 실제로 그분을 이해하지 못하고 배척할 수 있다고 경고한다. 그러면서 우리의 좁은 생각 너머에 계시는 그분을 바로 알아 가도록 일깨운다.

제4부

예수의 신원 계시와 제자들의 오해
(6,6ㄴ-8,26)

이제부터 예수의 제자단이 본격적으로 활동한다. 그러면서 그들을 파견한 예수의 신원 문제가 한층 두드러지게 제기된다. 마을 사람들뿐 아니라 궁중의 임금도 관심을 갖고, 유다인 지역만 아니라 이방인 지역에서도 그분을 주목한다. 이렇듯 예수께서 행하신 일과 가르침이 정치 영역까지 이르게 되면서, 그분이 누구시며 장차 어떤 일을 겪으실지가 암시된다. 이 대목에서 강조되는 모티프는 먹는 것, 곧 '빵'이다.

이 대목을 나눌 때, 갈릴래아 활동을 마치시는 4부의 끝을 8,21 또는 8,26으로 볼 수 있다. 또는 예수의 신원에 대한 소문을 틀로 하여 다음과 같이 두 갈래로 나누기도 한다(8,22–30을 4부와 5부의 이음매로 여긴다).

예수가 누구신지에 대한 소문(6,14–16)	
빵의 기적(6,30–44: 유다인)	빵의 기적(8,1–9: 이방인)
호수를 건너다(6,45–52)	호수를 건너다(8,10)
호수 건너편(겐네사렛) 도착(6,53)	호숫가(달마누타) 도착(8,10)
요약문(6,54–56)	바리사이와 논쟁(8,11–12)
바리사이와 논쟁(7,1–13)	호수 건너편으로(8,13)
제자들 가르침(7,14–23)	제자들 가르침(빵, 8,14–21)
다른 지역(티로)으로(7,24)	눈먼 이 치유(8,22–26)
시리아 페니키아 여인(빵, 7,25–30)	
귀머거리 치유(7,31–37)	
예수가 누구신지에 대한 소문과 고백(8,27–30)	

제1장 제자 파견과 세례자 요한의 죽음(6,6ㄴ-29)

1. 예수, 열둘을 파견하시다(6,6ㄴ-13)

예수께서는 여러 마을을 두루 돌아다니며 가르치신다(6,6ㄴ). 떠도는 선교사다. 그리고 열둘을 불러 파견하기 시작하신다. 제자단이 형성된 목적은 모이고 흩어지는 것 두 가지다(3,14). 하나는 예수와 함께 모여 있는 것이다. 이는 제자로서 가르침을 받아 예수 공동체 의식을 함양하고, 예수께서 하시는 복음 선포의 증인이 되는 일이다. 이 일은 예수의 생애 내내 계속된다. 다른 하나는 사도로 파견받아 사방에 흩어져서 복음을 선포하고 악령을 추방하는 일이다. 이제 형성된 제자들을 처음 파견하신다.

마르코 복음서에서 제자 관련 기사는 앞뒤의 회당 사건과 밀접하게 관련되어 있다. 곧 첫 제자 부르심(1,16-20)과 카파르나움 회당 사건(1,21-28), 다시 벌어진 카파르나움 회당 사건(3,1-6)과 열두 사도의 선정(3,13-19), 나자렛 회당 사건(6,1-6)과 열두 제자의 파견(6,7-13)이 이어진다. 기존의 낡은 유다교 공동체가 예수를 배척하고 죽이려 하는 형세와 새로운 예수 공동체의 형성 및 파견이 대조를 이룬다. 열둘을 항상 사도로 지칭한 루카와 달리, 마르코는 '사도'란 말을 열두 제자를 가리키는 별칭이라기보다 '파견된 자'로 일한다는 일반적 의미로 쓴다(6,30). 특히 마르코는 '열둘' 또는 '제자들'이라 부르지 '열두 제자'라는 말을 쓰지 않는다[6,7의 "열두 제자"의 원문은 "열둘"(*dōdeka*)이다].

제자들은 둘씩 짝지어 파견된다(6,7). 증인이 두 명이어야 그들의 증언은 신뢰를 받는다(신명 17,6; 19,15 참조). 또 여정에서 서로의 안전을 지키며 둘이 동료로서 성장하고, 나아가 신앙 '공동체'의 본보기를 보인다(사도 8,14; 15,36-40 참조). 예수께서 하느님의 복음을 선포하신다면(1,14-15), 그들은 파견하시는 분, 곧 예수의 대리인으로 일할 따름이다. 또 각자가 고유한 사명을 지닌 개인으로 일하지 않고 예수 공동체의 일원으로 일한다.

예수께서는 제자들을 파견하시면서 생활 지침을 자세히 일러 주신다(6,8-9). 그들에게 허락된 것은 기본 여행 수단인 지팡이(짐승을 쫓는 호신용 도구)와 신발, 옷 한 벌뿐이다. 다음 여정을 준비할 수 있는 빵(양식)과 여행 보따리, 전대(돈주머니)와 여벌의 옷은 허락되지 않는다. 이는 스승 예수처럼 하느님 나라의 "길"(6,8) 위에 있는 떠돌이라는 그들의 신원과, 그들 사명의 긴급성, 그것을 이뤄 주시는 하느님께 온전히 의탁하는 삶을 가리킨다. 그런 면에서 이 차림은 만나를 먹으며 걸어간 이스라엘 백성의 광야 여정을 상기시킨다(신명 29,4-5). 제자들이 지닌 유일한 자원은 예수에게 받은 권위뿐이다. 그들은 매일 하느님께서 은총으로 베푸시는 선물을 체험함으로써 복음을 삶으로 증거한다. 또 그들은 어느 지역에 들어갔을 때 자신들에게 호의를 베푼 첫 집에서 머물러야지 좀 더 나은 편의를 구하기 위해 이리저리 떠돌지 말아야 한다(6,10). 이는 제자들의 마음과 에너지를 사명 완수에 집중하고, 그런 집을 지역교회 공동체의 근거지로 삼으며(〈디다케〉 11,1-12 참조), 쓸데없는 경쟁과 분란을 피하라고 이르시는 말씀이다.

그러나 사람들이 제자들의 말을 '받아들이지 않고 듣지 않으면' 발밑의 먼지를 털어 버리라고 이르신다(6,11). 이런 자세는 당시 경건한 유다인들이 이방 지역에서 유다 땅으로 돌아왔을 때, 아직도 남아 있을지 모를 제의적 부정을 떨어버리려는 상징적 몸짓이었다. 이미 앞에서 예수께서 고향 사람들에게 배척받는 모습을 제자들도 체험하였다. 따라서 현실에서 복음을 배척하는 이들이 있다고 인정하되, 그들의 거부를 공적으로 '증거'하고, 친교를 취소하며, 자신들을 거부한 그들에게 닥칠 위험을 경고하라는 말씀이다. 달리 보면 이는 복음을 선포하는 예수의 권위를 드러내고 복음을 거부하는 일의 심각성을 알리는 일이다. 따라서 복음을 선포하는 이는 듣는 이의 결정이나 반응이 얼마나 중대한가를 충분히 설명하되, 그의 반응이나 결정, 선포의 결과는 책임지지 않는다. 단지 선포하면서 자신들이 순종했는가에 대해 책임질 뿐이다. 선교의 주체는 하느님 또는 성령이시기 때문이다. 끝으로 예수께서 당신을 배척하는 고향 사람들에게 놀라시며 그들을 떠나 다른 마을로 가 복음을 전하셨듯이(6,6ㄴ), 제자들에게도 복음을 거부하는 이들을 설득하려고 애쓰기보다 그곳을 떠나라고 이르신다.

제자들은 떠나가서 먼저 회개하라고 선포한다(6,12). 이 모습은 세례자 요한과 비슷하나(1,4), 그들도 스승 예수처럼 회개하고 복음을 믿으라고 선포했을 것이다(1,15). 또 그들은 하느님의 권능으로 많은 마귀를 쫓아내어 사람들을 자유롭게 하여 복음의 힘을 드러낸다. 세 번째로 그들은 예수처럼 말씀으로 치유하는 대신 병자에게 하느님의 은혜를 표상하는 (올리브) 기름을 부어 고쳐 주었다(6,13: 예수께서도 기름부음을 받으셨다. 14,3). 이는 초대 교회에서 실제로 널리 행해졌던 일로(야고 5,14 참조), 오늘날 병자성사의 기원이 되었다. "교회는 일곱 성사 중에 특별히 병으로 고통당하는 사람들에게 힘을 주기 위한 성사가 있음을 믿고 고백한다. 병자성사가 그것이다"(《가톨릭교회 교리서》 1511).

이렇게 그들이 말씀에 순종했을 때 그들에게 주신 예수의 권위가 작용하면서 효과를 발휘하였다. 그들도 스승처럼 '행하고 가르쳤다'(6,30). 그들의 신분은 보잘것없었지만, 그들의 약함을 통해 하느님께서 당신의 권능을 드러내셨다(2코린 12,9-10 참조). 하느님의 일을 완수하는 것은 우리의 자원이나 역량이 아니라, 우리에게 부어 주시는 하느님의 힘, 성령이시다.

본문에는 예수의 제자들이 파견된 목적지가 나와 있지 않다. 그런 면에서 여기에 소개된 선교 지침은 예수 당대를 넘어 초대 교회 일반의 선교 강령이었는지 모른다. 부활하신 예수의 권위에 힘입어 "하느님의 아드님 예수 그리스도의 복음"을 선포한 초기 선교사들은, 치유나 가르침을 베풀고 대가를 받는 다른 무리와 달리, 상대방이 베푸는 호의에만 의존하며 선교 활동을 지속하는 고된 여정을 밟았다.

선교는 그리스도인의 근본 소명이다. 오늘날 교회에서도 다양한 선교 전략과 지원 대책이 거론되지만, 복음을 효과 있게 선포하는 데 긴요한 것은 회개와 비움의 삶일지 모른다. "그분께서는 부유하시면서도 여러분을 위하여 가난하게 되시어, 여러분이 그 가난으로 여러분이 부유하게 되도록 하셨습니다"(2코린 8,9).

2. 세례자 요한이 죽다(6,14-29)

제자들이 파견되어 활동하자 예수의 이름은 더욱 널리 알려져 마침내 갈릴래아의 통치자 헤로데 임금의 귀에까지 들어간다(3,6에서 "헤로데 당원"이 나왔고 6,14에서 임금이 나온다). 그러면서 예수의 정체에 대한 소문이 무성한 가운데 헤로데 임금이 요한을 죽인 이야기가 이어진다. 그 뒤로 제자들의 귀환이 소개되니까, 요한의 죽음 이야기 역시 제자들의 파견과 귀환 사이에 '끼어든' 것이다(5,21-43; 11,12-25; 14,53-72 참조). 상당히 흥미로운 이야기로 꾸며진 이 대목은 아마도 민중 사이에서 떠돌며 전승된 이야기일 것이다. 마르코는 이 장황한 이야기를 왜 이 부분에 끼워 넣었을까?

여기에 나오는 헤로데 임금은 헤로데 안티파스(기원전 4-기원후 39년 재위)이다. 헤로데 대왕이 죽은 뒤, 그는 16세에 로마로부터 아버지 영토 중 갈릴래아와 페레아를 다스리는 영주로 임명되어 다스렸다. 예수의 예언자 활동과 정체에 관해 헤로데가 들은 여론은 여러 갈래였다. 누구는 죽은 요한의 영이 예수에게 들어가 기적을 일으킨다고 보아 '세례자 요한이 되살아난(*egeirō*) 이'로 여겼다. 또 일부는 예수께서 행하신 놀라운 기적을 보고 기원전 9세기에 큰 능력을 드러냈고, 마지막 때에 하느님의 심판을 알릴 종말 예언자 '엘리야'라 하였다. 단순하게 '옛 예언자들과 같은 예언자'(신명 18,15.18)로 간주하는 이들도 있었다. 여하튼 백성은 나자렛 사람들과 달리(6,1-6ㄱ) 예수를 보통 사람이 아니라 하느님께서 보내신 예언자로 보고 있었다(6,14-15 참조). 그런 소문을 듣고 헤로데는 예수를 되살아난 요한으로 여겼다(6,16). 왜 그렇게 생각하였을까?

헤로데 임금의 잔치(위)와 세례자 요한의 죽음(아래), 1000년경, 바이에른 주립도서관, 뮌헨.

헤로데 안티파스는 권력을 잡기 전 로마에 여러 해 머물렀는데, 그곳에서 이복형제의 부인인 조카딸 헤로디아와 불륜에 빠졌다. 그는 영주로 임명되자 전처와 이혼하고 헤로디아와 재혼했다. 율법을 어긴 그는, 갈릴래아와 페레아의 주민 대다수를 구성하는 유다인들에게 세찬 비난을 받았다. 요한이 헤로데의 잘못을 지적한 것은 당시 백성의 정서를 대변하는 동시에 율법 정신을 수호하는 것이기도 했다(6,17-18 참조).

게다가 율법과 윤리 문제를 넘어 더 깊은 곳에 현실 문제가 숨어 있었다. 헤로데의 전처는 나바태아 임금 아레타스 4세의 딸(공주)이었다. 왕족의 혼인이 흔히 그렇듯, 이 혼인 역시 일종의 우호관계를 맺는 외교동맹이었다. 그런데 이 혼인이 파기되어 공주가 내쫓기자 아레타스 4세는 크게 노했다. 이 일로 인해 당시 세력이 막강했던 나바태아 왕국과 접한 페레아에는 불안감이 가시지 않았다.

마르코는 헤로데가 요한을 의롭고 거룩한 사람으로 알고 두려워하며 보호해 주었다고 적는다(6,20). 하지만 1세기 역사가 요세푸스에 따르면, 헤로데는 자기 영토 가까이(어쩌면 영토 안에서) 세례 운동을 전개하는 요한을 매우 주목하였다. 그러다가 그를 따르는 무리가 점점 늘어나 소요를 일으킬 우려가 커지자 그를 투옥한 다음 처형하였다. 요한이 죽은 곳은 티베리아스의 왕궁이 아니라 요르단 강 동편의 마케루스 요새라 전해진다. 그 후 36년에 아레타스 4세는 헤로데를 쳐서 격파하였다. 헤로데는 시리아 로마 총독의 개입으로 위기를 모면하였으나 얼마 지나지 않아 면직된 뒤 추방되었다. 백성은 이를 요한을 죽인 데 따른 벌로 여겼다고 한다(요세푸스, 《유다 고대사》 18권 5장 2). 그래서 이런 민담이 지어졌는지 모른다.

그러나 마르코의 관심사는 요한의 처형 이유와 그 과정에 있지 않다. 그는 앞에서 요한을 예수의 선구자로 보았으며 요한과 예수, 제자들의 상호관계를 다음과 같이 구성하였다.

세례자 요한이 선포하고(1,4–8)	넘겨진다(1,14; 6,17–29)
예수가 선포하고(1,14–15)	넘겨진다(9,31; 10,33; 14–15장)
제자들이 선포하고(6,7–13)	넘겨질 것이다(13,9–13)

이 틀에서 보듯이, 마르코는 제자들의 운명이 세례자 요한이나 예수의 운명과 결코 다르지 않는 공동 운명체라고 강조한다. 어쩌면 이런 부분은 박해 중

에 넘겨지고 죽어가고 있는 마르코 공동체의 모습을 드러내면서 그들의 희망을 표명한 것인지도 모른다. 좀 더 넓게 보면, 이 대목은 적대 세력(여기서는 정치 세력 등)과 하느님의 말씀을 받아 전하는 이들의 관계를 묘사한 것이기도 하다. 곧 예수의 제자가 되는 길은 결코 쉽지 않으며, 그들의 앞날은 결코 장밋빛 미래로만 펼쳐지지 않음을 명확하게 보여 준다.

이 민담에 나오는 등장인물들은 각기 독특한 모습을 보인다. 또 헤로디아는 "좋은 기회"(6,21)를 놓치지 않고 자기 뜻을 이루는, 아합의 왕후 이제벨 같은 여자다(1열왕 19,1–3 참조). 살로메는 남자를 즐겁게 하여 자기 뜻(여기서는 어머니의 뜻)을 이룬다는 면에서 에스테르(에스 5장)와 유딧(유딧 13장)과 일맥상통한다. 죽음의 하수인이 된 이 여인들은, 바로 앞에서 생명으로 나아간 하혈하는 부인과 야이로의 딸과 뚜렷하게 대조를 이룬다.

헤로데는 정의보다 체면을 중시하며 도를 넘는 제안을 하고 맹세까지 하는, 나약하고 무절제한 통치자다. 헤로데의 궁정에 모여 있던 "고관들과 무관들과 갈릴래아의 유지들"(6,21)은 모두 세상에서 '성공'한 사람들로 삶의 여유와 쾌락을 마음껏 즐기는 사람들이다. 반면에 다른 이의 호의에 기대어 살아가는 예수의 제자들과 감옥에 갇혀 자기 목숨조차 구할 수 없는 세례자 요한, 외딴곳에 모인 굶주린 군중은 무력한 존재이다. 자기들만 풍성하고 즐겁게 누리는 헤로데 임금의 궁중 잔치는 의인의 죽음으로 끝나지만, 하늘의 임금은 예수를 통해 광야의 굶주린 백성을 모두 배불리 먹이고 열두 광주리의 양식을 남기는 생명의 잔치를 베푸신다.

제2장 유다인에 대한 복음 선포(6,30-7,23)

1. 예수, 오천 명을 먹이시다(6,30-44)

파견된 사도들이 파견하신 예수께 모인다(6,30). 파견된 자로서 자기들이 "한 일과 가르친 것"을 다 보고하자, 예수께서는 각자 따로 외딴곳으로 가서 좀 쉬라고 이르신다(6,31). 당신도 활동한 다음에 외딴곳에서 쉬셨듯이(1,35), 그분은 제자들에게 쉼이 필요하다는 것을 민감하게 알아채신다. 사실 그들은 "음식을 먹을 겨를조차"(6,31) 없었던 것이다. 쉬는 가운데 삶은 재창조된다. 그들이 쉬기 위해 배를 타고 외딴곳으로 가는데, 사람들은 그들이 갈 곳, 또는 그들이 누구인지를 알아채고 "모든 고을에서"(6,33) 나와 앞질러 달려갔다. 사람들은 배보다 빠르게 먼저 그곳에 도착하였기에 그들의 갈구가 얼마나 큰지 여실히 드러난다.

예수께서는 "많은 군중을 보시고 가엾은 마음이 드셨다[*splagchnizomai*: 연약한 것, 어머니의 사랑이 깃든 자리인 내장(*splanchnon*)에서 나온 동사]. 그들이 목자 없는 양들 같았기 때문이다"(6,34). 이스라엘에서 목자는 지도자, 특히 임금을 가리킨다(지금 갈릴래아 임금은 헤로데이고, 유다의 지도자는 대사제 등이다). 그 임금이 거짓 목자로 드러날 때(즈카 11,4-6 참조), 하느님께서는 당신께서 참된 목자가 되어 주시겠다고 약속하셨다(에제 34,2-31 참조). 참된 목자이신 예수께서는 지치고 피곤한 당신과 제자들의 휴식이 방해받았는데도, 당신의 욕구보다 그들에게 필요한 것을 앞세우신다. 그래서 군중에게 늦게까지 "많은 것을" 가르치신다(6,34). 목자 없는 양들은 갈 길을 잃고 헤매는 이들이기에, 예수께서는 먼저 말씀으로 생명의 길을 일러 주신다. 진리의 말씀 안에 현존하시는 하느님을 체험하며 삶의 방향을 잡고 공허한 삶의 의미를 채울 수 있기 때문이다. 일러 주고 싶은 것이 많아 그분은 늦게까지 긴 시간을 들여 가르치신다.

밀 이삭과 빵

1차가 가르침이면 2차는 빵을 먹이심이다. 가르침으로 영이 충만해졌다면, 동시에 몸의 굶주림을 채우는 것 역시 인간을 살게끔 돌보시는 하느님의 자비이다. 그런 맥락에서 이른바 '빵의 기적' 이야기가 길게 소개된다. 이야기는 문제 제시(6,35-38), 해결(6,39-42), 기적의 증거(6,43-44)로 구성되어 기적 사화의 틀을 보여 준다. 하지만 기적 사화에 있어야 할 '기적 체험자들의 반응'이 빠져 있다는 점에서 기적이 아니라, '계시'로 보는 견해도 있다. 많은 이를 먹이는 기적 이야기는 구약성경에서 만나의 기적(탈출 16장 참조)과 특히 첫 소출인 보리 빵 스무 개로 백 명을 먹이고 남긴 엘리사의 기적(2열왕 4,42-44 참조)과 연결된다. 이 이야기는 신약성경에서 네 복음서에 모두 기재된 예수의 유일한 기적 이야기이다(병행대목인 '사천 명을 먹이신 기적'은 마태오와 마르코에만 나온다). 여기서 예수는 모세의 유형(탈출 18,21.25; 신명 1,15 참조)을 따르되 그보다 훨씬 위대하신 분으로 묘사된다.

어느덧 늦은 시간이 되었다. 외딴곳에서 저녁 때가 된 것이다. 이런 상황은 굶주림을 해결할 여건이 전혀 마련되지 않았음을 드러낸다. 그래서 제자들이 다가와 군중을 돌려보내어 스스로 먹을 것을 사 먹게 하자고 건의한다

(6,35-36 참조). 각자가 능력껏 해결하자는 합리적 의견이다. 그런데 뜻밖에도 예수께서는 제자들에게 "너희가 그들에게 먹을 것을 주어라"고 명하신다. 다른 차원의 해결책이다. 제자들은 펄쩍 뛴다. "빵을 이백 데나리온어치나 사다가 그들을 먹이라는 말씀입니까?"(6,37) 아주 당연한 반응이다. 제자들은 막 선교 여행에서 돌아온 참인데, 스승께서는 돈도 여분의 빵도 가지고 다니지 말라고 하지 않으셨던가? 이백 데나리온이면 이백 명 일꾼의 하루 품삯인데(마태 20,2 참조), 그 큰 돈이 있다면 스승의 말씀을 어긴 셈이고, 없는 것을 아신다면 무리한 요구가 아닌가?

예수께서는 군중에게 생명력을 주고 싶어 하신다. 그분은 가엾은 마음으로 그들의 배고픔을 해결하려 하신다. 그분은 말씀과 함께 실제 빵을 양식으로 주신다. 그래서 제자들에게 가지고 있는 빵이 얼마나 되는지 가서 보라고 이르신다. 제자들은 빵 다섯 개와 물고기 두 마리를 가져온다(6,38). 보리 빵이나 밀빵, 굽거나 소금에 절인 물고기는 넉넉지 않은 이들의 소박한 먹을거리다. 그분은 그것들을 받아 들고 "하늘을 우러러"(6,41) 찬미를 드리신다(*eulogeō*: '좋게 말하다'는 뜻으로 '축복하다, 찬미하다'를 의미 - 유다식 축복). 이 변변찮은 음식도 하느님께서 은혜로 주셨음을 인정하며 감사드리신다(*eucharisteō*). 그런 다음 빵을 떼어 계속 나누어 주신다(*kataklaō*: 이는 식사를 관장하는 가장의 역할이다. 6,41). 이 양식은 최후 만찬에서도 동일하게 나타나 정형화된 것으로 보인다(14,22; 참조 마태 14,19; 요한 6,11).

마르 6,41	마르 8,6	마르 14,22	1코린 11,23-24
(빵과 물고기를) (손에) 들고 찬미를 드리시고 (빵을) 떼어 주시며	(빵을) 들고 감사를 드리시고 떼어 주시며	(빵을) 들고 찬미를 드리시고 떼어 주시며	(빵을) 들고 감사를 드리시고 떼어 주시며

그랬더니 어찌 되었는가? 장정만도 오천 명(빵 하나가 천 명 이상)이 풍족히 먹었으며, 남은 빵 조각(부스러기)과 물고기가 열두 제자의 바구니를 가득 채울 정도였다(6,43-44: 음식의 부패를 방지하려고 남은 음식을 모으는 것은 유다인의 식사 관습이었다). 하느님의 강복으로 이스라엘 열두 지파가 배불리 먹은 것이다.

이 장면은 이집트 탈출 때의 모습을 상기시키면서 새로운 출애급이 이루어짐을 드러낸다. 이 일이 일어난 곳은 "외딴곳"(*erēmos topos*: 6,31.32.35)으로, 흔히 광야나 사막을 가리킨다. 무질서한 군중이 "푸른 풀밭에"(6,39) 백 명씩 또는 쉰 명씩 질서 있게 자리 잡은 모습은 광야에 천막을 친 이스라엘의 각 지파들을, 또 빵과 물고기는 만나와 메추라기를 연상시킨다(탈출 16-18장 참조). 그런 면에서 이 식사는 이스라엘 백성이 하느님의 말씀(율법)과 만나를 받으면서 하느님의 백성으로 변화되어 갔던 광야 여정의 완성을 예시한다. 또 풍성하게 거저 주시는 양식을 통해 지금 이 땅에 임한 하느님의 나라는 생명에 절대로 필요한 것을 거저 주시는 섬김으로 나타난다(10,45 참조). 동시에 광야가 "푸른 풀밭"(6,39)으로 묘사되고 하느님 백성이 거저 "모두 배불리 먹"(6,42)을 만큼 풍성한 양식을 나누는 모습은, 종말 때 하느님 백성이 참석하는 메시아 잔치(이사 35,1-10 참조)의 풍요로움을 예표한다. 그 잔치는 인간의 불의와 고통, 욕망으로부터 자유로워진 삶을 보여 준다.

이 일의 중심에 예수님이 계신다. 그분은 가르침과 빵으로 인간 마음과 몸의 깊은 굶주림을 채워 주신다. 그분을 통해 이루어진 이 사건은 구약성경의 비슷한 기적들보다 훨씬 우월하여, 그분이 모세나 엘리사를 뛰어넘는 메시아임을 알려 준다. 후에 그분은 당신의 말씀과 몸(살과 피)이 인간을 살리는 생명의 양식이라고 일깨워 주신다. 가톨릭 교회는 미사 전례 중에 말씀과 성체로 오시는 주님을 받아 모시며 신앙을 키우고 그분의 사명을 계속 실천할 힘을 받는다.

어떻게 그 적은 양의 빵을 그 많은 사람이 다 먹을 수 있었을까? 합리적 해석은 군중이 예수의 가르침에 감동받아 각자가 지닌 양식을 내놓아 전체가 먹을 수 있었다고 풀이한다(1828년 H. E. G. 파울루스). 그러나 본문은 그 이상을 이야기한다. 여기서 군중은 제자들의 지시를 따른다. 제자들은 자신의 몫을 몽땅 내놓고, 또 예수께서 주시는 빵과 물고기를 나누며, 남은 것을 거두는 봉사자로 역할한다. 그들의 봉헌이 기적의 실마리가 되고, 그들의 수고로 일은 마무리된다. 그 가운데 예수께서 이루시는 거룩한 변화가 있다. 아무리 하찮은 것이라도 하느님 은총의 선물로 받아들이고 봉헌하며 찬미드리면, 하느님의 강복으로 계속 쪼개어 나누어진다. 또 이때의 빵을, 나눌수록 늘어나는 예수의 말씀 또는 가르침으로 보는 견해도 있다. 하지만 창조 때부터 인간의 몸에 필요한 양식을 마련해 주셨듯이(창세 1,29; 9,3 참조), 하느님께서는 실제 굶주림도 반드시 해결해 주신다. 그러므로 우리의 몫은 하느님의 자비와 권능을 믿고, 가엾이 여기시는 그분께서 그것을 해결하시도록 그분의 말씀에 따라 받은 것을 내놓고, 나누고, 모으는 것이다. "너희에게 빵이 몇 개나 있느냐?"(6,38)

가톨릭 신자는 식사할 때 처음과 끝에 기도하면서, 주님의 은혜에 감사드리며 하느님의 강복을 청하고 나눈다. 모든 식사 자리는 하느님의 복이 오가는 통로다. 화폐 가치가 생명 가치를 압도하는 신자본주의 시대에 십억 명 이상이 굶주리는 현실에서, 모든 이가 식탁에 앉을 수 있도록 그리스도인은 인간의 온갖 굶주림을 채우려고 당신을 주시는 주님의 제자로서 식탁 봉사자가 되어야 한다. 정의의 요청에 따라 자비롭게 내놓는, 다른 이에게 열려 있는 사랑 안에서 성령의 권능은 매번 기적으로 드러난다. "주님, 굶주리는 이에게 빵을 주시고 빵을 가진 이에게 당신의 굶주림을 주소서"(스페인의 옛 기도문).

빵의 기적이 발생한 장소는 확실하지 않다. 다음 본문을 보면 그곳이 갈릴래아 호수 북서쪽에 있는 벳사이다 건너편으로 소개된다. 교회는 전통적으로 호수 서편 타브가의 에레모스('외딴곳') 언덕에서 이 사건이 벌어졌다고 전해 왔고, 오늘날에도 이곳에 '빵의 기적 기념 성당'이 세워져 있다. 이 성당의 제단 밑에는 예수께서 이 기적을 행하셨다고 전해지는 커다란 석회암 바위가 있다. 그 바위 옆에 있는 비잔틴 시대(5세기경) 성당 바닥의 빵과 물고기 모자이크가 아주 유명하다.

2. 예수, 물 위를 걸으시고 겐네사렛에서 치유하시다(6,45-56)

예수께서는 빵의 기적을 행하신 다음, 곧 제자들을 재촉하시어(*anagkazō*, 강요하다) 배를 타고 건너편 벳사이다로 먼저 보내신다(6,45). 호수 서쪽에서 북쪽으로 가는, 네 번째 호수 여행이다. 그런데 이번 여행은 처음으로 제자들만 간다. 스승 없이 건너가는 이 여행이 순탄할까? 이 구절은 내용의 전환을 알리는 편집구이다. 예수께서는 제자들에 이어 군중을 돌려 보낸 다음, 홀로 '(그) 산'에 가시어 기도하셨다(6,46: 요한은 빵의 기적을 체험한 군중이 그분을 메시아로 모시려고 했기 때문으로 설명한다. 요한 6,14-15 참조). 두 번째로 소개되는 그분의 개인 기도다.

때는 저녁, 해가 떨어지면 유다력으로 새날이 시작된다. 어둠이 기지개를 켜며 번져가는 때, 제자들은 호수(바다) 한가운데에서 나아가지 못하고 있었다. 맞바람(북풍)이 거세게 불어 왔기 때문이다(6,48). 혼돈의 세력인 바다와 바람까지 합세하여 스승의 명령을 이행하지 못하도록 그들의 앞을 가로막는다. 어떻게든 뚫고 가려고 힘껏 노를 저어 보지만 '애를 쓸'(직역: 괴롭힘만 당할) 뿐이다(6,48). 첫 번째 호수 여행에서는 예수께서 함께 계셨지만(비록 주무셨지만), 여기서는 서로 떨어져 육지와 바다에 있다. 예수께서 함께 계시지 않는 상황에서 제자들은 큰 곤경에 빠졌고 그분께서 이러한 내막을 알지 못하신다고 생각했다. 하지만 그 산에서 기도하고 계셨던 예수께서는 멀고 어두운 상태에서도 그들의 어려움을 알고 도우러 가신다. 그분은 늘 제자들의 처지에 관심을 가지신다.

시간이 흘러 새벽녘(직역: 밤 사경, 밤을 넷으로 나눈 로마식 시간 구분, 새벽 3-6시경)에 예수께서 그들에게 가신다. 그렇다면 그 밤 내내 제자들은 조금도 앞으로 나아가지 못한 채 헛수고만 하다가 기진맥진하였다는 말이다. 그때 예수께서 호수(바다) 위를 걸어 그들 곁을 "지나가려고"(6,48)하셨다. 제자들이 고통받고 있는데 그냥 지나가려 하시다니? 흔히 이 본문을 자연 기적 기사로 분류하지만, 문학 유형으로 보면 '신의 나타남'(현현顯現) 이야기에 가깝다. 헬레니즘의 기적 이야기에도 이와 비슷한 유형이 등장하지만, 이 대목과 병행되는 내용은 구약성경과 직접 연결된다. "바다의 등을 밟으시는 분. … 그분께서 내 앞을 지나가셔도 나는 보지 못하고 지나치셔도 나는 그분을 알아채지 못하네"(욥 9,8-11; 참조 시편 77,20; 이사 43,16). 이처럼 '지나가심'은 야훼 하느님께서 상대방을 해치지 않고 당신 영광을 드러내기 위해 대면하지 않고 지나치실 경우를 일컫는다(탈출 33,19.22; 34,6; 1열왕 19,11). 여기서도 제자들이 맞바람에 고생하고 있을 때, 예수께서는 그들을 구하는 분의 현존을 보여 주고자 지나가시려 했던 것이다(6,48; 참조 요한 6,16-21). 고통의 한순간에 빛이 비치니, "하느님께서 동틀 녘에 구해 주시네"(시편 46,6; 참조 이사 17,14).

그러나 제자들은 물 위를 걸으시는 예수를 보고 유령인 줄로 생각하여 비명을 질렀다. 두려움에 빠진 사람의 눈에는 움직이는 것이 모두 유령으로 보인다. 그들은 겁에 질려 혼란에 빠졌던 것이다(6,49-50). 예수께서도 곧 그들에게 "나다(*egō eimi*: 요한 8,24.28; 13,19; 18,5-6 참조). 두려워하지 마라"(6,50) 하고 친밀하게 말씀하신다. 이 말씀은 본래 불타는 가시덤불에서 모세에게 일러 주신 하느님의 근본 계시이자(탈출 3,14: 야훼 이름), 구원의 신탁이다(이사 41,4.13; 43,10-13 참조). 당신 백성과 늘 함께 계시면서 돌보고 지켜 주며 해방하는 분이심을 드러내는 말씀이다.

지금 제자들이 부딪친 문제는 바다에서 만난 맞바람이다. 이스라엘 백성은 국토의 서해안이 지중해와 접해 있으면서도 천혜의 항구가 없어 바다로 진출하지 못한 탓인지, 역사적으로 바다에 친숙하지 못했을 뿐더러 오히려 커다란 두려움을 느꼈다(바다를 의미하는 히브리어 '얌'은 바빌로니아 창조 신화에 나오는 악한 신의 이름 '야밈'에서 유래했다). 바다의 혼돈과 위협의 폭력에서 이스라엘을 구하고 보호하는 분이 야훼시다(창세 8,1-3; 시편 33,7; 요나 1,11-16 참조).

여기서도 예수께서는 함께 계심을 일러 주시며, 배에 올라 당신이 유령이 아니라 온전한 인간임을 보여 주신다. 그러자 맞바람이 멎었다. 이렇게 예수께서는 당신이 바다를 다스리시는 야훼 하느님의 권능을 지녔다고(14,62 참조) '계시'하신다. 그러나 제자들은 지독한 곤경에서 구원의 기적을 체험하고 계시를 받았으면서도 넋을 잃을 정도로 너무 놀랐다(6,51). 신적 존재를 체험하거나 신적 세계와 연관된 놀라운 일을 겪을 때 사람들이 보이는 극도의 놀라움이다(창세 3장; 15장; 17장; 18장; 28장; 여호 5,1; 이사 6,5). 그런데 마르코는 그 이유를 그들이 "빵의 기적을(직역: 빵들에 관해) 깨닫지 못"(6,52)한 탓이라고 소개한다. 빵의 기적을 통해 드러내신 예수의 신원, 곧 당신 백성을 살리고 보호하는 목자요 종말의 메시아임을 알아차리지 못한 것이다. 자기들과 함께 배에 앉아 계신 예수가 누구신지 여전히 알지 못한다. 왜냐하면 그들의 마음 역시 바리사이들처럼(3,5) 완고해졌기 때문이다(6,52). 첫 호수 여행에서 "도대체 이분이 누구시기에"(4,41) 하고 외쳤던 상태가 오히려 악화된 것이다(8,17 참조).

교회 전통에서 배는 그리스도교 공동체를 상징한다. 예수 부활 이후 제자 공동체가 여러 곳으로 복음을 선포하려 할 때 안팎으로 거세게 저항과 반대에 부딪치곤 했다. 복음 선포는 기존 세상을 거슬러 현존하는 하느님 나라를 증거하기 때문이다. 그 일을 "호수(바다) 한가운데"서 겪는다는 것은 무척 거세게 저항받고 있다는 뜻이다. 하지만 그러한 박해와 배척에 시달리던 그리스도인이나 교회는, 예수께서 물리적으로 곁에 계시지 않으나 어려움을 익히 알고 계시며, 그들에게 즉시 오셔서 구해 주신다는 기쁜 소식을 듣고 믿는다. 문제는 예수께서 나타나시는 방식이 다양하다는 점과 그것이 때로는 두려움을 불러일으킨다는 점이다. 본문은 부활하신 주님의 현존을 깨닫기가 결코 쉽지 않지만, 거센 맞바람 속에서, 가혹한 고통의 시련 속에서, 빵을 쪼개는 성체성사에서 그분이 함께 계심을 알 수 있다고 강조한다. 정작 문제는 우리 마음의 '완고함'을 깨닫는 일이다.

"영성생활에서 가장 거룩하고 가장 일상적이며 가장 필요한 수련은 하느님 현존의 수련이다. 이것은 하느님과의 사귐을 즐겁게 하고 습관이 들게 하는 것이며, 언제 어느 순간에도, 특히 유혹이나 고통, 무미건조, 싫증을 느끼거나 심지어 불충실하거나 죄에 떨어졌을 때라도, 어떤 규칙이나 격식 없이 그분께 겸손하게 말씀드리고 다정스럽게 이야기하는 것이다"(부활의 라우렌시오 수사, 97).

겐네사렛에서

예수 일행은 북동쪽 벳사이다(6,45)가 아니라 카파르나움 남쪽의 겐네사렛에 도착했다(6,53). 결국 예수의 뜻이 좌절되고, 제자들이 거꾸로 가게 된 것은 완고함 탓이다. 그러나 예수와 함께라면 호수 건너편에 갈 수 있다(8,13-21). 일부에서는 예수 일행이 벳사이다로 가서 눈먼 이를 치유하였는데, 마르코가 그 치유 이야기(8,22-26)를 따로 떼어 제자됨에 관한 내용과 연결하면서 문맥을 바꾸었다고 주장한다.

겐네사렛에서 사람들은 곧 예수를 알아보고 뛰어 다니며 사방에서 병자들을 데리고 왔다(6,54-55 참조). 당시 그곳에는 약효가 좋은 온천이 있어 병자들이 많이 모였다. 예수께서는 "마을이든 고을이든 촌락이든" 가리지 않고 어디든지 복음을 전하셨다(6,56). 그때마다 사람들은 너른 장터에 병자들을 데려다 놓았다. 예수를 영험한 치유자로 여긴 그들은 무언가 능력 있는 것에 접촉해 도움을 받으려는 당시의 주술 방법 그대로, "그 옷자락 술에 그들이 손이라도 대게"(6,56) 해 주십사고 청하였다. 당시에 경건한 유다인들은 율법을 상기시키는(민수 15,39; 신명 22,12) 네 개의 옷술(네 가지 흰 실과 푸른 실로 짠)을 단 겉옷을 입고 있었다. 예수께서도 그런 옷을 입으셨던 것이다.

도움을 청하는 이들의 간청은 받아들여져 "그것에 손을 댄 사람마다 구원을 받았다"(6,56). 나자렛 사람들과 달리, 하혈하던 여인처럼(5,28) 예수에게서 치유될 수 있다고 믿었던 이들은 그대로 응답받았다. 여기서 성령으로 충만하신 예수의 몸은 구원의 원천으로 기능한다. 오늘날에도 그분을 닮아 온갖 형태의 질병으로 고통받는 이들에게 자비의 손을 뻗친 그리스도인들은, 그들과 함께 계신 주님의 현존과 권능을 통해 구원자 예수를 증거하고 있다. 아울러 이 대목은 예수의 신원을 깨닫지 못한 제자들(6,45-52)과 뒤이어 나오는 적대적인 바리사이들(7,1-23) 사이에서, 믿음과 갈망으로 예수의 구원을 체험했던 군중의 모습을 대조하여 보여 준다.

3. 예수, 조상들의 전통에 관해 논쟁하시다(7,1-23)

문맥으로는 겐네사렛인데, 본문 자체에는 시간과 공간적 배경이 소개되지 않는다. 아무튼 갈릴래아 지역인데, 등장하는 사람은 "예루살렘에서 온" 바리사이들과 율법 학자들이다(7,1: 문법상 율법 학자만 예루살렘에서 왔다고 옮길 수도 있다). 마르코 복음에서 예수께서는 이들과 세 차례에 걸쳐 논쟁을 벌이시는데, 처음에는 갈릴래아에서 갈릴래아 출신들과(2,1-3,6), 두 번째는 갈릴래아에서 예루살렘 출신(또는 혼성팀)들과(7,1-23), 마지막에는 예루살렘에서 그곳 출신들과 논쟁하신다(11,27-12,34). 이 틀은 갈릴래아 지역에서 수도 예루살렘으로 올라가면서 예수에 대한 반대가 거세지고 있음을 보여 준다.

바리사이와 율법 학자들은 예수의 제자들이 씻지 않은 더러운 손으로 빵을 먹는 모습을 보고 예수에게 시비를 건다(7,2.5). 마르코는 복음서 중 유일하게 유다인들의 손 씻는 전통 예법을 자세하게 설명한다(7,3-4: 그의 독자 중 상당수가 이 예절을 잘 모르는 이방인임을 뜻한다). 유다인들은 식사하기 전에 손과 시장에서 사온 음식(또는 시장에 다녀온 몸), 그리고 그릇을 씻었다. 고대에는 먼지가 많았기 때문에 위생상 이유로 씻었다. 시간이 흐르면서 정결례 법과 연결되어, 제물을 다루는 사제와 관계자들이 음식을 먹기 전에 제의적 이유로 손을 씻었다. 그러다 '조상들의 전통'과 연결되면서 모든 유다인이 식사 전에 손을 씻어야 한다고 강화되었다.

무릇 어느 종교든 거룩한 신성에 접근하려면 정결한 상태에 있어야 한다. 그렇지 않으면 신의 노여움을 사 화를 입는다. 특히 바빌로니아 유배라는 국가 재앙을 겪은 유다인들은, 자신들이 하느님의 거룩함을 더럽혀서 재앙을 겪게 되었다고 반성했다. 그래서 정결 상태를 유지하기 위해 피해야 할 금기와 더러워진 것을 회복하기 위한 속죄 절차를 율법에 자세하게 기록하였다(레위기와 민수 5장; 9장; 19장 참조). 유배 이후에 형성된 유다교에서는 이런 부정한 죄를 없애기 위해 율법의 준수를 강조하는 한편, "너희는 자신을 거룩하게 하여 거룩한 사람이 되어야 한다"(레위 20,7)는 요구에 부응하여 정결법을 확대하였다. 그런 추세를 주도한 이들이 바리사이들이다.

바리사이들은 '거룩하신 하느님을 거룩하게 섬기는 것'을 지향하여, 율법 규정을 철저히 지켜 삶의 모든 부분이 거룩해지도록 노력한 평신도이다. 그래서 율법 규정의 뜻을 좀 더 상세하게 밝히고, 율법 준수의 경계선을 섬세하게 그어갔다. 나아가 '일상생활도 거룩하게' 지내기 위한 열심에서, 사제들만 지키게 되어 있는 규정까지 자진해서 지켰다. 식사 때 손 씻는 예법이 그중의 하나였다.

그런데 바리사이들은 정결법을 더 잘 지키기 위해, 또는 무심코 부주의해서 정결법을 위반하는 일이 없게끔 하기 위해 '시행 세칙'을 늘려 갔다(라삐 아키바는 이를 '율법의 울타리'라 불렀다). 이를테면 농부가 안식일에 씨를 뿌리거나 거두어서 곡물이 부정 탈 수 있고, 농부와 상인이 소출과 수입에 대해 십일조를 바치지 않아 부정한 곡물이 될 수 있으며, 잘 모르는 생산 및 유통 과정에서 생길 수 있는 부정을 정화하기 위해 밖에서 사온 음식 재료를 씻어야 한다는 식이다. 이와 같이 각종 율법을 해석하면서 가지를 친 '시행 세칙'이 점차 모아지고 체계화되어 '조상들의 전통'으로 굳어지게 되었다. 바리사이들은 이 전통도 시나이 산에서 유래되었다고 주장하면서, 성문 율법과 비견하게 이 전통의 권위를 주장하였다. "모세는 토라를 시나이 산에서 받았으며, 예호수아에게 넘겨 주고 예호수아(여호수아)는 장로들에게, 장로들은 예언자들에게, 예언자들은 대의회 의원들에게 넘겨 주었다"(조철수 역주, 《선조들의 어록》, 1).

그렇다면 예수 당대의 유다인들은 이 전통을 얼마나 지켰을까? 일정한 토지를 가지고 있어 상대적으로 여유가 있었던 바리사이들은 철저히 지켰겠지만, 극히 고단하게 살았던 대다수 유다인들은 이런 세칙을 다 알 수도, 지킬 여유도 없었다. "바리사이파 사람들은 모세의 율법책에 기록되지 않은 조상 전래의 수많은 규칙을 백성에게 부과하였다"(요세푸스, 《유다 고대사》 13권 10장 6). 결국 하느님 백성의 '일상을 거룩하게' 하고 거룩한 백성의 일치를 높이려는 본래 지향과 달리, 이런 율법 세칙은 무거운 짐이 되고(마태 23,4 참조) 지키는 사람과 지키지 못하는 사람을 은연중에 차별하는 빌미가 되었다.

도전을 받은 예수께서는 질문에 직접 답변하지 않으시고, 이사야 예언서를 들어 그들의 위선을 밝히신다. "이 백성이 입술로는 나를 공경하지만 그 마음은 내게서 멀리 떠나 있다. 그들은 사람의 규정을 교리로(칠십인역: 사람이 규정과 교리를) 가르치며 나를 헛되이 섬긴다"(7,6-7=칠십인역 이사 29,13 일부 변화). 그들의 의도와 상관없이 연극배우〔위선자(*hypokritēs*)의 원뜻〕처럼 입술과 마음이 다른 그들의 행태를 지적하신 것이다. 이러한 모습은 '마음과 목숨과 힘을 다하여' 하느님을 사랑하라는 셰마(신명 6,5)의 정신에 어긋난다. 아울러 그들이 이러한 행태를 보이는 것은 "사람의 규정을 교리로 가르치"기 때문이다. 예수께서는 사람들이 나름대로 거룩함을 존중하여 선의로 만든 전통이라도 하느님의 뜻이 담긴 계명과 결코 동등할 수 없다고 선언하신다. 그런데도 지금 바리사이들처럼 은연중에 둘을 대등하게 여기거나, 나아가 사람의 전통으로 하느님의 계명을 대체하곤 한다고 비판하신다(7,8.9; 참조 콜로 2,22).

예수께서는 하나의 실례로 '코르반'을 제시하신다. 코르반(*korban:* 셈어로 하느님께 가까이 가져간 것, 곧 '봉헌 예물'을 뜻함) 서원은 개인의 재산이나 소유물이 종교적 용도로만 쓰이도록 성전에 바치겠다고 서약하는 것이다. 일단 서원하면, 서원을 포기하거나 취소할 수 없고 반드시 지켜야 한다는 율법(민수 30,3)에 따라, 비록 그 물건이 소유자에게 있더라도 성전 재산(*korbanas*)으로 등록되어 소유자 임의로 처분할 수 없었다. 성전 중심 체제였던 당시 유다 사회에서는 성전에 봉헌하거나 희사하는 것을 적극 권장하였다. 실제 성전 수입에는 그러한 봉헌이 상당량을 차지하였다. 그러나 문제는 예수께서 지적하셨듯, 그런 '관행'으로 성경에 기록된 하느님의 계명이 무시되는 현실에 있었다.

코르반 서원과 연관된 것이 '부모를 공경하라'는 계명이다(탈출 20,12; 21,17; 레위 20,9; 신명 5,16). 이 계명에 따르면, 늙고 병든 부모를 부양할 책임이 자녀에게 있다. 그런데 자식이 어려운 부모를 돕는 데 필요한 재화를 이미 '거룩한 곳'에 바쳤다고 하면, 부모는 도움을 받을 수 없었다. 그런 경우 부모에게는 코르반 서원이 '저주'가 되는 셈이다. 가난하고 병든 부모는 외면당하고, 그들을 돌보라는 하느님의 말씀은 헛되게 된다(7,11-12). 물론 바리사이들이 하느님 말씀을 무력화하거나 늙은 부모를 공양할 수 없도록 이런 전통을 강조한 것은 아니다. 하지만 예수께서는 오경의 계명 규정을 들어 코르반 관행이 악용되는 세태의 흐름과, 그런 관행을 강조하는 예루살렘의 종교 지도자들의 그릇된 열심을 비판하신 것이다. 그분은 가르침과 실생활에서 철저하게 하느님 말씀을 우선하셨다.

구약성경과 연관시켜 보면, 예수의 비판은 예언자 전통에 근거한다고 볼 수 있다. 예언자들이 하느님 말씀에 따른 정의 구현을 강조했다면, 성전과 그곳에서 이루어지는 각종 경신례를 강조하는 것은 사제계 전통이다. 둘 다 하느님의 뜻을 이루고 그분과의 관계를 깊게 하며 그분의 영광을 위한 일이지만, 현실의 우선 순위에서 갈등을 빚을 때도 있다. 1세기에 예수께서 비판하신 대로 그릇된 코르반 관행이 어느 정도 있었는지는 분명치 않다. 구전 전승을 모은《미쉬나》에 따르면, 부모에게 손해를 끼칠 수 있는 서원은 해제될 수 있었다(서약편 9,1; 11,11). 예수께서 하신 비판은 코르반 관행을 넘어 율법 규정의 외적 준수를 강조했던 예루살렘 유다교를 겨냥한다고 볼 수 있다.

사도 바오로도 전통(*paradosis*)을 강조했는데, 그것은 복음의 근본 가르침을 가리킨다(1코린 11,2; 15,3; 2테살 2,15; 3,6 참조). 그리스도교도 성장 발전하면서 무수한 거룩한 전통과 관습, 관례를 생성하였다. 예수께서는 그것들을, 하느님의 참뜻을 가리는 "너희가 전하는 전통"(7,13)인지 하느님의 말씀에 비추어 식별하라고 이르신다. 제2차 바티칸 공의회는 바로 그 말씀에 따라 성령의 인도로 이루어진 교회의 응답이다.

깨끗함과 더러움

예수와 적대자의 대화는 일단 여기서 끝난다. 예수의 가르침은 계속되는데, 초점이 심화된다. 바리사이들이 처음에 제기한 문제는 '더러운 손으로 음식을 먹는' 것이었다(7,5). 예수께서는 그 주장의 근거인 "사람의 전통"에 대해 비판하신 다음, 다시 그 문제로 돌아가 '입술과 마음'을 들어 '더러움과 깨끗함'에 대해 가르치신다(7,14-23). 이 대목은 4장의 가르침 단락과 비슷한 꼴이다. 예수께서는 군중을 가까이 불러 비유로 가르치신다(7,14=3,23). 그리고 "듣고 깨달아라"고 촉구하신다(7,14=4,3.12). 그런 다음 군중에게 가르치신 비유를 집에서 제자들에게 풀이해 주신다(7,17-23=4,10-13ㄴ).

어느 문화권이나 일정한 금기 사항은 존재하지만, 유다교에서 정결법은 거룩함과 긴밀하게 연관되어 매우 중시된다. 유다교에서 '더러움과 깨끗함'을 정한 기준에 대한 논의가 많은데, 브루스 J. 말리나는 더러움을 '당연히 있어야 할 곳에 있지 않은 것', 그래서 우주 질서에 맞지 않고 조화를 이루지 못하여 거룩함을 거스르는 것을 가리킨다고 말한다. 1세기 유다교에서는 정결법을 폭넓게 적용하였는데, 가장 자세하게 규정된 것은 음식 관련 규정이다. '무엇을 어떻게 먹느냐'에 주목한 정결 규정과 달리, 예수께서는 음식을 먹고 난

뒤의 행실에 주목하신다. 정결은 하느님과의 관계에서 중요하지만, 그것은 '입'이 아니라 '마음'의 문제라는 것이다. 사람은 음식 때문에 더럽혀지지 않고 그에게서 나오는 나쁜 생각과 행실로 더럽혀진다. 그러므로 모든 음식은 깨끗하지만 모든 사람이 깨끗하지는 않다는 말씀이다(7,20). 겉만 씻는 제의 행위로는 마음속의 악을 씻어 낼 수 없기 때문이다. 그 악의 근원인 더러운 영을 쫓아낼 수 있는 것은 하느님의 권능 곧 성령뿐이다.

예수께서 꼽으신 악덕은 행위자의 마음과 의지를 반영하며, 이웃에게 해를 끼치고 하느님을 거스르는 죄악이다. 그중 '불륜, 도둑질, 살인'은 십계명에서도 금지되었고, 구약성경에서 이스라엘 백성의 죄로 언급되었다(호세 4,2). 이를 포함한 악덕 목록은 바오로 서간(1코린 6,9-11; 갈라 5,19-21; 로마 1,29-31)뿐 아니라 다른 서간에도 등장하나(콜로 3,5.8), 복음서에서는 이 구절이 유일하다(병행구인 마태 15,18-19 참조). 그러나 이 목록은 예시된 것에 불과하다. 중요한 것은 마음 상태다. 사람의 의지와 의사결정 능력의 중심인 마음이 완고하지 않은지(3,5; 6,52 참조), 악의 지배를 받고 있지 않은지 식별해야 한다.

초대 교회는 이방인 선교를 시작하면서 율법 준수 문제로 마찰을 일으켰다. '깨끗한 음식과 더러운 음식의 구분'(사도 10,9-16; 11,5-10; 로마 14,13 이하; 갈라 2,11-14), '우상에게 바쳤던 제물을 먹는 문제'(1코린 8장; 10장)는 초대 교회에서 큰 논란을 일으켰다. 음식 규정이나 정결법은 단순한 지침을 넘어 지키는 이의 신앙과 신원까지 연결되는 주요 사안이었다. 율법에 관한 신약성경의 입장은 다양하나(마태 5,17-48; 갈라 3-5장 비교), 마르코 복음에서 예수께서는 율법을 모두 폐기하지 않으신다. 단지 그분은 하느님의 말씀에 비추어 율법의 근본 의도를 새롭게 밝히고 하느님의 뜻에 충실하라고 촉구하시는 한편, 그 뜻을 왜곡하는 기존의 '거룩한' 관습과 규칙과 전통을 거부하신다. 율법에 충실하다 하여 "시기"(직역: 악한 눈길)로 이웃의 더러운 손을 비난하기보다, 그것까지 품으시는 하느님의 '거룩한' 사랑을 깨달으라고 이르신

다. 허나 "실로 경건의 탈을 쓴 불경건을 식별해 내는 일이 얼마나 어려운가!"(베다)

제3장 이방인에 대한 복음 선포(7,24-8,9)

1. 예수, 시리아 페니키아 여자의 딸과 반벙어리를 치유하시다 (7,24-37)

1) 시리아 페니키아 여자의 딸을 고치시다(7,24-30)

예수께서는 처음으로 제자들과 함께(제자들은 8,1에 가야 나온다) 북서쪽으로 떠나신다. 가신 곳은 갈릴래아에서 56km쯤 떨어져 있는 시리아의 티로 지역이다. 티로 지역은 큰 항구 도시 티로와 그 주변 지역을 일컫는데, 도시에는 주로 이방인이 거주하였지만 갈릴래아 쪽의 주변 촌락에서는 유다인도 농사를 지었다. 지금 예수께서는 당신이 덜 알려진 그곳 촌락의 어느 집에서 아무도 모르게 쉬려 하셨던 것 같다. 그러나 "결국 숨어 계실 수가 없었다"(7,24). 메시아인 예수의 신원은 숨기려 해도 숨길 수 없었다는 뜻이다. 그때 "이교도(직역: 그리스 사람)로서 시리아 페니키아 출신"(7,26)의 한 부인이 (기적을 일으킨다는) 그분의 소문을 듣고 왔다. 그 부인은 예수의 발 앞에 엎드려(야이로처럼, 5,22 참조) 어린 딸에게서 마귀를 쫓아내 주십사고 계속 간청하였다(미완료형 7,25-26 참조). 이야기의 틀은 마귀를 쫓아내는 기적 이야기로 짜였지만(5,1-20의 게라사 구마와 비슷하게), 초점은 예수와 이방 여자의 대화에 맞춰져 있다. 대화는 성性과 인종, 종교, 사회 경제적 처지까지 다른 두 사람 사이에서 진행된다.

예수께서는 여자의 청을 즉시 거부하신다. "먼저 자녀들을 배불리 먹여야

헤라클레스와 이올레(가운데 둘)의 혼인식(개가 상 밑에서 음식을 기다린다),
기원전 7세기, 코린토 토기, 루브르 박물관, 파리.

한다(6,42 참조). 자녀들의 빵을 집어 강아지들에게 던져 주는 것은 옳지 않다"(7,27). 눈에 띄는 구절은 "자녀들의 빵"이다('빵'과 '더러운' 영은 6장과 7장의 내용을 연상시킨다). 고대에 빵으로 대변되는 양식은 매우 귀했다. 따라서 자녀들부터 먼저 먹이는 것은 마땅하고 옳은 일이다. 하지만 이 구절에서 자녀들(*tekna*)은 흔히 아브라함의 후손인 유다인 남성이나 제자들, 강아지는 여성이나 이교도를 가리키는 말로 쓰였다. 예수께서는 식탁 위의 빵이신 당신의 권능을 유다인들을 위해 '먼저' 쓰시고, '그다음에' 이교도들을 위해 쓸 것이라고 밝히신다.

그러나 여자는 모욕일 수 있는 이 신랄한 말씀에 분노하거나 절망하지 않는다. 그의 응답은 지혜롭고 새로운 통찰력을 보인다. "주님, 그러나 상 아래에 있는 강아지들도 자식들(*paidion*, 성별에 상관없이 어린아이)이 떨어뜨린 부스러기는 먹습니다"(7,28). 유다에서 "개"는 들에서 양들을 지키는 데 쓰이는 데 밖에 머무르기에 음식을 던져 준다. 그러나 그리스 문화권에서 강아지는 실내에서 애완용으로 키웠다. 다시 말해 예수께서 지금 이스라엘을 위해 당신의 권능을 쓰시는 것은 옳은 일이나, '동시에' 그 구원 능력을 극히 일부라도 이교도에게 베푸시면 그것으로 충분하다는 간구의 말이다. 부인은 예수의 말씀을 수용하여 유다인에게 구원의 우선권이 있음을 수긍한다(사실 그들은 이미 "배불리" 먹었다. 6,31-44; 7,27 참조). 하지만 예수의 권능은 '동시에' 드러날 수 있으며, 풍성한 효과를 가져온다고 새로운 길을 제시한다. 이러한 여자의 자세는 하느님의 나라를 차지할 수 있다는 "어린이들(*paidion*)과 같은 사람"(10,14)에 해당한다. 비록 '믿음'이란 말이 쓰이진 않았지만, 겸손하게 청하며 끈질기게 매달리는 자세는 여자가 예수를 깊이 신뢰한다는 것을 보여 준다.

그러자 예수께서는 여자에게 이르셨다. "네가 그렇게 말하니(직역: 너의 그 말로 인해), 가 보아라. 마귀가 이미 네 딸에게서 나갔다"(현재완료 7,29). 여인의 딸을 고친 것은 여자의 말(*logos*)이다. 그 믿음의 고백이 하느님의 뜻에 부합되어, 그분의 권능이 즉시 작용한 것이다. 예수의 말씀에 순종하여 "집에 가서 보니, 아이(*paidion*)는 침상 위에("상 아래" 7,28 비교) 누워 있고 마귀는 나가고 없었다"(7,30). 부인 역시 '자녀들의 빵'을 먹은 것이다.

말에는 변화를 가져오는 힘이 있다. 예수의 말씀을 알아듣고 믿음으로 응답하는 곳이면, 이방 지역이라도 주님의 현존이 드러난다. 앞에서 유다의 바리사이들이 완고한 마음을 가지고 음식에 관한 기존 전통에 붙들려 예수를 배척했다면, 이교도 여자는 '열린 마음'으로 복음을 받아들여 이방 지역에 생명의 빵이 전해지도록 문을 연다. 믿음을 통해 이방 여자가 예수의 가족이자 안사람으로 변화된다. 이 대목에서 예수께서는 이교도에게 직접 복음을 선포하시지 않지만, 이방 지역에서 펼쳐지는 예수의 치유와 기적은 여자가 촉발시킨 복음의 열매라 할 수 있다. 그래서 이 이야기는 이교도에게도 하느님의 복음이 선포되어야 한다는 선교의 근거로 이용되었으리라(마태 15,28 비교).

2) 데카폴리스에서 귀먹고 말 더듬는 이를 낫게 하시다(7,31-37)

예수께서는 티로 지역을 떠나 40km 북쪽에 있는 시돈까지 올라갔다가 내려오시어, 갈릴래아의 남동쪽에 있는 열 개의 그리스 도시(데카폴리스) 한가운데를 가로질러 다시 호숫가로 올라오신다(7,31). 이 노정을 정확히 알기는 어려운데, 분명한 것은 그분이 계속 사방으로 움직이며, 지금 이방 지역의 이방인들 '한가운데' 계신다는 점이다. 현재 위치는 호숫가(바닷가) 동쪽으로 볼 수 있다. 유다에서 그렇듯(6,32-44.53-56) 이방 지역에서도 호숫가에서 치유와 빵의 기적이 일어난다.

딸의 구마를 청하는 시리아 페니키아 여인처럼, 여기서도 사람들이 예수께 귀먹고 말 더듬는 이(*mogilalos*, 분명치 않게 말하는 이)를 데려와 고쳐 달라고 청한다(7,32 참조). 다른 치유 기적과 달리 여기서는 예수의 치유 행위가 구체적인 동작으로 설명된다. 그분은 먼저 말 더듬는 이를 군중에게서 분리하여 일 대 일로 만나신다(5,40 비교), 이어 당신 손가락을 그의 두 귀에 넣어 귀를 열어 듣게 하시고, 온전히 말하지 못하는 혀를 치유하는 뜻으로 침을 뱉어 그의 혀에 손을 대신다. 그러고 나서 하늘을 우러러 보시는데, 이는 하느님의 권능을 청하는 기도와 그분에 대한 신뢰를 뜻할 수 있다. 그리고 한숨을 내쉬시는 것은 그의 처지에 대한 연민을 나타낼 수 있다. 끝으로 아람어로 "에파타"(*ʾeppataḥ*: '열다'는 뜻의 *petaḥ* 동사 명령형) 하고 이르신다. 예수께서는 '열려라'는 뜻의 이 말로(7,34) 그가 장애에서 풀려나 자유롭게 되라고, 막혀 있는 기능이 '열려' 온전케 되라고 명령하신다. 동시에 이 말은 '하늘'이 열려서 병을 고친다는 뜻으로도 볼 수 있다.

마침내 말 더듬는 이의 귀가 열리고 묶인 혀가 풀려 말을 "제대로"(*orthōs*, 정확하게) 하게 되었다(7,35). 의사소통이 가능해졌다. 사실 인체 생리상 듣는다고 하여 즉시 말하진 못한다. 하지만 이 말은 치유 기적의 완전성을 드러내는 동시에, 하느님의 말씀을 제대로 알아듣지 못하고 있는 제자들의 처지를 비유한다. 서로 소통하려면 먼저 잘 들어야 한다. 충분히 듣고, 때로는 잘 가려 듣고, 이해한 뒤 제대로 말해야 한다. 복음 선포도 같은 과정으로 이뤄진다.

그런데 말할 수 있게 하신 예수께서는 이 치유 사건을 아무에게도 말하지 말라고 군중에게 엄하게 이르신다. 이른바 '메시아의 비밀'이다(1,44 참조). 이는 아직도 사람들이 기적의 의미와 예수의 바른 신원에 대해 제대로 이해하지 못하고 있음을 드러내는 동시에, 예수의 놀라운 권능을 알린다. 말 더듬는 이가 제대로 말할 수 있게 된 사실 자체를 감출 수는 없기 때문이다. 아무튼 사람들은 더욱더 이 복음을 널리 '알렸다'(*kēryssō*, 7,36). 숨겨진 것은 드러나기 마련이다(4,22).

사람들은 더할 나위 없이 놀라 "저분이 하신 일은 모두 훌륭하다(*kalōs*)"고 한다(7,37). 이 말은 "보시니 참 좋았다"(*kala*, 칠십인역 창세 1,31)는 말씀을 연상시킨다. 곧 본래의 창조를 회복시키심을 암시한다. 그러면서 이 구절은 기적에 대한 감사와 찬양 어구가 없는 앞의 기적 이야기까지 망라하며, 더 큰 맥락에서 보면 이제껏 나온 기적 이야기들을 총정리한다. 즉 이런 기적들은 예수 안에서 하느님의 권능이 드러나고, 그분을 통해 하느님의 다스림이 구현되는 메시아 시대를 알리기 때문이다.

일찍이 이사야는 장차 하느님께서 당신 백성에게 베푸실 온갖 좋은 일을 소개하는 가운데 "말못하는 이의 혀는 환성을 터뜨리리라"고 예언했다[35,6: 칠십인역은 "말 더듬는 이"(*mogilalos*)라는 단어를 썼다]. 마르코의 본문은 똑같은 단어를 사용하여 이 종말론적 약속이 예수를 통해 실제로 이루어졌으며, 여기에 이방인들이 포함되어 있음을 보여 준다. 그리하여 새로운 시대가 도래하였으며, 하느님의 나라가 온누리에 현존함을 입증한다. 이 치유 이야기는 조금 뒤에 나오는 눈먼 이방인의 치유 기사(8,22-26)와 같은 꼴로 구성되어, '듣고 보는' 치유를 강조한다. 이렇게 이방인들이 복음을 듣고 전하여 장애가 치유되는 데 반해 유다의 지도자와 제자들은 여전히 눈멀고 귀먹은 처지에 있다. 베다 존자(673–735년)에 의하면, 하느님의 말씀을 듣지 못하는 자가 귀먹은 이고, 신앙고백을 전하지 않는 자가 말못하는 이다.

교회는 연중 제23주일(나해)에 이사 35,4–7을 제1독서로, 마르 7,31–37을 복음으로 봉독한다. 이 말씀은 예수 안에 계신 하느님의 권능과 통치, 하느님의 자비와 사랑이 온갖 장벽을 뛰어넘어 이 세상 어디에서나 작용한다는 것을 보여 준다. 본문은 은혜 받은 사람들이 예수를 따랐는지 여부를 언급하지 않는다. 대신 예수께서 그들에게 연민을 가지고 당신의 영광을 드러내신다고 분명히 강조한다. 따라서 교회는 어느 곳에서나 모든 이에게 복음을 선포할 의무를 갖는다.

오늘날 24시간 뉴스를 포함하여 세상의 온갖 소리가 쉴 새 없이 쏟아진다. 그런 가운데 하느님과 이웃의 소리, 복음의 소리를 듣는 일은 좀처럼 쉽지 않다. 또 숱한 일을 듣고보며 체험하지만, 그 사건과 우리의 관계를 성찰하거나 알아보는 일 또한 드물다. 우리가 귀먹고 눈먼 우리의 영적 장애를 깨닫고 정말 치유되기를 원하는지, 본문은 그 치유의 길을 일러 준다.

2. 예수, 사천 명을 먹이시다(8,1–9)

"그 무렵에 다시 많은 군중이 모여 있었는데" 하며 이야기가 시작된다. 이야기의 배경이 언제 어디인지 언급되지 않지만, 이야기의 흐름으로 보면 이 기적이 행해진 터는 이방 지역에 위치한 갈릴래아 호숫가 동편이다. 이어지는 이야기의 구조와 주제는 앞에 나온 빵의 기적(6,32–44)과 동일하다. 앞에서는 유다인을 위해, 여기서는 이방인을 위해 기적을 행하시어 그분의 자비가 모든 사람에게 미친다는 것을 보여 주신다.

이야기의 선은 간결하다. 앞에서 가르치셨다는 내용은 없지만, 군중이 사흘 동안 예수 곁에 머물렀다는 말은 그들을 제자처럼 여겨 계속 가르치셨다는 뜻이다(8,2). 여기서도 상황을 주도하시는 분은 예수시다. 그분은 군중을 '가엾게' 여기신다. 군중 가운데는 "먼 데서 온 사람들"(동서남북 사방에서, 시편 107,3)도 있어(8,3) 예수의 명성이 멀리 퍼졌음을 알리는 한편, 하느님과 '먼' 이방 사람들이 모두 모인 듯한 느낌을 준다. 그래서 그분은 제자들을 불러 먹을 것이 없는 그들의 처지에 대해 말을 꺼내신다. 제자들은 지금 이방 지역에서 처음으로 활동한다(7,17 이후 처음 등장). 그들은 이곳을 "광야"라고 밝히며 "누가 어디서 빵을 구해" 먹일 수 있겠느냐고 절망하며 말한다(8,4). 그들은 앞의 기적 사건(6,38-44)에서 배운 바가 전혀 없다. 그들은 여전히 자기 역량만 계산할 뿐 다른 길을 생각하지 못한다.

예수께서는 군중을 사흘 동안 하느님의 말씀으로 배부르게 하셨다. 하지만 굶주리는 그들을 보고 직접 나서신다. 성경에서 사흘 후에는 하느님의 도움이 실현된다(창세 40,13; 여호 1,11 참조). 이야기는 오천 명을 먹이신 기적과 동일하게 진행된다(세부 차이점: 하루와 사흘, 빵 다섯 개와 일곱 개, 물고기 두 마리와 몇 마리, 열두 광주리와 일곱 바구니, 축복기도와 감사기도, 오천 명과 사천 명).

성당 바닥에 새겨진 빵 네 개와 물고기 두 마리, 4-5세기,
모자이크, 빵의 기적 기념 성당, 타브가.

예수께서는 제자들이 갖고 있던 빵 일곱 개를 손에 '들고 감사를 드리신 다음 떼어서 나누어 주라'고 하셨다. 작은 물고기 몇 마리도 축복하신 다음 나누어 주라고 이르셨다(8,6–7). 이때 사용된 '감사를 드리신다'(*eucharisteō*, 이 말은 감사 자체보다 대상에게 하느님의 복을 내렸음을 강조한다)는 초대 교회의 성찬 전승(1코린 11,24 참조)에서 사용한 말과 동일하다. 이 점에서 그리스도인들은 빵의 기적과 성찬을 예수께서 당신 백성을 먹이시는 같은 방식으로 이해했을 것이다. 배불리 먹은 사람은 사천 명가량이었다(8,9). 시리아 페니키아 여자의 이야기와 연관하면, "강아지들도 자식들이 떨어뜨린 부스러기"(7,28)로 배부르게 먹은 것이다. 남은 조각은 '일곱' 바구니였다(8,8: 바구니는 광주리보다 작다). 이것은 필요한 양보다 넘치게 거저 베풀어 주시는 하느님의 은총을 나타낸다. 7은 고대 이스라엘 주위에 있던 이방인 국가를 비롯하여 '완결과 성취'를 상징한다.

결국 이 이야기 역시 모든 이가 한 식탁에서, 동시에 똑같은 음식으로 배불리 먹는다는 점에서 종말의 하느님 잔치를 예표한다. 광야에서 굶주린 하느님 백성을 먹이시는 이는 예수로, 그분의 자비와 권능과 신원이 선명하게 드러난다. "주님께 감사하여라, 그 자애를 사람들을 위한 그 기적들을. 그분께서는 목마른 이에게 물을 먹이시고 배고픈 이를 좋은 것으로 채우셨다"(시편 107,8–9). 어쩌면 마르코 공동체는 시련과 박해를 받으면서 실제로 굶주렸는지 모른다. 그러나 그들을 비롯한 그리스도인들은 이 대목을 통해 자신들을 어여삐 여기시는 예수께서 생명의 빵으로 배불리 먹이신다고 깨닫고, 그분을 주님으로 믿고 따를 수 있는 희망과 힘을 받는다. 아울러 그분의 빵을 나눠 주는 제자들처럼 실생활의 나눔과 복음 선포에 힘쓸 것을 다짐하였을 것이다. 모든 사람은 하느님과 이웃의 사랑에 굶주려 있기 때문이다.

제4장 표징 요구와 제자들의 몰이해(8,10-26)

이 단락은 갈릴래아 선교(1,14–8,21)의 마지막 부분이자 갈릴래아를 떠나는 여정의 시작 부분(8,22–26)이다. 그동안 예수께서는 놀라운 권능을 많이 보여 주셨지만, 바리사이들은 물론 제자들도 알아보지 못한다.

1. 예수, 표징을 보여 달라는 요구를 거부하시다(8,10–13)

사람들을 돌려보내신 뒤 예수께서는 곧바로 배에 올라 달마누타 지방으로 가셨다(8,10). 다섯 번째 호수 여행이다. 달마누타의 위치는 확실치 않다. 다만 이 이야기를 오천 명을 먹이신 기적 사건 변형으로 보는 이들은 달마누타를 카파르나움 13km 남쪽 '막달라'로 추정한다. 아무튼 호수 서쪽으로 가는 짧은 여정이었고, 도착한 곳은 유다인 지역이다. 바리사이들이 등장하여 갈릴래아에서 마지막 도전을 날린다.

바리사이들은 예수께 '하늘에서 오는 표징'을 보여 달라고 요구한다(8,11). 표징(*sēmeion*)은 무엇인가를 알 수 있도록 겉으로 드러나는 특징이다. 표징은 하나만을 구체적으로 일러 준다는 점에서 의미가 다양하게 열려 있는 상징과 구분된다. 지금 예수는 유다인들에게 기적을 일으키는 예언자로 인식되고 있다(6,14–15; 8,28). 유다인 특히 종교 지도자들에게 중요한 것은 참 예언자와 거짓 예언자를 분별하는 일이다(신명 18,15–22 참조). 참 예언자라면 그가 하느님에게서 왔다는 신적 표징이나 표지를 보여 주어 그의 메시지를 입증하곤 했다(2열왕 20,8–9; 이사 55,13; 에제 12,11; 24,27 참조). 더구나 오기로 된 종말의 예언자에 대한 논란이 많았던 1세기에는, 당대의 묵시문학에 기술되듯, 시대의 종말을 알리는 우주적 재난 같은 표징을 보여 줄 것이라는 기대가 있었다(요한 6,14; 묵시 12,1.3; 15,1; 4에즈 5,4; 7,39 참조). 예수께서 기적으로 당신의 신원을 입증하려고 하시지 않은 것처럼, 바리사이들도 기적 행위만으로 예언자, 나아가 메시아의 진위가 가려진다고 보지 않았다. 그들에게 중요한 것은 하느님에게서 온 성경 예언의 실현 여부이다. 결국 이미 앞에서 두 차례나 소개된 빵의 기적에서 보듯, 이 놀라운 일에 대한 해석은 하느님과 그분의 말씀을 어떻게 이해하느냐는 문제와 긴밀하게 연결된다.

마르코 복음에서 예수의 기적은 표징으로 기술되지 않고 하느님의 '권능'(*dynamis*)으로 표현된다. 기적은 하느님 나라를 믿고 받아들이는 이들에게 주어지는 '계시'이지, 믿음을 일으키는 요인이 아니다(기적을 표징으로 소개하는 요한 복음도 표징 없는 믿음을 강조한다. 요한 4,48; 20,29 참조). 반면에 "표징"은 불신앙인이 찾는 신뢰할 수 없는 표지로, 거짓 그리스도와 거짓 예언자들과 연관된다(13,22: 그러나 후에 덧붙여진 16,17.20은 이와 다르다). 그렇다면 그들은 지금까지 체험한 예수의 기적을 어떻게 이해하였을까?

마르코는 그들이 "그분을 시험하려고" 표징을 요구하였지 그분을 믿고 따르기 위해서는 아니었다고 밝힌다(1,13의 사탄과 그들만이 예수를 적대하여 시험한다. 10,2; 12,13 참조). 여기에 나오는 '요구하다, 구하다, 찾다'는 동사(*zēteō*)는 마르코 복음서에서 부정적 의미로 사용된다. 예수의 적대자들이 그분을 죽이려고 찾거나(11,18; 12,12; 14,1.11.55 참조), 그분의 활동을 가로막거나 방향을 바꾸려고 찾는 경우이다(1,37의 베드로, 3,32의 친척 등). 그들은 이미 예수의 권위 있는 말씀이나 기적을 계속 듣고 보았지만, 그것을 '하늘에서 오는 표징'으로 인정하지 않았다. 이는 하느님께서 나자렛 사람 예수를 통해 새 시대를 열어 가신다는 사실이 그들 기준에 부합하지 않는 까닭이다. 마르코는 이를 그들 마음의 완고함 때문으로, 또 그 사실을 볼 수 있는 눈이 열리지 않았고 그 눈을 열어 주는 믿음이 없기 때문이라고 설명한다(3,5 참조). 그러므로 설혹 예수께서 그들을 안타깝게 여겨 그들의 요구대로 어떤 놀라운 표징을 보이셨다 하더라도, 그것을 있는 그대로 받아들일 수 없었을 것이다. 그들의 눈에는 여전히 사탄에 사로잡혀 행한 것으로 보이기 때문이다(3,22-27 참조). 그런 면에서 그들의 표징 요구는 예수에 대한 하나의 판단이자 도전이며, 예수에게는 시련인 동시에 강렬한 유혹이다.

예수께서는 하느님 나라를 받아들이지 못하는 사람들의 불신을 '마음속으로(직역: 당신의 영으로)' 깊이 탄식하신다. 그리고 당신 특유의 장엄한 서약 양식으로 단호하게 표징을 거부하신다. "어찌하여 이 세대가 표징을 요구하는가? 내가 진실로 너희에게 말한다〔그리스어로는 "아멘 레고(진실로 내가 말한다) 휘민(너희에게)"으로 아멘이 처음에 나온다〕. 이 세대는 어떠한 표징도 받지 못할 것이다"(8,12: *ei*로 시작하는 이 히브리어 관용구는 매우 강력한 부정을 뜻한다). "이 세대"는 성경에서 노아의 세대(창세 7,1 참조)나 모세의 세대(시편 95,10-11 참조)처럼 신앙심 없고 완고한 현現 세대를 의미한다(8,38; 9,19). 그들이 표징을 "받지 못한다"는 수동형 표현은 주어가 하느님임을 뜻한다(마태 7,7 참조). 다시 말해 하느님께서 이 세대에 어떤 표징도 단연코 주지 않으신다는 확고한 믿음의 표현이다. 예수의 말씀과 행위에서 하느님 나라의 현존을 볼 수 있고 들을 수 있는 그들의 눈과 귀가 닫혀 있기 때문이다. 그분은 자기 식의 표징을 요구하는 그들에게 회개와 믿음을 요구하신다(병행구인 마태 16,1-4의 "요나의 표징" 참조).

슬픔과 분노에 차 예수께서는 그들을 버려둔 채 다시 배를 타고 건너편, 호수(바다) 동편으로 떠나가신다(8,13). 배를 타고 가시는 마지막 호수 여행이다. 당신을 인정치 않는, 받아들이지 않는 이들에게는 그분이 머무를 자리가 없다. 그분이 함께하시지 않는 것이 그들의 불신에 대한 심판이다. 예수께서는 어떠한 표징이나 기적이 아니라 수난의 삶과 죽음을 통해 당신의 신원을 드러내신다. "실로 하느님 나라와 복음의 유일한 표징은 바로 예수 자신이시다"(M. E. 글래스웰).

그러면 모든 표징이 불신의 표현인가? 표징은 인간과 하느님의 통교에서 매우 중요하다. 때로는 하느님께서 표징을 통해 당신 뜻을 드러내시며 이를 배척하는 잘못을 오만하다고 질타하신다(이사 7,10-17 참조). 지금도 그리스도인들은 중요한 결정을 내릴 때 주님께 표징을 구하곤 한다. 반면에 어떤 놀라운 현상을 들어 하느님의 계시라고 주장하는 예가 여전히 있다. 중요한 것은 표징에 대한 바른 이해와 식별이다. "세상에서 하느님 현존의 표징"인 그리스도 공동체(〈선교 교령〉 15)는 언제나 "시대의 징표를 탐구하고 이를 복음의 빛으로 해석하여야 할 의무를" 갖는다(〈사목 헌장〉 4). 따라서 교회는 오랜 전통과 성경을 통한 하느님의 계시를 포괄적으로 고려하여 매우 신중하게 표징과 이적을 해석한다. 예나 이제나 하느님의 백성에게 중요한 것은 "깨닫는 마음과 보는 눈과 듣는 귀"(신명 29,3)이다.

2. 제자들이 빵을 이해하지 못하다(8,14-21)

호수를 지나면서 배 안에서 나누는 예수와 제자들의 대화가 다시 소개된다. 배 안에서 벌어진 세 번째 사건이다(4,35-41; 6,47-52). 이야기의 흐름에 따라 빵과 바리사이가 연결어로 등장하지만, 연결이 자연스럽지 않다. 이야기는 제자들이 빵(복수)을 가져오는 것을 잊어버려 배 안에는 빵(단수)이 하나밖에 없었다(8,14)고 시작한다. 그런데 예수께서 그들에게 불쑥 "너희는 주의하여라. 바리사이들의 누룩과 헤로데의 누룩을 조심하여라"(8,15)고 두 번이나 강하게 경고하신다. 이는 본래 독립된 말씀이었을 것이나(루카 12,1 참조), 마르코가 바리사이들의 표징 요구와 연결하여 이 자리에 놓음으로써 더 강조된다. 그렇지만 이어지는 내용에서 바리사이나 누룩은 다시 언급되지 않고 빵의 기적을 둘러싼 '제자들의 몰이해'에 초점이 모인다. 이는 배 안에서 벌어진 앞의 두 사건과 같은 양상이다(4,40-41; 6,52 참조).

유다인들은 누룩이 발효하면서 반죽의 성질을 변화시킨다는 점에서 이를 악의 성향과 연결시켜 생각했다(레위 2,11; 1코린 5,6-8; 갈라 5,9 참조). 그렇다면 여기서 누룩은 무엇일까? 앞에서 바리사이들과 헤로데 당원은 연합하여 나타난 바 있다(3,6 참조). 그 뒤로도 그들은 예수의 복음 메시지를 깨닫지 못하여 응답하지 못하고, 회개하지 못하여 믿지 못한다. 결국 그들의 누룩은 '생명의 빵'이신 예수에게서 하느님의 활동을 이해하지 못하고 인정하지 못한 채 파괴하려 하는 그들의 완고한 마음, 불신 상태를 말한다. 반면에 병행어구에서는 누룩이 "가르침"(마태 16,12)과 "위선"(루카 12,1)으로 명확하게 제시된다.

누룩은 눈에 잘 보이지 않는 적은 양이지만 대상 전체를 서서히 변질시킨다. 그래서 예수께서 지도자들의 누룩이 위험하다고 지적하셨는데, 지금 제자들의 형편이 그러하다. 예수께서 누룩을 언급하시자, 제자들은 즉시 빵과 연결하여 "빵(복수)을 가져오"지 않아 "빵(복수)이" 없다고 깨닫고 수군거린다(8,16 참조). 그들은 예수의 경고를 진지하게 생각하지 못할 뿐더러, 아직 예수가 누구이며 그분이 하고자 하시는 일이 무엇인지 제대로 이해하지 못하고 있다. 그들도 바리사이들처럼 두 번 겪은 "빵의 기적을 깨닫지 못하고" 여전히 마음이 완고하였기 때문이다(6,52 참조). 이는 바리사이들의 누룩이 전염된 결과일까?

제자들의 말을 알아차리신 예수께서는 무려 아홉 번이나 수사적 질문을 연속해서 던져 제자들을 혹독하게 몰아 대신다(18절은 본래 두 가지 질문이다. "너희는… 보지 못하느냐? … 듣지 못하느냐?"). 그분은 외딴곳에서 제자들에게 빵의 기적을 통하여 당신을 뚜렷하게 계시하셨다. 그곳에서 유다인과 이방인들을 넘치게 먹이고 돌보신 원천은 예수시다. 말씀이며 생명이신 그분께서 그들에게 생명을 주신 것이다. 곧 그들에게 있는 "빵 한 개"(8,14)는 곧 예수시다(14,22). 그러나 눈으로 보고 귀로 들은 제자들은 아직도 그 의미를 이해하

예수께서 눈먼 이를 고치시다, 12세기, 비잔틴 성경 세밀화, 국립도서관, 아테네.

지 못하고 기억하지 못한다. 예수를 모시고 있으면 사실 모든 것을 마련해 주시는 분과 함께 있는 셈인데, 그들은 빵이 없다고 걱정한다. 생명의 빵인 예수님을 모시고도 그들의 눈에는 물질로 된 빵만 보인다. 그래서 예수께서는 옛 예언자들처럼(예레 5,21; 에제 12,2 참조) 질타하신다. "너희는 아직도 깨닫지 못하느냐?"(8,21) 눈 멀고 귀먹은 제자들의 치유는 다음 단락(8,22-26)에서 중요하게 다뤄질 것이다.

혼돈과 죽음의 호수(바다)를 지나는 배 위에 있는 제자들에게 있는 빵은 오직 예수뿐이시다. 세파에 시달리는 그리스도인과 함께 계신 그 "빵 한 개"는 언제나 말씀과 성체의 모습으로 우리의 양식이 된다. 우리는 미사를 거행하면서 그리스도의 삶과 죽음과 부활을 체험한다. 그러나 우리가 일상에서 말씀을 실천하면서 그리스도의 죽음과 부활을 체험하지 못한 채 눈에 보이는 표징과 기적만 요구할 때, 우리의 신앙은 경직된다. 구유의 아기에게서, 십자가의 예수에게서, 성체에서 하느님의 현존과 권능을 알아보는 것이 믿음의 눈이다. "사실 세상은 하느님의 지혜를 보면서도 자기의 지혜로는 하느님을 알아보지 못하였습니다. 그래서 그분께서는 복음 선포의 어리석음을 통하여 믿는 이들을 구원하기로 작정하셨습니다. 유다인들은 표징을 요구하고 그리스인들은 지혜를 찾습니다. 그러나 우리는 십자가에 못 박히신 그리스도를 선포합니다"(1코린 1,21-23ㄱ).

이제 호수도 배도 사라진다. 호수 여행이 모두 끝났다.

3. 벳사이다의 눈먼 이 치유(8,22-26)

예수 일행은 벳사이다에 도착한다(8,22). 벳사이다는 요르단 강이 갈릴래아 호수로 들어오는 입구 동쪽에 자리잡은 어촌이었는데, 헤로데 필리포스가 그곳에 그리스식 도시를 크게 건설하고 티베리우스 황제의 모후 율리아를 기려 '율리아스'라 이름지었다(기원후 30년). 그런데 앞에서(6,45) 예수 일행은 벳사이다로 가려다가 실패하였다. 그때는 제자들의 마음이 완고하고 눈이 멀어 그곳을 제대로 찾지 못했다가, 이제사 바로 찾은 것일까? 이 이야기는 마르코의 고유한 자료로, 눈먼 이가 처음 등장한다. 마르코는 왜 여기에 이 이야기를 집어 넣었을까?

이제껏 호수 여행이 끝나 도착한 곳에서 항상 예수의 구마와 치유가 이뤄졌다(5,1-20; 6,53-56). 벳사이다에서도 사람들이 예수께 눈먼 이를 데리고 와 치유해 달라고 간청하자, 그분은 그를 '마을' 밖으로 데리고 나가신다(8,22-

23)[그러나 루카 9,10과 요한 1,44에서 벳사이다는 '고을'(*polis*)로 나온다]《. 그리고 나으라는 명령 대신, 그의 두 눈에 침을 바르고 손을 얹으신다. 침을 바르는 행위는 고대 가정에서 치료할 때나 헬레니즘의 기적 이야기에서 흔히 쓰이는 치유 수단이다. 그리고 예수께서는 그에게 "무엇이 보이느냐?" 하고 물으신다(8,23). 여지껏 없던 질문이다. 그가 사람들이 걸어다니는 나무처럼 보인다고 하자, 그분께서 다시 손을 얹으신다. 눈먼 이는 똑똑히 보게 되었고(8,25), 그분은 그를 제 집으로 보내신다(8,26). 여기서 예수께서는 말씀이 아니라 구체적 행위로, 그것도 복음서에서 유일하게 두 번에 걸쳐 치유하신다는 점이 남다르다. 그 의미는 무엇일까?

눈먼 이가 눈을 뜨는 것은 분명히 메시아 시대를 알리는 표징 중의 하나였다(이사 29,18; 35,5; 43,8; 루카 4,18). 예수께서도 당신의 맹인 치유를 하느님의 은혜가 뭇 사람에게 미치는 구원의 시기가 도래했음을 알리는 실제 표지로 이해하셨다(루카 7,22). 이 이야기의 틀은 앞서 나온 '귀먹고 말 더듬는 이의 치유'(7,32-37)와 동일하다. 그곳에서 '들음'이 강조되었다면, 여기서는 '봄'이 부각된다. 마르코 복음서에서 '본다'는 동사(*blepō*)는 종종 단순한 '시력'을 넘어 '이해'와 '깨달음'을 의미한다(4,12.24; 8,15.18.24; 12,38; 13,5.9.23.33). 여기서 두 단계로 치유되어야 하는 맹인의 처지는 눈이 있어도 사건의 의미를 제대로 알아보지 못하고 이해하지 못하는 제자들을 가리킨다고 할 수 있다.

이 이야기의 초점은 예수의 치유 능력이나 치유 의지가 아니라, 예수의 치유가 계속 필요한 그들의 눈먼 상태에 있다. 바로 앞에서 예수께서는 기적의 의미를 보지 못하고 깨닫지 못하는 제자들을 질책하셨다(8,21). 뒤따르는 이야기에서 베드로가 그분을 "그리스도"라고 고백하지만 그것이 뜻하는 바를 알지 못한다(8,33). 따라서 제자들이 그릇된 인식에서 벗어나 예수를 그리스도로 알아보고 그 뜻을 온전히 이해하려면, 예수께서 다시 손을 얹어 주셔야 한다. 그러면 사람을 유령처럼(6,49), 나무처럼 보는 착시가 치유될 것이다. 즉 그들은 "똑똑히" 보고 "시력이 회복되어" "뚜렷이" 보게 되어(세 차례 강조)

그분을 따르게 될 것이다(8,25).

예수를 따르는 제자직은 그분의 권능과 영광뿐 아니라 생명까지 내놓는 그분의 사랑과 섬김까지 본받는 것이다. 그분의 길은 높디높은 왕좌로 나아가지 않고 해골 터 십자가로 이어진다. 예수께서는 이 모든 일을 참으로 알아보게끔 두 번째로 손을 얹어 주신다(나중에 바르티매오는 단 한 번에 눈을 뜨고 예수를 따른다). 그리고 "저 마을로는 들어가지 마라"(8,26)고 이르신다. 눈먼 예전 상태로 돌아가지 마라는 말씀으로, 치유의 의미를 이해하지 못한 채 치유 결과에만 주목하는 사람들의 열광을 피하시려는 뜻으로 이해할 수도 있다.

오늘의 그리스도인은 주변에서 벌어지는 일을 똑똑히 보고 있는가? 하느님, 나, 이웃들, 사회의 어두운 면과 인생의 비극을 두루 살피며 관찰하고 있는가? 본 것의 의미를 성찰하며 이해하는가? 눈멂은 육체와 영의 상태를 모두 의미한다. 예수께서는 둘 다 기쁘게 치유하려 하신다. 삶과 신앙의 여정에는 여러 단계가 있다. 눈을 뜨며 깨닫는 은총은 더디게 올 수도 있다. 우리가 예수의 십자가 길을 바로 보지 못하는 눈먼 자임을 깨달을 때마다, 거듭거듭 예수께 나아가 고쳐 달라고 간청해야 한다. 때로는 예수께 데려가는 길잡이(8,22) 역할을 서로 해야 한다. 그러면 우리 여정에 함께하시는 예수께서는 청할 때마다 몇 번이라도 손을 거푸 얹어 주시면서 우리를 보게 해 주신다고 본문은 일깨워 준다.

제5부

예수의 길, 제자들의 길
(8,27-10,52)

이제 예수께서는 팔레스티나의 가장 변두리, 북쪽 끝부터 시작하여 중심인 예루살렘으로 가신다. 이 여정에는 예수의 적대 세력도, 도움을 청하는 이들(9,14; 10,2)도 뜸하게 나타난다. 이 길에서 부딪치는 주요한 문제는 예수와 제자들 사이의 갈등과 오해다. 예수께서는 세 차례에 걸쳐 당신의 수난과 죽음, 부활을 일러 주시지만, 제자들은 알아듣지 못하고 받아들이려 하지도 않는다(8,31-33; 9,5-7.31-32; 10,33-41).

복음서의 중간 부분인 이 전환점에서 마르코는 제자직의 핵심을 제시한다. 초점은 십자가와 섬김 그리고 새로운 삶이다. 여기서 예수의 가르침을 제대로 알아듣지 못하는 첫 제자들의 모습을 드러내는 동시에, 그들의 눈을 열어 주어 예수의 말씀과 행하신 일을 깨닫도록 돕는 하느님의 권능과 은총도 분명하게 밝힌다.

5부의 틀을 살필 때, 4부와 맞물리는 벳사이다의 눈먼 이 치유 기사(8,22-26)부터 예리코의 눈먼 이 치유 기사(10,46-52)까지 한 단위로 볼 수 있다. 즉 예루살렘으로 가는 여정에서 제자직의 참 의미를 깨닫는 것을 '시력 회복'으로 이해한다(로버트 벡, 55).

시력의 일부 회복	→	시력의 온전한 회복
부분적 따름		온전한 따름
(8,22-26)		(10,46-52)

제1장 첫 번째 수난 예고와 거룩한 변모(8,27-9,29)

1. 예수, 첫 번째로 수난을 예고하시다(8,27-9,1)

예수를 그리스도로 믿는다는 건 무슨 뜻인가? 그리스도인이 되는 것과 되어야 하는 것은 어떻게 다른가? 나는 지금 그리스도의 뒤를 따르고 있다고 여기는가?

여기는 마르코 복음의 고개턱이다. 예수의 활동 무대가 갈릴래아에서 예루살렘으로 바뀌어 가는 여정의 마루터기다. 이제까지 예수께서 말씀과 행위로 하느님 나라를 선포하셨다면, 이제부터는 당신이 수난당하는 그리스도임을 드러내신다. 앞의 오르막에서 예수의 권위와 권능이 화려하게 부각되었다면, 이제 시작하는 내리막에서는 그분의 수난과 죽음이 강조될 터이다. 고갯마루를 넘으면서 예수의 신원에 대해 문답을 주고받을 것이고, 예수께서는 수난을 예고하면서 제자직의 본질을 밝히실 것이다. 예수께서 누구시며 그분이 겪으실 일이 무엇인가는, 그분을 따르는 제자들은 누구이며, 그들에게 요구되는 것이 무엇인가와 반드시 연결되어 있다. 나아가 그리스도인에게 예수를 아는 것은 곧 나를 아는 것이다. "나는 도대체 어떤 자인가? 이 고독한 물음이 나를 비웃는다. 내가 어떠한 자이건, 아! 신이여, 당신은 나를 아시옵니다. 나는 당신의 것이옵니다"(본 회퍼, 《옥중서간》 1944년 7월 16일).

1) 베드로의 고백(8,27-30)

예수와 제자들은 벳사이다에서 북쪽으로 40km 떨어진 카이사리아 필리피 근처 마을을 향하여 길을 떠났다(8,27). 갈릴래아 북쪽 끝 헤르몬 산 기슭의 바알 예배처를 그리스 사람들은 숲과 양의 수호자인 판(*Pan*) 신을 섬기는 곳으로 바꾸고 파네아스(*Paneas*)라 불렀다. 그 후 헤로데 대왕은 그곳에 헬레니즘 도시를 세우고 신전을 건립한 뒤, 로마 황제 아우구스투스를 기려 도시 이름을 '카이사리아'라 붙였다〔아우구스투스 이후 네로까지 황제직을 세습한 율리우스 케사르 가문을 가리키는 '케사르'(그리스어 카이사르)는 로마 황제를 지칭하는 이름으로 널리 쓰였다〕. 그 뒤 헤로데 필리포스가 그곳을 다스리게 되자, 지중해변의 카이사리아와 구분하여 '카이사리아 필리피(필리포스의 카이사리아)'라 불렀다(이 이름은 한낱 지명이 아니라, 거기에 붙은 로마 황제와 유다인 영주의 이름을 통해 그들의 지상 왕권을 나타내기에 메시아의 왕권과 대조를 이룬다).

이야기의 지리적 배경은 갈릴래아도, 예루살렘도 아닌 제3의 지역 '길 위'다. '길'은 마르코 복음서의 주요 주제어로 특히 5부에서 많이 나온다(1,2-3; 4,4.15; 6,8; 8,3; 9,33; 10,32; 11,8). 예수께서는 길에서 제자들에게 당신에 대한 세상의 풍문을 물으신다. "사람들이 나를 누구라고 하느냐?"(8,27) 이제껏 행하신 갈릴래아 선교 활동을 총정리한 질문인 셈이다. 중대한 사명을 앞두고 자신의 신원과 관계를 점검하려는 이 대화는 이집트 탈출의 일꾼으로 부름 받은 모세와 하느님의 대화를 연상시킨다(탈출 3장 참조).

제자들은 예수를 예언자의 하나로 여기는 세상의 평가를 전한다(8,28). 이 대답은 앞에서 소개했던 풍문(6,14-15)과 별로 다르지 않다(이 점에서 두 대목은 호응 관계이다). 언급된 세례자 요한과 엘리야, 예언자는 모두 하느님의 영에 사로잡혀 회개를 선포하며 하느님에게 충실하라고 가르쳤다. 세상 사람들은 예수도 그 전통에 서 있는 한 예언자로 여긴다. 전부 틀리지는 않지만 매우 불충분한 인식이다.

그래서 예수께서는 제자들에게 다시 물으신다. "그러면 너희는 나를 누구라고 하느냐?" 베드로가 제자들을 대표하여 "스승님은 그리스도이십니다"(8,29) 하고 고백한다. 머릿글(1,1)에 밝혔던 예수의 칭호 중 하나가 모습을 드러낸다. 적어도 베드로가 마지막 때를 인식하고 있다는 점에서, 그의 고백은 세상의 평가와 다르며 탁월하다. 하지만 그는 어떤 의미로 그분을 그리스도라 부르는가? 예수께서는 당신의 신원을 밝혔던 더러운 영들에게 하신 것과 똑같이, 제자들에게도 당신에 관하여 아무에게도 말하지 말라고 엄중히 이르신다(8,30). 그리스도에 대한 그들의 이해 역시 충분치 않기 때문이다. 올바로 알아야 그분을 제대로 선포할 수 있다. 그렇다면 예수를 그리스도라 고백하는 우리 그리스도인은 예수의 신원과 사명을 제대로 인지하고 있는가?

2) 첫 번째 수난 예고(8,31–32ㄱ)

비로소 예수께서는 제자들을 가르치기 시작하신다(8,31). 그분은 가까운 장래에 당신에게 닥칠 일을 감지하고 계셨으며, 이를 제자들에게 일러 그들이 그 일을 겪어 낼 수 있게 준비시키신다. 가르침의 내용은 당신이 겪으실 수난에 대한 예고인데, 모두 세 번에 걸쳐 동일하게 구성된다.

이 가르침은 이야기의 새로운 '시작'이다. 예수가 그리스도라는 '사실'에서 그것이 지닌 '의미'로 초점이 바뀐다. 여기서 예수께서는 베드로처럼 '그리스도'라는 말을 쓰지 않고 당신을 '사람의 아들'이라 부르신다(8,31: 마르코 복음서에서 예수께서 당신을 가리키신 유일한 칭호는 '사람의 아들'뿐이다). 땅에서 죄를 용서하는 권한을 가지신 안식일의 주인, '사람의 아들'(2,10.28)은 장차 고통받고 죽고 부활하시어(8,31; 9,12.31; 10,33–34; 14,21.41), 영광에 싸여 다시 오실 것이다(8,38; 13,26; 14,62). 여기서 예수께서는 '그리스도'를 '사람의 아들'로 다시 정의하신다. 그분은 다니엘을 연상시키며 제자들의 처지를 하느님의 관점에서 보도록 이끄신다.

장소	수난 예고	제자 몰이해	가르침	강조점
카이사리아 필리피	8,31	8,32	8,34-38	목숨을 잃음과 얻음
갈릴래아를 가로질러	9,31	9,32	9,35	첫째와 꼴찌
예루살렘 가는 길	10,32-34	10,35-39	10,40-45	다스림과 섬김

사람의 아들은 '반드시'(*dei*, 일의 성격상 꼭 해야 하는 · 회피할 수 없는) "고난을 겪으시고… 배척을 받아 죽임을 당하셨다가… 살아나셔야 한다"(8,31). 그 이유는 밝혀지지 않고 뒤에 가서 나온다(10,45). 중요한 것은 예수의 신원과 그분이 겪으실 일이 하나로 엉켜 있다는 점이다. 이 일을 주관하시는 분은 하느님이시고, 인류에게 생명을 주려는 그분의 구원 계획은 이미 필연적이라고 성경에 기록되어 있다(9,12-13; 참조 12,1-12). 그리스도의 고난과 죽음이 그분 계획에 있다면 부활도 그 안에 반드시 포함된다(그러나 마르코는 "영광스러운 옥좌"를 언급하지 않는다. 마태 25,31 비교). 성령을 가득히 받으신 예수께서는 하느님과 일치하여 계셨기에, 그분의 뜻에 자유롭게 순종하여 그 길로 가신다. 그분은 악과 죽음을 회피하거나 당신의 비범한 능력으로 그것에 맞서지 않으신다(이 갈등은 겟세마니 기도에서 절정에 이른다). 그래서 그분은 '예수 그리스도'가 되셨다.

예수께서 따르시는 하느님의 구원 계획은 당시 유다의 지도층인 원로들과 수석 사제들과 율법 학자들의 생각과 뿌리부터 달랐다. 원로들은 부유하고 세력 있는 전통 원로 가문 출신이다. 수석 사제는 예루살렘 성전에 상근하는 고위 사제이며, 그 해의 대사제가 산헤드린 의장이었다. 율법 학자는 문서 작성과 법률 전문가다. 그들은 모두 당시 유다의 최고 법정이자 의회인 '산헤드린'(함께 앉다는 의미)의 구성원이다. 예수께서 그들에게 "배척을 받는다"는 말은 공식 법정에서 신문을 받고 내쳐진다는 뜻이다(무죄한 의인의 고통과 비슷하다. 지혜 2,20-21). 예수께서는 '고난 - 배척받음 - 죽음 - 부활'의 말씀을 "명백히" 하셨다(8,32ㄱ). 사실을 숨기거나 얼버무리지 않고 "공공연하게 내놓고"(새 예루살렘 성서) 밝히신 것이다. 이는 앞에서 그리스도라고 말하지 말라고 엄명하신 사실('메시아의 비밀')과 대조된다. 그릇된 메시아관은 감춰야 하지만 올바른 메시아 고백은 과감하고 솔직하게 내놓고 해야 한다.

3) 베드로와의 갈등(8,32ㄴ-33)

예수의 말씀을 들은 베드로는 그분을 "꼭 붙들고" 감히 "반박하기" 시작하였다(8,32ㄴ). 붙들다는 말에는 본래 일러 주기 위해 데리고 가거나(사도 18,26 참조) 어린이나 환자 등을 돌봐 주기 위해 넘겨 받는다는 뜻이 있다. 또 '반박하다'(*epitimaō*)는 예수께서 더러운 영들에게(1,25; 9,25), 풍랑에게(4,39), 당신 제자들을 꾸짖으실 때(10,13), 침묵을 명하실 때(3,12; 8,30) 사용하신 말로 '어떤 행동을 막기 위하여 경고하다'는 뜻을 담고 있다. 두 단어는 모두 우월성과 권위를 표현한다. 여기서 베드로는 마치 예수의 후원자처럼 행세하였다. 그래서 예수와 대립한다(같은 동사가 쓰였다).

베드로: 스승님은 그리스도이시다.
예수: 제자들(베드로)에게 침묵을 명하시다(8,30).
예수: 사람의 아들은 반드시 고난을 받아야 한다(8,31).
베드로: 예수를 붙들고 반박하다(나무라다)(8,32ㄴ).
예수: 베드로를 꾸짖으시다(나무라다)(8,33).
베드로는 사탄이다.

예수께서는 돌아서서 제자들을 보신 다음 베드로를 꾸짖으신다. "사탄아, 내게서 물러가라(직역: 내 뒤로 물러가라. 1,16-20; 2,13-14 참조)"(8,33). 사탄이란 단어는 예수께서 받으신 유혹을 상기시킨다(1,13). 마르코는 마태오나 루카와 달리 유혹을 자세히 밝히지 않았는데, 여기서 그 실마리를 풀어놓는다. 지금 하느님의 기름부음받은이가 고난과 배척과 죽음을 피할 수 있으며, 하느님의 통치는 고통 없는 힘, 굴욕 없는 영광을 뜻한다는 유혹이 예수에게 던져졌다. 베드로나 '원로들과 수석 사제들과 율법 학자들'이 생각하는 메시아의 모습은 그 본질이 동일하다. 메시아는 역사에 들어와 놀라운 힘으로 이스라엘에 영광과 번영을 가져다 주고, 명예로운 왕정 체제를 회복시키는 존재라고 여겼다. 메시아가 고난을 겪기는커녕, 오히려 선善의 관점에서 모든 슬픔과 고통을 없앤다고 믿었다. 그런 판에 고난 겪는 메시아라니, 참혹한 십자가형을 통한 하느님의 구원이라니! 이는 한 개인의 이해 부족, 무능력, 오해가 아니라 고난받는 메시아의 신비를 이해하기가 얼마나 어려운가를 반증한다(베드로는 방금 들은 부활에 관한 말씀을 전혀 알아듣지 못한 것 같다. 9,10 참조).

수치 아닌 명예, 고난 없는 영광, 십자가 대신 세상의 권력과 명성을 우선하려는 것은 "사람의 일"만 생각하는 위험한 유혹이다. 이는 예수와 마르코 공동체는 물론 그 후에도 끊임없이 교회와 그리스도인을 위협하는 요소로 상존해 있다(10,37.41 참조). 메시아의 수난을 거부하는 것은 하느님의 계획을 방해하므로, 베드로는 방해물인 사탄과 같은 존재로 간주된다. 그의 대답은 정확했지만 그 의미를 깨닫지는 못했다.

그래서 예수께서는 베드로에게 제자가 있어야 할 곳을 일깨워 주신다. 그분 "뒤에" 있는 것(8,33)과 그분 "뒤를" 따르는 것은 같은 의미다. 제자는 예수의 앞에 선 길잡이도 아니고, 뒤에 버티고 선 후견자도 아니다. 그가 '사람의 일'을 '하느님의 일'보다 앞세우면, 전통을 계명보다 앞세운 바리사이들처럼 바깥 사람이 된다(7,8). 그리스도인은 항상 어느 위치에 설 것이며, 어느 일을 먼저 택할 것인가 하는 극히 민감한 선택 앞에 서 있다(신명 30장 참조).

하느님의 일	사람의 일
믿음과 용기로 살기 하느님과 세상에 충실 그리스도와 복음 위해 목숨 잃기 꼴찌 되기 모든 이의 종 되기(섬김) 재화 나누기	두려움, 걱정, 근심 속에 살기 자아에 충실 자기 목숨 구하기 첫째 되기 다른 사람의 주인 되기(지배) 재화 모으기

4) 예수 제자의 길(8,34–9,1)

'예수는 누구인가?'(8,27–30), '그리스도의 길은 어떠한가?'(8,31–33)라는 물음과 대답에 이어 '그리스도의 제자가 되는 길은 무엇인가?'라는 물음이 계속된다.

예수께서는 제자들과 군중을 가까이 불러(7,14; 10,42; 12,43 참조) 제자직에 관해 중요한 가르침을 일러 주신다(8,34). 여기서 '제자들과 군중'은 예수의 말씀과 메시지를 듣게 될 모든 사람을 대표한다. 가르침은 각자 받는 지침이 아니라 모든 이에게 열린 소명이다("누구든지 내 뒤를 따르려면" 8,34). 이제 그 말씀을 들은 사람들은 스스로 선택해야 한다. 일찍이 소명을 받은 제자들도 이제 새로운 조건에 비추어 다시 결단을 내려야 한다. 그런 면에서 이 가르침은 두 번째 소명으로 볼 수 있다.

예수께서는 제자직의 조건을 세 가지 명령형으로 표현하신다(8,34).

"자신을 버려라."

"제 십자가를 져라."

"나를 따라라."

이 셋은 각각 분리되어 있지 않고 한 덩어리로 움직인다. 자기를 버리고 십자가를 지는 선택을 통하여 제자들은 예수의 운명과 결부된다. 이렇게 셋이 하나가 될 때 예수의 제자직은 이뤄진다. 바오로와 요한이 예수를 그리스도라고 '믿는' 이를 그리스도인으로 여겼다면, 마르코에게 그리스도인은 예수의 운명과 사명을 받아들여 끝까지 그분을 '따르는' 사람이다.

여기서 '자기 버림'은 즐거움을 포기하거나 자기 멸시, 자기 배척을 뜻하지 않는다. 그 말은 자기보다 예수의 뜻을 우선하고, 자기 식으로, 자기 중심으로 살려는 욕구와 자기 안전을 최우선으로 하려는 시도를 거부한다는 뜻이다(14장의 예수와 베드로 비교). 스스로 자기 존재를 규정하지 않고 자기에 대한 하느님의 뜻을 받아들인다는 것이다. 특히 '십자가'는 예수 당대는 물론 로마 제국에 살던 마르코 공동체에게도 종교적 상징이 아니라 생생한 '실제 상황'이었다. 로마 제국의 노예나 중죄인, 식민지의 반역자들을 처벌하는 대표적 사형 도구였던 십자가는 극도의 고통과 모욕이 따르는 비참한 죽음을 의미했다. "십자가라는 이름 자체를 몸에서 멀리할 뿐만 아니라, 로마 시민들의 생각과 눈, 귀로부터도 멀리 제거하라"(키케로). 여기서 제 십자가를 지라는 말은 예수와 복음에 충실할 때 수반되는 일상의 고통이나 부담, 박해와 희생까지 기꺼이 수용하라는 뜻이다. 마지막 "따라라"는 말은 예수와 함께 가는 길이 위험할 수 있지만, 그 길은 생명을 주기에 동참하라는 뜻이다. 이 말은 현재 명령형으로 기술되어 '지금, 그리고 계속' 따르라고 요구한다. 결국 예수 제자의 관건은 그분을 그리스도로 고백하는 데 있기보다 그분을 끝까지 따르는 데 있다.

뒤이어 예수께서는 네 마디 독립어구를 들어 좀 더 자세하게 설명하신다(8,35-38). 각 어구는 "정녕"(*gar*)이란 말로 시작하여, 방금 말씀하신 내용이 참된 까닭을 밝힌다. 첫 마디는 예수와 복음을 위하여 목숨(프시케*psychē*, 육체와 영혼을 포함한 인간 존재 전체)을 잃는 이는 목숨을 구한다고 설파하신 내용이다(8,35). 하느님께서 은총으로 주시는 새 생명을 생각할 때 이 역설의 말씀을 받아들일 수 있다. 독일 신학자 본 회퍼는 가혹한 이 말씀의 뜻을 이렇게 표현했다. "예수께서 누구를 부를 때는 그에게 와서 죽으라고 명하시는 것이다"(〈제자직의 대가代價〉 2장). 실제로 그렇게 죽으라고 소명을 받는 이는 거의 없겠으나 이 말씀은 그런 정신으로 매일 살라고 촉구한다.

다음 두 마디(8,36-37)는 사람의 목숨이 얼마나 값진지 경제 용어를 수사 의문문으로 표현한다. 대답은 언제나 부정이다. 즉 온 세상을 얻어도(벌어들여도, 야고 4,13; 티토 1,11 참조) 제 목숨을 잃으면, 그것은 이득이 아니라 '손해'다. 사람이 제 목숨의 대가로 내놓을 것은 없기 때문이다. 윗 구절과 연결해 보면 사람의 목숨은 어떤 소유물과도 비할 수 없이 귀한데, 그것을 구하는 유일한 방법은 예수를 따르는 제자의 길이라는 말씀이다. 흔히 접하는 세상의 평가와 복음이 선포하는 궁극적 평가를 잘 식별해서 선택하라는 말씀이다. 대표적 예가 재산 때문에 예수를 따르지 않은 부자이다(10,21-22). 그래서 흔히 자신의 소유(재산 · 지식 · 권력 · 명성 · 건강 등)로 목숨을 확보하려는 노력은 헛수고로 끝난다(루카 12,16-21에 나오는 어리석은 부자 참조).

네 번째 말씀(8,38)은 하나의 종말론적 말씀이다. 당시 지중해 문화권에서 가장 중시되던 가치는 명예였다(시편 25,1-3 참조). 감옥에 갇히거나 구설수에 오르면 명예를 잃고 수치를 당한다. 또 사회적 신분이 낮아지거나 사회 관계가 단절된다. 이와같이 '부끄럽게 여기다'는 말은 개인 감정이 아니라 한층 실제적이고 사회적 의미를 내포하고 있다. 다시 말해 하느님 대신 다른 것을 좇는 "절개 없고(직역: "간음하고", 하느님에게 충실하지 않는) 죄 많은" 이 세대에서, 누구든지 사회와 일상에서 압력을 받아 예수와 그분의 '말씀'을 부끄럽게 여겨 부정하면, 그는 마지막 때에 자기 아버지의 영광에 싸여 거룩한 천사들과 함께 오시는 사람의 아들에게서 거부당하리라는 경고의 말씀이다(다니 7,2-27 참조). 수치스럽다고 십자가를 회피하는 이는 예수와 함께 영광에 참여하지 못한다는 심판의 말씀이다. 이 말씀은 기존 사회에서 박해받고 유다교에서 내쳐진 초기 그리스도인들에게 힘과 위로를 주었을 것이다. 마찬가지로 오늘의 독자에게도 주님을 충실히 따르고 과감하게 증거하도록 북돋워 준다.

"사실 그리스도 예수님 안에서 경건하게 살려는 이들은 모두 박해를 받을 것입니다"(2티모 3,12).

뒤따라 주어지는 예수의 장중한 약속〔"내가 진실로(*amēn*) 너희에게 말한다"〕은 제자들을 격려하는 종말론적 말씀의 절정이다. "여기에 서 있는 사람들"(9,1), "절개 없고 죄 많은 이 세대"(8,38) 사람들 가운데 하느님의 나라가 권능(*dynamis*)을 떨치며 오는 것을 볼 사람들이 더러 있다고 이르신다. 당시 사람들은 하느님 나라와 사람의 아들이 큰 권능과 영광을 떨치며 구름을 타고 오는 것을 보리라(13,26; 참조 마태 16,28)는 약속이 당대에 성취되지 않았다고 여겼다. 그러나 신앙의 눈으로 바라보면, 예수께서 행하신 기적(*dynamis*, 6,2.5.14; 9,39)에서, 그분이 십자가에 달려 죽어 영광스럽게 되고 부활하신 일에서 약속이 일부 실현되었음을 깨달을 수 있다. 또 자신을 버리고 제 십자가를 지고 예수를 따르는 이들은 삶 속에서 작용하시는 하느님의 권능을 알 수 있다. 그들에게 하느님 나라의 신비가 주어졌기 때문이다(4,11). 정작 문제는 하느님의 통치, 그분의 권능이 사람들의 기대와 엇나간 방식으로, 예컨대 메시아의 죽음과 부활로 나타난다는 데 있다. 그러므로 이 약속은 자기를 버리고 지금 드러나고 있는 하느님 나라에 참여하라고, 긴급하게 응답하라고 촉구하는 말씀인 셈이다. 예수의 초대에 응답할 수 있는 시간, 살아 있을 시간이 얼마나 될지 모르기 때문이다.

결국 제자로 부르시는 모든 말씀은, 사람들에게 익숙한 세상의 지혜와 타성에 젖은 신앙생활, 안주하려는 타고난 성향을 끊고 당신에게 오라는 도전이요, 경고이자 격려이다. 이에 따라 한 걸음 더 나가면 그만큼 그분을 더 알게 되고, 아는 만큼 그분의 생명에 더 가까워진다. 앎과 행함은 맞물려 움직인다. "누가 삶에서 예수를 따르지 않는 한 그분을 참으로 알 수 없고, 그분을 먼저 알지 않는 한 참으로 그분을 따를 수 없다"(한스 덴크).

2. 예수, 영광스러운 모습을 보이시다(9,2-29)

지금 예수께서는 마지막 때에 이루어질 일을 드러내어 알려 주셨다. 그리고 실제로 그것을 보여 주신다. 예수의 변모(*metamorphō*)는 그분의 모습(*morphē*)이 변하는 것이지, 그분의 신원이나 본질이 바뀌는 것은 아니다. 그분의 변모는 지금 감추어져 있으나 언젠가 온전히 드러날 당신의 신적 모습을(필리 2,6-11), 그분과 함께 계신 아버지의 영광을(8,38) 흘낏 드러낸다. 왜 이 자리에서 그 일이 벌어질까? 먼저 본문의 틀을 보면, 산 위에서 이루어진 그리스도의 변모(9,2-8)와 산 아래로 내려오면서 나누는 대화(9,9-13)로 나뉜다. 앞부분에서는 초월 체험을 기술하고, 뒷부분에서는 그 의미를 성찰한다.

1) 그리스도의 현현(9,2-8)

엿새 뒤, 그러니까 제7일에 일어난 일이다(성경에서 7은 완성과 특별한 계시를 의미하기에 베드로의 고백 후 7일을 뜻할 수 있다). 이제껏 날짜를 표시하지 않던 마르코의 이례적 표현이다. 마르코가 날짜를 명기한 것은 주로 수난 기사이다. 그렇다면 이 내용은 수난 기사와 연관되는가?(수난도 7일간의 일이다) 앞에서 예수께서는 당신의 죽음과 십자가와 영광에 관해 심각하게 대화를 나누셨고(8,31-9,1), 그 맥락은 이어진다. 이야기의 배경은 구약성경에 나오는 모세 기사이다(특히 탈출 24장과 34장). 모세도 이렛날에 부르심을 받고 산에 올라갔는데(탈출 24,16), 예수는 모세를 훨씬 능가하는 분이시다.

예수께서는 베드로와 야고보와 요한을 따로 데리고 높은 산에 오르셨다(9,2). 그들은 예수와 가장 가까우면서도 예수의 수난을 받아들이기 어려운 제자들이다(8,32의 베드로, 10,35-37의 야고보와 요한). 이름을 알 수 없는 "높은 산"은 하늘과 가장 가까운 장소요 특별한 계시의 장소다(탈출 24,16의 시나이 산 참조). 그래서 하느님의 영광과 권능이 드러나는 거룩한 곳이다.

그때 제자들 앞에서 예수의 모습이 급격히 변하였다. 그분의 옷은 새하얗게 빛났다(9,3). 이 빛은 흔히 구약성경의 불기둥이나 산, 성소, 묵시적 환시에 나오는, 하느님의 현존을 인식케 해 주는 천상의 빛(*Shekinah*)을 연상시킨다(반사된 것이 아니라 스스로 내는 빛이다). 시나이 산에서 하느님과 대화를 끝내고 내려온 모세의 얼굴은 빛났고(탈출 34,29), 예수 부활을 알리는 천사의 옷도 하얗다(16,5). 특히 묵시문학적 배경에서 새하얀 옷은 종말의 법정에 앉아 계신 "연로하신 분"(다니 7,9)의 옷이요, 순교자들의 옷이다(묵시 3,5.18; 4,4; 6,11; 7,9.13 참조). 그런 면에서 흰옷은 그분이 죽어(8,31) 영광스럽게 되심을(8,38) 뜻한다.

그들 앞에 엘리야가 모세와 함께 나타나서 예수와 이야기를 나눈다(9,4). '나타나다'(*horaō*)는 성경에서 하느님의 현현과 환시 기사에 많이 쓰인다. 그들의 대화 내용은 알 수 없으나, 예수의 수난 예고와 연관된 것으로 보인다. 엘리야와 모세는 둘 다 시나이 산에서 하느님의 현현을 체험했다(탈출 24,10; 1열왕 19,11-18). 그들은 또 하느님의 영을 받아 백성을 야훼 신앙으로(엘리야), 하느님의 백성으로 이끈 지도자다. 여기서 엘리야가 모세보다 앞서 소개된 점이 특이하다. 엘리야는 죽지 않고 승천하였으며(2열왕 2,9-12; 집회 48,9; 1마카 2,58) "주님의 크고 두려운 날"을 알릴 예언자로 오실 이(말라 3,23)로서, 이어지는 이야기에 등장할 것이다(9,11). 율법을 준 모세는 예수 시대의 유다 사회에서 '거룩한 위인'으로 각별히 존중받았고, 천상 영광으로 들어올려졌다는 전승까지 생겼다(필로, 《모세》 2,288; 요세푸스, 《유다 고대사》 3권 5,7). 그리스도교는 그들을 이스라엘의 예언자와 율법의 대표자로 간주한다. 그들이 지금 여기에 나타나 예수와 대화하며 그분의 신비에 참여하는 것은 옛 시대의 약속이 예수 안에서 성취됨을 입증하며, 예수께서는 그들과 다르고 더 뛰어난 분이심을 알린다. 또 그들이 중대한 사명을 맡고 극히 힘들어할 때 하느님께서 나타나 격려해 주셨던 사건을 상기시킨다. 이제 예루살렘을 향하여 십자가의

알렉산드르 이바노프, 거룩한 변모, 1850년대, 트레티야코프 미술관, 모스크바.

길 어귀에 들어선 시점에서, 수난 후에 받으실 예수의 영광을 예시하며 제자들을 격려한다.

이 긴장된 순간에 베드로가 대변자로 나서서 말한다. 그는 예수를 "스승님"〔라삐(*rabbi*): '나의 위대하신 이' 또는 '나의 주인'〕이라고 부르며(마르코 복음서에서 이 호칭은 선생을 넘어선 더 정중한 표현이다. 11,21; 14,45 참조), 세 분께 초막 셋을 지어 드리겠다고 말씀드린다(9,5). 사실 제자들은 겁에 질려 있었으니(9,6) 신적 현현 앞에서 두려움과 매혹, 공포를 느낀 것이다. 이 초막은 마지막 때 약속된 쉼터로 생각할 수 있고(즈카 8,3.8), 천상 존재들의 지상 거처로 세워 변모 체험을 지속시키려는 것일 수 있다("저희가 여기에서 지내면 좋겠습니다"). 하지만 베드로는 예수께서 벌써 드러내셨던 영광을 알아보지 못했듯이(4,41; 6,50), 여기서도 그분은 엘리야와 모세와 같은 신분이 아니며 그분이 머무르실 곳은 초막이 아니라 십자가의 옥좌임을 알지 못한다.

그때 구름이 일어 제자들을 덮는다. 하늘과 땅을 이어 주는 구름은 하느님의 현존을 감추거나 드러내면서, 계시와 신적 통교를 상징한다(탈출 13,21; 19,9; 33,9; 민수 9,15 참조). 여기서 구름은 하느님께서 예수와 함께 계심을 암시한다. 구름 속에서 들려오는 소리는 세례 때에 하신 말씀("내가 사랑하는 아들" 1,11)과 같고, 단지 "너희는 그의 말을 들어라"는 명령어만 덧붙여진다(9,7; 참조 신명 18,15.18). 여기서 하느님께서는 세례 때 예수에게만 계시하셨던 예수의 특별한 신원을 제자들에게 손수 알리신다. 그럼으로써 비록 이해할 수 없더라도 예수의 말에 순종하라고, 그것이 당신의 뜻에 부합된다고 암시하신다. "그의 말"은 앞에 나온 예수의 말씀을 총칭할 수도 있지만, 맥락상 바로 앞에 나온 수난 예고와 제자직에 관한 가르침을 가리킨다. 이는 예수께서 걸으실 수난과 죽음의 길을 끝까지 따라서 생명을 얻도록 제자들을 격려한다. 제자는 모름지기 스승의 말씀을 주의 깊게 듣고 그대로 실천하며, 예수를 통해 밝히시는 하느님의 구원 계획에 순종해야 한다(신명 6,4 참조).

그 순간 "더 이상 아무도 보이지 않고 예수님만 그들 곁에 계셨다"(9,8). 놀라운 체험은 순식간에 끝났다. 이것이 역사적 사건일까? 분명히 알 수 없지만, 이미 주님의 부활을 체험한 복음사가와 신자들이 예수께서 영광을 받으신 미래의 모습을 흘낏 엿본 것으로 이 장면을 이해하는 학자들이 많다. 즉 예수의 부활과 승천, 하느님 오른편에 앉으심 등을 배경으로 그것을 앞당겨 소개한 장면으로 보는 것이다(사도 1,9; 필리 2,9-11 참조). 여하튼 이 장면은 예수의 신원을 종합하여 소개하면서(8,30의 "그리스도", 8,31의 "사람의 아들", 9,7의 "하느님의 사랑하는 아들"), 이스라엘의 메시아인 하느님의 아들이 수난당하고 죽는 '사람의 아들'이라고 계시한다는 점이 중요하다. 그리하여 하느님의 뜻에 순종한 예수의 고난으로 하느님의 영광이 드러나며, 그것은 부활 신앙에 의해서만 이해될 수 있다고 가르친다.

이 사건은 거룩하고 놀라운 체험이다. 하지만 기적 체험과 같이, 이 체험도 제자들의 믿음을 키우지 못한다. 그들이 이를 이해하고 수용하여 변화될 때가 아직 이르지 않았기 때문이리라. 내 눈으로 한번만 본다면! 우리는 종종 놀라운 이적과 신비로운 체험을 통해 믿음이 성장하길 갈구한다. 하지만 우리가 겪는 사건의 신비로운 차원을 보고 이해할 수 있는 눈과 마음이 열리지 않은 상태에서, 성령의 인도를 받지 않는 처지에서 그런 체험은 어떤 열매도 맺지 못한다. 변모를 비롯한 신비 체험의 목적은 한때의 황홀경을 기념하여 초막을 세우는 것이 아니라 '그분의 말을 듣는 것', 험하고 고달픈 세상에서 그분과 함께 고난의 길을 걷도록 이끄는 데 있다.

교회는 사순 제2주일(나해) 전례에서 이 단락과 함께 창세 22장과 로마 8,31ㄴ-34을 봉독한다. 하느님께서는 아브라함에게 "네가 너의 아들, 너의 외아들까지 나를 위하여 아끼지 않았으니"(창세 22,12) 하고 칭찬하신다. 우리도 이 변모 기사에서 우리를 위하여 당신의 외아들까지 내놓으시는 하느님의 극진한 사랑을 읽는다. 아울러 죽기까지 그 뜻에 순종하신 예수의 헌신과 사랑을 배우며, 제자로서 그분이 앞서 가신 십자가 길을 걸어갈 힘을 얻는다.

성경은 사건이 이루어진 장소를 분명히 밝히지 않는다. 다만 '높은 산'이라는 표현에서, 카이사리아 필리피 뒷편의 헤르몬 산(해발 2700m) 또는 헤르몬 산맥이 뻗어내린 북부 갈릴래아의 고산지대로 추정할 수 있다(《열두 선조의 유언》, 레위의 유언 2,5 참조). 옛 전승에 의하면 언제나 눈으로 덮여 있는 헤르몬 산은 '거룩한 산'으로 불렸다(2베드 1,18 참조: "우리도 그 거룩한 산에 그분과 함께 있으면서, 하늘에서 들려온 그 소리를 들었습니다." 유다 전승에서 거룩한 산은 모리야, 시나이, 예루살렘의 성전 산이다). 그러나 그리스도교 전승은 4세기부터 갈릴래아 호수 남서쪽 16km에 있는 타볼 산을 사건의 발생지로 여겼다. 그렇게 된 연유는 불가타 성경에서 예수께서 세 제자를 "따로" 데리고 가셨는데, 그

"따로"를 산을 꾸미는 형용사로 잘못 이해하여 따로 있는 산을 찾았기 때문이라고 한다. 그런 견지에서 타볼 산은 해발 553m로 높지 않은 산이나 이즈르엘 골짜기 가운데 따로 우뚝 서 있어 '높은 산'으로 간주되었다고 주장하는 이들이 있다. 아무튼 타볼 산 위에 기도원이 처음 세워졌고(326년), 현재 '예수 변모 기념 대성당'이 건립되어 있다.

2) 예수와 제자들의 대화(9,9-13)

예수께서는 산을 내려오시면서 세 제자에게 그들이 본 것을 아무에게도 이야기하지 말라고 분부하신다(9,9). 이는 그리스도의 신원에 대한 혼란이 있을 때마다 마지막에 덧붙여지는 말씀이다. 그런데 지금 말씀에는 특별히 침묵 기간이 명시되어 있다. "사람의 아들이 죽은 이들 가운데에서 다시 살아날(직역: 일으켜질) 때까지" 잠시 침묵을 지키라는 명령이다. 이 단서가 이른바 '메시아의 비밀', 곧 메시아의 신원에 대해 침묵하라는 명령을 이해할 수 있는 실마리다. 다시 말해 예수의 수난, 죽음, 부활을 체험하고, 그것을 전체로 보아야 예수의 신원과 변모 이야기의 의미를 제대로 이해할 수 있다는 뜻이다. 그렇지 않으면 예수의 일면만 강조되어 전해질 수 있기 때문이다.

제자들은 그 말씀을 지켰지만, 죽은 이들 가운데서 다시 살아난다는 말이 무슨 뜻인지 몰라 서로 물으며 혼란스러워한다(9,10). 엿새 전에 예수께서는 당신의 부활에 관해 분명하게 가르치셨건만(8,31: '사흘 만에'는 예수의 부활을, '엿새 뒤'는 예수의 재림을 의미한다고 보기도 한다), 지금 그들은 그때의 가르침(8,34-9,1)도, 하느님의 말씀(9,7)도 제대로 듣지 않는다. 그러니 변모의 의미를 이해하지 못하는 것이 당연하다. 부활의 신비를 이해하는 일은 언제나 결코 쉽지 않다.

문맥은 '그리스도 고백 - 메시아의 수난과 부활 - 마지막 때 나타날 그리스도의 영광'으로 흐르고 있다. 앞 사건의 의미를 뒷 사건에서 밝히고 확장하는 식으로 구성된다. 그런데 그리스도의 영광이 드러나고 사람의 아들이 다시 살아난다고 하는 말씀에(9,9), 전에 온다고 예언된 엘리야는 어떻게 된 것인가 하는 의문이 제기된다. 당시에는 엘리야가 먼저 와서 주님의 심판에 대비시킨 뒤에 죽은 이들의 부활이 이루어지는 주님의 날, 마지막 때가 닥친다고 믿었기 때문이다.

단락의 배경은 산에서 내려오는 도중이다. 영광스러운 천상 환시의 세계에서 수난과 죽음이 이어질 지상의 현실로 돌아오고 있다. 제자들은 예수께 왜 율법 학자들은 엘리야가 메시아보다 먼저, 주님의 날 이전에 와야 한다(말라 3,23)고 가르치는지 묻는다(9,11). 여기서 예수께서도 성경의 기록대로 엘리야가 먼저 와서 모든 것을 바로잡는다고 긍정하신다(9,12). '바로잡는다'는 말

예수의 갈릴래아 북부 여정 추정도

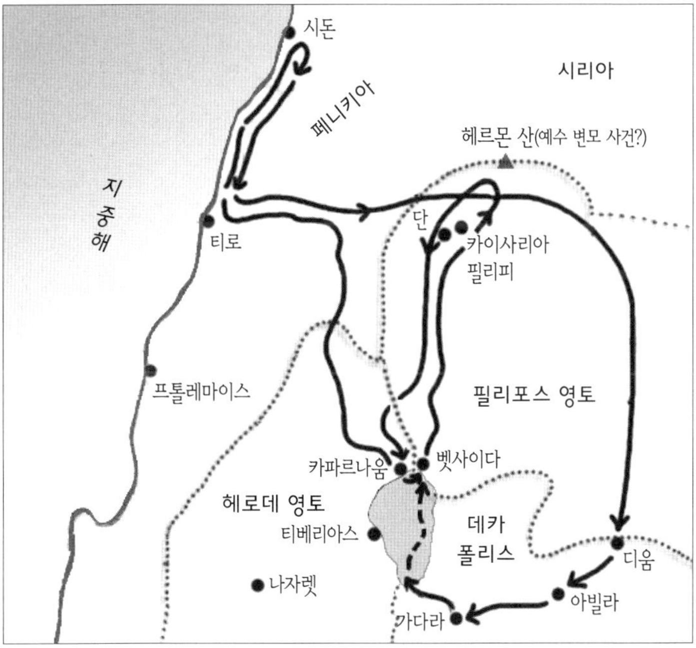

은 오시는 주님을 맞이하기 위하여 모든 것을 질서 있게 하고 본래의 상태로 되돌린다는 뜻이다(말라 3,24).

그런데 앞에서 엘리야로 소개된 세례자 요한은(1,6), '바로잡는 직무'를 다 수행하기도 전에 넘겨지고 처형되었다(6,14-29). 예수께서는 이를 '순종하지 않은 결과로 해석하신다(9,13). 곧 엘리야가 성경의 기록대로 왔지만, 사람들이 하느님의 뜻을 받아들이지 않고 제멋대로 그를 다뤘다는 것이다(1열왕 19,1-3 참조). 선구자의 운명은 메시아의 운명을 예시한다. 그래서 "사람의 아들이 많은 고난과 멸시를 받으리라"고 성경에 기록되어 있는 것도 같은 맥락에서 보아야 한다고 시사하신다(9,12). 사람의 아들인 예수의 수난과 죽음은(8,31) 앞서 온 엘리야인 세례자 요한의 고난과 죽음과 병행되기 때문이다. 둘의 고난과 죽음을 명시한 성경(구약) 기록은 없다. 이는 그리스도교가 몇몇 성경 구절(아마도 시편 22,7; 이사 52,13-53,12; 다니 7,13-27 등)을 예수 부활의 빛으로 해석한 결과다. 이는 그리스도가 겪을 수난과 죽음을 성경의 기록, 곧 하느님의 뜻으로 다시금 강조한다. 동시에 이미 온 엘리야와 예수의 수난을 통하여 마지막 때가 시작되었다고 밝힌다. 이러한 부연 설명을 통해 제자들은 하느님의 뜻에 따른 예수의 수난과 죽음을 좀 더 잘 이해할 수 있었다. 또 죽음과 부활이란 견지에서 예수의 변모를 살펴보면서, 참된 영광으로 가는 길이 바로 수난의 길이라는 것도 잘 받아들일 수 있었다.

"여러분은 현세에 동화되지 말고 정신을 새롭게 하여 여러분 자신이 변화되게 하십시오. 그리하여 무엇이 하느님의 뜻인지, 무엇이 선하고 무엇이 하느님 마음에 들며 무엇이 완전한 것인지 분별할 수 있게 하십시오"(로마 12,2).

3) 예수, 영에 사로잡힌 아이를 치유하시다(9,14-29)

이제 예수와 세 제자는 산을 완전히 내려왔다. 마을에 와 보니 남아 있던 제자들이 군중에게 둘러싸여 율법 학자들과 논쟁하고 있었다(9,14). 논쟁의 원인은 밝혀지지 않으나, 이어지는 내용으로 보면 영에 사로잡힌 아이를 고치지 못한 것이 원인이었던 것 같다. 왜 그토록 능력 있었던 예수의 제자들이(6,13) 아이를 고치지 못했는가? 이 이야기는 세 복음서에서 모두 예수의 변모 사건 뒤에 소개된다. 그럼으로써 스승의 능력에 제자들의 실패와 무능을 대조하면서 원인을 규명한다. 아울러 수난의 맥락 속에 드러나는 예수의 권능을 보이며, 수난에 대한 예수의 순종과 하느님의 뜻을 역설적으로 강조한다.

군중의 인사를 받으신 예수께서는 무슨 논쟁을 하느냐, 무엇이 문제냐고 물으며 사건에 개입하신다(9,15-16). 그 후 진행되는 이야기는 전형적 기적 사화지만 특히 병자의 상태가 자세하게 기술된다(9,17-22). 예수의 물음에 대답하는 이는 제자가 아니라 병자의 아버지다. 그가 밝히는 아이의 증상은 간질과 비슷한데(9,18.20.22), 아버지는 벙어리와 귀머거리 영(9,17.25) 때문에 그렇게 되었다고 설명한다(마르코의 입장도 같다). 여기서 예수와 더러운 영이 다시 대립하는데, 무척 길게 서술된 이야기(9,17-27)의 초점은 치유가 아니라 믿음과 기도다. "어째서 저희는 그 영을 쫓아내지 못하였습니까?"(9,28)

제자들은 아이에게서 영을 쫓아내지 못하였다. 예수께서 "믿음이 없는 세대"라고 탓하신(9,19; 참조 8,12; 신명 32,5) 이들 가운데는 거기 모여 있는 사람들(율법 학자, 군중, 아이의 아버지, 제자들)이 다 포함된다. 예수께서는 "내가 언제까지 너희 곁에 있어야 하느냐? 내가 언제까지 너희를 참아 주어야 한다는 말이냐?" 하며 탄식하신다(9,19). 수난 예고에서 드러났듯, 당신의 죽음이 멀지 않은데 제자들과 세상의 믿음은 성장하지 않았기 때문이다. 그렇지만 그분은 아이를 당신에게 데려오라고 이르신다. 아이에게 있는 영이 예수를 보자 아이를 뒤흔들어, 아이는 땅에 쓰러져 뒹굴었다. 아이의 아버지는 아이가 어릴 적부터 생명의 위협을 받았다고 말하면서, "하실 수 있으면" 자기들을 도와 달라고 청한다(9,21-22). 그는 예수의 권능에 대해서도 확신하지 못한다. 처음 있는 일이다(1,40의 "하고자 하시면" 참조).

예수께서는 당신이 아니라 그에게 믿음이 없는 것이 문제라고 일깨워 주신다. "믿는 이에게는 모든 것이 가능하다"(9,23). 이 말씀은 당신이 하느님의 구원 능력을 확고히 믿기 때문에 누구나 치유할 수 있다고 암시한다. 또 그들을 '믿는 사람'이 되라고 초대한다. 믿음을 가질 때 그에게도 하느님의 권능에 참여하는 통로가 열리기 때문이다. 그러면 믿음의 유무를 어떻게 알 수 있는가? 관건은 기도다. 예수의 말씀을 들은 아이의 아버지는 곧바로 외친다. "저는 믿습니다. 믿음이 없는 저를 도와주십시오"(9,24). 아무것도 변하지 않아 믿기 어려운 처지에서, 그는 아들의 치유와 함께 예수께서 그 일을 하실 수 있다고 믿지 못하는 자신을 도와 달라고 간청한다. 그는 자기의 불신앙과 나약함을 깨닫고 인정하며 예수께 도움을 호소한다. 이렇게 자신을 여는 것이 기도다.

예수께서는 아버지의 청원에 즉각 응답하시어 더러운 영을 꾸짖으며 말씀하신다. "내가 너에게 명령한다. 그 아이에게서 나가라. 그리고 다시는 그에게 들어가지 마라"(9,25). 영이 아이를 마구 뒤흔들어 놓고 즉시 떠나갔다(9,26). 예수께서 죽은 것처럼 된 아이의 '손'을 잡아 일으키시니 아이가 '일어났다'(*egeirō*, 이 단어는 흔히 예수의 부활을 예시한다. 1,31; 5,41 참조), "죽은 이들 가운데에서 다시 살아난"(9,10) 것처럼 표현된다. 처음으로 아이는 사람다운 모습을 되찾아 온전해졌고 아버지의 믿음은 한층 굳세어졌다(9,27). 엄청난 변화다. 여기서 치유된 당사자(아이)의 믿음은 전혀 거론되지 않아, 병자를 깊이 사랑하여 한 몸처럼 느끼는(9,22의 "저희를") 누군가의 부족한 믿음을 통해서도 치유가 일어날 수 있다고 보여 준다.

모든 일이 끝난 뒤, 예수께서 집에 들어가시자 제자들이 와서 왜 자기들이 실패했는지 묻는다(9,28-29). 예수께서 제자들에게 따로 주신 이런 가르침(4,10; 7,17; 9,28; 10,10 참조)은 흔히 초대 교회에서 예수의 가르침을 재해석하여 보편되고 권위 있는 가르침으로 제시한 것으로 여긴다. 이 대목에서 "믿음이 없는 세대"가 살 길은 믿음과 기도이고, 그것만이 하느님의 권능에 참여하는 통로로 중요하다고 강조한다.

마르코 복음에서 기도는 우리가 원하는 것을 얻고자 하느님을 경건하게 조종하는 게 아니다. 기도는 사탄과 맞대결하는 자리에서 하느님과 소통하는 것(1,13.35; 6,46)이요, 자신의 뜻을 하느님의 뜻에 복속시키고자 외롭게 몸부림치는 것(14,32-42)이다. 기도는 나와 세상이 하느님 안에서 바뀔 수 있다는 믿음을 배워 가는 과정이다. 믿음으로 기도하지 않으면 기도의 힘이 나타나지 않는다는 것이 이 대목의 마지막 결론이다(11,23 참조). 그렇다고 믿음으로 기도한다고 모든 일이 이루어지지는 않는다. 치유를 포함한 모든 힘의 원천은 하느님이시고, 그 힘은 그분의 뜻에서 드러난다. 중요한 것은 그분 앞에 나아가는 것, 도움이 필요한 이를 그분 앞으로 데리고 가는 것, 그분 안에서 기도하는 것과 아울러 그분의 선하신 뜻을 신뢰하고 그 뜻과 일치하는 것이다. 그것이 어려울 때 우리는 기도해야 한다. "믿음이 없는 저를 도와주십시오"(9,24).

여기서 제자들이 실패한 이유도 믿음이 부족하고 기도하지 않았기 때문이다. 어쩌면 소명 받고 파견될 때의 믿음을 잃어 버리고 마음이 굳어지면서 점차 무능해졌는지도 모른다. 알아보고 알아듣고 믿고 맡길 때 하느님의 사랑과 권능이 소통된다. 마르코 복음서에서 뒤로 갈수록, 예수의 죽음에 가까이 갈수록 믿음과 기도가 점점 강조된다. 사태가 악화되고 내 힘으로 어찌할 수 없는 절망과 무력감에 빠져 포기하고 싶을 때, 예수께서는 '깨어 기도하면서'(14,38) 그런 유혹과 싸우라고 일러 주신다. 제자들을 십자가 위의 영광으로 끝까지 데려가는 것은 믿음뿐이다.

제2장 두 번째 수난 예고와 가르침(9,30-10,31)

예수께서는 갈릴래아 지방을 마지막으로 지나가시면서 다시금 당신의 수난을 예고하신다. 이때는 가장 가까운 제자들만 가르치시는데, 줄곧 말씀과 행동으로 일러 주시는 이 가르침은 인간의 통상 관례와 행태에 도전하며 뛰어넘는, 새로운 공동체적 삶의 길이다. 그래서 새 질서에 걸맞는 공동체 내부의 규범이 소개된다. 어린이(9,36-37; 10,13-16), 부부(혼인과 이혼: 10,2-12), 공동체의 범주(9,38.41), 공동체 규범의 준수(9,42-50), 공동체 참여 거부(10,17-22) 등에 관한 내용이다.

또 이 대목에서는 비슷한 어구가 반복된다는 점이 특징이다. 가령 "내 이름으로"(9,37), "스승님의 이름으로"(9,38), "그리스도의 이름을 지닌 이"(9,41: "그리스도의 사람"으로 옮겨짐) 등은 '이름'으로 이어진다. 또 9,42-48은 '죄짓게 하다'는 말로 연속되고, 9,49-50은 '불'과 '소금'이란 단어로 말꼬리를 문다. 학자들은 초대 교회에서 말놀이를 이용하여 집성한 교리자료를 마르코가 이용했기 때문이라고 설명한다.

1. 예수, 두 번째로 수난을 예고하시다(9,30-50)

1) 배경(9,30)

갈릴래아는 예수께서 제자들을 처음 부르신 곳이요(1,16-20), 그들에게 돌아가 다시 오실 당신을 기다리도록 이르신 곳이다(14,28; 16,7). 그 고향 땅을 지나가시면서 그분은 누구에게도 알려지는 것을 원하지 않으셨다(9,30). 당신이 제자들을 따로 가르치고 계셨기 때문에(9,31) 방해받고 싶지 않으셨던 것이다. 군중을 측은히 여겨 그들을 마다하지 않으셨지만, 이제 무엇보다 제자 교육을 앞세우신다. 때에 따라 해야 할 일의 순위가 달라진다.

2) 두 번째 수난 예고(9,31-32)

예수께서는 다시 '길 위'에서 당신이 가실 '길'을 일러 주신다. "사람의 아들은 사람들의 손에 넘겨져 그들 손에 죽을 것이다. 그러나 그는 죽임을 당하였다가 사흘 만에 다시 살아날 것이다"(9,31). 세 차례의 수난 예고 말씀 중 이번 말씀이 가장 짧고 오래된 것 같으며, 포괄적이다(그래서 수난 사화에서 생겨난 구절로 보기도 한다). 수난, 죽음, 부활 등 예고되는 내용은 같으나, 여기서 사람의 아들을 넘겨받아 죽게 하는 이는 "사람들"이다(권력, 능력을 상징하는 그들의 "손"이 죽일 것이다). 그렇다면 그분을 실제로 죽게 한 사람들은 예수의 권위에 계속 도전했던 유다의 지도자들인가?(3,6; 14,53-58) 로마인들인가?(15,6-15) 모두 도주한 제자들인가?(14,50.66-72) 사람들은 보통 다양한 모습으로 서로 관련하여 삶의 진실과 진리를 은폐하거나 저버린다. 그런 의미에서 "사람들"이란 포괄적 어휘는 인류 전체가 그분의 죽음과 연관되어 있다고 시사한다. 이 짧은 어구에서 예수의 죽음은 두 번이나 반복되어 강조된다.

여기서 나오는 '넘겨지다'(*paradidōmi*)는 재판을 받거나 투옥되는 경우를 가리키는데, 유다 문헌에서 예언자들의 운명을 기술할 때 주로 쓰였다. 마르코는 이 단어를 세례자 요한의 운명을 나타낼 때(1,14 "잡히다"), 유다 이스카리옷의 범행을 묘사할 때(14,10-11 "넘기다"), 예수께서 수난당하시고 돌아가실 때(14,41; 15,1.10.15) 사용하였다. 초기 그리스도인들도 수동태로 표현된 이 단어가 예수의 죽음이라는 하느님 구원 계획의 필연성(로마 4,25; 8,32; 갈라 1,4;

2,20; 에페 5,2.25; 1티모 2,6; 티토 2,14 참조)과 함께 예수를 따르는 그리스도인들이 반드시 겪게 될 운명(마르 13,9-13; 사도 8,3; 15,26; 21,11; 28,17; 2코린 4,11 참조)을 표현하고 있다고 이해하였다.

제자들은 예수의 죽음과 부활에 관한 말씀을 여전히 알아듣지 못할 뿐 아니라 묻는 것조차 두려워했다(9,32). 두려움은 믿음이 없는 상태로 스스로를 웅크리게 한다. 예수께서는 상태가 악화된 제자들을 두려움에서 믿음으로 이끌기 위해 계속 가르치신다. 마르코가 솔직하게 제자들의 한계를 적은 반면, 루카는 그들을 변호한다(루카 9,45). 또 마태오는 아예 이런 언급을 빼버린 채 단지 "그들은 몹시 슬퍼하였다"(마태 17,23)고 적는다.

3) 제자직에 관한 두 번째 지침(9,33-37)

예수 일행은 카파르나움으로 가 집에 들어갔다(마르코 복음서에만 나온다). 집에서(한정된 공간) 예수께서는 "길(열린 공간)에서" 있었던 일에 관해 제자들에게 물으신다. "길에서 무슨 일로 논쟁하였느냐?"(9,33) 여기서 '다투다, 논쟁을 벌이다'의 뜻은 크게 들리지 않게 신경쓰면서 서로 떠드는 것을 의미한다(2,6-7의 '생각하였다'는 단어와 동일; 8,16; 11,31). 그들이 길에서 다툰 논제는 누가 가장 큰(높은) 사람이냐는 서열 문제였다. 그런데 예수께서 그것에 대해 물으시자 모두 당황하여 침묵만 지켰다(9,34). 자신들의 야심이 까발려져서 부끄럽고 무안했던 것이다. 그들은 머리가 나빠 예수의 가르침과 사명을 이해하지 못한 게 아니었다. 그들의 실제 삶에서 그분의 가르침을 실존적으로 수용할 수 없었던 것이다. 그들은 예수의 지향과 계속 엇나가고 있었다.

예수께서 자리에 앉으신다. '앉는다'는 자세는 스승이 공적으로 가르치는 자세다. 그리고 제자들 가운데 스스로 가장 크다고 여기는 지도자격인 '열둘'을 부르신다. 그런 다음 당신의 가르침이 가장 필요한 그들에게 참된 위대함의 본질에 대해 일러 주신다. "누구든지 첫째가 되려면, 모든 이의 꼴찌가 되고 모든 이의 종이 되어야 한다”(9,35). 기존의 가치관을 뒤엎는 이 말씀은 세 번째 수난 예고 뒤에 좀 더 자세하게 언급된다(10,43–45; 병행 마태 20,26–27). 공관복음서에 여러 번 나오며(마태 18,4; 루카 9,48; 22,26), 예수 가르침의 한 핵심으로 볼 수 있다. ‘섬김이 위대함의 잣대’라는 가르침은 어느 시대나 낯선 것이다. 예수께서는 첫째가 되고자 하는 욕구 자체를 부정하지 않으셨다. 그러나 위대함을 새롭게 규정하여 세상의 우선순위를 뒤바꾸시어 성공에 관한 세상의 기본 전제에 근본적으로 도전하신다.

예나 이제나 인간 사회에서 위대함의 잣대는 권력이다. 권력은 자신의 욕망을 충족하고 자신의 의지를 다른 사람에게 강제할 수 있는 다양한 힘이다. 이러한 힘을 상대보다 많이 가졌을 때 ‘성공했다’고 부른다. 교회까지도 많은 신자와 재원, 유력한 신자들을 모아 ‘영향력 있고’, ‘힘 있는’ 조직이 되길 바라며 애쓴다. 일찍이 현인은 “이 또한 바람을 붙잡는 일”(코헬 1,17; 참조 2,11; 4,4; 6,9)로 헛되다고 갈파했다. 예수께서는 한걸음 더 나아가 이 기준을 뒤엎으신다. 신분과 계급에 따른 철저한 위계사회인 1세기 지중해 세계에서, 명예를 최고 가치로 여기던 사회에서 그분은 권력이 아니라 섬김으로 위대함을 재고 가르치실 뿐 아니라 삶에서 보여 주신다.

예수께서는 어린이 하나를 데려다가 그들 ‘가운데’ 세우신 다음 실제로 껴안으시어, 참된 위대함에 대한 가르침을 역설하신다(9,36–37). 고대에서 최근까지 어린이는 위계상 가장 하찮은 부류였다. 유아 사망률이 무척 높았던 당시에(5세 생존율이 절반 정도) 어린이는 온전한 사람으로 인정받지 못했다. 어린이는 사회 신분이나 영향력에서 가장 밑바닥이었고 존재 자체가 무시되었다. 그래서 어른들에게 쉽게 착취당했다(어린이 성폭행과 강제노동처럼). 예수께서는 그런 어린이를 가운데 세우고 껴안으시어, 무력하고 연약한 어린이 같은 이도 존중하고 돌봐야 하는 귀한 존재라고 일깨우신다. 하느님께서는 그런 이들을 통하여 일하시며, 하느님 나라에서는 그런 이들이 들어올려진다고 일깨워 주신다. 한편 ‘어린이’(*paidion*)란 그리스어가 칠십인역 이사 53,2(“주님 앞의 아이처럼")에서는 고난받는 종을 가리키기에, 어린이를 '고난받는 종'으로 볼 수도 있다.

이제 논쟁의 방향이 바뀐다. 제자들은 어린이와 같이 낮은 자가 되어야 한다(10,15 참조). 낮은 자는 경쟁의 대상이 아니라 선택의 대상이다. 낮은 자의 세계에서는 위계질서가 무너진다. 하지만 그 세계에 머무르려면 믿음과 용기, 하느님의 은총이 필요하다. 예수께서는 "이런 어린이 하나를 내 이름으로 받아들이면 나(예수)를 받아들이는 것이다. … 나를 보내신 분(하느님)을 받아들이는 것이다"(9,37) 하시며 의미를 심화시키신다. 당신처럼 제자들이 가장 낮은 자를 섬길 때, 그리스도를 만날 수 있을 뿐 아니라 하느님까지 뵐 수 있다는 약속이다. 하느님께서는 어린이 같은 무력한 존재에 가장 관심을 가지시기 때문이다. "성인은 항상 자신의 마음을 갖지 않고, 백성들의 마음을 마음으로 갖는다. 착한 사람에게 착하게 대하고, 착하지 않은 사람에게도 착하게 대한다. … 그러면 백성들은 그들의 눈과 귀를 그쪽으로 돌리니, 성인은 모두 그들을 어린애 상태로 회복시켜 준다"(《도덕경》 제49장, 최진석 옮김).

4) 제자됨에 관한 폭넓은 지침(9,38-50)

이어지는 세 단락의 말씀은 본디 독립 어구였는데, 이 자리에 놓여 제자됨에 관한 앞의 말씀을 더 상세하게 풀이한다.

(1) 제자 아닌 이의 마귀 추방(9,38-41)

제자는 어떤 존재가 되어야 하느냐는 가르침에 이어 제자단의 범주가 거론된다. 제자 요한은 누가 예수의 이름으로 마귀를 쫓아내는 것을 보고, 그가 제자단을 따르는 사람이 아니어서 그렇게 하지 못하도록 막으려 했다고 말씀드린다. 이 단락에서도 여전히 '예수의 이름'이 거론되고 그를 '막아야'(9,38) 하느냐 '막지 말고'(9,39) '받아들여야' 하느냐가 관건으로 떠오른다.

교회사에서 보면, 이는 예수 시대가 아니라 사도 시대에 쟁점으로 떠오른 문제였다. 본문에서도 마귀 쫓는 이가 예수의 이름으로 마귀를 쫓는데, "저희(제자들)를 따르는 사람이 아니므로"(9,38) 문제가 된다. 사도단이나 사도들의 가르침을 받는 교회공동체에 속하지 않는 이가 예수의 이름으로 일할 때, 특히 성령의 은사를 받아 일하고 있다고 주장할 때 그를 교회의 한 사람으로 인정할 것인가는 실로 미묘한 문제였다. 공동체의 범주, 정체성과 연관되기 때문이다. 이러한 사건은 초대 교회에서 흔히 벌어졌으며 받아들이는 기준이 다양하게 제시되었다. 마태오 공동체(마태 7,16)와 1세기 말 문헌인 〈디다케〉(11,8-12)는 그의 행실로, 요한 공동체는 "예수 그리스도께서 사람의 몸으로 오셨다"는 고백(1요한 4,2)으로 판단하고자 했다. 2세기 초 문헌인 《헤르마스의 목자》는 전체 공동체와 온전한 관계를 맺는지 보아야 한다고 했고, 2세기 말 문헌인 〈위僞 클레멘스서〉(강론 2,10)는 그가 발설한 예언이 성취되는지 여부를 기준으로 하자고 주장했다. 또 3세기 초 문헌인 〈위僞 바오로서〉(3코린 3장)는 사도들의 권위를 수용하는지 여부를 기준으로 삼았다.

이에 대해 마르코가 전하는 예수의 답변은 분명하다. '교회는 독점되거나 배타적이면 안 된다.' 요한처럼 '저희를 따르지 않는다'고 내치는 제자들은 예수를 따라야 하는 제자의 본분을 잃은 자다. 윗 대목에서 약한 자를 '받아들이라'고 하였듯이, 여기서도 넓은 마음으로 좀 더 대범하게 교회 울타리 밖의 사람들을 받아들이라고 가르치신다. 그 근거로 첫째, 예수의 이름으로 일하는 이는 그분을 나쁘게 말하지 않는다(9,39). 둘째, 좀 더 크게 보면 우리(예수와 열두 제자)를 반대하지 않는 사람은 사실상 우리를 지지하는 것(9,40)이다. 이 표현의 배후에는 묘한 역설이 들어 있다. 앞에서 제자들은 더러운 영을 쫓아내는 권한을 받고도(6,7) 쫓아내지 못했는데(9,14-29), 그런 권한을 받지도 못한 어떤 사람은 예수의 이름만으로도(설령 그것을 주문처럼 사용했더라도) 마귀를 쫓아내는 "기적"(*dynamis*)을 일으킨다(9,39). 마귀 추방이란 제자의 사명에서 보면, 그도 제자라 할 수 있다. 어떻게 이런 일을 이해해야 하는가? 마귀를 쫓아내는 권한과 권능의 원천은 제자단이 아니라 예수의 이름으로 대변되는 예수, 또는 그분과 함께 계신 하느님이시다. 따라서 그분의 영께서 자유롭게 움직이며 사람들을 마귀에서 해방하는 당신의 뜻을 이루신다면, 그것을 부정하지 말라는 가르침으로 이해할 수 있다.

"내가 진실로(*amēn*) 너희에게 말한다"며 엄숙하게 이르시는 세 번째 말씀에 거의 언급되지 않던 '그리스도'란 단어가 소개된다. 예수께서는 "그리스도의 사람이기 때문에" 박해받고 고통받는 그에게 마실 물 한 잔이라도 주는 사람, 아주 작은 물질적 도움이나 위로를 베푸는 이(신앙 유무와 관계없이)는 자기가 받을 상을 결코 잃지 않게 되리라고(종말에?) 단호하게 약속하신다(9,41). 요한을 비롯한 제자들이 가르침의 왜곡이나 경쟁 세력(?)을 우려하여 공동체의 범위를 좁히고 울타리를 치려 했다면, 예수께서는 특권 의식을 배제하며 한없이 너그러우신 하느님처럼 자비를 베푸는 모든 사람에게 문을 활짝 열어 놓으신다. 그의 배경이 어떠하든, 하느님 나라에서 다른 그리스도인이나 선의를 지닌 사람들을 적수나 경쟁자로 여기지 말라는 가르침이다.

그렇기에 예수 제자들의 나눔과 섬김과 베풂은 공동체 내부에 그쳐서는 안 되고, 예수의 이름으로 행하는 모든 이에게 미쳐야 한다. 바오로 역시 "성령에 힘입지 않고서는 아무도 '예수님은 주님이시다' 할 수 없습니다"(1코린 12,3)라고 밝힌다. 성령에 힘입어 하느님의 자비를 실천하거나 예수를 주님으로 고백하며 일하는 이들은 모두 그리스도인이라는 이야기다.

연중 제26주일(나해) 전례 중에 이 대목(9,38-48)은 원로 칠십 명이 주님의 영을 받는 기사(민수 11,26-29)와 함께 봉독된다. 모세의 지시를 따르지 않고 진중에 남아 있던 두 원로에게 하느님의 영이 내려 그들도 예언하자, 여호수아는 그들을 말려야 한다고 펄펄 뛴다. 그러나 모세는 타이른다. "너는 나를 생각하여 시기하는 것이냐? 차라리 주님의 온 백성이 예언자였으면 좋겠다." 모세와 예수의 가르침은 하느님에 대한 소유권을 주장하는 듯한 편협한 태도, 하느님의 자유를 부정하는 오만함, 다른 식으로 신앙을 표현하는 이들에 대한 적대감을 버리고 넘어서라고 촉구한다. 하느님 백성에게 좀 더 열려 있고 받아들이는 자세를 가지라고 이르신다.

(2) 죄짓게 하는 걸림돌이 되지 말라는 경고(9,42-48)

앞에서 말한 '어린이', 신분이 낮고 신앙이 약한 이들, 새로 된 제자들이 "나를 믿는 이 작은 이들"(9,42)로 다시 언급된다. 이제 요한 등 열두 제자는 그리스도 공동체의 가장 작은 자들과 갖는 관계에 유의해야 한다. 그 작은 이들은 그리스도인의 우애 속에 받아들여져야 하고(9,37), 그리스도의 이름으로 일할 수 있도록 허용되어야 하며(9,38-41), "하나라도" 죄짓지 않도록 보호받아야 한다(9,42). 세 차례 나오는 핵심어 "죄짓게 하다"〔직역: 걸려 넘어지다(*skandalizō*)〕는 말은 믿음의 길에 장애물을 놓아 하느님 나라의 복음을 거부하고(6,3), 예수를 따르지 못하게(4,17; 14,27.29) 하는 것을 뜻한다. 그렇게 걸려 넘어지게 하는 일은 생명과 자유의 원천이신 예수께 나아가지 못하게 하므로 죄짓게 하는 짓이다. 그러므로 그렇게 하느니 차라리 나귀가 돌리는 연자매를 목에 걸고 바다에 던져지는 편이 더 낫다고 제자들에게 경고하신다(9,42: 요세푸스에 따르면 이런 처형법이 있었는데, 그럴 경우 시신을 안장할 수 없어 죽은 이가 안식을 누릴 수 없다고 믿었다).

그뿐 아니라 그리스도인은 스스로도 죄짓지 않도록 주의해야 한다. 여기서 예수께서는 '손, 발, 눈'이라는 친숙한 소재를 이용하여 무척 생생하고 강력하게 비유 말씀을 하신다(9,43.45.47). 이런 비유의 배경으로 간음죄나 절도죄를 지은 사람의 손이나 발을 실제로 잘랐던 중근동 일대의 사법 관행을 고려할 수 있다(지금도 일부 이슬람 국가에서 시행하고 있다). 아니면 '손과 발과 눈'에서 공격적 행동이 나와 죄짓게 한다고 여긴 유다인들의 사고방식을 생각해 볼 수 있다(욥 31,1.5.7 참조). 그 배경이 어떻든, 이 구절들은 실제로 손이나 발

나귀가 돌리는 로마 시대의 연자매, 바티칸 박물관.

현대의 연자매

을 잘라 버리고 눈을 빼 던지라는 명령이 아니다. '죄짓게' 하거나 죄짓는 결과가 얼마나 끔찍한지, 하느님에게서 떨어져 나가는 삶이 얼마나 비참한지 생생하게 보여 주는, 셈족 특유의 과장법이다(여기서 "잘라 버리다"는 말은 진지하고 심각하게 여기라는 뜻이다).

이 단락의 의미는 다양하다. 좁게 보면 예수의 제자 개개인이 손과 발과 눈을 다스리는 자신의 의지를 결연히 하여, 죄짓지 않고 생명으로 들어가도록 목숨 걸고 노력하라는 충고로 알아들을 수 있다. 이때 죄짓는 행위는 윤리적 행위로 한정되지 않는다. 예수 제자의 길을 걷지 않고 '하느님의 일'보다 '사람의 일'을 선택하면 하느님 나라로 들어가지 못한다. 넓게 보면 몸(공동체를 가리킴, 1코린 12장 참조) 전체를 지키기 위해 걸려 넘어지게 하는, 예수 제자의 길을 가로막는 공동체 내부의 악한 요소(손, 발, 눈)를 식별해서 없애야 한다는 충고로 새길 수 있다. 이런 표현이 생겨난 역사적 배경은 박해와 시련으로 공동체의 유대가 깨지고 배교자들이 생겨났던 초대 교회, 특히 마르코 공동체의 상황일 수 있다.

언제나 그리스도인은 더 중요한 것이 무엇인지 늘 분명히 인식하고 대처해야 한다. 특히 믿음이 약한 동료 그리스도인이 신앙의 길에서 돌아서지 않도록, 자신의 말과 행동이 걸림돌이 되지 않도록 무척 조심해야 한다. 믿음이 나약한 사람의 약점을 그대로 받아 주어야지 자기 좋을 대로 해서는 안 된다(로마 15,1). 기준선을 가장 아랫쪽에 맞추라는 가르침은 여전히 충격을 주며 세상의 상식과 어긋난다. 그래서 이것 역시 '십자가를 진다'는 근본 가르침을 일상에 적용한 예라 할 수 있다.

이 단락에서 생략된 44절과 46절은 대다수 사본에도 빠져 있는데, 일부 사본에는 48절의 내용("지옥에서는 그들을 파먹는 구더기도 죽지 않고 불도 꺼지지 않는다")이 44절과 46절과 동일하게 반복되어 있다. 지옥(그리스어 게헨나*Gehenna*)은 본래 예루살렘의 남서쪽에 위치한 벤 힌놈(아람어 헨나*Henna*) 골짜기를 가리키는 말이다. 그곳에서 몰록 같은 이방신에게 어린이를 번제물로 바치는 이방 제의가 행해졌기에(그런 야외 산당을 '용광로'를 뜻하는 토펫이라 부른다), 그곳을 부정한 터요 악의 상징으로 여겼다(2역대 28,3; 33,6). 그 뒤 요시야 때(2열왕 23,10) 그곳을 부정하게 만든 후 예루살렘의 쓰레기장으로 쓴 것 같다. 예레미야가 그곳을 심판한 뒤(예레 7,31-32), 그곳은 불과 악취 속에 심판받은 악인이 벌받는 지옥의 이미지로 떠올랐다(유딧 16,17; 이사 66,24 참조).

가톨릭교회는 지옥의 존재와 영원함을 가르친다. 죽을 죄의 상태에서 죽는 사람들의 영혼은 지옥으로 내려가 영원한 불의 고통을 겪는다. 지옥의 영원한 고통은 하느님과 영원히 단절되는 것이다(《가톨릭교회 교리서》 1035). 그러나 "하느님께서는 아무도 지옥에 가도록 예정하지 않으신다"(《가톨릭교회 교리서》 1037).

(3) 맺음말: 소금에 관한 상징어(9,49–50)

"모두 불 소금에 절여질 것이다"(9,49). 이 말은 이해하기 참 어렵다. "소금"은 번역상 덧붙인 말이니 빼서 볼 수 있다. 이미 '절이다'(*halizō*)는 동사 자체가 소금(*halas*)을 뿌리다는 뜻이다. 그러면 모든 사람이 소금뿐 아니라 불의 영향까지 받아 크게 변화된다는 뜻인가? 성경에서 흔히 불과 소금은 정화와 시련을 뜻하므로, 하느님 나라가 완전히 도래하기 전에 모든 이가 그런 시기를 겪으며 변화되리라는 예고로 이해할 수 있다(동사는 미래 수동형).

또 소금은 부패와 변질을 막는 기능 때문에 구약성경에서 계약을 상징한다(레위 2,13). 그래서 영원한 계약을 "소금 계약"이라 불렀다(민수 18,19; 2역대 13,5). 이런 전통과 연관하여, 큰사람 논쟁 등 갈등을 빚고 있는 제자 공동체 내부에 우애와 평화, 일치를 보존하라고 촉구하는 내용으로 볼 수 있다(9,50). 또는 불과 소금을 정화 예식 및 희생 제의와 연결하여, 이제 예수께서 예루살렘으로 가시는 길이 희생 제물로 되는 여정이고, '모든' 제자도 같은 길을 갈 것을 암시하는 내용으로 볼 수 있다. 앞으로 제자들도 여러 형태의 박해과 시련을 거치면서 정화되고 쇄신되리라고 일러 주는 것이다(13,9–13; 로마 5,3–5 참조).

"소금은 좋은 것이다. 그러나 소금이 짠맛을 잃으면 무엇으로 그 맛을 내겠느냐?"(9,50) 소금이 생명을 유지하는 데 필수품인 까닭은 짠맛 때문이다. 형제와 주변 사람을 섬기지 않고 경쟁하며, 다른 이들을 사랑하거나 존경하지 않고 받아들이지도 않으며, 믿음이 여린 이들을 돌보지 않고, 자기에게 엄격하지 않은 제자들은 모두 짠맛을 잃은 소금이다. 그들은 자기 주변 세계와 구분되고 자신의 정체성을 이루는 짠맛을 잃어버렸다. 제자들은 섬김의 길을 가신 예수같이(9,31.35–37) 짠 그리스도인이 될 때, 서로 평화를 누릴 수 있다. 왜냐하면 그들이 예수를 따르는 공동의 여정에서 받아들이고 도와주는 다른 사람보다(9,38–41) 스스로에게 더 단호하기(9,42–48) 때문이다. 그런 제자들은 결코 누가 큰사람인지 다투지 않고(9,33–37), 하느님의 길에 열려 있을 것이다. "너희는 마음에 소금을 간직하고 서로 평화롭게 지내라"(9,50).

2. 예수, 혼인과 어린이에 대해 가르치시다(10,1-16)

1) 혼인과 이혼에 대한 가르침(10,1-12)

카파르나움의 집에서 가르치셨던 예수께서는 그곳을 떠나 다시 길을 떠나신다. 여정의 최종 목적지는 밝혀져 있지 않지만(10,32에 가서 밝혀짐), 진행 방향은 남쪽 예루살렘이다. 그분은 갈릴래아에서 요르단 강 계곡을 따라 유다 지역으로, 또 요르단 강 건너편 페레아로 가신다(10,1: 여정의 위치는 불분명함).

그분을 찾아 군중이 모여들자, 예수께서는 "늘 하시던 대로" 그들을 가르치셨다(10,1). 그분은 여전히 올바로 이해하지 못하는 군중과 제자들을 깨우치려고 거듭하여("다시") 말씀하신다. 그런데 도중에 바리사이들이 등장하면서 초점이 바뀐다. 초기에 갈릴래아에서 흔히 벌어졌던 갈등 상태가 재연되는 장면이다. 이야기는 이렇게 예수와 적대자의 논쟁 형식으로 시작되지만, 실제 내용은 혼인과 어린이 등 일상 삶에 대한 가르침이다.

그런데 바리사이들은 예수께 배우려고 묻지 않고, 그분을 "시험하려고" 물었다(두 번째 시험: 8,11; 12,14 참조). 그들의 저의는 질문 속에 있다. 곧 "남편이 아내를 버려도 됩니까?"(10,2)라는 물음에서 '됩니까'는 '율법에 비춰 정당합니까'라는 뜻이다. 즉 이혼의 정당성과 합법적 근거에 관해 묻는다. 예수 시대는 물론 특히 그 뒤에도 이혼에 관해서는 바리사이들 내부에서 무척 논란이 많았다(《바빌로니아 탈무드》, 이혼 9,10 참조). 허나 모든 의견은 이혼을 인정하되, 이혼의 정당한 사유에 대해서만 견해를 달리했다.

예수께서는 그들의 저의를 알아차리고 물음에 직접 답변하시는 대신 되받아 물으신다. "모세는 너희에게 어떻게 하라고 명령하였느냐?"(10,3) 그분은 모세를 통해 일러 주신 하느님의 뜻을 알고자 하신다. 바리사이들이 "… 모세는 허락하였습니다"(10,4)라고 하면서 율법 규정(신명 24,1.3)을 내세운다. 앞에서(7,1–23) 바리사이들의 전통에 대한 준수 여부가 문제였다면, 여기서는 그들의 최고 관심사인 율법 자체에 대한 해석이 거론된다. 그러자 예수께서도 성경 구절을 들어 창조 때부터 마련하신 하느님의 뜻을 밝히신다. 즉 "하느님께서 사람들을 남자와 여자로 만드신"(10,6; 참조 창세 1,27) 뜻은 "둘이 한 몸이"(10,8; 참조 창세 2,24) 되게 하는 데 있다고 보신다. 그러므로 "하느님께서 맺어 주신(*synezeyxen*, 함께 묶어 놓은) 것을 사람이 갈라놓아서는 안 된다"(10,9)고 권위 있게 이르신다. 예수께서는 이혼에 관해 어떤 단서도 붙이지 않으시어(마태 5,32; 19,9; 1코린 7,15에는 단서 붙음), 이혼을 전제하고 그 사유에 대해서만 논란을 벌이던 바리사이들 전체와 맞서신다.

예수께서 문제를 보는 관점은 바리사이들과 전혀 다르다. 바리사이들은 이혼을 다룬 율법 규정에서 출발한다. 규정에 적혀 있다는 점에서 이혼은 모세 시대부터 용인된 현실 문제요 사회적 관행으로 보고, 그것을 현실에 적용하는 데 따른 문제만 논의하였던 것이다. 하지만 그분은 하느님의 근본 의도를 담은 창조 질서에 주목하신다. 다시 말해 모세가 기록한 내용(10,3–4)에서 하느님께서 만들고 뜻하신 내용(10,6–8)으로, 율법 규정이 허용될 수 있는 여지나 헛점에서 율법의 원래 의도로, 이혼에서 혼인으로 초점을 옮기신다. 이혼은 율법에 기인하지만, 혼인은 창조에 근거한다. 혼인은 창조주 하느님의 뜻에 따라 두 사람이 거룩하게 일치하여 한 몸을 이루는 것이므로, 그 뜻을 기억하여 혼인의 놀라운 가치를 보전하라는 가르침이다.

그렇다면 왜 모세는 이혼 규정을 적어 남겼는가? 예수께서는 사람들의 "마음이 완고하기"〔직역: 완고한 마음(*sklērokardia*)〕 때문에 그랬다고 설명하신다(10,5). 본래 모세가 이스라엘 백성에게 한 연설 가운데 나오는(칠십인역 신명 10,16) 이 단어의 히브리식 표현은 '할례받지 않은 마음'이다. 이해와 인식, 정서의 원천인 마음이 굳어 있어 하느님의 뜻을 받아들이려 하지 않는 사람들의 자세를 가리키는 말이다(3,5; 6,52; 시편 95,8). 여기서도 사람들, 특히 유일하게 이혼할 권리를 지닌 남성들이 하느님의 뜻을 받아들이려 하지 않고 자기 중심적이기에, 마지못해 이혼에 관한 규정을 기록하였다(하느님의 뜻이 아니라 모세의 추가 규정이다)는 설명이다.

그렇다면 모세의 규정은 아내를 남편의 소유물로 간주하던 가부장 사회에서 절대 약자인 여성을 조금이라도 보호하기 위해 작성된 것이라고 할 수 있다. 이혼장은 이름과 날짜를 기입하고 혼인 관계가 끝났음을 공식 인증하는 법적 증거물이었다. 그리하여 이혼 후 임신 자녀의 법적 귀속을 밝히고 여자가 재혼할 수 있도록 허용하였다. 만약 이 서류조차 없이 이혼당할 경우, 그 여성이 살기 위해 다른 남자와 살다 붙잡히면 간음죄로 죽임을 당할 수밖에 없었다.

예수께서는 '이혼'이라는 사회 용어 대신 '갈라놓다'는 단어를 쓰신다. 그분은 하느님께서 이러한 가부장제 현실을 긍정하셨다고 이르시지 않는다. 오히려 창조 때 하느님께서 마련하신 혼인의 목적과 거기에 깃든 하느님의 선하신 뜻을 외면하고, 율법 규정을 빙자하여 약자인 여성을 짓밟는 행태를 비판하신다. 하느님 나라가 열리는 새 시대에 하느님의 의도를 존중하며 지키려는 남편과 아내는, "생명의 은총을 함께 상속받을"(1베드 3,7) 수 있게 될 것이다.

집에서 한 보충 설명

예수께서 바리사이들과 논쟁을 마치시고 '집에' 들어가시자, 그 일에 대해 다시 묻는 제자들에게 설명하신다(10,10-12). 집이라는 사적 공간에서 가르치시는 내용은 대체로 초대 교회에서 나온 것이다(7,17; 9,28.33 참조). 여기서 제기된 문제도 로마 세계에 선교하던 교회에서 나온 것이다. 유다법에서는 여자가 먼저 이혼을 제기하는 경우(10,12)가 있을 수 없으나 로마법에서는 가능했기 때문이다. 이혼이 흔했던 지중해 세계에서 새롭게 그리스도인이 된 이들은 이혼을 막는 예수의 가르침에 무척 당혹하였던 것 같다. 또 배우자가 그리스도교 신앙을 가지면서 부부간에 갈등이 컸던 것으로 보인다. 이는 바오로 서간에 잘 나타난다(1코린 7,10-16).

마르코는 이 문제를 예수의 말씀으로 소개한다. 그분은 재혼하지 말라고 규범화하여 이르지 않으신다. 대신 재혼은 갈라선 첫 번째 배우자를 거슬러 간음하는 것이며, 첫 번째 혼인으로 창조된 관계를 침해하는 것이라고 설명하신다(간음은 제6계명을 어기는 심각한 잘못이다). 이 말은 남성이 이혼을 주도하고 재혼했던 당시의 유다 관습에 정면으로 도전한다. 게다가 그리스 로마 세계의 관습을 예수의 말씀으로 표현하여, 남녀를 동등하게 취급한 것은 실로 파격이다. 예수께서 비록 "간음"이라는 법률 용어를 사용하셨지만, 재혼에 관한 새로운 법을 제정하지는 않으셨다. 오히려 이혼과 재혼을 주도하는 이들을 문제 삼아(모두 능동형 동사가 사용됨), 자기 편의에 따라 사회 관습에 따르지 말고 혼인을 설정하신 하느님의 본래 의도를 인식하라고 촉구하신다. 이러한 문제가 법적 조치만으로 결코 완결되지 않는다고 깨우쳐 주신다.

오늘날 혼인에 대한 의식이 변하고 다양한 형태의 가족 제도가 생기면서 전통 혼인 제도는 심각하게 흔들리고 있다. 이 파도는 교회 안까지 일렁이고 있다. 예수께서는 법규정을 앞세워 이러한 문제를 회피하거나 편의로 해결하려고 하지 말고, 창조 때 두 성을 짓고 맺어 주고 강복하신 하느님의 뜻과 계획을 더 깊이 성찰하고 책임지라고 요구하신다. 이혼은 부부만의 문제가 아니라 가족의 문제요, 하느님과 연관된 문제이기 때문이다. 그래서 교회는 "하느님께서 바로 여러 가지 선과 목적을 지닌 혼인의 제정자"(《가톨릭교회 교리서》 1603)라고 밝히며, "평생을 기약하고 한 사람과 결합하는 것은 어렵게 생각될 수도 있고, 심지어 불가능하게 여겨질 수도"(《가톨릭교회 교리서》 1648) 있지만, 그들과 함께 머무르시면서 죄에서 다시 일어서고, 서로를 용서하며, 상대의 짐을 져 주고, 서로 사랑할 힘을 주시는 그리스도의 은총으로 가능하다고 격려한다(《가톨릭교회 교리서》 1642). 지금은 하느님께서 다스리는 은총의 시대요, 혼인 자체가 사라질 마지막 때로 가는 과도기이기 때문이다(12,24-25).

2) 어린이들을 축복하시다(10,13-16)

이혼은 특히 자녀에게 막대한 영향을 미친다. 따라서 부모 이야기에 이어 아이들 이야기가 자연스럽게 나온다. 조금 앞에서도 어린이를 통해 가르치신 바 있는데(9,33-37; 병행 마태 18,1-5; 루카 9,46-48), 여기서 또 한 번 어린이를 중심으로 그때의 가르침을 확장하신다(병행 마태 19,13-15; 루카 18,15-17). 이 가르침을 주신 장소가 집 안인지 밖인지는 불분명하다. 발단은 이러하다. 사람들이(부모? 친척?) 어린이들(*paidia*)을 쓰다듬어 달라고 예수께 데리고 오는데, 제자들이 그들을 꾸짖었다(*epitimaō*). 바로 앞에서 그들은 스승의 가르침을 듣고 있었기에, 어쩌면 그것이 방해받아서 그랬는지 모른다. 하지만 예수께서는 그런 제자들을 '언짢아하신다'(*aganakteō*: 꾸짖다, 화를 내다. 마태오와 루카는 이 단어를 삭제한다).

스승과 머쓱해진 제자 사이에 긴장이 감돈다. 무엇이 문제인가? 제자들의 시선이 안을 향해 있다면, 예수의 시선은 밖을 향한다. 그분은 복음을 선포하시며 하느님 나라의 복을 나누신다. 그래서 예수께서는 어린이나 보잘것없는 이들이 당신에게 오는 것을 막지 말고 그냥 놓아 두라고 이르신다. 그들이 그 복을 받으러 오기 때문이다. 나아가 하느님의 나라는 "이 어린이들과 같은 사람들의 것"이라고, 그들의 차지가 될 것이라고 선언하신다(10,14). 이런 사람들은 누구일까? 곧이어 예수께서는 특별히 중요한 말씀이라고 강조하는 "진실로(*amēn*) 너희에게 말한다" 어구로 한층 단호하게 이르신다. "어린이와 같이 하느님의 나라를 받아들이지 않는 자는 결코 그곳에 들어가지 못한다"(10,15).

여기서 "어린이와 같이" 받아들이는 자세는 무엇을 가리킬까? 흔히 예시하는 어린이의 속성은 예컨대 단순함, 솔직함, 순수함, 열린 마음, 모든 일에

예수께서 바리사이들(오른쪽)의 시험을 물리치고 어린이들을 축복하시다,
1250년경, 베로나 신약성경 세밀화, 바티칸 도서관.

경탄할 수 있는 능력, 현재에 몰두하는 성향 등이다. 또는 스스로 삶을 부지할 수 없어 부모에게 온전히 의지하듯이 하느님을 온전히 신뢰하는 자세를 가리킨다는 주장도 있다. 그러나 앞에서 보았듯이, 오랫동안 어린이는 가부장제 사회와 가정에서 하찮은 존재로 가장자리에 밀쳐져 있었고, 언제나 억압당하는 폭력의 희생자였다. 복음서에서 야이로의 딸(5,21-43) 같은 아이들도 병들고 고통받고 있다(7,24-30; 9,14-27). 이 어린이들은 기존 사회에서 '꼴찌'를 가리킨다. 무엇 하나 자기 것이라고 주장할 수 없거나 주장하지 않는, 가진 것이 없거나 가진 것을 내놓는, 다른 이를 힘으로 다스리려 하지 않고 섬기는 꼴찌에게 주시는 하느님 나라는 온전한 은총이요 선물이다.

예수께서는 그들을 제자들 "가운데" 세우시고(9,36) 품어 주시며, 동등한 인격체로 받아 주고 연대하신다. 여기서도 '첫째가 되려면 꼴찌가 되라'는 가르침(9,35)과 그런 꼴찌를 받아들이라는 말씀(9,37)을 재차 강조하시는 듯하다. 다시 말해 이 구절의 핵심은 어린이의 속성(마태 18,3-4)을 가리키지 않고, "어린이와 같이… 받아들임"에 있다. 이런 맥락에서 마르코 복음서는 기존 사회에서 내쳐졌던 부정한 자와 병자, 이방인들을 "어린이와 같이 하느님 나라를 받아들이는" 이로 소개한다. 하느님 나라는 율법을 철저히 지키거나 거룩하고 놀라운 선행을 한 이에게 포상처럼 주어지는 게 아니다. 그것은 온전히 자비하신 하느님께서 아무 자격 없는 이에게 거저 주시는 은총의 선물이다. 그 나라는 누구에게나 열려 있어 받아들이면 된다. 따라서 합당치 못한 우리에게 주시는 그 사랑에 마냥 감사하며 기쁘게 받아들이는 자세가 "어린이와 같이… 받아들임"이다. "내가 진실로 너희에게 말한다. 세리와 창녀들이 너희(수석 사제들과 원로들)보다 먼저 하느님의 나라에 들어간다"(마태 21,31).

예수께서는 다 가르치신 다음 그 말씀을 행동으로 보여 주신다. 그분은 어린이들을 끌어안으시고, 그들에게 손을 얹어 '축복하신다'(10,16; 참조 창세 48,15). 처음에 어린이들을 예수께 "쓰다듬어 달라고" 했던 사람들의 요청이 충족되었다. 마르코만이 예수께서 어린이들을 환대하고 축복하셨다고 적는다(마르코 공동체를 비롯한 초기 그리스도인들이 규모가 작고 보잘것없는 자신들의 처지를 어린이로 여겼다는 견해도 있다). 예수께서는 어린이들을 사랑하신다. 그리고 사람들이 어린이처럼 하느님 나라를 받아들이도록 하는 데 온 힘을 쏟으신다.

3. 예수, 부에 관해 가르치시다(10,17-31)

가족을 소재로 하느님 나라에 들어가는 이를 소개한 데 이어 재산과 하느님 나라의 관계가 소개된다. 단락을 주제로 나누면 다음과 같다.

ㄱ 영원한 생명을 받으려면?(10,17)

ㄴ 부자는 재산을 버릴 수 없어 따를 수 없었다(10,18-22)

ㄷ 예수의 설명, 제자들의 반응(두 번: 10,23-27)

ㄴ′ 제자들은 재산을 버리고 따랐다(10,28)

ㄱ′ 영원한 생명을 받을 것이다(10,29-30)

첫째와 꼴찌에 관한 맺음말(10,31)

1) 예수께서 사랑하신 부자(10,17-22)

사건이 펼쳐진 장소는 다시 '길 위'다. 예수께서 걸으시는 길은 물론 십자가의 길이다. 그 길에서 어떤 사람이 달려와 나병 환자가 한 것처럼(1,40), 예수 앞에 무릎을 꿇고 묻는다(10,17). 매우 간절하고 예의 바른 자세다. 마르코는 그의 정체를 밝히지 않고 그가 예수를 따르지 않고 떠난 뒤에야 뒤늦게 '많은 재물을 가졌다'는 사실만 밝힌다(10,22: 마태 19,20 "젊은이"; 루카 18,18 "권력가").

그는 예수께 "영원한 생명을 받으려면 무엇을 해야 합니까?" 하고 묻는다(10,17). 요한이 영원한 생명이란 표현을 많이 쓰는 데 반해, 마르코는 같은 표현(10,30)을 "생명"(9,43.45), "하느님 나라"(10,15.25) 또는 "구원받다"(10,26)와 함께 사용한다. "받다"(*klēronomeō*)는 '상속 받다, 유산으로 물려받다'는 뜻이다. 유산을 받으려면 법적 근거가 있어야 한다. 아마도 그는 재산을 상속받듯 영원한 생명을 받는 데도 일정한 자격과 조건이 필요하며 "무엇을 해야" 받을 수 있는 보상처럼 여겼던 것 같다. 바로 앞에서는 하느님 나라가 누구의 것이며 누가 들어갈 수 있는지에 관해 소개하였다. 거기서 나온 '어린이'가 꼴찌를 대표한다면, 여기에 나오는 성인 남자는 부자로 모든 것을 갖춘 첫째의 대표격이다. 완전히 대조적인 모습이다.

예수께서는 먼저 그가 당신을 부른 "선하신 스승님"이란 낯선 호칭을 문제 삼으신다. 유다보다 그리스 문화권에서 주로 쓰였던 호칭이지만 부정적 느낌은 아니다. 그는 스승으로 예우하는 뜻에서 그렇게 불렀겠지만, 예수께서는 '선하다'는 말을 신중하게 쓰라고 이르신다. "하느님 한 분 외에는 아무도 선하지 않"(10,18)기 때문이다. 하느님의 선에 대해 무한한 신뢰가 담겨 있는 이 말에는, 어느 사람도 온전히 선하지 않다는 뜻이 배어 있다. '선하다, 착하다'는 말은 흔히 기존 질서에 순응하고 정해진 규정과 계명을 잘 지키는 경우에 쓰인다. 그렇다면 혹시 예수께서는 계명 준수가 갖는 선의 한계를 시사하시는 것이 아닐까?

예수께서는 십계명 가운데 하느님과 관련된 앞의 세 계명을 제외하고, 사회관계에 관한 계명들을 지켰느냐고 물으신다(10,19; 참조 탈출 20,12-17; 신명 5,16-21). 하느님의 계명은 영원한 생명과 일정한 상관성을 갖는다. 이 말씀 중에 십계명에 속하지 않는 계명이 "횡령해서는 안 된다"는 것이다(마태오와 루카는 이를 빠트렸다). 이 단어는 그리스어 성경에서 고용주가 피고용인의 임금을 주지 않는 행위를 가리킨다. 그 사람은 '어려서부터' 다 지켜 왔다고 자신있게 대답한다(10,20: 그러니까 젊은이가 아닐 수 있다). 그런데도 그는 그의 생명과 삶을 주관하시는 하느님의 요구(앞의 세 계명)에 대해 깊이 성찰하며 지키지 못했는지 모른다. 아니면 계명 준수로는 채워지지 않는 허전함과 갈증을 느꼈기에 예수께 왔는지 모른다. 예수께서는 그를 "사랑스럽게 바라보신다"(*emblepō*, 10,21). 마르코 복음서에서 유일하게 한 사람에게 보이는 사랑의 눈길이다. 매몰차게 대했던 처음 자세가 바뀌었다.

그래서 예수께서는 그를 당신 사람으로 초대하신다. 다 갖춰진 듯한 그에게 "부족한 것이 하나 있다"고 일러 주신다. 새 삶의 길이다. 그가 예수께 경제 용어로 물었던 것처럼, 예수께서도 그에게 제자가 되는 데 필요한 '자기 버림'의 요건을 경제 용어로 구체화하여 다음과 같이 말씀하신다(10,21).

① '가라'(삶의 기반으로 삼았던 부에서 해방, 또는 치유되어: 1,44; 2,11; 5,19.34; 7,29 참조)

② 가진 것을 '팔아라'(그물을 버린 어부처럼: 1,18)

③ 가난한 이들에게 '주어라'(은혜를 베풀어라). 이 땅에서 그렇게 하면 하늘에서 보물(하느님 나라)을 차지하게 될 것이다.

④ 그런 다음에 '와서' 나(예수)를 '따라라'(1,17).

'가서' 할 일과 '와서' 할 일은 모두 예수의 제자가 되는 데 필요한 과정이다(동사 다섯 개가 모두 명령형). 계명을 지키는 것도 중요하지만, 그분의 제자가 되는 게 훨씬 더 중요하다. 예수께서는 그에게 십계명을 넘어 새로운 삶의 방향을 열어 주신다. 그가 찾는 영원한 생명은 자격을 갖추어 받는 게 아니라 하느님께서 거저 주시는 선물이다. 그것은 그분께서 당신을 내주시는 사랑이고, 그분과 다른 이에게 자유롭게 자신(과 소유 등)을 내놓는 사람에게 주어진다. 앞에서 제자의 요건으로 제시하신 자기 버림(내놓음)과 섬김을 예수께서는 지금 그에게 새 출발의 조건으로 요구하신다.

재물을 팔아 보물(먼저 예수)을 차지하라는 말씀은 너무 엄청난 요구였나 보다. 그는 이 말씀 때문에 "울상이 되어 슬퍼한다." 놀라서 얼굴이 어두워진 것이다(4,19 참조). 그는 "떠나갔다." 왜냐하면 많은 재물을 가지고 있었기 때문이다(10,22). 고대 사회에서 부는 계급과 신분, 가문과 직결된다. 그는 유다 사회에서 부와 모범적 계명 준수로 존경받았을 것이다. 로마 세계에서도 부자는 비싼 입문 의식을 치루고 유명한 신비 종교에 가입하여 구원받을 수 있다고 믿었다. 그런데 예수의 초대는 전혀 달랐다. 그분은 재물을 기반으로 삼지 말고 오히려 거기에서 자유로워지라고 이르신다. 예수의 초대는 진정 놀랍고 급진적이다. 그 초대를 거부한 그는 돌아가서 어떻게 살았을까?

성경은 가난을 긍정하지 않는다. 가난 자체는 인간의 존엄성을 무너트리고 생존권을 침해하는 불의의 산물이다(잠언 6,11; 10,15; 24,34; 집회 10,31; 13,24). 부는 하느님의 강복이며, 계명은 부의 축적을 금지하지 않는다. 동시에 예언자들은 재화를 가난한 형제들과 나누지 못하는 불의를 고발하며, 살아가는 데 필요한 재화가 모두에게 나뉘는 하느님의 공정과 정의를 역설하였다(미카 6,8; 아모 5,11). 예수께서는 모든 음식을 깨끗하다고 밝히신 것처럼 (7,19), 재화의 가치와 중요성을 충분히 인정하신다. 그것은 부정하지 않다 (7,15). 그런데 재화가 약속하는 거짓 안정과 재화의 힘이 얼마나 위험한지, 그것에 사람들이 얼마나 취약한지 잘 알고 경고하신다. 많든 적든 재화는 끊임없이 사람들을 불러모아 걱정 속에 빠트린다. 그리하여 하느님을 보지 못하고 하느님께 나아가지 못하게 하기에 사탄의 역할을 한다.

예수께서는 하느님 나라를 선포하시며, 재화에 의존하지 말고 그것을 주시는 하느님의 선을 신뢰하라고 이끄신다. 그렇다고 그리스도인에게 즉시 모든 재산을 포기하라고 요구하지 않으신다(사도 5,4 참조). 다만 복음의 빛으로 재화의 가치와 한계, 기능을 뚜렷이 보고 형제들, 특히 가난한 이들을 섬기고 나누는 데 재화를 사용하라고 이르신다. 마이모니데스(13세기 유다인 철학자)는 가난한 이들에게 일자리를 주거나 자립시켜 그들의 손을 튼튼하게 하는 것이 하느님의 공정을 최고로 이루는 길이라고 주장하였다. 자본이 주인으로 등장하여 지구 생태계가 위태롭게 된 후기 자본주의 시대에서, 자본에 대해 '죽는' 것이 참으로 부유하게 '사는' 길이라는 예수님의 가르침은 우리에게 정녕 기쁜 소식인가?

2) 부자가 하느님 나라에 들어가기(10,23-27)

이제 예수와 제자들만 남았다. 공적 가르침에서 제자들에 대한 별도의 가르침으로 넘어간다. 예수께서는 주위를 "둘러보신다"(*periblepō*, 10,23). 예수께서 분노(3,5), 인정(3,34), 탐색(5,32), 관찰(11,11)하실 때 주로 쓰이는 단어다. 여기서는 가르치기 전 제자들의 주의를 모으기 위해 둘러보신다. 가르침도 마르코가 즐겨 쓴 방식처럼, 한 부자의 특수한 사례에서 "재물을 많이 가진 자"(10,23.25), 더 나아가 누구나(10,24.27) 하느님 나라에 들어가기는 어렵다는 일반적인 경우로 점차 범위를 넓혀 간다. 초점이 '영원한 생명을 받기'에서 '하느님 나라로 들어가기'로 명확해진다. 그런데 재물을 많이 가진 자들이 들어가는 경우는 '미래'시제이고, 일반 사람의 경우는 '현재'시제로 되어 있어 긴장의 강도를 높인다.

예수께서는 제자들을 "얘들아"(*tekna*: 부모가 자녀를, 또는 스승이 제자를 친근하게 부르는 호칭. 2,5 참조) 하고 부르시며(10,24), '낙타와 바늘귀'라는 유명한 비유를 말씀하신다. "부자가 하느님 나라에 들어가는 것보다 낙타가 바늘귀로 빠져나가는 것이 더 쉽다"(10,25). 역사적으로 이 말씀이 너무 가혹하다 하여 낙타(*kamēlon*)라는 단어의 철자 하나를 바꿔 '밧줄'(*kamilon*)로 이해하거나 "바늘귀"를 예루살렘 성문 중 작은 문의 별명이라고 주장(9세기에 나타남)하기도 했다. 그러나 그럴 필요가 없다. 이 비유는 팔레스티나에서 가장 큰 동물로 여겨졌던 낙타와 바늘귀라는 극적 대조를 통해 불가능을 뚜렷하게 보여주는 과장법이기 때문이다. 《바빌로니아 탈무드》에도 메소포타미아에서 가장 큰 동물인 코끼리가 바늘귀로 빠져나간다는 예가 나온다. 제자들은 예수의 거듭되는 말씀을 들으면서 "놀라고"(10,24) "더욱 놀란다"(10,26). 스승의 말씀에 충격을 받은 것이다. 그들 역시 당대의 유다인들처럼 부를 하느님의 복이라 여기며 높게 평가하고 있었기 때문일 것이다(신명 28,1-14 참조).

그들은 이미 앞에서(10,13-16) 어린이와 같이 하느님 나라를 받아들이는 사람은 모두 그 나라에 갈 것이라는 가르침을 들었다. 그때는 놀라지 않았는데, 이 대목에서 하느님 나라에 들어가기가 "참으로 어렵다!"(10,23.24)는 말씀을 듣고는 매우 놀란다. 그러나 가르침의 내용은 동일하다. 누구든 자기 힘과 노력으로 구원받고 하느님 나라에 들어가거나, 영원한 생명을 가질 수 없다. 구원은 온전히 하느님의 일이며, 그분께서 거저 주시는 은총의 선물이다(10,27). 사람이 할 수 있는 일은 그 은총을 주시는 하느님을 '온전히' 신뢰하고 그분을 첫째로 선택하며 그분 말씀을 좇는 것, 형제들과 연대하여 친교를 나누며 서로 섬기는 것뿐이다. 부자도 재산에 목숨 걸지 않고 하느님을 향해 걸으면 하느님 나라에 들어갈 수 있다. 그러한 변화(회개)가 인간으로서 '불가능하게' 여겨질 수 있지만, 하느님의 도움을 받으면 가능해진다. "하느님께는 모든 것이 가능하다"(10,27; 참조 11,23). 그래서 복음이다.

3) 버리고 따르면 모든 것을 얻는다(10,28-31)

그러면 하느님을 위해 '모든 것을 버린 제자들의 미래는 어떠한가?' 제자들을 대표하여 베드로가 예수께 말하였다. "보시다시피 저희는 모든 것을 버리고 스승님을 따랐습니다"(10,28). 스승의 초대를 거부한 부자와 달리, 자신들은 모든 것을 버렸다(현재완료형)는 말 속에는 어떤 보상이 있느냐는 물음이 숨어 있다. 달리 보면 이 말에는 묘한 자부심과 함께 장래에 대한 불안 따위가 깃들어 있다. 예수께서는 그들을 탓하지 않으시고, 놀라운 약속을 장중하게 하신다. "내가 진실로(*amēn*) 너희에게 말한다…"(10,29-30). 예수와 복음 때문에 집이나 형제자매, 부모, 자녀나 토지 등 모든 것을 버린 제자들은 현세에서 '집과 땅'이라는 재산은 물론 '가족'("어머니나 아버지, 형제나 자매"가 나란히 언급되는, 양성이 동등하게 존중되는 새로운 공동체. 3,34-35 참조)도 되받게 된다. 집, 토지, 가족은 예나 이제나 사람이 사는 데 가장 가치 있는 요소들이다. 게다가 일 대 일로 맞바꾸는 정도가 아니라 백 배로 받으리라는 강복의 약속이다. '백 배'는 씨의 비유에서 사탄과 박해와 재물의 유혹 등을 극복한 사람들이 거두는 수확이다(4,20). 그 수확을 '현세'에서 상급으로 받는다고 언급된다. 하느님의 공동체에서 이루어지는 현실이다. 또 그들은 다가올 미래에 '영원한 생명'까지 받을 것이다. 그 부자가 찾았던 영원한 생명의 길은 '예수와 복음을 위하여 모든 것을 버리는' 길이라고 다시금 밝혀진다. 물론 모든 긍정적 상급과 함께 십자가와 이어지는 '박해'도 받는다.

'박해' 없이 '상급' 없다! 이 희망의 말씀은 실제로 "현세에서 박해"(10,30)를 받고 있는 초기 그리스도인의 믿음을 강화하여 고통을 이겨 내도록 돕는다. 사실상 가족에게서 버림받은 그들은 교회 공동체 안에서 더 큰 가족을 만나 서로의 소유물을 나누었다(사도 4,32-35 참조). 한국의 초기 교회도 상황은 같았다. "전후좌우 모든 교우 일심삼아 화목하세. 세속에 없던 부모 여기 오니 새로 있고, 세속에 없던 형제 여기 오니 무수하다. 세속에 적던 친구 여기 오니 허다하다. 세속에 드믄 물건 여기 오니 무진하다…"(1850년대 천주가사인 '피악수선가' 중에서). "현세의 재물은 궁핍하지만 사람이나 신분의 차별이 없이 조금밖에 안 되는 재물을 가지고도 서로 나누며 살아갑니다. 이 공소(장수 공소)를 돌아보노라면 마치 제가 초대 그리스도 교회에 와 있는 것 같습니다"(1889.4.22. 보두네 신부의 편지 중에서).

이 단락의 마지막 말씀, "첫째가 꼴찌 되고 꼴찌가 첫째 되는 이들이 많을 것"(10,31)이라는 말씀은 부에 관한 가르침(10,17-30)뿐 아니라 두 번째 수난 예고와 연결된 전체 단락(9,30-10,45)의 핵심 메시지를 다시 천명한다. 모든 것을 빼앗긴 제자 같은 세상의 꼴찌들은 하느님의 자비로 '첫째'가 되고, 예수를 떠난 그 부자같이 세상의 첫째들은 비록 하느님의 계명을 지킬지라도 '꼴찌'가 될 수 있다는 가르침이다. 제자단 안에서도 첫 번째로 불린 베드로와 야고보와 요한, 제자 중에서 뽑힌 열둘도 꼴찌가 될 수 있다는 경고이다. 그분은 우리의 기대와 가치를 뒤엎고 우리의 계산마저 어긋나게 하신다.

제3장 세 번째 수난 예고와 마지막 치유(10,32-52)

1. 예수, 세 번째로 수난을 예고하시다(10,32-45)

마지막 수난 예고 이야기도 다른 수난 예고 단락과 마찬가지로 배경(10,32), 예고(10,33-34), 제자들의 몰이해(10,35-40), 제자됨에 관한 가르침(10,41-45)으로 진행된다. 그중 배경과 예고 부분은 다른 예고 단락보다 훨씬 자세하고 가장 노골적이다.

다시 일행이 길을 떠나는데, 예수께서는 제자들 앞에 서서 가셨다(10,32). 그분은 어디로 가고 있으며, 거기서 무슨 일을 당할지 잘 알고 계셨지만, 단호하게 '앞에 서서'(*proagō*) 가신다. 이제사 처음으로 이 길이 "예루살렘으로 올라가는 길"이라고 분명하게 밝혀진다(예루살렘은 해발 740m 고지에 위치하고 가장 명예로운 수도였기에 '상경上京'이란 말처럼 항상 '올라간다'고 표현된다). 그런데 이 길은 통상적 순례의 길이 아니라 수난과 죽음의 길, 파스카의 길이다. 이 길을 앞장서신 그분은 장차 부활하셔도 제자들보다 '먼저' 갈릴래아로 가실 것이다(14,28; 16,7). 단호한 그분의 태도에 뒤따르는 사람들은 놀라워하고 두려워하였다(10,32). 그들 역시 무언가 심상치 않은 기운을 느꼈을까? 예수께서 봉변을 당할지 모른다는. 그렇다면 피해야지 왜 굳이 그곳에 가시려 하는지 이해할 수 없었을 것이다. 그래서 그분을 따라가곤 있지만, 길을 가는 의미와 목적을 알지 못해 두려워한다.

그러자 예수께서는 다시 열둘을 곁에 데리고 가시며, 당신께 닥칠 일을 구체적으로 일러 주어 용기를 주려 하신다(10,33-34). 수난은 동사 일곱 개로 길게(넘겨지다 – 사형을 선고하다 – 넘기다 – 조롱하다 – 침 뱉다 – 채찍질하다 – 죽이다), 부활은 동사 하나로 짧게(살아나다) 언급하신다. 그러나 언제 어디서 어떻게 죽게 될지 밝히지 않으신다("다른 민족 사람들" 곧 로마인을 언급하면서 '십자가형'을 암시하지만, 마태 20,19에서는 십자가형이라고 밝힌다). 여기서 그분을 넘겨받는 이들도 앞과 다소 다르다. 첫 번째 수난 예고에서 유다의 지도자들이었다면(8,31), 두 번째는 일반 '사람들'이고(9,31), 여기서는 유다의 지도자들이 다른 민족 사람들에게 넘길 것이라고 명시된다(10,33). 즉 예수의 죽음과 관련된 이들은 유다인과 다른 민족 사람 모두이다. 다시 말해 이 말씀을 듣는 이도 예수의 죽음에 관련되어 있다고 시사한다.

여기서 예수께서는 앞일을 훤히 다 아는 신적 능력을 보이기보다, 당신의 장래와 그 속에 깃든 하느님의 계획에 대해 민감함을 드러내신다. 무엇보다 그분은 죽음의 의미와 목적을 분명하게 인지하고 계셨다. "사람의 아들은 많은 이들의 몸값으로 자기 목숨을 바치러 왔다"(10,45). 많은 사람들 속에 우리도 끼어 있다.

1) 첫째가 되려는 이는 종이 되어야(10,35–45)

앞에서 처음 불린 제자 중 베드로가 나섰다면, 이번에는 야고보와 요한이 나선다. 그들은 예수께 다가와서 "저희가 스승님께 청하는 대로 저희에게 해 주시기를 바랍니다" 하고 말한다. 그러자 예수께서 "내가 너희에게 무엇을 해 주기를 바라느냐?"(10,35–36) 하고 물으신다. 그들의 청은 (다가오는 하느님 나라에서, 또 예수께서 다시 오셔서) 예수께서 영광스럽게 되실 때 자기들을 그 오른쪽과 왼쪽에 앉게 해 달라는, 메시아의 나라에서 스승 다음가는 첫째 둘째 자리를 달라는 노골적인 인사 청탁이다(10,37). 당시 유다인들은 이스라엘이 차지할 정당한 자리가 하느님의 오른쪽이며(시편 110,1 참조), 이 자리를 회복하는 것을 구원으로 여겼다. 예수의 변모 현장에도 함께했던 그들은 이미 같은 문제로 꾸지람도 듣고(9,33-37) 세 차례에 걸친 수난 예고를 듣고서도 여전히 정치적 영광을 꿈꾼다. 다른 제자들을 포함하여 사람들을 지배할 권력과 명예를 탐낸다. 마태오는 두 제자의 명예를 고려해선가 그들의 어머니가 이런 부탁을 드린다고 적고(마태 20,20-28), 루카는 아예 이 내용 전체를 빼버렸다. 그런데 마르코는 수난 예고에 이 내용을 잇대어 제자들의 몰이해와 무지가 얼마나 심각한지 여지없이 드러낸다. 동상이몽은 계속되고 있다.

그간의 가르침이 한낱 수포로 돌아갔는가? 그러나 예수께서는 그들의 어리석은 야심을 비난하지 않으시고, 사려 깊은 부모처럼 생각을 성찰해 보도록 이끄신다. "너희는 너희가 무엇을 청하는지 알지도 못한다." 그리고 답변 대신 질문을 던지신다. "내가 마시는 잔을 너희가 마실 수 있으며, 내가 받는 세례를 너희가 받을 수 있느냐?"(10,38) 예수께서 지금 '마시고 있고 받고 있는'(현재형 직설법) 수난의 여정을 끝까지 함께할 수 있느냐는 물음이다. 세례는 요르단 물에 잠겼던 예수의 세례(1,9)에서 시작하여 십자가 처형에 이르는, 말뜻 그대로 수난에 푹 잠기는 죽음의 세례(로마 6,3)를 의미한다(구약성경에서 물에 잠기는 것은 죽음, 고난, 재앙 등을 표현한다. 2사무 22,5; 시편 42,8; 69,2; 이사 43,2 참조). 또 잔은 최후의 만찬과 겟세마니에 이르는 고난의 잔(14,36)을 뜻한다(구약성경에서 잔은 흔히 죄악에 대한 탄식과 하느님의 심판에 따른 슬픔을 나타낸다. 시편 75,9; 이사 51,17.22; 예레 49,12; 애가 4,21; 에제 23,31-34 참조). 잔을 마신다는 것은 '목숨을 내놓는다'는 뜻을 담고 있다. 두 제자는 "할 수 있습니다"(10,39)고 대답한다. 십자가의 신비를 전혀 알지 못하는 무지에서 나오는 자신감이다.

그러자 예수께서는 결국 제자들도 같은 잔을 마시고 같은 세례를 받으리라고 이르신다(10,39: 사실 마르코 공동체는 42년경에 순교한 야고보를 비롯한 제자들의 순교 사실을 알고 있었을 것이다. 사도 12,2 참조). 그 고난의 잔을 마시고 죽음의 세례를 받는 것이 그분과 하나 되고 그분의 길을 따르는 유일한 길이기 때문이다. 그러나 당신의 오른쪽이나 왼쪽에 앉는 것은 정해진 사람들에게

예수의 예루살렘 상경 여정 추정도

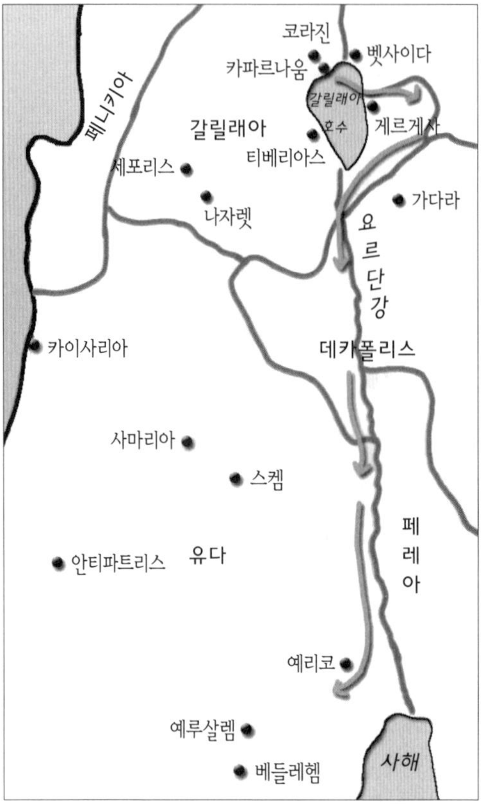

돌아갈 것이라고 밝히신다(10,40). 그것은 예수께 맡겨지지 않은, 하느님의 계획대로 이루어질 일이다. 실제로 그분이 십자가라는 치욕과 고통 속에서 영광을 받으실 때 그분의 오른쪽과 왼쪽 십자가에 달렸던 이들은 강도 둘이었다(15,27). 인간의 기대와 하느님의 계획은 이토록 달랐다(이사 55,8-9 참조).

다른 열 제자가 이 말을 듣고 야고보와 요한을 불쾌하게 여기기 시작했다(10,41). 그들의 시기와 분노에서, 열 둘 모두 영광을 선점하려는 야심과 경쟁심을 똑같이 품고 있었고, 예수의 가르침을 전혀 이해하지 못하고 있음이 드러났다. 그들 모두 예수와 함께 하느님 나라의 일을 하는 것을 고도의 정치政治로 여겼던 것 같다. 정치에서 중요한 것은 지위와 명예이기 때문이다.

그러자 예수께서 그들을 가까이 불러 가르치신다. 비록 힘들고 어려우나 이해하고 받아들여야 하는 진실을 일깨워 주신다. 그분은 제자들도 당신처럼 세상의 지배적 가치관과 전혀 다른, '섬기는 사람이 되길' 바라신다. 그들이 익히 겪고 있는 현실 그대로, 로마 등 다른 민족의 통치자들은 자신들의 이익을 위해 힘으로 백성을 억누른다. 제자들이 그리던 메시아상도, 유다인들이 희구하던 다윗 왕국의 재건도 그런 지배와 권력 개념 위에 터잡고 있다.

예수께서 세우시는 하느님 나라 공동체는 그것과 다르다. "그러나 너희는 그래서는 안 된다"(10,43ㄱ: 이 말은 현재형 직설법으로 쓰여 사실 그렇게 되지 않아야 할 그들이 현재 그렇게 한다고 강하게 비판한다). 예수 공동체에서 크게 되고자 하는 사람은 다른 이를 사랑으로 "섬기는 사람"(*diakonos*: 자발적으로 남을 위해 일하는 사람, 영어 servant)이 되어야 하고(10,43ㄴ; 참조 9,35), 첫째가 되려는 사람은 "모든 이의 종"(*doulos*: 주인에게 매인 노예, 영어 slave)이 되어야 한다(10,44). 지도자상像에 대한 새로운 규정이다. 이른바 '섬기는 지도자'다.

그렇게 해야 하는 까닭은, "사람의 아들은 섬김을 받으러 온 것이 아니라 섬기러 왔"(10,45)기 때문이다. 이 구절에서 제자의 길에 관한 가르침은 절정에 이른다. 앞에서 사람의 아들은 놀라운 권한을 행사하셨다(2,10.28). 그런데 지금 그분은 다윗 왕가의 임금처럼 섬김을 받으러 오지 않았다고 밝히신다. 치유와 구마 같은 권능 행위도 사람들을 자유롭게 하려는, 그들을 섬기는 행위이지 권력과 인기를 위한 것이 아니었다. 나아가 모든 이를 섬기는 그분의 사랑 때문에 그분은 십자가에 들어올려질 것이다. 그럼으로써 그분은 첫째가 되고 가장 큰 영예를 받으실 것이다. 이러한 예수의 모습은 이사야가 묘사한 '고난받는 주님의 종'(이사 42,1–9; 49,1–7)과 자연스레 겹친다. 그 종의 정체에 대한 논란은 계속되지만, 초기 그리스도인들은 그 종의 모습이 예수에게서 드러났다고 확신하였다. 당신께서 섬기는 종으로 사셨기에, 그분은 당신을 따르는 이들도 마땅히 섬기는 이로 살기를 바라신다. 그러기 위해 제자들은 다른 사람 위에 서서 지배하려는 욕망과 야심, 유혹과 싸워야 한다는 뜻이 새겨 있다. 또 권력자나 윗사람들보다 모든 면에서 미미하고 보잘것없는 이들을 먼저 섬기라는 요구도 들어 있다. 그리스도인은 이 요구를 마땅히 실현해야 하지만, 오늘날에도 교회의 제도나 실천에서 잘 구현되지 못하고 있는 아킬레스건이다.

예수께서는 "많은 이들의 몸값으로 자기 목숨을 바치러 왔다"(10,45)고 당신 삶의 목표를 처음으로 밝히신다(예수의 죽음에 대한 마르코의 해석으로, 복음서 전체를 이해하는 핵심어다). 글자 그대로는 "많은"(*polys*) 이들이 모든 사람을 가리키지 않지만, 셈족 어법으로는 '모든 이'를 의미한다고 본다(예: "많은 이가 창조되었지만 극소수만이 구원받을 것이다." 위경 에즈라 4서 8,3; 1티모 2,6 참조). '몸값'(*lytron*, 속전贖錢)은 당시 전쟁포로나 종, 선고받은 범죄자를 자유롭게 해 주기 위하여 지불하는 금액을 말한다. 이 단어는 신학적으로 본래 하느님에게 속했던 사람이 지금 사탄에게 묶여 있음을 의미한다. 사람이 스스로 하느님에게서 떨어져 나왔지만, 스스로의 힘으로는 사탄의 지배에서 벗어날 수 없다. 그래서 예수께서 당신 목숨으로 값을 치러 사람들을 자유롭게 해 주셨다는 것이다(그분의 죽음을 막으려던 베드로는 사탄이란 소리를 듣는다. 8,33). 학자들은 이 구절을 예수 생전의 말씀이라기보다 초기 그리스도인들이 예수의 삶과 죽음을 겪고 깨달은 계시로 여기지만, 이 말씀에서 모든 이를 살리고 섬겼던 그분의 진정한 사랑을 생생하게 느낄 수 있다. 그 사랑에 감읍하여 요한은 외친다. "그분께서 우리를 위하여 당신 목숨을 내놓으신 그 사실로 우리는 사랑을 알게 되었습니다. 그러므로 우리도 형제들을 위하여 목숨을 내놓아야 합니다"(1요한 3,16; 참조 4,11).

2. 예수, 바르티매오를 다시 보게 하시다(10,46-52)

예수 일행은 예리코로 갔다(10,46). 예수께서는 제자들이 부족하고 엉뚱해도 내치거나 버리지 않으신다. 자기 중심에서 벗어나지 못한 제자들 역시 잘 알아듣지도 못하지만 비틀거리면서 그분을 따른다. 예수께서 제자들, 군중과 함께 예리코에서 떠나가실 때 한 사건이 벌어진다.

예리코 길가에 바르티매오(*Bartimaios*: *bar*는 '…의 아들'이란 뜻의 아람어로 '티매오의 아들'이란 뜻)라는 눈먼 거지가 있었다. 예루살렘 동북쪽 24km에 있는 예리코는 해면보다 낮은(−250m) 저지대로 날씨가 늘 따뜻하여 휴양 도시로 유명했다. 게다가 예루살렘으로 가는 순례자들의 마지막 휴식처여서, 순례객들에게 자선을 청하는 거지들이 득실거렸다. 바르티매오는 그중의 하나였다.

바르티매오는 예수가 누구신지 알지 못했지만, 길가에 앉아 있다가 '나자렛 사람 예수'라는 소리를 듣고 누구보다 먼저 "다윗의 자손 예수님, 저에게 자비를 베풀어 주십시오"(10,47) 하고 외친다. 그는 구걸을 청하지 않고 '자비'를 청한다. 그가 외치는 "다윗의 자손"(*hyios*, 아들 또는 자손)은 메시아를 뜻한다. 아무튼 많은 이가 이런 호칭이 못마땅한지 그에게 잠자코 있으라고 꾸짖었지만(*epitimaō*, 10,48), 그는 개의치 않고 절박하고 끈질기게 더욱더 예수를 부른다. 그에게 기회는 지금뿐이다. 그에게 자신을 표현할 수단은 목소리뿐이다. 그는 온 힘을 다해 외친다. 예수께 닿으려는 탄원이요, 간구다. 그런데 왜 그는 예수를 이제껏 나오지 않던 '다윗의 자손'으로 불렀을까? 그 까닭은 분명히 드러나지 않는데, 평범한 유다인들은 자기 백성에게 자비를 베풀 책임이 다윗의 후손인 임금에게 있다고 믿었다. 글의 맥락으로 보면, '다윗의 나라'와 '다윗의 후손'은 다윗의 도성(예루살렘)에서 예수의 정체와 그분의 권위를 중심으로 전개되는 11−12장의 이야기에서 계속 거론된다(11,9−10; 12,35−37). 그런 점에서 이 구절은 사전 포석에 해당한다고 볼 수 있다. 아무튼 의지와 열정, 힘을 다해 예수를 만나려는 바르티매오의 간절한 몸부림이 부각된다.

마침내 두 번에 걸친 그의 부르짖음에 메아리가 울린다. 예수께서는 걸음을 멈추고 이르신다. "그를 불러오너라"(10,49). 그분은 당신에게 도움을 청하는 이의 호소를 외면하지 않으신다(5,25−34에서 하혈하던 여인에게 그랬듯이). 당신을 붙잡는 이들에게 붙잡혀 주신다. 사람들이 이 부르심을 바르티매오에게 전하며 격려한다. "용기를 내어(직역: "용기를 내라!") 일어나게!(*egeirō*) 예수님께서 당신을 부르시네"(10,49). 예수께 가려면 현 상태에서 벗어나려는 용기가 필요하다. 전에 제자들이 바다에서 고생할 때도 예수께서 오셔서 그들에게 이 말씀으로 격려하신 적이 있었다(6,50). 바르티매오는 즉시 자기 겉옷을 내동댕이치고 자리에서 벌떡 일어나 예수께 간다(10,50). '겉옷'은 걸인들이 사람들이 던져 주는 금품을 받는 도구다. 겉옷을 버리는 것은 겉으로 드러나는 그의 신분, 지금까지의 삶을 버린다는 뜻이다.

예수께서 그에게 물으신다. "내가 너에게 무엇을 해 주기를 바라느냐?"(10,51) 그의 가장 깊은 갈망이 무엇인지 물으시는 것이다. 당신께 오는 그리스도인 누구에게나 던지시는 물음이다. 같은 질문을 야고보와 요한에게 하셨을 때 그들은 명예로운 자리를 원했다(10,37). 부자는 영원한 생명을 받기를 원했다. 그러나 바르티매오는 마치 제자라도 되는 양 예수를 "스승님(*rhabbi*: 나의 스승님. 요한 20,16)"이라 부르며, "제가 다시 볼 수 있게(*anablepō*) 해 주십시오"(10,51) 하고 청한다. 처음에 그는 자비를 청했으나, 지금 그는 몸의 '시력'을 회복시켜 줄 뿐 아니라 영적 '비전'도 열어 달라고 청한다(이는 그가 예수를 따르는 데서 드러난다). 누군가 말했듯이 "기도는 영혼의 진지한 갈망의 표현이다." 무엇을 원하느냐에 따라 삶이 바뀔 수 있다. 내 마음과 내 영혼이 지금 가장 바라는 것은 무엇인가? 참으로 청해야 할 만한 청원은 또 무엇인가? 또 누구에게 청하느냐도 무척 중요하다. 바르티매오처럼 예수님께, 그분과 함께 계신 하느님께 외쳐야 한다.

바르티매오의 청은 받아들여졌다. 예수께서 "가거라. 네 믿음이 너를 구원(*sōzō*. 육체적 · 영적 치유)하였다"고 말씀하시자, 순간 그는 심봉사가 눈뜨듯 곧 다시 보게 되었다. 치유는 즉시 완전하게 이루어졌다. 이때 그의 '믿음'은 무엇일까? 예수께서 낫게 해 주신다는 온전한 신뢰인가? 아니면 '보게 해 달라'는 통찰인가? 신뢰를 가지고 자기 전부를 던져 갈망을 표현한 그의 뜻과 지향이 하느님께 받아들여졌으리라. 치유의 선물을 받은 그는 변화(회개)되고 믿음을 가졌기에, 하느님 나라를 받아들이게 된다(1,15). 그래서 그는 "예수님을 따라"(10,52) 예루살렘으로 떠났다.

이 대목의 표현 양식은 바르티매오라는 눈먼 거지의 치유 기적 이야기다. 눈이 먼 그가(10,46-51) '믿음'으로 인해 치유받아 고쳐지고(10,52ㄱ; 비교 5,34), 다시 보게 된 뒤 예수를 따른다(10,52ㄴ)는 구조는 다른 기적 이야기와 비슷하다. 그러나 그의 처지가 길게 언급된 반면 실제 치유 행위와 결과는 단 한 절로 짧게 기술된다. 게다가 유일하게 치유받는 이의 이름이 나오고 예수의 치유 언사나 특별한 치유 자세가 전혀 언급되지 않는 점도 독특하다. 그분은 한 말씀만 하셨을 뿐이다(10,52). 그래서 이 대목의 외형은 마르코 복음서에 나오는 마지막 기적 이야기지만, 실제 내용은 전형적인 '믿음과 소명 이야기'인 셈이다. 49절에서 '부른다'는 말이 세 번씩이나 언급되며, 마지막에 그는 "예수님을 따라 길을 나섰다"(1,16-20; 2,13-14; 루카 5,1-11 참조). 예리코의 숱한 거지 가운데 눈을 뜨고 예수를 따른 이는 바르티매오 하나뿐이다.

전체 맥락에서 바르티매오의 이야기는 벳사이다의 맹인 치유 이야기(8,22-26)와 호응된다(마르코에 나오는 맹인 치유는 이 두 가지뿐이다). 예루살렘으로 가는 여정의 시작과 마침 부분에 놓여 장면의 큰 전환을 알리는 두 이야기의 치유 과정은 매우 상반되나, 눈먼 이들이 눈을 뜬다는 결과는 동일하다. 예루살렘으로 가는 길의 초점은 예수의 신원과 예수를 따르는 의미를 바르게 이해하는(보는) 데 있다. 그런 맥락에서 줄곧 예수를 따르면서도 여전히 그분을 제대로 보지 못하고 있는 열두 제자들의 모습과, 바깥 사람이었다가 남들이 보지 못하는 예수를 보며 남이 따르려 하지 않는 분의 뒤를 따르는 새 제자의 이야기가 선명하게 대조된다. 그럼으로써 예수의 가르침대로 볼 수 없는 제자들의 눈멂과 혼란과 몰이해를 고치기 위해서는 예수의 도움과 믿음이 절실하다는 것을 일러 준다. 또 눈멀고 '길에'(4,15) 버림받은 채 있는 누구든지 예수께 '와서' 눈을 떠서 '보고', '길 위에서' 그분을 '따르도록' 초대하는 이야기다. 결국 바르티매오 이야기는 예루살렘 입성을 앞둔 매우 중대한 시점에, 바로 그 길목인 예리코에서, 여전히 자아에 갇혀 눈이 어두운 제자들을 깨우치는 말씀인 셈이다.

아울러 이 대목의 바로 앞에서 부자는 예수께 직접 부르심을 받고서도 거부한 반면, 바르티매오는 자유롭게 '가라'는 주님의 말씀에도 즉시 그분을 따랐다. 둘은 건강한 정상인과 시각 장애인, 부자와 걸인, 계명을 잘 지키는 경건한 이와 부정한 이, 사회의 '첫째'와 '꼴찌'라는 상반된 모습으로 나타났다. 그러나 부자가 자신의 과거와 현재에 매여 벗어나지 못한 채 '되돌아간' 데 반해, 바르티매오는(겉옷을 벗어버려) 과거를 단절하고 밝은 미래를 향해 예루살렘으로 가는 길, 수난과 죽음의 길에 '오른다.' 둘 다 길에서 예수를 붙잡았건만, 예수의 진정한 모습을 보는지, 그 '길'의 정체를 바로 아는지 여부가 '따름'을 결정짓는다. 부자는 '보지 못했고' 걸인은 '본다.' 실로 첫째가 꼴찌 되고 꼴찌가 첫째 되는 순간이다.

어찌 보면 그리스도인들은 끊임없이 "볼 수 있게 해 주십시오" 하고 기도하고 있다. 그분을 올바로 보고 따르게 해 달라는 청원이다. 자기 안에 있는 눈멀고 귀멀고 벙어리 되게 하는 악령과 싸우면서 권력에 대한 갈망을 포기하고, 자신이 눈먼 상태에 있음을 깨달아 그분께 와서 참된 시력을 구하는 이는 누구든지, 그분께서 눈을 열어 주신다. 그래서 우리는 그분의 어려운 가르침을 듣고서도, 그분의 힘든 인생길을 알면서도, 그분의 제자로서 충실히 다시 뒤따라갈 수 있다. 그 길이 '생명의 길'임을 보았기 때문이다.

교회는 연중 제30주일(나해) 전례 중에 새 계약을 약속하는 예언서(예레 31,7-9)와 함께 이 대목을 읽는다. 주님께서 "눈먼 이와 다리저는 이"까지 다 모아 구원하고 회복시켜 주신다는 약속이다(예레 31,8). 바르티매오는 이 약속이 예수를 통해 이루어진 본보기다. "주님께서 우리에게 큰일을 하셨기에, 우리는 기뻐하였네"(시편 126,3: 연중 제30주일 응송).

제6부

예루살렘에서 주신 마지막 가르침
(11,1-13,37)

외딴곳 광야에서 시작하여 팔레스티나의 주변 지역인 갈릴래아 일대에서 활동하시던 예수께서 드디어 중심부에 도달하신다. 갈릴래아에서는 하느님 나라를 선포하고 가르치며 기적을 행하셨고, 여정 중에는 당신에게 닥칠 일과 제자됨의 의미와 자세만 온전히 가르치셨다. 이제 그 여정의 진정한 의미를 드러내는 완성의 터 예루살렘에서, 그분은 말씀과 상징적 행위로 당신의 사명을 명확히 드러내신다. 수난에 이르기 전, 하느님의 집 성전에서 지도자와 군중과 제자들에게 마지막으로 가르치시는 말씀 하나하나가 섬광처럼 빛을 발한다. 지금까지 달려왔던 마르코는 이제 하루 단위로 그분의 활동을 소개하며 매우 느리게 이야기를 들려 준다. 숨을 가다듬고 그분의 숨소리, 말 한 마디, 손짓 하나까지 유심히 살피고 귀 기울이라는 초대이다. 그분에게 허락된 자유의 시간은 며칠. 그 안에 담겨진 가르침은 현재를 넘어 그분이 다시 오실 마지막 때까지 확장된다.

제1장 예루살렘 입성과 성전 사건(11,1-25)

1. 예수, 예루살렘에 들어오시다(11,1-11)

마침내 예수 일행은 벳파게(*Beth*은 '…의 집', *phage*는 덜 익은 무화과. 위치 불분명)와 예루살렘에서 동쪽으로 3km쯤 떨어진 베타니아(*Beth*은 '…의 집', *aniah*는 *Ananiyah*의 축약형 추정. 또는 '가난한 자의 집'이란 뜻. 전통적으로 라자로의 무덤 소재지로 알려짐. 요한 11,1-44)에 가까이 이른다(11,1). 순례 여정은 예리코에서 유다 광야를 거쳐 벳파게와 베타니아를 경유한 뒤, 올리브 산을 넘어 키드론 골짜기를 따라 예루살렘 동쪽으로 들어가는 길이었다. 올리브 산은 예루살렘 동편에 있는 해발 830m의 석회암 산인데, 산기슭에 올리브 나무가 많이 자라 올리브 산이란 이름을 얻었다.

예수께서는 올리브 산 기슭에서 일을 하나 벌이신다. 왜 그곳인가? "그날(마지막 날)에 주님은 예루살렘 맞은편 동쪽에 있는 올리브 산 위에 발을 딛고 설 것이다. 그러면 올리브 산은…"(즈카 14,4)이라는 초기의 묵시 전승이 전해진다. 그에 따라, 유다인들은 주님(야훼)께서 '그날' 예루살렘을 지키시기 위해 이스라엘의 원수들과 최후의 결전을 벌이려고 올리브 산에 나타나실 것이라고 믿었다. 곧 메시아 대망이 실현될 곳으로 예견된 장소가 올리브 산이었다(요세푸스의 《유다 고대사》 20권 8장 6에 따르면, 55년경 이집트인 거짓 예언자가 올리브 산에 나타난다. 사도 21,38 참조).

예수께서는 입성 행렬을 주도면밀하게 준비하신다. 그분은 먼저 제자 둘을 보내서 맞은편 마을(아마도 벳파게)에서 어린 나귀 한 마리를 끌고 오라고

예수의 예루살렘 입성, 15세기, 기도서 세밀화, 개인 소장.

시키신다(11,2). 일은 예수의 말씀대로 진행된다(11,3-6). 이 이야기에서 3절의 '주님(퀴리오스)'을 역사적 관점에서 '주인'(나귀 주인)으로 보는 견해가 있다(그렇게 보면 나귀를 데려 오는 것은 자연스러우나 "곧 이리로 돌려보내신답니다"는 말은 부적절하다). 그러나 대부분은 이 본문을 예수의 치밀한 준비와 필요한 물품을 징발해 쓰는 임금 또는 주님의 권위를 행사하는 예로 여기며, '주님'을 예수(12,35-37 참조)로 이해한다.

왜 하필 아직 "아무도 탄 적이 없는 어린 나귀"(11,2)일까? 수도 예루살렘을 찾아오시는 임금은 "겸손하시어 나귀를, 어린 나귀를 타고 오신다"(칠십인역 즈카 9,9)는 옛 예언이 그 바탕이다(민수 19,2; 신명 21,3; 1사무 6,7; 마태 21,5 참조). 교부들은 이 '매어 놓은 나귀'를 유다의 축복에 대한 언급(창세 49,8-12)과 관련시켰으며, 순교자 유스티노는 복음의 나귀가 포도나무에 매여 있었다고까지 말했다. 이 구절은 "아무도 탄 적이 없"다는 점에서 예수의 순결한 행위를, 어린 나귀로 표현되는 주님의 겸손하고 비천함과 그 나귀에 감추어진 그분의 존귀함을 드러낸다. 나아가 예수께서 군마와 병거가 아니라 나귀를 타고 오신다는 점에서, 폭력이 아닌 평화로 다스리신다는 점을 강조한다.

이 단락은 입성 행렬(11,7-10)에서 절정에 이른다. 제자들은 나귀를 끌고 와 그 위에 자신들의 겉옷을 얹었다. 예수께서 그 위에 올라 앉으시자, 많은 사람이 길에다 겉옷과 잎 많은 나뭇가지(나뭇가지는 파스카보다 초막절과 연결된다)를 깔았다. 이렇게 나귀 위와 길바닥에 겉옷을 까는 행위는 즉위식 때 임금에게 경의를 표하는 풍습을 반영한다(2열왕 9,13). 예수를 앞서 가거나 뒤따라 가는 이들은 예루살렘 시민이라기보다 그분을 따라 갈릴래아에서부터 온 사람들과 근처 마을의 농민들로 여겨진다("들에서… 나뭇가지를 꺾어다가" 11,8 참조).

마르코는 호산나를 앞뒤에 둔 교차대구 형식으로(ㄱ, ㄴ, ㄴ′, ㄱ′) 사람들의 외침을 구성한다. "호산나! 주님의 이름으로 오시는 분은 복되시어라. 다가오는 우리 조상 다윗의 나라는 복되어라. 지극히 높은 곳에 호산나!"(11,9-10). 사람들이 외친 "호산나(*hōsanna:* 히브리어 호쉬아 나*hoshiy'ah-na'*의 음역)"는 성전에 가까이 온 순례자들이 찬양의 노래로 부르는 할렐 시편(113-118편)의 끝부분인 시편 118,25("아, 주님, 구원을 베푸소서")을 인용한 것이다. 이 단어의 문자적 의미는 '당신(하느님)께서 구원해 주소서(*hoshiy'ah*), 제발/비오니(*n'a*)'로, 도움을 갈구하는 울부짖음이다. 그러나 시편에서는 간구를 들어 주시는 그분께 감사와 찬양을 드리는 뜻으로 쓰였고, 초기 그리스도교에서는 이 단어를 기쁨의 외침으로 사용하였다(〈디다케〉 10,6). "주님의 이름으로 오시는 분은 복되시어라"는 말은 사제들이 파스카와 초막절 축제에 참례하는 순례자들을 환영할 때 쓰였다. "주님의 이름으로 오는 이는 복되어라. 우리는 주님의 집에서 너희에게 축복하네"(시편 118,26).

마태오와 루카의 설명과 달리, 마르코 복음서에서 사람들은 아직 예수를 '임금'이나 '다윗의 자손'으로 부르지 않는다. 하지만 이것은 사실상 임금을 맞는 환호다. 여기서 주목되는 구절은 '다윗의 나라'이다. 이미 앞에서 바르티매오가 예수를 '다윗의 자손'으로 두 번이나 부른 적이 있다(10,47-48). 여기서도 사람들은 예수의 입성을 '우리 조상 다윗'의 나라의 도래와 분명하게 연결시킨다. 다윗 가문 출신의 메시아가 이룰 번영과 정의의 나라에 대한 갈망이다. 유다인들이 아침저녁으로 드리던 18조항 기도문 중 열네 번째 기도문에 이런 구절이 들어 있었다. "다윗의 왕좌를 예루살렘에 신속히 세워 주소서."

분명히 예수께서는 메시아로서 당신 도성에 처음으로 입성하신다. 그러나 말이 아닌 나귀를 타고 입성하시는 무척 초라한 모습이다. 예루살렘을 정화하고 입성하던 시몬과 유다인들의 행렬이나(1마카 13,50-51), 무장한 로마 군인들을 이끌고 거만하게 말을 타고 입성하는 빌라도 총독의 행렬, 66년 8월에 마사다에 있던 헤로데 임금의 무기고를 털고 승리자처럼 의기양양하게 예루살렘에 입성하던 시카리파의 두목 마나헴의 입성(요세푸스, 《유다 전쟁사》, 2권 17장 8)과는 전혀 다르다. 예수를 영접하기 위해 예루살렘에서 나온 사람들도 없었다(반면에 요한 12,12-19에는 사람들이 맞으러 나온다). 그분을 따라온 보잘것없는 사람들과 주변의 미천한 사람들만이 예수의 신원과 운명을 이해하지 못한 채 환성과 기원의 외침을 터트린다. 그분은 어떤 메시아일까?

예수께서는 환호에 응답하기는커녕, 입성 내내 침묵을 지키신다(루카는 예수께서 예루살렘을 보시고 그 파괴를 예언하며 우신다고 말한다. 루카 19,41-44). 그분의 침묵은 '메시아인 내가 구원하겠지만, 너희가 기대하는 메시아의 방식은 아니다'라고 암시하는 것처럼 보인다. 메시아의 나라는 다윗 왕국의 회복이 아니라 평화의 나라이다. 그러므로 이스라엘은 폭력을 버리고 평화의 길을 걸어야 한다는 무언의 가르침이다. 이 엇갈림은 이후에도 계속된다. 예수께서는 다시금 메시아가 다윗의 자손이 아니라고 밝히시고(12,35-37), 결국 호산나를 외치던 사람들은 그분을 죽이라고 외치게 된다(15,6-15). 정녕 그분은 그들의 말과 생각을 넘어서는 임금이며, 그분의 왕국은 그들이 감히 생각조차 못하는 나라이다. 하느님 나라는 지상 어느 나라와도 같지 않다.

그분이 예루살렘에 들어가도 도성은 조용하다. 축제 때의 소란에 극히 민감했던 로마 당국이나 유다인 지도층이 아무 반응도 보이지 않은 걸 보면, 예수의 입성 행렬은 잠깐 벌어진 소란처럼, 찻잔 속 태풍처럼 지나갔던 것 같다. 우리도 종종 화려하고 요란한 행렬과 시위에 주의를 기울이지, 초라한 행렬에 눈길을 주지 않는다. 우리가 기대하는 것과 보고 싶은 것에 초점을 맞추기 때문이다. 그러나 예수께서 보여 주신 상징적 행위처럼, 하느님께서 섭리하시는 방식은 우리의 기대와 매우 다르다. 그래서 우리가 시대의 표징을 보지 못하는지 모른다.

그분은 곧바로 남쪽 계단으로 난 입구를 거쳐 성전에 들어가신다(11,11). 공관복음의 다른 병행구와 달리, 마르코 복음에서 예수께서는 성전 구역에서 '모든 것'을 둘러보시기만 하신다. 이는 다음날 방문하여 하실 일이 결코 충동에 의해 저지른 일회성 사건이 아니라, 깊은 성찰과 준비 끝에 나온 행동임을 예시한다. 그분은 예루살렘에서 오직 성전에만 관심을 쏟으신다. 그리고 날이 저물자(성문이 닫히므로) 열두 제자와 함께 베타니아로 나가셨다(마르코는 로마식으로 해돋이에서 해넘이까지를 하루로 계산한다. 그런데 수난 기사에서만 저녁과 다음날 아침을 반복하여 언급하는데, 이를 전승에 담긴 유다인들의 관습과 특히 "저녁이 되고 아침이 되니"로 구성된 창조의 7일과 연관시키는 견해도 있다). 예수께서는 예루살렘에 계시면서 한 번도 자발적으로 시내에 머무르지 않으신다(잡히신 밤에만 끌려와 머무신다). 마치 갈릴래아에서 당신을 적대시하는 회당을 피해 호숫가나 외딴곳으로 가 쉬셨듯이, 늘 적대감으로 차 있는 예루살렘에서 빠져나와 베타니아로 가 쉬신다.

교회는 매년 성주간의 '주님 수난 성지 주일'에 이 입성 기사를 봉독한다. 나뭇가지를 든 신자들은 그때의 유다인들처럼 환호한다. 예수의 앞뒤에서 '호산나'를 부르는 사람들에 끼기란 쉽다. 그러나 왜 환호하는지, 그들의 의도와 우리의 뜻, 그들의 실패와 우리의 한계를 깊이 헤아리는 게 필요하다. 아울러 우리의 주의를 그분의 침묵에 돌려, 그 침묵에 담긴 풍성한 뜻을 곰곰이 되새기는 것도 필요한 일이다. 비록 우리가 십자가에 못 박히고 부활하신 주님의 은총으로 성령을 받았지만, 우리도 그때 그들처럼 그리스도의 진정한 모습과 신원을 바로 알고 따라야 한다는 절박한 요청을 받고 있기 때문이다.

2. 예수, 성전의 운명을 예고하시다(11,12-25)

예수께서 예루살렘에 들어오신 첫날은 조용히 지나갔다. 다음날 다시 예루살렘 성전에 오신 예수께서는 예언자가 하듯 성전의 운명을 예고하는 상징적 행위를 하신다. 이에 대한 이야기는 네 복음서에 모두 나오나, 이와 연관된 무화과나무 이야기는 마태오와 마르코 두 복음서에만 나온다. 마태오는 성전에서의 상징 행위를 앞세우고 뒤에 무화과나무 이야기를 붙였지만, 마르코는 특유의 '끼워 넣기' 기법으로, 무화과나무에 대한 말씀(12-14절)과 그 실현(20-23절) 사이에 성전에서의 상징 행위(15-19절)를 끼워 넣어 둘을 한 단위처럼 긴밀히 연결하였다(앞뒤로 넓히면 '성전-무화과나무-성전-무화과나무-성전'이다). 그래서 이 두 사건은 의미가 상통하면서, 앞으로 예루살렘에서 본격화될 갈등을 보여 준다. 그 이야기 끝에 기도에 관한 가르침(11,24-25)이 이어진다.

1) 무화과나무를 보고(11,12-14)

이튿날 예수께서는 베타니아를 떠나시는데, 아침을 안 드셨는지 시장하셨다(11,12). 베타니아에서 예루살렘에 이르는 산길에 이런저런 나무들이 늘어서 있었나 보다. 마침 잎이 무성한 무화과나무가 보여 가까이 가 보셨으나 잎사귀밖에 없었다. 하긴 때는 파스카 축제 시기(보통 4월 초)이니 잎만 무성하지 아직 열매가 익을 철이 아니었다(11,13). 그런데도 예수께서는 "이제부터 영원히 어느 누구도 너에게서 열매를 따 먹는 일이 없을 것이다"고 이르신다[11,14: "이르신다"(*apokrinomai*)의 원뜻은 '대답하다'로, 열매 없는 무화과나무의 무응답에 대한 답변이다]. 아니, 30년 넘게 나자렛 시골에서 사신 분이, 무화과가 5월 말이 지나야 익는다는 걸 모르신단 말인가? 무언가 이상하다. 특히 "철"(*kairos*, 일상적 시간인 *chronos*와 달리 하느님께서 개입하시는 특별한 순간이기

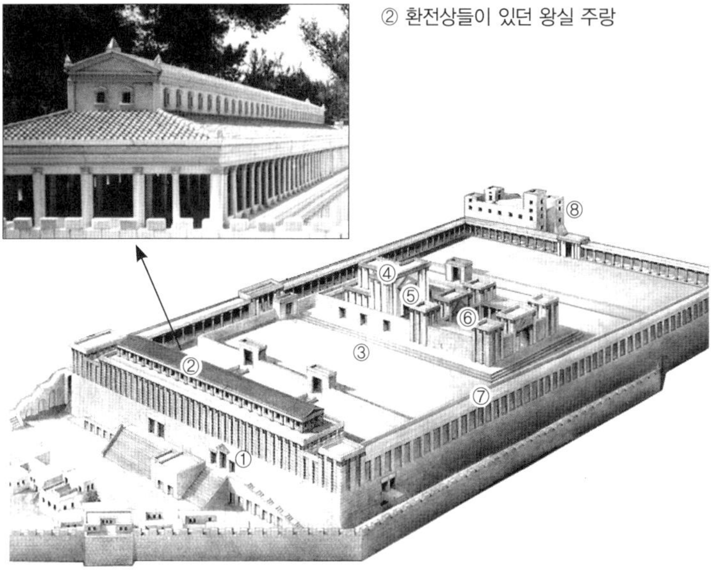

예수 시대의 성전

① 훌다 문	②왕실 주랑	③ 이방인의 뜰	④ 성소
⑤ 이스라엘인의 뜰	⑥ 여인들의 뜰	⑦ 솔로몬 주랑	⑧ 안토니아 요새

에 표징으로 분별해야 한다. 마태 16,3 참조)이라는 신학적 단어에 눈이 머문다. 그러니까 이야기는 과일의 실제 열매를 가리키지 않고 상징적 사건을 뜻한다는 것을 눈치챌 수 있다. 예수의 시장도 하느님께서 찾으시는 것이 없어서 느끼는 영적 굶주림이다(미카 7,1 참조). 제자들도 이 말씀을 "들었다"(11,14). 늘 그렇듯 예수께서는 말씀하셨고 제자들은 귀담아 들었다는 말이다.

2) 성전에서(11,15-19)

예수께서는 제자들과 함께 예루살렘으로 가신다. 그분은 바로 성전에 들어가신다. 성전은 이스라엘과 함께 계시는 야훼 하느님께서 현존하시는 터로 보증된 곳, 계시의 장소요 기도의 집이며, 온갖 제의로 하느님을 섬기고 통교하는 지극히 거룩한 곳, 유다 신앙의 정수리다. 바로 그곳에서 예수께서 다음과 같은 일을 벌이신다(11,15–17).

① 성전에서 사고파는 사람들을 쫓아내시다
② 환전상들의 탁자와 비둘기 장수들의 의자를 둘러엎으시다
③ 성전을 가로질러 물건을 나르지 못하게 하시다
④ 가르치시다

이 모든 일이 벌어진 곳은 성전의 바깥뜰이다. 산 위에 조성된 성전의 형태는 남북으로 길다랗다. 산 아래 남쪽에 있는 정문 계단을 올라가면 축대를 쌓아 만든 16만m^2(약 5만 평)의 평평하고 넓은 구역이 나오는데, 여기가 성전의 바깥뜰이다. 유다인들은 성전에 가서 드릴 제사나 봉헌에 필요한 것을 여기서 다 준비해야 했기 때문에 몹시 혼잡했다. 게다가 이 구역을 통해 예루살렘의 다른 지역으로 가는 게 편했기 때문에, 도심의 광장인 양 오가는 사람들로 상당히 번잡했다(이방인들도 다닐 수 있어 후대에 '이방인들의 뜰'이라 불리기도 했지만, 정식 명칭은 아니었다). 그곳도 성전 구역에 속해 있지만 실제 성소와 구분되었다.

이 뜰에서 행하신 예수의 상징 행위를 자세히 살펴보자.

① 성전에서 사고파는 사람들은 모두 성전 제사에 필요한 물품을 다루었다. 다른 지역에서 온 순례자들은 주로 여기에서 제사드릴 희생 제물과 포도주, 기름, 소금, 유향 등을 구입하였다. 성전에는 이러한 물건을 파는 상인들 외에 제빵 기술자, 휘장 직조공, 이발사, 금은 세공인, 분향 제조인, 제단사 등 각종 장인들이 많이 머물러 있었다. 성전 자체가 도시 속의 도시로 기능하고 있었기 때문이다. 예수께서 성전 기능을 유지하는 데 필수 역할을 하는 이들을 쫓아내셨다는 표현의 배경에는 예언서의 말씀이 깔려 있다. "그들의 악한 행실 때문에 나는 그들을 내 집에서 쫓아내리라"(호세

로마인 환전상이 동전들을 분류하다, 3세기, 묘비 부조, 라인 주립박물관, 트리어.

9,15). "그날에는 만군의 주님의 집 안에 더 이상 장사꾼들이 없을 것이다"(즈카 14,21). 그러면 예수께서는 예언자로서 성전 내의 지나친 상행위를 비판하신 것인가?

② 성전 구내에서는 형상을 금지한 율법에 따라 황제나 임금의 초상肖像이 새겨 있지 않은 유다 화폐와 티로 화폐만 쓸 수 있었다. 특히 순도가 높은 티로 화폐가 선호되었다. 그래서 지중해 세계 곳곳에서 온 교포(디아스포라 유다인) 순례자들은 부득이하게 자기들이 가져온 로마와 그리스 화폐 등 상이 새겨진 돈을 환전해야 했다(환전 수수료는 4-8%). 또 파스카 축제의 경우 각종 제사에 쓰인 희생 제물이 수천 마리에 달했다고 전해질 정도로 그 수요가 많았다. 그 제물들을 각자가 집에서 가져와도 되지만, 오는 길에 부정을 탈 수 있으므로 성전에서 구입하는 게 상례였다. 그중 비둘기는 여성의 정결 예식(레위 12,6; 15,29; 루카 2,22-24), 나병 환자의 정결 예식(레위 14,22), 남성의 정결 예식(레위 15,14) 등에 사용되는 희생 제물로 무척 많이 쓰였다. 한 쌍의 비둘기는 가난한 이들의 봉헌물이었는데, 값은 은화 2데나리온이었다고 한다(J. 예레미아스의 견해, 1데나리온은 농촌 일꾼의 하루 품삯). 상인들이 주로 모여 있던 곳은 남쪽의 왕실 주랑이었다. 8m 높이

의 주랑 기둥(지름 1.4m)이 네 줄로 모두 162개 섰고 그 위에 지붕이 덮였다.

③ 사람들이 성전을 가로질러 나르는 물건은 주로 성전 제사에 쓰이는 물품이었다. 이 물건의 운반을 가로막는 행위는 제사를 거행하지 못하도록 막는다는 뜻을 지녔다(이 내용은 마르코만 기록하고 있다).

유다인들의 삶의 구심점인 예루살렘 성전에서, 유다인 예수께서는 왜 이렇게 과격한 일을 하셨을까? 그분이 그런 행동을 하실 때 성전 경비병이나 로마군이 전혀 개입하지 않은 것을 보면, 그 일이 큰 소동으로 번지지 않았음을 알 수 있다. 그러나 그 몸짓은 화가 나서 우발적으로 벌인 일이 아니라, 의도적으로 행한 예언적 상징 행위였다. 즉 그분이 제사용 물건을 나르지 못하게 막거나 환전상들의 탁자를 둘러엎으신 행위는 단순히 성전을 '정결케' 한다는 뜻을 넘어 성전 자체를 '둘러엎는다'(11,15)는 의미를 표현한 것이다. 하느님의 나라에서 성전은 어디이며 어떤 역할을 해야 하는가?

④ 예수께서는 왜 그런 일을 하셨는지, 그 까닭을 가르침으로 밝히신다. 그분의 말씀 중 "나의 집은 모든 민족들을 위한 기도의 집이라 불릴 것이다"는 구절은 이사 56,7(칠십인역; 참조 시편 67)을 그대로 끌어 쓴 말이다. 장차 야훼 하느님의 영광이 나타날 때 이스라엘 사람들 외에 외국인이나 고자 같은 보잘것없는 사람들도 모여와 하느님의 거룩한 산에서 기쁘게 기도하리라는 종말의 약속이다. 여기서 "모든 민족들을 위한"이란 구절은 마르코 복음에만 나온다(마태 21,12-13; 요한 2,13-17 비교). 그럼으로써 이방인 선교(5,1-20; 7,24-37)의 방향이 명확해진다(이를 근거로 마르코 공동체의 대다수가 이방인 그리스도인이었고, 그들의 관점에서 이 구절을 넣었다고 추정하기도 한다). "기도의 집"은 성전의 본질이요 성전이 맺어야 할 열매다. 약속된 하느님 나라가 다가온 지금, 그 열매를 맺지 못했거나 맺으려 하지 않는 성전은 심판받을 수밖에 없다.

그 뒤에 나온 험악한 말씀 "강도들의 소굴"도 예레 7,11(칠십인역)을 넌지시 끌어 쓴 구절이다. 예레미야는 이방인과 고아와 과부를 억눌러 불의를 저지르며 예배를 드리는 유다인들을 강도에 빗대면서, 성전이 그들의 소굴인 양 자신들의 안전을 지켜 주리라고 믿는 그들의 행태를 비판한 데 이어 성전의 파괴를 예언했다(예레 7,12-15). '강도'(*lēstēs*)는 다른 사람의 재물을 폭력으로 빼앗아 자신의 안정을 도모하는 자다. 예수의 말씀에 나오는 강도는 개인 강도나 로마 저항 세력(14,48; 15,27)이라기보다 구조적 억압과 착취 조직, 특히 성전 체제를 중심으로 한 지배층을 가리킨다고 볼 수 있다(반면에 요세푸스는 유다 1차 독립항쟁에 참여한 열혈당을 '강도'라 불렀다). 성전은 예루살렘 경제를 지탱하는 대들보였으며, 그 성전 경제를 좌지우지하던 세력은 대사제 가문이었다. 당시 로마 총독이 대사제를 지명하였기 때문에, 수석 사제 가문들은 하느님께 충실하기보다 로마에 더 충성하였다.

성전이 무너지게 된 것은 그곳을 강도의 소굴로 만든 지도자들의 죄 때문이다. 예수께서 하신 행위와 가르침은 성전의 상업적 이용을 넘어, "민족들의 빛"(이사 49,6)이 되라는 이스라엘의 소명을 부정하는 민족적 · 종교적 독선과 배타주의를 반대하는 데에서 나아가 성전 체제의 붕괴를 예고하신 예언적 상징 행위요 경고였다. 이제껏 소문으로만 듣다가 직접 예수의 말씀을 듣게 된 수석 사제들과 율법 학자들은 예수를 두려워하며 그분을 없애버릴 방법을 찾는다(11,18; 참조 11,27; 12,12; 14,1). 이 사건은 그분의 죽음에 큰 영향을 미칠 것이다(14,55-65).

상황이 점차 급박해진다. 하지만 군중은 그분의 가르침을 '신선한 충격'으로 받아들이며 감탄한다(11,18). 날이 저물자 예수께서는 제자들과 함께 성 밖으로 나가 베타니아로 가신다(11,19). 이로써 예루살렘에서 보낸 이튿날이 저문다. 하루 동안 그분이 하신 일은 성전에서 몇몇 행동을 취하고 가르치신 일뿐이었지만, 그것은 날카로운 비수로 유다교의 심장을 찌르는 중대한 행위였다. 그분의 말씀은 유다교라는 특정 종교에 국한되지 않는다. 하느님 나라는 모든 사람과 사회, 삶의 전체 영역에 영향을 미치기 때문이다.

3) 다시 무화과나무를 보고(11,20-25)

무화과나무

다음날 이른 아침에, 그러니까 사흗날이다. 이날 예수께서는 예루살렘에서 가장 많은 가르침을 주신다(11,20-13,37까지 94절). 예수 일행은 다시 예루살렘으로 들어가는 중에 어제 말씀하신 나무가 "뿌리째 말라 있는" 것을 발견한다(11,20). 베드로가 스승의 말씀을 기억하고(14,72 참조) 그 현장에서 그 말씀이 이루어진 놀라운 모습을 확인한다. "스승님(잘 안 쓰던 '라삐'라는 말을 쓴다. 9,5; 14.45), 보십시오. 스승님께서 저주하신 무화과나무가 말라 버렸습니다"(11,21). 그는 스승의 대답을 '저주'로 이해하였고, 말씀의 권능으로 나무가 완전히 죽어 버렸다고 본 것이다(학자들은 이 일이 역사적 사건인지, 아니면 루카 13,6-9에 반영된 '열매를 맺지 못하는 무화과나무의 비유' 전승을 나름대로 발전시킨 것인지 논란을 벌인다). 예수의 권능이 복음서에서 유일하게 부정적으로 나타난, 또 예루살렘에서 유일하게 드러난 이 기적은 무엇을 의미하는가?

이스라엘에서 무화과나무는 많은 열매를 맺는 나무로 존중되었으며, 평화와 안정, 번영의 표징으로 간주되었다(1열왕 5,5; 미카 4,4; 즈카 3,10). 무화과나무가 꽃 피고 수많은 열매를 맺는 모습은 하느님께서 당신 백성을 찾아오시어 강복하신 것으로(요엘 2,22; 하까 2,19), 메마르고 열매 맺지 못하는 모습은 하느님의 심판으로 여겼다(예레 5,17; 8,13; 호세 2,14; 아모 4,9; 요엘 1,7.12). 또 요탐의 우화에서 무화과나무는 다른 나무를 지배할 임금이 되기를 거부한다(판관 9,10-11). 그런데 그런 무화과나무가 뿌리째 '말라 버렸으니'(현재완료 수동태로 표현하여 진행되던 일이 하느님의 권능으로 완료되었음을 나타냄).

일찍이 에프라임(북이스라엘)은 "뿌리가 말라 열매를 맺지 못하리라"(호세 9,16)는 경고를 예언자들에게 받았다. 그 예언이 이루어졌듯, 예수의 말씀도 그대로 이루어졌다. 여기서 무화과나무는 예수의 복음 선포를 거부하는 이스라엘을 상징하며, 그 뿌리는 예루살렘 특히 성전을 가리킨다. 무성한 잎처럼 겉으로 드러나는 제사와 경신례는 나무랄 데 없지만 정작 열매인 하느님의 정의와 거룩한 현존을 드러내지 못하는, 뿌리라 할 수 있는 지도자들의 영성이 메마르고 썩어 버린 성전 체제는 사라질 것이다. 지금은 하느님의 나라가 다가온 때(*kairos*)다. 우리의 시간 감각에 의존하지 않고 하느님의 때를 분별하여 새로운 그분의 일에 응답할 준비를 하지 않으면 사라질 뿐이다. "깨어 있어라", "열매를 맺어 나눠라"는 예수의 메시지는 그 시대의 성전뿐 아니라 어느 시대, 어느 사람에게나 적용된다.

무화과나무가 말라 버렸는데도 희망이 있는가? 예수께서는 이 사례를 들어 제자들을 가르치신다. 그분께서 베드로의 말에 대해 말씀(답변)하신(*apokrinomai*) 내용은 세 가지다. 곧 믿음과 기도와 용서인데, 첫째는 믿음이다. "하느님을 믿어라(직역: 하느님의 믿음, 곧 하느님에 대한 믿음을 가져라)"(11,22). 하느님의 권능과 섭리를 신뢰하고, 그분께서 하시는 일을 그대로 받아들이라는 말씀이다. 지극히 당연하고 지당한 내용이지만(5,34; 9,23-24), 앞뒤 맥락과 연결해 보면 그 뜻이 새롭다. 제자들을 비롯하여 당시 유다인들은 성전과 하느님의 현존을 밀접하게 결부시켜 생각하고 있었다. 그런데 예수께서는 하느님 현존의 터인 성전이 사라지고 모든 예배와 제사 의식이 그쳐도, 하느님만 굳게 믿으면 그분께서 함께 계시리라고 일러 주신다. 중요한 것은 믿음이지 성전이 아니다.

이어 예수께서는 장엄하게 단언하신다. "내가 진실로(*amēn*) 너희에게 말한다. 누구든지 이 산더러 '들려서 저 바다에 빠져라' 하면서, 마음속으로 의심하지 않고 자기가 말하는 대로 이루어진다고 믿으면, 그대로 될 것이다”(11,23). 예수의 말씀이 무화과나무에서 그대로 이루어졌듯, 신분이나 지위에 관계없이 하느님을 온전히 신뢰하면 그분께서 그 믿음에 응답하신다는 것이다['들리다', '빠지다'(직역: 던져지다)는 모두 수동형이다]. 믿음의 중요성을 과장법으로 표현한 이 구절을 당시 상황에 비추어, 유다인들이 흔히 '그 집이 있는 산'이라 불렀던 성전 산(“이 산”)이 게라사의 돼지 떼처럼 파괴된다(바다에 빠지다)는 뜻으로 해석하는 견해도 있다(마이어, 305). 아무튼 아무리 어렵고 힘든 처지일지라도, 하느님의 현존과 권능에 대한 믿음으로 극복할 수 있다는 가르침이다.

“그러므로” 믿음의 힘이 이토록 놀랍기에, 예수께서는 계속 믿음과 기도(“너희가 기도하며 청하는 것이 무엇이든 그것을 이미 받은 줄로 믿어라. 그러면 너희에게 그대로 이루어질 것이다.” 11,24; 참조 9,29), 기도와 용서(“서서 기도할 때에 누군가에게 반감을 품고 있거든 용서하여라. 그래야… 아버지께서도… 용서해 주신다.” 11,25; 참조 루카 11,2-4)의 상관관계를 고리처럼 연결시켜 말씀하신다(일부 사본에는 있으나 권위 있는 사본에 없어 생략된 26절은 후대에 마태 6,15에서 가져와 덧붙여진 구절로 본다). 이 단락(11,23-25)이 네 복음서 모두 여러 맥락에서 다양한 형태로 나타나는 것으로(마태 6,14-15; 루카 17,6; 요한 14,13-14; 15,7; 16,23) 보아, 초대 교회는 이 가르침을 중요한 교육 내용으로 삼았던 것 같다(마태 6,9.12 참조).

학자들은 믿는 대로 이루어진다는 이 가르침이 하느님을 철저히 믿었던 역사적 예수에게서 비롯되었다고 추정한다. 하지만 교회 공동체에는, 기도해도 응답이 없다고 좌절하거나 믿음이 부족해서 그렇다고 자탄하는 이가 적지 않다. 반면 믿고 기도하면 만사가 풀린다고 주장하는 이도 적지 않다. 정말 믿음의 정도에 따라 기도의 응답을 받는가? 기도가 이루어졌다고 하여 그것이 믿음의 깊이와 진정성을 보증하는가? 기도의 응답 여부가 믿음의 유무나 많고 적음을 나타내는 계기판은 아니다. 믿음은 기氣의 수련처럼 노력과 시간에 비례하여 성장하지 않고, 긍정적 사고로 살아가는 것도 아니다. 마르코는 하느님을 신뢰하여, 그분의 뜻에 자신의 삶을 개방하고 맡겨 드리는 것을 믿음으로 이해한다. 기도는 그런 믿음으로 지금 여기에서 다스리며 세상을 변화시키는 하느님의 뜻과 사랑에 따라 살게 해 달라는 청원이요, 그 사랑의 길에 참여하고 싶다는 열망이다. 모든 가르침은 이미 예수께서 가르치셨고 걸어오셨던 '십자가의 길'과 연관된다. 알아듣고 받아들이기도 어렵지만, 의심하지 않고 그 길로 나서는 것이 믿음이요, 끝까지 그 길을 걷게 해 달라는 간구가 기도이다(마태 17,20; 루카 17,6 참조).

이때 예수께서 기도와 연관하여 특별히 지적하신 사항이 서로에 대한 '용서'다. 하느님 앞에서 기도하면서 먼저 기도하는 자신의 마음과 삶을 성찰하고 형제를 용서하라는 가르침이다. 왜 그래야 하는가? 하느님께서 이미 우리를 용서하셨기 때문이다. 우리에 대한 하느님의 용서와 화해는 형제에 대한 우리의 용서와 화해와 결부되어 있다. 당시 유다 사회에서 하느님의 용서를 받으려면 성전에 가서 속죄 제물을 봉헌해야 했다(레위 4-5장 참조). 그러나 성전이 없어졌거나 성전과 무관하게 되었어도, 공동체에서 서로 용서하여 정의와 평화를 증진시키면 하느님께 용서받을 수 있다는 가르침이다. 우리에게 잘못한 이를 위해 기도하고 용서할 때, 그에게 연 마음의 문을 통해 하느님의 용서가 흘러들어 온다는 것이다.

교회는 믿는 이들의 공동체이기에 그 안에는 갖가지 인간적 요소가 뒤섞여 있다. 그러므로 믿음, 기도, 용서는 그리스도교 공동체와 그리스도인의 삶을 유지하고 변화시키는 근본이다. 뿌리째 말라 버린 무화과나무 같은 처지라 하더라도, 하느님에게는 모든 것이 가능하고(10,27) 그분의 은총과 자비는 헤아릴 수 없어, 서로를 위해 용서하고 기도하며 하느님을 향할 때 새 생명을 받을 수 있다. 그 모든 일이 이루어지는 곳은 성전이 아니라 부활하신 주님께서 현존하시는 지금 이 자리이다.

제2장 예수와 유다 지도자들의 다섯 차례 논쟁(11,27-12,37)

사흗날 아침 무화과나무를 소재로 제자들을 가르치신 예수께서는 예루살렘 성전에 가시어 유다의 최고 지도자들과 다섯 차례에 걸쳐 논쟁하신다. 초반에 카파르나움에서 있었던 다섯 논쟁(2,1−3,6)과 비슷하나, 성전 구내에서 수석 사제 등 최고위층의 도전으로 논쟁을 벌인다는 점에서 훨씬 더 위험하고 적대적인 상황이다. 논쟁의 주제도 예수의 권한과 신원 등 한층 중요한 사항을 다룬다. 드러나지 않게 예수를 죽일 작정을 하던 적대자들이(11,18) 이 논쟁을 거치면서 실제로 죽이려 나서게 된다(14,1.53; 15,1).

1. 무슨 권한으로(11,27−33): 첫째 논쟁

예수께서 성전 뜰을 거닐고 계실 때, 수석 사제들과 율법 학자들과 원로들이 처음 던진 질문은 이러하다. "당신은 무슨 권한으로 이런 일을 하는 것이오? 또 누가 당신에게 이런 일을 할 수 있는 권한을 주었소?"(11,27−28) 이 단락에서 네 번이나 반복되는 '이런 일'은 예수께서 갈릴래아에서 하셨던 초기 사건들(2,1−3,6)을 포함할 수 있으나, 직접 가리키는 것은 전날 성전에서 있었던 예수의 상징적 시위 행위(11,15−17)다. 수석 사제들은 "하늘에서 온" 율법에 근거하여 '이 땅에서' 합법적으로 성전에 관한 일체의 권한을 독점하고 있는 성전의 수호자다. 그런데 난데없이 예수께서 성전에 나타나 그들의 확고부동한 권위에 도전한 것이다. 그러니 그들도 자기네 권위와 명예를 지키기 위해 예수께 도전한 것이다.

이미 앞에서 예수의 권위와 권한(*exousia*)이 사람들을 압도한 바 있다(1,21-28; 2,1-12). 예수께서는 대답하는 대신 그들에게 되물으신다(반문하는 것은 율법 학자들이 흔히 쓰던 논쟁 방식이었다). "요한의 세례가 하늘에서 온 것이냐, 아니면 사람에게서 온 것이냐?"(11,30) 논제가 예수의 권한에서 요한의 권한으로 넓혀진다. 예수께서는 요한의 설교와 세례를 상기시키며, 은연중에 그의 예언자 행위와 당신의 행위를 연결하신다. 둘 다 유다의 공식 위계 질서와 무관하고, 지도자들에게 공식 권한을 받지 않았다. 그러나 마르코는 시작부터 요한의 선포를 통해(1,4-8), 또 세례 때 하늘에서 들려 온 소리를 통해(1,11) 예수의 권위가 어디에서 기원하는지 분명히 밝혔다. 그분의 사명과 권위는 요한과 잇대어 있다. 둘의 권위는 동일한 근원에서 나왔다. 그래서 그분은 마지막으로 요한을 거론하며 그의 권한의 근원을 되묻는다. "대답해 보아라"(11,29.30)고 거듭 촉구하는 예수의 추궁은 날카롭다.

이제 곤경에 빠진 쪽은 수석 사제 등이다. 요한의 가르침에 귀 기울이지 않던 그들은 요한이 하느님 또는 하느님의 영에게 권한을 받아 회개를 선포하고 세례를 행했다는 것을 조금도 인정할 수 없었다(11,31). 그렇다고 그를 참 예언자로 신봉하여 크게 호응하였던 군중 앞에서 그의 권위를 모조리 부정할 수도 없었다. 권위와 세력을 자부하는 그들도 군중이 두려웠기 때문이다(11,32). 요한이 죽은 뒤에도 초대 교회 시절까지 요한을 따르는 제자들은 여전히 있었던 것 같다. 결국 진퇴양난에 빠진 수석 사제들은 자연히 '모르겠소'라는 핑계로 얼버무리고 만다. 예수께서도 자신의 권한이 어떤 전통이나 체제에서 나오지 않고 하느님에게서 왔다고 암시하면서도, "나도… 너희에게 말하지 않겠다"(11,33)고 대답하신다. 그럼으로써 그분의 권위는 한층 강화된다.

왜 예수께서는 시원하게 밝히지 않으셨을까? 이유는 간단하다. 그들이 '오시는 분'에 대한 요한의 증언에서 하느님의 뜻을 알아채지 못했고, 지금까지 하느님 나라를 선포하신 예수의 말씀과 행적에서 하느님의 현존을 인식하지 못했는데, 어떻게 예수의 증언을 진실로 받아들일 수 있겠는가? 하느님의 주권과 자유를 존중하고 그분께서 새 일을 하실 수 있음을 믿고 그분의 말씀을 듣고자 하는 마음이 없으면, 비록 예수께서 직접 말씀하셨다 하더라도, 그 안에서 하느님의 말씀을 알아들을 길은 없다. 그러니 모르겠다는 그들의 답변은 하느님과 예수에 대해 눈멀고 귀먹은 그들의 무지無知를 정확하게 나타낸다(4,11-12 참조).

오늘날 그리스도인들은 요한과 예수의 권위를 존중한다. 하지만 지금 하느님의 권위가 어떻게 드러나는지, 그분의 뜻을 어떻게 알아듣는지에 대한 의견은 분분하다. 그래서 자칫 우리 가운데 보잘것없는 이를 통해 새 일을 하시는 하느님의 주권을 무시할 수 있다. 마르코 복음에서 예수께서는 말보다 행동으로 가르치신다. 그분은 몸소 수난과 십자가 죽음과 무덤과 부활로 앞장서 가시어 주님의 권위를 드러내신다. 지금 여기서 예수의 권위에 대하여 답변하고 증언해야 하는 이는 결국 그분과 함께 있는 그리스도인 자신이다. 곧 우리의 일상 삶이 그 답변이다.

2. 포도밭 주인과 소작인(12,1-12)

권한의 근거에 대한 논쟁에 이어 권한을 행사하는 이들에 관한 가르침이 제시된다. '누가 여기 책임자냐?' 되짚어 말하면 "누가 주인이고 누가 소작인인가? 우리는 누구를 위해 무엇을 관리하고 있는가? 그 주인이 바라는 것은 무엇인가?" 앞에서 직접 답변하기를 거부하신 예수께서는 여기서 한 비유를 들어 답변하신다. 4장에 나오는 비유와 비교해 보면, 이 이야기는 가리키는 대상을 세세하게 빗대 표현한 우화다(비유를 우화로 바꾼 4,13-20 참조). 이야기의 소재는 당시 유다인들에게 무척 친숙한 포도밭이다.

소작인들이 주인이 보낸 종(가운데)과 아들(아래)을 죽이다.
11세기, 하인리히 3세 복음서 세밀화, 엘 에스코리알 왕립도서관, 마드리드.

이야기의 배경은 두 겹이다. 바깥층은 당시의 구체적 현실 생활이다. 비유에 나오는 포도밭 주인처럼, 당시 갈릴래아를 비롯한 북부 팔레스티나 땅은 대부분 예루살렘 등 대도시와 외국에 거주하던 대지주들의 소유였다. 한 예로 기원전 3세기 프톨레마이오스 왕조의 관료인 아폴로니우스의 재산 관리인 제논의 편지에 따르면, 그는 갈릴래아를 비롯한 팔레스티나 곳곳에 포도원과 과수원을 임대하고 있었다. 그리고 그가 보낸 심부름꾼이 소작인에게 쫓겨난 경우도 편지에 밝히고 있다.

심층의 배경은 이스라엘의 신앙과 역사이다. 많은 예언자와 현자들은 이스라엘을 '하느님께서 좋은 열매를 맺도록 심으시고 돌보시는 포도밭'으로 빗대 표현했다(시편 80,8-18; 예레 2,21ㄱ; 호세 10,1). 좀 더 직접적인 이야기의 배경은 '포도밭의 노래'(이사 5,1-7)이다. 비유 성격의 그 노래에서 나온 울타리, 확, 탑은 마르 12,1에도 반영되어 있다. 그러나 이사 5장에서는 좋은 포도(정의와 공정)를 맺지 못하는 포도밭이 문제인 반면, 마르 12장에서는 사악한 소작인들이 문제이다. 이 비유가 직접 예수에게서 기원하였는지 여부와 마르코가 어느 정도로 편집하였는지는 논란이다[J. D. 크로산은 마르코가 본래의 비유에다 성경 구절(1.10-11절)과 '사랑하는'(6절) 단어, 이방인 선교 암시(9ㄴ절) 등 몇 가지 내용을 덧붙여 우화로 성격을 변화시켰다고 주장한다]. 현재의 마르코 복음서에서 이 비유는 우선 소작인과 그들이 행사하는 부당한 권한, 나아가 예수의 메시아 주장, 주인이신 하느님의 너그러우심 등을 조명하고 있다. 인물들이 가리키는 대상은 다음과 같다.

포도밭 주인 - 야훼 하느님
포도밭 - 이스라엘, 좀 더 좁히면 예루살렘 성전
소작인 - 수석 사제 등 지도자들
종 - 예언자들을 비롯한 하느님의 사자들
사랑하는 아들 - 예수

네 단계로 펼쳐지는 이야기에서 가장 놀라운 점은, 주인의 대리자에게 가해지는 폭력이 점차 심해진다는 점이다. 첫 단계에서 사실상 주인공인 주인은 포도나무를 심고 울타리를 둘러치고 포도 확도 파고 탑을 세운 다음 소작인들에게 내주고 멀리 떠난다. 그가 모든 일을 주관하여 수고하였지 소작인은 한 일이 전혀 없다. 마침내 포도 "철이 되자"('바로 그때가 되자': 참조 1,15의 "때가 차서"; 레위 19,23-25에 따르면 첫 소출을 거두는 5년째) 주인은 자기 몫으로 소출의 얼마(4,7)를 받아 오라고(11,13에서 주인이 무화과를 찾듯, 당신의 몫을 요구하는 것은 정당하다. 11,13 참조) 종(*doulos*) 하나를 보냈다(10,44 참조: 루카와 마르코는 종을 한 명씩 연속해서 세 번 보내고, 마태오와 마르코는 다른 많은 종을 보낸다). 그러나 소작인들은 처음 온 종을 빈손으로 돌려 보냈으며('주인의 것을 주인에게' 돌려 주지 않는다), 두 번째로 온 종은 '머리를 때려' 상처를 입히고 모욕하였다(이 내용을 세례자 요한의 참수에 대한 암시로 보는 견해도 있다). 세 번째로 보낸 종은 죽이고, 그 뒤에 보낸 많은 종들 가운데 더러는 매질하고 더러는 죽여 버렸다(12,2-3.4.5). 요점은 이스라엘의 역사 내내 하느님 백성의 지도자들은 줄곧 하느님께 반항하여 내야 할 소출을 내지 않으려 했으며, 하느님께서 회개하라고 보낸 예언자들을 혹독하게 다루었고, 하느님의 말씀과는 무관하게 자기네 권위를 행사해 왔다는 점이다(1열왕 18,13; 2역대 24,21; 36,15-16; 느헤 9,16 참조).

2단계(6절)에서 주인의 "오직 하나, 사랑하는 아들"(예수의 세례와 거룩한 변모 때 하늘에서 들려온 소리. 1,11; 9,7)이란 예수의 신원이 처음으로 공개리에 언급된다. 그런데 계속 모욕을 받은 주인이 어째서 다른 조치를 취하지 않고 다섯 번째로 '사랑하는 아들'을 보냈을까? 분명히 이런 처사는 어리석은 일이지 정상 반응이 아니다. 그럼에도 주인은 진정한 대리인이 가면 주인과 동등하게 여겨 존중해 주리라고 기대했다(11,6). 주인은 여전히 소작인들을 신뢰하였던 것이다. 그러나 소작인들의 생각은 전혀 달랐다(6절과 7절의 독백 비교). 서로의 기대가 어긋나면서 예상치 못한 결과가 초래된다.

3단계(7-8절)에서 하나뿐인 아들을 죽임으로써 상속권을 얻으려는 소작인들의 추리는 현실적이다. 부재지주에게 다른 상속자가 없을 경우, 소작인이 합법적으로 소유권을 가질 수 있는 경우가 있었다. 어쩌면 부재지주에 대한 불만이 높았던 당시 군중은 이런 소작인들의 행태에 마음으로 동조했을지 모른다. 아무튼 소작인들은 소작인으로 일하기보다 주인 노릇을 하고자 획책한다. '우리 차지가 될 것이다.' 아들은 포도밭 '안에서', 자신의 소유지에서 죽임을 당한다. 소작인들은 아들의 시신을 그의 신분에 걸맞게 매장하지 않고 포도밭 '밖으로' 던져 버린다(마태 21,39과 루카 20,15은 "포도밭 밖으로 던져 죽여 버린다"고 적어 밖에서 죽는다고 밝힌다. 히브 13,12처럼 '성문 밖에서' 행해진 예수의 십자가 처형을 암시하기 위해서다). 이는 주인의 권위와 은혜를 심하게 경멸하고 그의 명예를 짓밟는 행동이다.

4단계(9절)는 이 대목의 절정이다. 예수께서는 격노한 포도밭 주인의 행동을 성찰해 보도록 지도자들에게 물으신다. "그러니 포도밭 주인은 어떻게 하겠느냐?" 앞에서 속수무책으로 당하기만 한 것 같은 포도밭 주인은 힘이 없어서 당한 것이 아니다. 그 주인이 왜 그랬는지, 앞으로 어떻게 하실지 깊이 헤아리라는 촉구이다. 예수께서 이 비유(우화)를 통해 드러내는 하느님은 "자비하고 너그러운 분, 자애와 진실이 충만한 분, 분노에 더디고 항구하게 사랑하며 신의를 지키시는 하느님"이시다(탈출 34,6; 민수 14,18; 느헤 9,17; 시편 86,15; 103,8; 145,8). 그런데 그들의 주인(*kyrios*)이신 자비하신 하느님께서 지금은 참고 계시지만, 반드시 오실 터이니 그분의 뜻을 똑바로 인식하여 현명하게 대처하라고 이르신다. 하느님께서는 지금 응답을 기다리신다. 만약 가까이 온 하느님 나라와 예수에게서 드러나는 하느님의 뜻, 회개하라는 부르심(1,15)을 계속 거부하고 구태의연하게 행동하면 파국을 맞게 되리라는 경고인 셈이다.

파국은 어떤 모습으로 오는가? "그(주인)는 돌아와 그 소작인들을 없애 버리고 포도밭을 다른 이들에게 줄 것이다"(12,9ㄴ). 주인은 포도밭을 없애 버리지 않고(이사 5,5-6과 달리) 소작인들을 없앤다(이를 70년의 성전 파괴로 보는 견해도 있다). 문제는 포도밭을 돌보는 지도자들에게 있다(마태 21,41.43 비교). 군중은 여전히 예수의 정체를 모르지만 아직도 호의적이다(12,12: 참조 11,18; 12,37). 그러나 지도자들은 '자기네 이익을 위해'(성전 안에서 행해지는 장사처럼) 권한을 행사하며, 하느님의 아들이 선포하는 메시지에 응답하지 않는다. 그들은 마음이 완고하여 여전히 보아도 알아볼 줄 모르는 상태에 있다(이사 6,9; 마르 8,18). 여기서 새롭게 포도밭을 받을 '다른 이들'이 누구를 가리키는지는 명백하지 않다. 문맥으로 보면 그들은 하느님의 새 성전(14,58)인 예수와 제자들일 터이고, 그 공동체에 이방인들(11,17)이 포함되므로, 초기 그리스도인들은 이방인을 포괄하는 자신들이 포도밭을 새롭게 맡았다고 이해하였다(로마 11,17-24 참조).

아직 이야기는 끝나지 않았다. 예수께서는 이 비유에 시편 말씀(칠십인역 118,22-23)을 덧붙이신다. 유다인들은 이 시편의 '버림받은 돌'을, 인간이 죽이려고 위협하는 중에 하느님께서 구하신 이스라엘의 위대한 영웅으로 이해하였다. 그러다 점차 그는 '다윗'으로 고착된다(타르굼 시편 118,22에는 '돌' 대신 '소년'으로 나온다). 그래서 하느님께서 그를 머릿돌 곧 임금으로 다시 세워 주실 것이며, 다윗의 자손인 메시아가 그 약속을 이루리라는 기대가 커졌다(예수께서 예루살렘에 들어오실 때 불렸던 노래가 이 시편이다. 11,9 참조). 본래 승전 감사가로 여겨지는 이 시편은 다른 민족에게 억압받고 있던 그들에게 희망을 주는 메시지였다. 그러나 예수께서는 이 시편을 들어 버림받아 죽는 '사람의 아들'로 당신을 계시하신다(수난 예고 참조). 또 마르코를 비롯한 초대 교회는 그리스도론적 맥락에서 이 구절을 이해하였다. "집 짓는 이"(하느님의 집안인 이스라엘을 돌보고 그분의 집인 성전을 책임진 유다의 지도자)들이 내버린, 배척한 "그 돌"(*'eben*)을 하느님의 사랑받는 아들(*ben*) 예수 그리스도로 본 것이다. 그래서 그분은 하느님의 새 성전이요 교회 공동체의 머릿돌이 되셨다고 믿었다(사도 4,11; 1베드 2,6-8; 에페 2,20).

여기서 강조되는 것은 하느님의 주도권이다. 그분이 직접 모든 일을 주관하신다. 앞에서는 못된 소작인들을 없애 버리고 포도밭을 새로운 소작인들에게 넘기셨다면, 여기서는 '버려진 돌'의 편에 서서 그것을 유용하게 쓰신다. 일의 시작과 끝, 사람의 일과 하느님의 일이 극적 대조를 이룬다. 집 짓는 전문가들이 쓸모없다고 버린 돌을 하느님께서는 가장 중요한 자리에 쓰신다(모퉁이의 머릿돌이 지상 건축물의 무게를 견디는 중심돌, 또는 아치를 버티게 하는 마지막 끼움돌, 건물의 완성을 알리는 갓돌 중 어느 것인지 모호하나 건물을 지탱하는 데 중요한 역할을 한다고 본다). 아무튼 예수께서는 유다 지도자들에게 버림받아 죽임을 당하셨지만, 하느님께서는 그분을 부활시켜 당신의 구원 계획을 완성하고 새로운 성전으로 쓰셨다. 그럼으로써 기존의 성전과 폭력을 행사하는(11,18; 12,12) 지도자들을 심판하신다(11장의 말라 버린 무화과나무의 표징 참조). 이 시편의 배후에는 성전의 돌들이 무너지리라는 파괴의 예언(13,2)과 새 성전의 건설(14,58)에 관한 말씀은 물론, 곧바로 따라올 하느님 아들의 수난 사화 및 하느님께서 아들을 인정하고 그의 권위를 세워 주실 부활에 대한 기대와 고백이 깃들어 있다.

수석 사제들은 "자기들을 두고 이 비유를 말씀하신 것을 알아차렸다"(12,12). 이로써 당대에 포도밭 비유가 성전과 연관하여 해석되었음을 알 수 있다. 그렇지만 그들은 알아들은 말씀의 메시지에 순종하여 회개하지 않고, 권위를 남용한 탓에 장차 그것을 빼앗기리라는 경고의 말씀에 분노한다(에제 34장 참조). 게다가 예수께서 시편을 들어 당신의 운명을 암시하며 극적 반전이 있음을 시사하자, 더욱 분노하여 그분을 붙잡으려 하였다. 그렇지만 군중이 소요를 일으킬까 두려워 그분을 잠시 그대로 두고 떠나갔다(12,12).

이 비유는 오늘날 일정한 권한을 지닌 지도자에게 그들의 권한 행사 방식을 성찰하도록 촉구한다. 어느 형태로든 더 많은 권한을 가진 이들이 하느님의 자비와 정의를 실천하지 않고 자신만을 위해 권한을 행사하면, 그들은 하느님께서 정하신 때에 쫓겨나고 그들의 권한은 다른 이가 받을 것이다. 이 이야기는 포도밭(창조 세계)의 주인이 누구인지를 잊고, 잠시 위임된 것을 영원히 "내 차지로 만들려는" 각종 시도, 온 지구가 공유하고 현재와 미래 세대가 함께 써야 할 각종 자원과 에너지를 마구 사용하는 '잘 사는 삶'의 행태, 내 뜻과 이해관계를 앞세워 결정하고 내게 맡겨진 권한을 폭력으로 행사하면서도 '주님의 일이요 백성을 위하는 일'이라고 선전하는 위험한 경향을 경고한다. 포도밭을 맡은 소작인들이 지녀야 할 자세는 폭력으로 소유권을 쟁취하는 것도, 폭력을 가하는 이들에게 보복하는 일도 아니다. 앞에서 예수께서 이르신 대로, 주님을 따르는 이의 위치에서 종의 자세로 십자가의 삶을 사는 것이다. 그들은 이렇게 고백한다. "저희는 쓸모없는 종입니다. 해야 할 일을 하였을 뿐입니다"(루카 17,10).

3. 진짜 주인은 누구인가?(12,13-17): 둘째 논쟁

다시금 우리 삶의 주인이 누구인가 하는 물음이 제기된다. 현실적으로 우리에게 큰 영향을 미치는 정치 경제 체제와 종교 신념이 충돌할 때 어떻게 해야 하는가? 외견상 이 대목은 논쟁 이야기지만 사실상 제자들을 가르치는 선언 이야기이다.

그들(수석 사제들과 율법 학자들과 원로들)은 물러가면서 일찍이 출현했던(3,6) 바리사이들과 헤로데 당원 몇 사람을 예수께 보낸다. 여기서 바리사이파는 율법과 전통의 권위를, 파스카 축제 때문에 헤로데 안티파스를 따라 예루살렘에 온 헤로데 당원들은 세례자 요한을 죽인 정치 권력을 대표한다(마태 22,16 참조). 종교 신념과 정치적 입장 차이로 자리를 함께하지 않는 그 둘이 지금 나란히 나오는 까닭은 예수께 "말로 올무를 씌우려고"(12,13) 하기 때문이다. '올무를 씌우다'(*agreuō*)는 신약성경에서 유일한데, 함정을 파거나 그물 같은 것으로 짐승이나 물고기를 사로잡는 행위를 가리킨다. 그들은 예수의 말을 책잡아 함정에 빠트리려 한 것이다. 그래서 예수께서는 이를 당신에 대한 "시험"으로 간주하신다(12,15; 참조 1,13; 8,11; 10,2).

그들은 예수께 와서 "스승님께서 진실하시고 아무도 꺼리지 않으시는 분이라는 것을 압니다. … 사람을 그 신분에 따라 판단하지 않으시고(정의의 요건이다. 레위 19,15; 신명 10,17; 로마 2,11 참조) 하느님의 길을 참되게 가르치십니다"고 아첨한다. 그들은 예수를 "스승님"(*didaskalos*)으로 부르지만, 그들의 현란한 어휘에는 가시가 숨어 있다. 풀어 보면 당신은 진실하고 의로운 사람이니 이해관계를 떠나, 앞에서처럼 질문이나 비유로 빠져나가지 말고 이 자리에서 솔직하게 대답하라는 뜻이다. 그러면서 불쑥 내미는 '시험' 문제가 '세금 납부'다[이 세금은 6년부터 유다와 사마리아 등 로마 총독이 통치하는 지역에 거주하는 14-65세의 남자와 12-65세의 여자가 1년에 한 데나리온씩 로마 황제에게 내던 주민세(라틴어 census)를 가리킨다. 갈릴래아 사람인 예수에게는 해당하지 않았다].

이 문제는 두 가지 차원에서 제시된다. 하나는 "황제에게 세금을 내는 것이 합당합니까, 합당하지 않습니까?"라는 차원이다(12,14). "합당하냐"는 말은 구약성경의 율법 정신에 부합하느냐는 뜻으로, 바리사이들이 관심 갖는 문제다(2,24.26; 3,4; 6,18; 10,2). 이와 같이 유다인이 '나아가야'(*halakh*) 하는 율법의 실천적이고 법률적 면을 다루는 것을 흔히 '할라카'(*halakah*) 방식이라 부른다(비법률적 자료와 이야기, 성경 주해 등은 '하가다*haggadah*'이다). 또 다른 차원은 '바쳐야 합니까, 바치지 말아야 합니까?'이다(12,14). 이는 로마의 최대 관심사인 세금 납부에 자신들의 정치적 생명이 달려 있는 헤로데 당원들의 실제 문제이다.

어느 사회에서나 세금은 골치거리지만, 정상 국가에서 문제 삼는 것은 세율과 과세 품목이다. 그런데 유다에서 문제 되는 것은 납부 여부이다. 로마에 세금을 내는 것은 로마 황제의 주권을 인정하고 그의 지배를 받아들인다는 뜻이다. 이는 야훼 하느님만을 유일한 임금으로 인정하는 유다의 야훼 신앙에 어긋나는, 하나의 우상 숭배였다. 자신의 신앙 고백과 현실 세력의 요구가 충돌할 때 해결 방안은 분파마다, 각자의 처지마다 달랐다. 기원후 6년에 납세 거부 폭동을 일으킨 갈릴래아의 유다(사도 5,37) 같은 경우를 제외하면, 대다수는 현실에 순응하여 납세하였다. 하지만 갈등은 그대로 남아 있었다. 따라서 납세 문제는 유다 신앙과 정서, 그리고 로마 권력이란 날카로운 양날의 칼이었다. 예수께서 '세금을 내라'고 말한다면, 민족주의에 젖어 내심 로마에 대해 앙앙불락하는 군중을 분노케 할 것이다. '내지 말라'고 말하면, 반란 도발자로 로마 당국에 의해 처벌당할 수 있다. 진퇴양난의 고비에서 "하느님의

로마 황제 티베리우스의 초상과 이름이 새겨진 데나리온 은화, 히브리대학교, 예루살렘.

길"(12,14), 하느님의 뜻에 따라 그분과 함께 걸어가는 삶의 길은 무엇인가?

예수께서는 인사말과 다르게 당신에게 올무를 씌우려는 그들의 '위선'(7,6)을 알아차리시고, 답변 대신 엉뚱한 부탁을 하신다. "데나리온 한 닢을 가져다 보여 다오"(12,15). 그들이 세금을 내는 화폐로 지정된 로마 은화인 데나리온을 가져오자, 예수께서 물으신다. "이 초상과 글자가 누구의 것이냐?"(12,16) 은화 앞면에는 당대의 로마 황제 티베리우스의 초상(*eikōn*)과 함께 "신적인 아우구스투스의 아들, 티베리우스 카이사르 아우구스투스"란 글자가 새겨 있었다. 예나 이제나 사람 이름이 쓰여 있는 물건은 그 사람의 소유물로 인정된다. 따라서 그들의 대답처럼 그 초상과 글자가 "황제의 것"(12,16)이라면, 그 은화는 당연히 황제의 것이 된다. 그것을 사용하는 행위는 이미 주인인 황제의 주권과 소유권을 인정하고 로마 제국의 통치를 용인하는 것이다. 그럼에도 바리사이들은 황제의 초상을 인정하는 행위가 하느님의 모습을 표현하지 못하게 한 유다의 계명(탈출 20,4; 신명 5,8)과 전통을 어기는 우상 숭배라고 주장하였다. 그래서 황제의 초상을 성전에 반입하는 것을 구전 율법으로 금하였고(이를 무시하고 로마의 군기나 황제의 상을 반입하였을 경우 격렬하게 저항하였다), 성전 봉헌금도 사람의 초상이 없는 유다나 티로 화폐로 바꾸어 내라고 요구하였다.

예수께서는 세금을 내라, 내지 말라는 대답 대신 단 한 마디로 이르신다. "황제의 것은 황제에게 돌려주고, 하느님의 것은 하느님께 돌려 드려라"(12,17). 여기에만 쓰인 '돌려주다'(*apodidōmi*)는 빚을 갚듯 받은 것을 다시 건네 준다는 뜻이다. 각자에게 가야 할 몫을 돌려주는 것, 해야 할 의무를 이행하는 것이 옳다는 지적이다. 그러면 황제의 것은 무엇인가? 눈앞의 은화처럼 국가라는 공동선을 위해 필요한 것이다. 세금을 납부하라는 말씀이다. 그렇다면 병행되는 '하느님의 것'은 무엇인가? 바로 앞에 나온 "포도밭의 비유"와 연결시키면, 세상의 모든 지배자는 한낱 소작인, 모든 것을 창조하시고 돌보시는 주인은 하느님이시다. 특히 모든 인간은 하느님의 모습(*eikōn*)으로 창조되었으니(창세 1,26-27) 그들 역시 모두 하느님의 소유이다. 그렇다면 황제와 황제의 고유한 것으로 주장할 수 있는 여지는 없다. 결론인즉, 사람은 하느님에게만 최고로 충성하고 복종해야 한다. 그래서 예수께서는 하느님의 나라를 무엇보다 우선하셨고, 당신의 목숨마저 온전히 하느님께 내드렸다. 하느님의 법으로 그분을 없애려는 바리사이들의 모의는(3,6)는 정작 하느님의 것을 파괴하는 짓이다. 역설이다.

예수께서는 질문자들이 스스로 대답하도록 하신다. 현상을 묻는 그들에게 현상을 다루는 그들의 근본 자세를 성찰하도록 이끄신다. 자신들이 돌려 드려야 하는 '것'이 무엇인지, 누구에게 내야 하는지 스스로 결단을 내리게 하신다. 이렇게 그분은 그들의 올무를 윤리적 결정을 위한 기본 원칙, '사람이 가야 하는 하느님의 길'에 대한 근본 지침을 가르치는 기회로 바꾸신다. 이와 같이 탁월한 그분의 지혜에 적들마저 크게 탄복하고 만다(12,17). 그 뒤로 바리사이들은 사라진다.

초기 그리스도교 역시 로마 제국과 관계를 설정하는 데 어려움을 겪었다. 그래서 신약성경에도 시기와 처지에 따라 다양한 입장이 반영되어 있다. 국민의 의무를 강조하는가 하면(로마 13,1-7; 1베드 2,13-17; 1티모 2,1-4) 로마 제국의 우상 숭배 요구에 맞서라고 촉구하기도 한다(묵시 13,1-18). 그럼에도 놓치지 않은 것은 예수의 가르침과 그분의 길이었다. 여기서 예수께서는 황제의 것(국가 영역)과 하느님의 것(교회나 종교 영역)을 서로 다른 것으로 구분하지 않으신다. 인간의 삶에서 하느님이 배제되는 영역은 없다. 예수께서 분명히 하신 것은 하느님께 대한 인간의 첫째 의무가 국가에 대한 다른 의무를 포함하면서, 그 의무를 초월한다는 점이다. 충성의 우선권을 밝히신 것이다.

그리스도인은 하느님의 모습으로 창조되고, 그리스도의 구속을 통하여 새롭게 하느님의 것이 된 사람이다(10,45; 1코린 6,19-20). 그 역시 한 국가공동체의 일원으로서 공동선을 위해 합당한 책임과 의무를 갖는다. 그러나 국가가 침략 전쟁, 식민지 정복, 인종 차별 같은 불의를 저지를 때에도 순응하며 의무를 다하여야 하는가는 오래된 갈등이었다. 예수의 제자로서 행동해야 할 자신의 궁극적 의무에 따라, 그들은 공적 의무의 한계를 밝히고 성령에 힘입어 다양한 대응 방안을 모색해 왔다. 예수께서는 그리스도인이 해야 할 일의 목록을 일러 주지 않으신다. 그분은 그리스도인이 자신의 결정에 관하여 어떻게 생각해야 하는가를 제시하신다. 나는 누구의 것으로 살고 있는가?

4. 부활한 후의 삶은?(12,18-27): 셋째 논쟁

부활은 가능한가? 부활한 후의 삶은 어떠한가? 우리의 호기심을 잔뜩 자극하는 주제다. 그러나 더 중요한 것은 참된 주인이신 하느님의 권능, 그것을 증언하는 성경을 어떻게 이해하고 있는가이다. 그것이 진짜 문제다.

셋째 논쟁의 상대자는 사두가이들이다(처음이자 마지막으로 별도의 무리로 등장한다). 그들이 예수께 던진 질문의 형태는 독특하다. 질문인즉, "스승님(*didaskalos*), 모세는… 저희를 위하여 기록해 놓았습니다. 그런데 일곱 형제가 있었습니다. … 일곱이 모두 후사를 남기지 못하였습니다. … 부활 때에 그 여자는 그들 가운데 누구의 아내가 되겠습니까?"(12,19-23) 수혼법 규정(신명 25,5-10)에 따라 일곱 형제가 모두 한 여자를 아내로 맞았는데, 만약 그들이 부활한다면 그 관계는 어찌 되겠느냐? 시간의 흐름에 따라 이루어진 일이 부활을 통해 동시에 벌어진다면, 있을 수 없는 우스꽝스러운 모습이 되지 않겠느냐는 비웃음이다. 이렇게 있을 수 없는 상황을 억지로 구성하여 제시하는 질문을 유다 전통에서는 '비속화卑俗化'라 부르는데, 상대방을 비웃고 경멸하는 질문이기 때문이다. 만약 수혼법으로 인해 사후 세계에서 도덕적 혼란이 일어난다면, 모세가 그런 법을 기록했겠느냐는 반문이다. 그리하여 부활 신앙의 허구성을 조롱하며, 은연중에 자기네 신조의 탁월성을 과시하려는 속셈이다.

과연 그런가? 시동생이 형수와 결혼하여 형의 뒤를 이어야 한다는 수혼법(levirate, 라틴어로 levir는 시동생이란 뜻)은 본래 한 집안의 가부장 가계를 유지하여 재산과 유산을 보존하도록 마련된 방편이다. 수혼법의 성립 요건은 "형제들이 함께 살다가 그 가운데 하나가 아들 없이 죽었을 경우"(신명 25,5)이다. 즉 수혼법은 보편 규정이 아니라 특수한 처지에 적용되는 제한 규정이었고 구속력이 없었다(창세 38장, 룻기 참조). 고대 가부장 사회의 유습인데, 여기서도 사두가이들은 여자를 전혀 배려하지 않는다. 그를 형제 사이에 건네지는 물건처럼 간주하며 불임의 수치만 부각시킨다.

"눈에는 눈으로, 이에는 이로." 예수께서는 도전 방식에 따라 지혜롭게 대응 방식을 바꾸신다. 여기서 사두가이들이 오경을 들어 도전하자, 그분은 같은 오경의 다른 본문(탈출 3,6)을 제시하여 그들의 무지와 어리석음을 폭로한다. 말씀의 첫머리와 끝에서 "잘못 생각하는", "크게 잘못 생각하는"(12,24.27) 것이라고 거듭 지적하신다.

무얼 잘못 생각하고 있는가? "너희가 성경도 모르고 하느님의 능력도 모르니까 그렇게 잘못 생각하는 것이 아니냐?"(12,24) 놀랍게도 그들이 권위 있다고 믿는 성경과 그것이 증언하는 하느님의 권능을 잘못 생각하고 있다는 것이다. 예수께서는 먼저 하느님의 능력에 대한 그들의 무지를 지적하신다. 사두가이들은 사후 세계를 지상 세계의 단순한 연장 또는 재현으로 이해하여 문제를 제시하였다. 설사 그렇더라도 그들이 내놓은 문제는 어리석은 물음이다. 수혼법은 상속자가 없어서 마련된 것인데, 그들의 주장대로 부활 때 상속자(맏아들)가 살아난다면 수혼법이 왜 필요하겠는가? 그러나 예수께서는 그러한 사후 세계의 개념 자체를 부정하신다. 죽은 이들이 다시 살아나는 하느님 나라에서는 전혀 다른 상태로 변형된다. 새로운 생명이 주어지고 새 창조가 일어난다. 하느님 나라는 생명의 세계로 그 안에서 이 세상의 사회 구조와 관계가 온전히 뒤바뀐다. 상속자가 있어서 수혼법이 필요 없어지는 게 아니라, 가부장제 혼인 제도 자체가 사라진다. 부활한 이들이 천사들과 같아지기 때문이다(천사들은 혼인하지 않는다고 믿었다). 모든 이의 생각을 훨씬 뛰어넘는, 꿈도 못꿀 그런 새로운 세계가 어떻게 가능한가? 그들이 알지 못하는 하느님의 크나큰 능력(*dynamis*)으로!

두 번째 지적 사항은 성경에 대한 그들의 무지다. 예수께서는 '모세의 책에 있는 떨기나무 대목'에서 하느님의 말씀을 인용하신다. "나는 아브라함의 하느님, 이사악의 하느님, 야곱의 하느님이다"(12,26; 탈출 3,6.15.16). 이때 하느님께서는 과거형이 아니라 현재형으로 당신을 계시하신다. 그분에게는 현재만 있다. 그러므로 "그분께서는 죽은 이들의 하느님이 아니라 산 이들의 하느님이시다"(12,27). 다시 말해 아브라함 등 선조들이 우리와의 관계에서는 분명히 죽었으나, 그분과의 관계에서는 살아 있다는 새로운 해석이다(탈출기 문맥에서 이 구절은 야훼께서 모세에게 당신이 선조들의 하느님이라고 밝히시는 내용이다). 살아 계신 하느님께서는 당신 안에 살아 있는 이들과 관계를 맺으신다. 부활은 당신께 충실한 이들에게 주시는 하느님의 선물이다. 예수께서는 탈출 3,6을 이처럼 독특하게 풀이하시며, 오경에서 이미 부활이 드러나 있다고 가르치신다. 부활의 가르침은 이렇게 추상적이고 관념적이지만 그분을 통해 실제로 드러날 것이다. "그분께서는 되살아나셨다. 그래서 여기에 계시지 않는다"(16,6)는 증언을 통해, 부활은 가능성을 넘어 현실로 다가왔다. 부활 신앙은 죽음에 직면한 모든 사람의 의심과 두려움을 넘어 우뚝 서 있다. 우리의 희망은 이 가르침뿐 아니라 가르치고 구현하시는 그분에게 있다.

사두가이들은 부활에 관한 언어를 문자 그대로 이해하였고, 그래서 잘못 생각하였다. 우리가 정말 부활할 것인지, 부활한 몸의 상태, 그 몸이 거주할

집과 환경 같은 죽음 뒤의 삶의 조건을 묻는 것도 그들처럼 잘못 생각하는 것이다. 왜냐하면 우리가 지상에서 알고 있는 정도로 하느님의 능력을 제한하기 때문이다. 초기 그리스도인들도 부활에 대해 물었는데, 이에 대해 바오로는 부활하신 그리스도의 존재처럼, 영적인 몸으로 되살아난다고 가르친다(1코린 15,35-50; 2코린 4,16-5,10). 성경에서는 부활을 설명할 때 "천사들"(12,25), "씨앗"(1코린 15,38), "천막집"(2코린 5,1) 등과 같이 은유로 표현한다. 부활은 어떤 말로도 직접 표현할 수 없는 심오한 진리요 신비이기 때문이다.

또 다른 면, 사두가이들은 정말 성경을 몰랐나? 사두가이들은 당대의 최고 지식인으로, 오경의 내용(예: 수혼법)을 잘 알고 있었고, 상대방을 조롱하며 자기네 의견을 지지하기 위해 그것을 사용하는 방식에도 능숙하였다. 하지만 그들은 성경을 살아 계신 하느님의 능력 있는 말씀, 말씀하신 것을 이루시고 듣는 모든 이를 기르시는 말씀, 삶을 변형시키는 말씀으로 듣지 못했다. 아마도 그들은 말씀을 경청하며 순종하기보다 자기네 주장을 입증하기 위해 성경을 사용하지 않았을까?

오늘 교회와 우리네 삶에서 성경은 어떤 기능을 하는가? 예수께서는 성경과 살아 계신 하느님의 능력을 연결시켜 통째로 보도록 가르치신다. 그리하여 늘 새롭게 주권을 가지고 움직이시는 하느님을 그분의 말씀, 곧 성경에서 새롭게 만나고 이해하도록 이끄신다. 자칫 성경과 하느님의 권능을 따로 보거나 어느 한쪽에 치우치게 되면 전체를 보지 못한 채 잘못 생각할 수 있기 때문이다. 하느님, 하느님의 능력, 하느님 나라의 비전은 이 세상에 한정되거나 우리 생각의 틀, 우리가 경험하는 현실에 의해 결정되지 않는다. 예수께서는 우리의 한계를 넘어선 비전으로 우리를 부르신다. 그분은 우리 "마음에도 떠오른 적이 없는"(1코린 2,9) 완전히 다른 세계를 여신다. 그분 안에는 이 세계와 다른 세계가 함께 들어 있다. 성경과 세상을 보는 우리의 기존 관점을 늘 되짚어보아야 한다. 그분이 "너희가 성경도 모르고 하느님의 능력도 모르니까 그렇게 잘못 생각하는 것이 아니냐?"(12,24) 하고 물으시기에.

5. 첫째 가는 계명은?(12,28-34): 넷째 논쟁

그렇다면 성경의 근본, 핵심을 무엇으로 보아야 하는가? 하느님을 바르게 이해하고 바르게 관계 맺는 길은 무엇인가? 다시금 성경과 하느님, 하느님 백성의 근본을 이루는 그 요소들을 점검하는 물음이 제기된다. 이야기는 두 차례의 대화로 구성된다.

1) 율법 학자의 물음과 예수의 답변(12,28-31)

네 번째 논쟁의 상대자는 율법 학자다. 그는 이제까지 예수와 적대자들의 토론을 직접 '듣고 있다가' 예수께 와서 정중하게 묻는다. 예수께서 "대답을 잘 하시는 것을"(12,28) 본 것이다. 그의 질문에는 앞의 경우처럼 그분을 시험하려는 적대적 의도가 없으며(병행구인 마태 22,35; 루카 10,25에서는 "시험하려고"), 전문가끼리 공통 관심사를 논의하는 대담 성격을 갖는다. 여기서도 예수께서는 그를 가르치는 스승으로 나타나신다.

율법 학자가 묻는다. "모든 계명 가운데에서 첫째 가는 계명은 무엇입니까?"(12,28) 이 문제는 율법 학자들 사이에서 빈번하게 논의된 대표 화두다. 기본적으로 이스라엘의 613가지 계명(248개의 긍정형과 365개의 부정형 계명)은 모두 동등하다. 그렇지만 그 가운데 전체 계명의 근본 정신을 밝히는, 다른 계명을 해석할 때 지침이 되는 원리를 담은 계명을 꼽는다면 무엇이 있겠는가? 이에 대한 논의는 계명과 율법의 기본 원리, 곧 하느님의 뜻을 무엇으로 이해하는가의 문제이다. 율법 학자들은 선생에게 이런 내용을 묻고 답변을 들으면서 선생의 지향과 가르침의 본질을 깨닫고 배운다고 여겼다. 당대의 뛰어난 율법 학자였던 힐렐(기원전 40-기원후 10년)은 '한 발로 서 있는 동안 토라 전체를 가르쳐 달라'는 한 이방인의 도전에, '당신에게 해로운 것을 당신

이웃에게 행하지 마시오. 이것이 토라 전체이며, 나머지는 그것의 설명입니다. 가서 그것을 배우시오'라고 대답했다(《바빌로니아 탈무드》 안식일 31a; 마태 7,12; 루카 6,31; 토빗 4,15 참조).

예수께서는 놀랍게도 전처럼 질문으로 받아치지 않고 즉시 답변하신다(병행구인 루카 10,26에서는 반문하신다). 그분은 두 가지로 대답하시는데, 둘 다 핵심 동사는 사랑이며, 명령어로 표현된다. 그분이 꼽는 첫째 계명은 이러하다. "이스라엘아, 들어라. 주 우리 하느님은 한 분이신 주님이시다." 이 구절은 기원전 2세기 이래 경건한 유다인들이 기도 때마다 읊었던 '셰마'(*shema*: "들어라"는 단어인데, 이 말로 시작하는 신명 6,4-9과 11,13-21, 그리고 민수 15,37-41의 신앙고백문을 가리킨다)의 시작 말씀이다(12,29: 이 부분은 마르코 복음서에만 나온다). 이로써 예수께서는 야훼 하느님만이 유일하신 하느님이며 주님이시라고 굳게 확인하고 고백하신다. 유일신 신앙은 성경과 모든 계명의 근본 바탕이며, 유다교와 그리스도교의 기본이다(예: 로마 3,29-30; 1코린 8,6; 12,5-6; 에페 4,5-6; 1티모 2,5). 초기 그리스도인들이 다신교 문화에 익숙한 로마 제국에 복음을 전할 때 강조한 것도 이 믿음이며, 삼위일체 신앙으로 인해 다신주의로 비난받을 때마다 변함없이 강조한 것도 이 유일신 신앙이다('하느님은 한 분이다'는 믿음은 로마 황제나 다른 신을 배격할 뿐 아니라 하느님의 단일성을 해치는 주장도 거부한다. "삼위는 한 하느님이시다"(《가톨릭교회 교리서》 253).

예수께서는 그분만이 유일하신 하느님이므로 존재 전체로 사랑해야 한다고 가르치신다. "그러므로 너는 마음을 다하고 목숨을 다하고 정신을 다하고 힘을 다하여 주 너희 하느님을 사랑해야 한다"(12,30). 개인에게 전해진(여기서 '너'는 단수이다) 이 계명의 기반은 외부에서 강제로 부과하는 의무가 아니라, 우리를 위한 하느님 사랑에 감사드리며 그분을 자발적으로 섬기는 응답이다. 하느님과 인간 관계의 기반은 사랑이다. 그 사랑은 전체를 아울러야 한다. 우리의 마음(*kardia*, 이성과 감성과 의지), 목숨(*psychē*, 영혼과 욕망), 정신(*dianoia*, 사고와 지식), 힘(*ischys*, 능력과 몸과 물질)을 다한, 존재 전체로 하느님을 사랑해야 한다. 마르코는 구약성경의 "마음, 목숨, 힘"(*dynamis*: 칠십인역 신명 6,5)에 다 '정신'까지 다하라고 덧붙인다('정신적 가치'를 중시한 헬레니즘을 반영한 것으로 보기도 한다). 이에 반대되는 태도는 '마음의 완고함, 깨닫지 못함, 두려움' 등이다.

계속해서 예수께서는 둘째 가는 계명으로 "네 이웃을 너 자신처럼 사랑해야 한다"(레위 19,18ㄴ)는 말씀을 인용하신다(12,31). 이 말씀에서 논의되는 점은 두 가지다. 하나는 '누가 이웃인가'이다. 레위 19장에서 이웃은 대부분 이스라엘 공동체의 약한 이들과 가난한 이들로 나온다. 그들의 삶을 보장하고 정의를 실천하는 것이 그들을 사랑하는 모습이다(탈출 22,21-27 참조). 반면에 신약성경에서 이웃은 친족 공동체를 넘어 도움이 필요한 모든 이로 확장된다(루카 10,25-37에 나오는 '착한 사마리아인의 비유'가 좋은 예다. 이 비유는 예수와 율법 교사가 나눈 가장 큰 계명의 후속 이야기로 루카 복음에만 소개된다). 또 하나의 논의점은 "너 자신처럼"이다. 대개 '~처럼'을 '그것만큼', '같은 정도로'로 이해하지만, '같은 방식으로'라는 뜻으로 이해하는 것이 더 적절할 수 있다(마태 5,48의 "너희 아버지께서 완전하신 것처럼" 참조). 즉 자신을 너그럽게 대하고, 시간을 내고, 관심을 쏟고, 행복해지도록 애쓰듯이, 이웃도 같은 방식으로 사랑해야 한다는 것이다.

테르툴리아누스, 크리소스토무스, 아우구스티누스 같은 교부들과 토마스 아퀴나스 등은 이 단락에 나타나는 사랑의 대상으로 '하느님, 자신, 이웃'을 강조한 바 있다. "사랑하는 방법을 사람은 배워야 한다. 어떻게 자신을 사랑하는 것이 자기에게 이로울지 (배워야 한다)"(아우구스티누스, 91). 자신을 올바로 인식하고 바르게 사랑하는 것이 하느님 나라 및 이웃 사랑과 연관되어 있다. 현대의 영성가와 심리학자들도 자아가 상처입고 비틀리고 억눌려 있다면 이웃과 바른 관계를 맺기가 어렵다고 지적하고 있다(안젤름 그륀, 《자기 자신 잘 대하기》 참조). 예수께서도 하느님께 헌신하고 다른 이를 섬기는 데서 참된 자기 성취가 이루어진다는 것을 말씀과 행동으로 가르치셨다.

하느님 사랑과 이웃 사랑, 이 두 계명의 관계는 어떠한가? 예수께서는 앞뒤로 나누셨으되, 둘을 뗄 수 없는 하나처럼 통째로 제시하신다. 둘을 분리하거나 어느 하나로 축소할 수 없다. 둘은 함께 어울려 하느님과 인간, 신앙과 삶의 온 영역을 하나로 묶는다. 물론 이 사랑의 근본은 우리를 먼저 사랑하신, '사랑이신 하느님'에게 있다(1요한 4,8-10). 그리고 이 사랑은 예수께서 보여 주신 것같이, '말과 혀로 사랑하지 말고 행동으로 진리 안에서'(1요한 3,18) 이루어져야 한다. 결국 모든 계명은 다양한 방식으로 하느님과 이웃을 사랑하고 그것을 심화시키는 데서 의의와 가치를 지닌다(로마 8,28; 1코린 2,9; 8,3; 16,22; 에페 6,24; 1요한 4,20-21).

이것은 예수의 고유한 가르침인가? 구약 위경인 《열두 선조의 유언》(기원전 2세기-기원후 2세기) 및 알렉산드리아의 필로와 율법 학자 아키바(50-132년)의 작품에서도 이와 비슷한 표현이 등장한다(아키바 역시 예수께서 드신 두 구절이 "율법에서 가장 위대한 원리"라고 주장했다). 그러나 예수와 그리스도교에서 이 두 계명은 모든 계명의 근본 원리로, 계명에 담긴 하느님의 뜻을 드러내고 행하는 데 핵심 잣대로 쓰인다는 점이 독특하다. 초대 교회가 유다교의 유산을 이어받으면서 할례나 음식법 등 많은 율법을 폐기하였던 것도 성령과 이러한 말씀의 가르침에 근거하였을 것이다. "전체에서 가장 중요한 것은, 율법과 성경 전부의 완성 내지는 목적이 사랑, 즉 향유해야 할 사물에 대한 사랑임을 이해하는 일이다." "계명의 목표는 깨끗한 마음과 선한 양심과 거짓없는 믿음에서 우러나오는 사랑이다"(아우구스티누스, 107.113).

2) 율법 학자의 응답과 예수의 인정(12,32-34)

첫 번째 질의 응답에 덧붙은 두 번째 부분(12,32-34ㄴ)은 마르코 복음서에서만 발견되며, 앞의 가르침을 좀 더 확장한다. 예수의 답변을 들은 율법 학자는 놀랍게도 그분의 말씀을 전폭 지지하며 반복한다. 그런 가운데 일부 단어가 바뀐다. 하느님을 사랑할 때 예수께서는 사람의 "마음, 목숨, 정신, 힘"을 다 하라 하셨는데, 율법 학자는 "마음, 생각, 힘"을 다하라 한다. 곧 "목숨"을 빼고 "정신" 대신 "생각"(*synesis*, 통찰)을 집어 넣는다(헬레니즘에서 마음, 생각, 힘으로 인간이 판단하고 행동하는 전체를 표현했다고 보는 견해도 있다).

더욱 놀라운 것은 그가 덧붙인 해석이다. 하느님과 이웃 사랑이 "모든 번제물과 희생 제물보다 낫습니다"(12,33; 참조 1사무 15,22). 희생 제사가 행해지고 있는 성전 구내에서, 율법 학자는 하느님의 뜻을 깨닫고 그것을 실천하는 것(사랑)이 하느님과 통교하는 제물 봉헌보다 더 중요하다는 것을 깨닫고 고백한다. 이는 많은 예언자들이 가르친 바와 일치한다. "정녕 내가 바라는 것은 희생 제물이 아니라 신의다. 번제물이 아니라 하느님을 아는 예지다"(호세 6,6; 참조 이사 1,12-17; 아모 5,21-24; 미카 6,6-8). 예언자들이 그렇듯이 그도 희생 제사가 무의미하고 무가치하다고 배척하는 것은 아니다. 신앙생활에서 중요하고 우선 해야 할 것이 무엇인지 밝힌 것이다. 앞에 나온 말라 버린 무화과나무와 연결해 보면, 현재의 성전 체제가 희생 제사의 봉헌에만 주력하지, 하느님을 깨닫고 사랑을 실천하는 데 실패했기 때문에 열매를 맺지 못하고 말라 가는 것이다. 반면에 하느님의 어린양이신(요한 1,29) 예수의 온전한 봉헌은 하느님께 바치는 거룩하고 온전한 희생 제사인 동시에 사랑의 계명의 온전한 실천으로 이해할 수 있다(히브 9-10장; 참조 로마 12,1-2; 에페 5,2).

예수께서는 마치 깨우친 제자를 보고 기뻐하는 스승처럼, 그의 슬기로운 대답에 고개를 끄덕이신다. "너는 하느님의 나라에서 멀리 있지 않다"(12,34ㄴ). 진리를 깨닫고 받아들이는 이, 예수 안에서 그 진리를 찾아내고 인정하는 이는 복음을 받아들인 이처럼 하느님 나라에 가까이 있다(1,14-15 참조). 그는 마르코 복음에서 바람직한 모습으로 언급된 유일한 율법 학자다. 그가 예수의 인정을 받았지만, 본문은 그가 예수를 따랐다고 말하지 않는다. 그는 예수께 감탄하고(12,28.32) 예수의 칭찬을 들었다(12,34). 그러나 그가 예수와 이어진 면은 지식적 차원뿐이다. 교리를 아는 것, 진실을 이해하고 "슬기롭게" 대답하는 것, 잘못을 아는 것만으로는 그리스도인이 되지 않는다. 하느님 나라에 들어가려면 하느님과 이웃을 온전히 사랑하기에 당신의 온 삶을 내놓으신 예수의 뒤를 따라야 한다. 우리를 위한 하느님의 사랑이 예수를 통해 드러났듯, 그분의 사랑이 우리를 통해 흘러가는 곳에 하느님 나라가 열린다. 곧이어 예수께서는 율법 학자들의 위선을 지적하실 것이다(12,38-44). 그가 그런 가르침까지 수용할 수 있었을까?

이제 "어느 누구도 감히 그분께 묻지 못하였다"(12,34ㄷ). 이스라엘의 핵심부, 예루살렘 성전에서 유다의 최고 지도자들과 벌인 논쟁(11,27-12,34)을 일차 마감하는 편집자의 결론이다. 그분이야말로 빼어난 스승이셨다. 그러나 그 일이 오히려 그분의 죽음을 앞당겼다. 지혜와 논리로 대항할 수 없는 예수의 가르침은 현존하는 유다 지도자들의 권위와 권한의 토대를 무너트리고 새 세계를 열었다. 그분은 그들과 같이 갈 수 없는 존재로 뚜렷이 부각된 것이다.

가장 큰 계명을 일러 주시는 예수의 말씀은 지금도 인간 중심적이고 개인 중심적인 근대 문명의 기본 전제와 우리 각자의 자기 중심성을 뒤흔든다. 그분의 말씀은 직접 가르치셨기 때문이 아니라(그 말씀 자체는 구약성경에 줄곧 있었다) 직접 그렇게 행동하셨기 때문에 더 힘차게 드러난다. 마르코 복음서를 통하여, 또 이러한 논쟁에 뒤따르는 수난 사화에서, 예수께서는 존재 전체로 하느님과 이웃(모든 사람)을 사랑하시는 분으로 나온다. 그분의 사랑은 한때의 낭만이나 성적 이끌림으로 이해하는 현대의 피상적 사랑을 깨트리고, 확신과 의지를 가지고 끊임없이 실천하는 성경의 사랑이 어떠한지 뚜렷이 보여 준다. 그분은 우리에게 생명을 주시고, 생명의 길을 일러 주신다. '들어라. … 너는 사랑해야 한다.' "문제는 우리가 얼마나 많이 일하느냐가 아니라, 우리가 그 일에 얼마나 많은 사랑을 담느냐이다"(마더 데레사).

6. 그리스도는 다윗의 아들인가?(12,35-37): 다섯째 논쟁

예수께서는 넷째 논쟁까지(11,27-12,34) 도전을 받거나 질문을 받아 답변으로 가르치셨는데, 마지막에는 주도하여 가르치신다. 겉으로 나타나는 양상은 군중에 대한 가르침이나, 실제로는 시편 110,1에 대한 율법 학자들의 해석을 둘러싼 논쟁이다. 앞에서는 '가장 큰 계명'에 대해 율법 학자와 질의응답을 하셨는데, 여기서는 시편을 소재로 '메시아는 어떤 존재인가' 하는 주제를 다루신다. 이야기의 틀은 앞의 '엘리야 재림 논쟁'(9,11-13)과 비슷하다.

본문이 시작할 때 시점이나 다른 상황 설명이 전혀 없다. 다만 '성전'이라는 위치(성전 뜰)와 '율법 학자'라는 말이 앞뒤 맥락을 잇는다. 아무튼 "예수님께서는 성전에서 가르치시며 말씀하셨다"(12,35). 그분은 먼저 메시아를 다윗의 자손으로 설명하는(본래 기름부음을 받는 이에 예언자와 사제도 포함되었지만 여기서는 다윗 왕조의 임금으로 한정한다) 율법 학자들의 견해를 문제 삼으신다(12,35). 이어 관련된 시편 구절을 인용하신다. "주님께서 내 주님께 말씀하셨다. '내 오른쪽에 앉아라, 내가 너의 원수들을 네 발아래 잡아 놓을 때까지'"(12,36; 시편 110,1). 이 시편은 왕정 시기의 유다에서 임금 즉위식에 불렸다고 추정되는 '군왕 시편'이다. 임금으로 즉위하면 그는 높이 올려져 하느님과 밀접한 관계(이것의 시적 표현이 "하느님의 오른쪽에 앉다"이다)에 놓인다고 여겼다. 그래서 처음 나오는 '주님'(*kyrios*)은 이스라엘의 하느님이신 야훼를 가리키고, 그 다음에 나오는 '주님'(*kyrios*)은 그 임금을 지칭하였다. 그런데 왕정이 무너진 후대에는 두 번째 '주님'을 메시아, 임금으로 오실 다윗의 자손으로 이해하는 경향이 지속되었다(2사무 7,12-16; 22,51 참조/ 시편 18,51; 호세 3,5; 예레 30,9 병행). 시편 110편처럼 주 하느님께서 임금에게 약속하신 원수들에 대한 승리와 영원한 사제직이 기름부음 받은 임금, 곧 메시아의 통치로 성취되리라고 믿었던 것이다(1세기에 기대하던 메시아는 임금 메시아 외에 사제 메시

다윗의 후손 중에 메시아가 나리라고 예언하는 구약의 예언자.
칼카르 주교좌 성당의 성모 칠고 제대 부조.

아 등 여럿이었다).

예수께서는 율법 학자들의 논쟁 양식을 그대로 사용하여 그들의 주장을 반박하신다. 그분은 율법 학자를 비롯한 당대의 모든 유다인이 그러했듯, 다윗이 성령의 도움을 받아 시편을 썼다는 사실을 전제하신다. 그래서 '내'를 이 시편을 쓴 다윗으로 해석하신다. 그러면서 다윗과 메시아의 관계를 문제 삼으신다. "이렇듯 다윗 스스로 메시아를 주님이라고 말하는데, 어떻게 메시아가 다윗의 자손이 되느냐?"(12,37) '주님'은 신분이 낮은 사람이 높은 사람에게 붙이는 호칭이다(황제도 주님으로 불렸다). 다윗이 메시아를 주님으로 불렀다면 그는 메시아보다 낮은 신분이다. 그러면 높은 신분인 다윗의 주님(메시아)이 낮은 신분인 다윗의 자손과 같을 수 있는가? 라삐 전통에서는 외견상 틀려 보이는 이 주장이 서로 다른 맥락에서 옳다고 보며 긍정한다. 메시아는 '위대한 다윗의 더 위대한 자손'이라는 것이다. 그러나 예수께서는 메시아를 다윗의 자손으로 보는 통념을 부정하신다(마르코 복음은 예수를 다윗의 자손으로 보지 않고, 그런 뜻의 메시아 칭호를 거부한다. 그러나 신약성경의 다른 본문들은 예수를 메시아이며 다윗의 자손으로 본다. 사도 2,30-31; 13,22-23; 로마 1,3 비교). 왜 그러셨을까?

예수께서 문제 삼으신 것은 해석의 관점이다. 율법 학자들이 주장하는 "다윗의 자손"과 시편 110편에는 다윗 왕국의 부흥(주변 적대 국가에 대한 정복 등)이나 재현(시온에 건설되는 영광스러운 메시아 왕국)이라는 정치적 · 군사적 메시아관이 터잡고 있었다(10,37.47; 11,9; 참조 시편 2,8; 21,4; 72,5.8-11). 나중에 1차 유다 독립항쟁을 이끈 마나헴과 시몬 등이 그런 본보기였다. 그러나 예수께서는 메시아의 권위가 다윗의 권위를 능가하며 더 먼저 있었고 우월하다고 밝히신다(14,62 참조). 그분은 "전능하신 분의 오른쪽에 앉아 계실"(14,62) 것이고, 원수들인 사탄을 발아래 굴복시키실 것이지만, 먼저 "유다인들의 임금"(15,26)으로 십자가에 매달리실 것이다. 그분의 승리는 온 우주에 미칠 것이지만, 그것은 적을 섬멸해서 확보하지 않고 오히려 당신이 죽음으로써 이루신다(1코린 15,25; 히브 1,13). 예수께서는 율법 학자들의 견해를 반박하는 데 그치지 않고, 그 견해에 배어 있는 정치 · 군사적 메시아관을 뒤엎으라고 요청하신다. 하느님의 나라를 선포하는 메시아이신 주님은 지금 유다인들이 기뻐하고 갈망하는 메시아 차원을 훌쩍 뛰어넘는 분이며, 그분이 드러나는 방식도 그들의 기대와 전혀 다를 것이다. 그런 메시아를 우리가 어떻게 알아볼 수 있는가? 수난 사화에서는 하느님의 뜻에 따른 그분의 승리가 어떻게 펼쳐지는지 분명하게 드러낼 것이다.

많은 군중이 그분의 말씀을 '기쁘게' 들었다(12,37). 새롭게 알게 된 기쁨인가? 하지만 기대가 무너지자 그들의 모습은 완전히 달라졌다.

제3장 예수, 마지막으로 가르치시다(12,38-44)

1. 율법 학자들을 조심하라(12,38-40)

예수께서 성전에서 군중에게 마지막으로 가르치신 내용이다. 율법 학자를 소재로 하여 앞의 이야기와 이어진다. 앞에서 그들의 성경 해석을 거론하셨다면 여기서는 그들의 행실을 문제 삼으신다. "율법 학자들을 조심하여라"(12,38). 조심해야 할 그들의 행실로 네 가지를 제시하신다. 즉 학문적 우월성을 드러내는 "긴 겉옷을 입고 나다니며, 장터에서 인사받기를 즐기고, 회당에서는 높은 자리를, 잔치 때에는 윗자리(가장 명예로운 자리)를 즐기는"(12,39) 것이다. 뒤의 두 가지는 당시의 사회 관행이었다. 회당에서 그들은 오경 두루마리 보존함 앞 중앙에 앉아 회중을 마주 보았다. 그럼에도 예수께서는 언제 어디서나 자신의 특권과 신분을 겉으로 드러내길 즐기며 인정받기 좋아하고 명예를 밝히는 그들의 행실을 혹독하게 비판하신다. 율법 학자들은 글을 읽고 쓸 수 있는 극히 드문 사람인데다 율법에 해박하여 계약서를 작성하거나 법률 자문을 맡는 경우가 많았다. 그들 중에는 이웃의 안녕을 위해 일하기보다(집회 38,34-39,11), 전문 지식과 경건함을 바탕으로 과부들의 가산(재산 전체)을 신탁받아 등쳐 먹거나(7,9-13 참조) 과도한 수고료를 챙기고, 지주에게 붙어 소작농을 착취하는 이들도 있었다. 이러한 그들의 행실과 바로 앞 단락에서 사랑의 계명이 최고라고 고백한 율법 학자의 주장, 바로 뒤에 이어지는 과부의 모습이 서로 겹치며 대조를 이룬다.

예수께서는 예언자들의 심판 예언처럼 복음서에서 가장 심한 말로 율법 학자들을 꾸짖으신다. 즉 하느님의 이름으로 가장 약한 이웃에게 상처를 주고, 자기 행실을 율법으로 정당화하면서도 실제로는 이웃을 사랑하지 않으며, "남에게 보이려고 기도는 길게 한다. 이러한 자들은 더 엄중히 단죄를 받을 것이다"(12,40). 여기서 "받을 것"이라고 수동형을 쓰신 까닭은 마지막 때에 위선적인 지도자들을 특별히 엄하게 심판하실 하느님의 행동을 완곡하게 표현한 것이다(이사 3,13-15; 29,13-14; 미카 6장 참조).

'조심하여라'는 동사는 2인칭 복수 명령형이다. 현재의 마르코 본문에서 이 경고는 파스카 축제를 지내러 성전에 와 있다고 가정한 '많은 군중'에게 선포된 말씀이다. 예수께서는 그들이 행하는 유다교의 각종 실천 행위를 모두 부정하지 않으신다. 그분이 비판하신 것은 종교 지식과 경건 속에 깃든 이기주의와 탐욕, 교만, 특히 지도자 또는 전문가 집단의 위선이다. 신앙인 가운데에도 다른 이의 곤경에 무관심하거나 무책임한 채 종교 의무만 열심히 이행하는 이들이 있다. 이미 7장에서 밝히신 것처럼, 그분은 겉으로 드러나는 '행동'보다 사람의 '마음'에 주목하신다. 주장과 실천이 분리된 위선적인 모습은 예수께서 제자들에게 강조하신 "섬기는 자, 꼴찌"의 모습과 정반대다. 그런 의미에서 이 경고는 율법 학자뿐 아니라 그리스도인 공동체에게도 똑같이 적용된다. 실로 신앙의 열심과 욕심의 경계선은 어디쯤인가?

2. 가난한 과부를 칭찬하시다(12,41-44)

율법 학자들의 행실이 나쁜 예라면, 좋은 본보기는 무엇인가? 이제 예수께서는 예를 들어 가르치신다. 성전 뜰에서 성전 경내로 들어갈 자격은 유다인에게만 있었다. 이방인이 들어오다 적발되면 처형한다는 무시무시한 경고판이 담장에 걸려 있었다. 성전 경내의 첫 구역을 흔히 '여인들의 뜰'이라 부르는

빌라도 총독 때 만든
약 2g의 렙톤 동전(앞뒤).
히브리대학교, 예루살렘.

데, 여성들이 거기까지 들어올 수 있었기 때문이다. 거기서 제물을 봉헌하는 성전 내부로 들어가는 곳에 각각 용도를 지정한 나팔 모양의 헌금함 13개가 놓여 있었다고 한다(《미쉬나》 세켈 6,5). 축제 때면 순례자들이 헌금은 물론 값비싼 물품 등도 많이 봉헌하였다.

예수께서는 헌금함 "맞은쪽"에 앉으시어 사람들이 헌금함에 돈을 넣는 모양을 지켜보고 계셨다(12,41). 대면하는 자세는 심판자의 모습이기도 하다(13,3 참조). 그분은 많은 부자들이 큰 돈을 넣는 모습과 한 가난한(*ptōchos*, 굶주릴 정도로 가난한) 과부가 당시 통용되는 유다 화폐의 최소 단위인 렙톤(작은 동전) 두 닢(로마 화폐 콰드란스 1닢, 1데나리온의 1/128의 가치)을 넣는 모습을 보셨다(12,42). 행색이 초라해서 과부로 여겼을 법한데, 실제로 과부는 죽은 남편의 재산을 관리할 수 없었기 때문에 자녀나 다른 이들의 자선에 의존해 살아야 할 정도로 궁색했다. 그래서 하느님께서는 그들을 특별히 보호하도록 규정하셨다(신명 14,29; 이사 1,17; 예레 7,6; 49,11; 시편 68,6; 말라 3,5).

시리아의 여신 아타르가티스 신전에
있던 헌금함. 프랑스 국립도서관.

예수께서는 제자들을 가까이 불러 이르신다(3,13 참조). "내가 진실로(*amēn*)너희에게 말한다. 저 가난한 과부가 헌금함에 돈을 넣은 다른 모든 사람보다 더 많이 넣었다"(12,43). 그분의 셈법은 다르다. 그분이 보시는 것은 봉헌된 돈의 액수가 아니다. 성전 헌금은 공개된 장소에서 자유롭게 진행된다. 아마도 부자들은 상당히 자부심을 느끼며 떳떳하게, 어쩌면 율법에 따라 어느 정도를 넣어야 할지 계산하며 거액을 봉헌했으리라. 반면에 과부는 "궁핍한 가운데에서 가진 것을, 곧 생활비를 모두 다 넣었"(12,44)다. 여기에 나오는 "생활비"(*bios*)는 보통 최저 생계유지비, 호구지책 등을 의미하지만, '삶' 자체로 볼 수도 있다. 그렇게 보면 예수께서는 '삶' 전체를 하느님께 내놓는 과부의 모습에서 당신의 모습을 보셨고, 또 제자들에게도 그런 자세로 따르라고 가르치시기 위해 그 예를 드셨을 것이다(8,31–33; 10,45).

과부의 봉헌은 예수께서 하시려는 일, 곧 당신의 모든 것, 생명까지 바치는 수난을 예시하는 서곡으로 여길 수 있다. 마르코 복음서에서 가난한 과부는 "부유하시면서도 여러분을 위하여 가난하게 되시어, 여러분이 그 가난으로 부유하게 되도록"(2코린 8,9) 하신 분의 예형인 셈이다. 마치 난타 노파가 동전 두 닢으로 기름을 사서 밝힌 등이 가장 오래 켜져 있었다는 〈현우경〉의 '빈자일등貧者一燈' 설화를 연상시킨다.

이와 달리 앞에서 과부의 가산을 등쳐 먹는 율법 학자의 위선 '행위'를 질타하신 예수께서 과부의 생활비까지 몽땅 받아들이면서도 '강도의 소굴'이 되고 있는 성전 체제와 지도자들의 그릇된 행태를 비판하시는 내용으로 보는 견해도 있다. 이는 그 체제의 종말을 선언하는 13장과 이어진다. 이 장면은 예수께서 하신 공적 선교의 마지막 부분이다.

제4장 예수, 마지막 날에 관해 가르치시다(13,1-37)

13장에 이르면 글의 분위기가 매우 달라진다. 전쟁과 박해, 우주적 파국, 마지막 때의 재앙과 영광을 다룬 이 장에 이르면 흠칫 멈추게 된다. 21세기 독자에게 낯선 판타지 문학같이 느껴지는 13장은 1세기의 청중에게 매우 친숙한 문학 양식이다. 흔히 13장을 '작은 묵시록'(또는 공관 묵시록: 마태 24장; 루카 12장 참조)이라 부르는데, 이는 이 장을 묵시문학의 일부로 간주하기 때문이다. 기원전 2세기에서 기원후 2세기까지 팔레스티나 주변에 널리 퍼진 묵시사상은 임박한 미래를 전망했다. 현재의 역사는 곧 끝장날 것이며 그때에 큰 위기가 닥칠 텐데, 이를 알리는 우주의 대격변을 알아채고 잘 대비하라고 가르쳤다. 묵시사상은 박해와 억압, 공포와 불안, 위기 의식이 높았던 시대의 산물로, 고통받고 있는 이들을 위로하고 격려하며 희망과 비전을 주려는 의도를 품고 있었다. 이 사상을 놀랍고 극적이며 생생한 상징과 이미지로 표현한 각종 묵시문학이 널리 유포되었는데, 그 가운데 두 권이 성경으로 인정되었다. 구약성경의 다니엘서와 신약성경의 요한 묵시록이다(묵시사상과 묵시문학에 대해, 김혜윤, 《봉인된 시선을 넘어》 참조).

마르 13장은 다른 묵시문학서와 달리 상징적 표현도 적고 미래 사건의 진행 순서도 분명치 않지만, 1세기에 널리 유포되었던 유다교와 유다 그리스도교의 묵시문학(예컨대 에녹 1서, 에즈라 4서, 모세의 승천기, 쿰란의 전쟁 두루마리 등)을 주된 배경으로 삼고 있다. 특히 다니 7.9.11장을 그리스도교 신앙으로 재해석한(13,14.19.26 참조) 자료와 전해 받은 초대 교회의 묵시적 교리자료(예컨대 '깨어 기도하라' 전승 등)들을 개작한 것으로 추정된다(2테살 2장 참조).

마르 4장과 13장은 예수의 말씀만 모아 놓은 점에서 남다르다. 두 장의 성격은 다르지만(4장의 비유와 13장의 종말 가르침), 기본 메시지와 구조, 소재는 일맥상통한다. 두 군데 모두 식물을 비유 소재로 사용하고(씨앗과 무화과나무: 4,3-9.26-32; 13,28-29), 이어 공동체에 대한 약속을 제시하며(4,10-12; 13,30-32), 이를 제자직 가르침에 우의법으로 적용한다(4,13-20; 13,34-37). 두 장의 기본 메시지는 이미 시작된 하느님 나라의 충만한 완성을 알려 주며, 그리스도교 공동체가 고통의 시기를 견디도록 격려하는 것이다. 특히 예수의 제자로서 받게 될 복(4,20; 13,13.27)과 어려움(4,18.25; 13,12)을 강조하며, 주의하라고 권고한다(4,3.9.23.24; 13,5.9.23.33.35.37).

13장은 예수의 마지막 가르침인 고별 담화이다(신명 32장; 마태 28,16-20; 루카 24,36-49; 요한 14-17장 참조). 그분은 사람의 아들이 영광스럽게 다시 올 것이라고 약속하여, 당신의 수난과 죽음으로 모든 것이 끝나지 않고 당신의 사명이 계속될 것이라고 암시하신다. 그리하여 당신의 이름 때문에 고통받는 제자들이 참고 견디며 당신을 기다리라고 촉구하신다. 구성의 틀은 아래와 같다.

① 예수의 성전 파괴 예고(13,1-2)
② 예수 말씀의 배경(13,3)
③ 제자들의 질문(13,4)
　ㄱ 그런 일이 언제?(13,4ㄱ)
　ㄴ 그때에 어떤 표징이?(13,4ㄴ)
④ 예수의 답변(13,5-37)
　ㄴ′ 진실한 표징과 거짓 표징들(13,5-27)
　　㉠ 거짓 표징들(13,5-23)
　　㉡ 진실한 표징(13,24-27)
　ㄱ′ 그때는 하느님만이 아신다(13,28-37)

발굴된 예루살렘 성전 동쪽 벽의 일부. 중앙의 왼쪽은 제2성전의 본래 성벽이고 오른쪽은 헤로데 임금이 증축한 것이다.

1. 예수, 성전을 떠나시다(13,1-2)

예수께서는 성전을 떠나시면서 예루살렘 입성 사흘째 활동을 끝내신다. 이제 예루살렘에서의 공식 가르침은 모두 끝났다. 나가실 때 제자 중 한 사람이 예루살렘 성전의 위용에 대해 찬탄한다. "스승님, 보십시오. 얼마나 대단한 돌들이고 얼마나 장엄한 건물들입니까?"(13,1) 갈릴래아의 작은 진흙 집에서 살던 그들이 커다란 재목과 대리석으로 지어진, 수십 미터 높이의 하얀 석조 건물(성전)을 볼 때마다 얼마나 감탄했을까?(가장 큰 돌 하나가 14×3×3m로 415톤에 달한다) 헤로데 임금은 기원전 515년경에 세워졌던 두 번째 성전의 규모를 두 배 이상으로(도성 면적의 1/6) 늘리는 대규모 성전 개축 공사를 기원전 20년에 시작하였다. 성전 본관은 일 년 반만에 세워졌으나, 성전 구역 전체는

63년에 완공되어 단 일곱 해만 빛나다가 70년에 로마군의 방화로 파괴되었다.

그러자 예수께서 그에게 이르셨다. "여기 돌 하나도 다른 돌 위에 남아 있지 않고 다 허물어지고 말 것이다"(13,2). 첫 번째 성전은 파괴된 전례가 있다(미카 3,12; 예레 26,18). 그런데 두 번째 성전마저 파괴된다? 성전을 온 세계의 배꼽(중심)으로 여긴 유다인들에게, 영원히 빛나야 할 하느님의 집이 무너지는 것은 유다교 체제의 붕괴를 넘어 온 세계의 종말과 다름없다. 과연 그 무서운 일이 이루어질까? 언제, 누가, 어떻게, 그다음에는? 이미 그것은 예시되었고(11,15-17), 또 예시될 것이다(15,38).

2. 마지막 날의 표징들은?(13,3-4)

예수께서는 '성전 맞은쪽' 동편에 있는 올리브 산으로 가시어(성전에서 베타니아로 가시는 도중?) 성전을 마주보고 앉으신다(13,3). 대등한 두 성전이 '누가 진짜인가' 하고 맞대결하는 모습 같다. 마지막 가르침은 '산 위'에서 전해진다. '산 위'에서는 늘 예수 혼자 또는 선택된 제자 몇 명만 등장하여 중요한 일을 겪는다(3,13; 6,46; 9,2). 올리브 산에서도 심복 제자 네 명(베드로와 야고보와 요한에 안드레아가 낀다)만 등장한다. 예수께서 부르신 첫 제자들이(1,16-20) 그분의 마지막 가르침을 듣는다. 그래서 그들에게 주신 가르침은 아무에게나 공개리에 말할 수 없는, 특별하고 중요한 계시다(4,10; 7,17; 9,28; 10,10 참조).

제자들은 "따로" 조심스럽게 그분에게 여쭙는다. 그들은 "하느님 나라의 신비"를 받은 이들이다(4,11). "그런 일이 언제 일어나겠습니까? 또 그 모든 일이 이루어지려고 할 때에 어떤 표징이 나타나겠습니까?"(13,4) "그런 일"이 명시되지 않지만, 앞뒤의 흐름에서 이 일은 성전 파괴의 예언을 가리킨다고 볼 수 있다. 그러니까 제자들은 성전이 파괴되는 때와 모든 것의 종말을 미리 알려 주는 표징에 대해 묻는 것이다. 묵시문학의 특성 중에 '사후 예언' 기법이 있다. 이미 겪었거나 겪고 있는 일을 과거의 예언이 이루어진 것으로 설명하는 방식이다. 13장 역시 '예루살렘 성전 파괴', 더 크게는 1차 유다 독립항쟁(66-70년)이라는 역사적 사실을 토대로 전개된다. 따라서 이 장에는 예수께서 직접 하신 말씀도 있겠지만(13,2.32), 초대 교회나 마르코 공동체의 체험이(13,6.9.11-13.21-22) 더 짙게 반영되어 있다고 추정된다.

66년 5월, 총독 플로루스가 예루살렘 성전 금고에서 17달란트(1달란트=6000데나리온)를 내 달라고 요구한다. 이에 예루살렘 천민들이 반로마 봉기를 일으키자 로마군이 참혹하게 진압한다. 6월 어느 날 예루살렘의 유다인들이 로마 황제를 위해 매일 봉헌하던 희생 제사를 전격 중지하고 본격적으로 봉기한다. 카이사리아에 주둔하던 로마 군인과 이방인들은 즉각 시내에 살던 유다인들을 학살하기 시작한다. 한 시간도 안 돼 2만 명 이상이 살해되었다는 소문이 퍼지자, 이두매아와 갈릴래아, 페레아에서 속속 유다인들이 봉기한다. 같은 해 12월 유다인들이 주변의 이방인 도시를 공격하여 점령해 가자, 시리아 총독 갈루스가 진압에 나섰다가 오히려 유다군에게 대패한다. 67년 초 황제 네로는 57세의 노련한 장군 베스파시아누스를 진압군 책임자로 파견한다. 그는 아들 티투스와 함께 6만여 명의 군인을 동원하여 진압에 나선다. 갈릴래아가 67년 가을에, 페레아와 서부 유다는 68년 봄에, 예루살렘은 70년 8월에(로마 황제 네로의 사망 후 황제 계승 문제로 공격이 늦춰짐), 마지막 남은 마사다는 73년에 점령된다.

유다 독립항쟁을 둘러싼 몇 년 동안 팔레스티나 일대는 뒤숭숭하였다. 로마군의 거친 탄압에 헬라인 등 이방인에 대한 유다인의 보복, 유다군 내부의 내분으로 인해 약탈과 살인이 빈번하였다(이때 죽은 유다인만 110만 명이 넘었다고 한다). 유다인 내부의 의견은 엇갈렸으나, 강경 세력이 흐름을 주도하였다. 그들은 '조국 독립'과 "마지막 때가 되었다"는 주장으로 결사 항전을 이끌었다. '메시아 운동'의 바람도 일으켰다. 항쟁 소식이 로마 제국 전역에 널리 알려지면서, 유다인은 경계 대상이 되고 핍박을 받았다. 이런 상황에서 유다교의 한 분파처럼 여겨졌던 그리스도교, 특히 유다계 그리스도인은 어떻게 처신해야 했을까?

극도로 불안하고 불안정한 시대 상황에서, 초대 교회는 유다인들의 주장을 식별하고 지금 겪는 사건을 올바로 이해하기 위해 주님의 말씀을 붙들었을 것이다. 그들은 전승하고 기억해 온 주님의 말씀과 성령의 빛 안에서 사건의 의미를 계속 깊이 성찰하였을 것이다. 그런 가운데 교회 공동체에서 새롭게 알아듣고 더 깊이 깨닫게 된 사항을 모두 주님께서 성령을 통해 들려 주시는 말씀으로 받아들이게 되었다. 주님의 말씀이 과거의 역사적 사건이 아니라, 현재 겪고 있는 곤경 속에 '살아 계시는 실체'임을 알게 된 것이다. 예수께서는 초대 교회의 절박한 체험을 통해 미래의 사건과 종말에 관해 계시하셨고, 그것을 모은 13장은 그 시대를 넘어 궁극의 희망을 선포하는 말씀으로 전해졌다.

3. 그때의 표징은? – 속지 마라, 아직 종말은 아니다(13,5-27)

예수께서는 제자들의 두 가지 질문 가운데 두 번째 질문에 대해 먼저 일러 주신다. 즉 마지막 때에 나타날 표징을 묻는 질문에 대한 답변이다. 그런데 그분은 정작 표징에 대한 답변보다 표징이 아닌 거짓 표징에 대해 길게 말씀하신다. 내용은 다음과 같이 구성된다(초점은 가운데 있다).

㉠ 속이는 이들을 조심하여라(13,5-6)

㉡ 미래의 전쟁, 지진, 기근 등은 표징이 아니다(13,7-8)

㉢ 박해를 받을 것이나 견디면 구원받는다(13,9-13)

㉡′ 미래의 환난은 표징이 아니지만 표징을 예시한다(13,14-20)

㉠′ 속이는 이들을 조심하여라(13,21-23)

놀랍게도 그분 말씀의 시작과 끝은 모두 '조심하여라'는 명령이다(13,5ㄴ-6.9.23.33). 첫째는 "누구에게도 속는 일이 없도록 조심하여라"(13,5)이다. 예수께서 일찍이 바리사이와 헤로데 당파(8,15), 율법 학자(12,38), 그리고 사두가이들의 기만(12,24.27)에 속지 말라고 경고하신 바 있다. 이제는 "내(예수) 이름으로" 와서 메시아로 자처하는["내가 그리스도다": 직역 "나다"(*egō eimi*)] 이들에게 속지 말라고 이르신다(13,6). 그들은 거짓 표징과 이적들을 일으켜 많은 사람을 끌어들이는 "거짓 그리스도들과 거짓 예언자들"(13,22)이다(신명 13장 참조). 예수께서 스스로 메시아라고 일컬으신 적은 마르코 복음서에 한 번도 없다[다만, 14,62에서 "메시아요?"라는 물음에 "그렇다"(*egō eimi*)고 답하신다].

"전쟁 소식과 전쟁 소문", "민족과 민족이 맞서 일어나고 나라와 나라가 맞서 일어나는" 일(13,7.8)은 역사상 유다 독립항쟁 외에 비슷한 시기에 있었던 로마 제국 자체의 내전, 메소포타미아 지역에 있던 파르티아 왕국의 침입 등을 떠올릴 수 있다. 게다가 50년대 초와 유다 항쟁 중에 팔레스티나에 몰아쳤던 혹심한 기근, 61-62년에 라오디케이아의 대지진과 폼페이의 화산 폭발 등 자연 재앙이 이어졌다. 인간이 어찌할 수 없는 참혹한 자연 재앙으로 종말의 분위기가 한층 무르익었다. 혼란을 틈탄 거짓 그리스도들의 횡행과 각종 재난의 고통은 마르코 공동체를 비롯한 초기 그리스도인들의 가까운 과거(또는 현재)의 경험이었으리라.

그러나 예수께서는 이런 일들이(충격적 역사 사건과 자연 재앙) 반드시(*dei*) 벌어지겠지만(하느님 계획 안에 있지만) 아직 '끝'(*telos*)은 아니라고 분명히 못 박으신다(13,7). 이런 일들은 출산에 앞선 "진통의 시작"에 불과할 뿐이다(13,8: 참조 이사 26,17; 예레 22,23; 미카 4,9; 호세 13,13; 1테살 5,3). 그렇다고 전쟁을 하느님의 섭리에 따라 반드시 벌어지는 사건으로 이해하면 안 된다. 전쟁은 오만과 탐욕에 가득 찬 인간이 불러온 악의 요소일 뿐이다. 이런 경우에 그분은 '마지막 때가 가까이 왔다'고 부추기는 자들에게 속지 말라고 이르신다. 그들에게서 당신 공동체를 보호하시려는 배려다.

이어지는 경고는 그리스도인 "스스로 조심"해야 할 일들이다(13,9-13). 세례자 요한(1,14)과 예수께서 손수(8,31; 9,31; 10,33-34) 겪으신 것처럼, 사람들이 그리스도인들을 의회(유다에서 70년 이전에는 지방의회가 법정 역할을 했다. 마태 5,22; 10,17; 사도 22,5)에 '넘길'(*paradidōmi*) 것이다(13,9.11). 때로는 같은 공동체의 형제가 변절하여 다른 형제를 '넘길' 것이며, 가까운 가족 중 누군가 그렇게 할 것이다(13,12; 참조 미카 7,6). 넘겨진 이들은 회당에서 매를 맞고(바오로처럼. 2코린 11,24-25 참조) 총독들과 임금들(유다의 봉신 임금과 로마 황제) 앞에서 예수를 증언하게 될 것이다(13,9). 이러한 안팎의 시련은 마르코 공동체와 첫 독자들이 이방인들에게 선교하면서 직접 체험한 사항이다.

이 모든 일이 일어나더라도 먼저 '복음이 모든 민족들에게 선포되어야 한다'(13,10; 참조 1,14; 14,9). 삽입된 이 구절은 교회가 박해를 받으면서도 종말이 올 때까지 계속 선교해야 하며, 할 수 있다고 격려하는 말씀이다(마태 28,19-20 참조). 아울러 모든 민족에게 복음이 전해질 시점까지 마지막 때가 늦춰진다(로마 11,25-26 참조). 여기서 '되어야 한다'(*dei*)는 말은 '사람의 아들이 반드시(*dei*) 많은 고난을 겪으시고…'(8,31) 구절과 공명한다고 볼 수 있다. 복음을 선포하고 복음대로 사는 이들은, 앞의 제자직에 대한 가르침(8,22-10,52)에서 나왔듯, 스승 예수처럼 많은 고난을 겪고 "박해를 받을 것이다"(2티모 3,12). 그들은 복음의 진리를 "증언할"(*martyrion*) 것이며(13,9), 삶과 죽음으로 복음을 증거하여 증거자, 순교자(*martys*)가 될 것이다. 그 고난의 여정에 함께해 주시는 분이 성령이시다. "사실 말하는 이는 너희가 아니라 성령이시다"[13,11에 '말하다'(*laleō*)가 세 번 나온다. 사도 4,1-21; 5,17-42; 7,1-60; 24,10-21; 25,13-26,29 참조]. 복음을 선포하시는 분은 성령이시기에 어떤 박해도 복음 선포를 막지 못한다. 그리하여 "내(예수) 이름 때문에 모든 사람에게 미움을 받는" 예수의 제자들이 성령에 힘입어 "끝까지(*telos*) 견디어 내고" 충성하면 구원, 곧 종말의 새 생명을 받을 것이다(13,13). 이 위로와 약속의 말씀이 고난의 시기를 사는 그리스도인들에게 형언할 수 없을 만큼 큰 힘을 준다.

또 다른 미래 사건이 소개되는데, 이것은 큰 환난이지만 정작 표징은 아니다. 그 환난을 알리는 시작은 이러하다. "있어서는 안 될 곳에 황폐를 부르는 혐오스러운 것이 서 있는 것을 보거든"(13,14). 문자 그대로 이해할 수 없는 모호한 표현이다. 여기서 "황폐를 부르는 혐오스러운 것"은 다니엘서(9,27; 11,31; 12,11)의 한 구절을 그대로 음역한 것이다(1마카 1,54 참조). 기원전 167년 셀레우코스 왕조의 안티오코스 4세는 예루살렘 성전의 번제단 자리에 '바알 샤멘*Baal Shamen*'(하늘의 주님)의 상을 세우고 이를 예배하라고 명령하였다. 그런데 다니엘서는 이 이름을 비틀어 '하늘'(히브리어 샤마임*shamayim*) 대신 '황폐'(히브리어 메쇼멤*meshomem*)로, '주님'(바알) 대신 '혐오스러운 것'(히브리어 쉬쿠츠*shiqquts*)라고 옮겨 적었다. 그러므로 당시 역사적 배경에서 보면 '있어서는 안 될 곳'은 거룩한 성전 구내를, '황폐를 부르는 혐오스러운 것(모든 것을 황폐하게 만드는 신성 모독의 실체)은 우상을 뜻한다. 마르코 복음서의 경우 이 구절에 대한 견해는 다양하다. 로마 황제 칼리쿨라가 40년에 자기 상을 성전에 세우려 했던 시도, 성전에 지휘부를 차렸던 유다 항쟁군, 70년에 성전에 들어갔고 파괴하였던 로마 장군 티투스, 신으로 자처하는 무법자(2테살 2,4) 등이 제시된다. 아무튼 본래의 뜻을 살려 각자 처지에 맞게 "독자는 알아들어라."

바알 샤멘 신전의 기둥머리,
다마스쿠스 국립박물관, 시리아.

그런 일이 벌어지는 것을 보거든, 그때에 유다에 있는 이들은 산으로 달아나라고 이르신다

(13,14). 전쟁 같은 위기 때는 성벽으로 둘러싸인 도성 안이 더 안전하다. 더구나 하느님께서 현존하시는 성전이 있는 예루살렘은 더욱 안전하다고 믿었다. 그런데 예수께서는 산으로 가라 하신다. 이때 잠자거나 망 보기 위해 옥상에 있던 사람이나 들에 있던 사람이 집 안으로 들어가거나 뒤돌아볼 틈도 없이 즉각 도망가라는 충고(13,15-16)에서 위기 상황의 긴박감이 느껴진다. 얼마나 빨리 서두르는가에 목숨이 달려 있다. 이런 환난의 시기에 임신한 여자들과 젖먹이가 딸린 여자들은 얼마나 불행한가!(13,17) 그러니 "그 일이 겨울에 일어나지 않도록 기도하여라"(13,18: 팔레스티나의 겨울은 비 오는 시기라 춥다. 또 곳곳에 물이 불어나 이동하기도 어렵다). 만일 주님께서 몸소 선택하신 이들을 위해 그 날수를 줄여 주지 않으셨다면 어떠한 사람도 살아남지 못할 것이다(13,19-20; 참조 다니 12,1). 물론 주님께서 자비를 베푸시어 그 날수를 줄여 주셨으나, 예수께서 묘사하시는 환난은 무척 무섭고 급박하며 심각하다(13,19-20; 참조 다니 12,1).

환난과 위기가 닥치면 그릇된 구원을 약속하는 "거짓 그리스도들과 거짓 예언자들"이 성행한다(13,22; 참조 8,11; 신명 18,20.22). 그들은 할 수만 있으면 선택된 이들까지 속이려고 모세처럼 '표징들'(*sēmeia*)과 '이적들'(*terata*)을 행할 것이다(13,22; 참조 신명 4,34; 13,2; 예레 32,20; 요한 4,48: 마르코는 표징과 이적을 신뢰할 수 없는 것으로 제시한다). 예수께서는 어떠한 표징과 이적도 보이지 않으셨다. 그분이 하신 치유와 구마는 가까이 온 하느님의 나라와 그 권능(*dynamis*)을 미리 보여 주는 표본 또는 그것에 주목하도록 가리키는 손가락이다. 그분은 당신 제자들이 박해나, 아니면 예수 아닌 다른 사람들이 구원의 길이라고 제시하는 속임수에 넘어가 당신의 길을 떠나지 않도록 거듭 이르신다. "그러니 너희는 조심하여라. 나는 이 모든 일을 너희에게 '미리' 말해 둔다"(13,23).

마르코는 예수의 말씀을 당대의 역사적 사건과 연결시켜, 그리스도인들이 당시 사건들을 분별하면서 주님께 끝까지 충실하도록 재해석한다. 사실 그리스도교는 각종 종말을 주장하는 단체들의 일반적 기대와 달리, 전쟁과 지진

(13,7-8), 박해(13,9.11-13)나 예루살렘의 멸망과 성전 모독(13,14-20) 사건이 결코 세상의 종말을 알리는 표징이 아니었음을 역사를 통해 체험하였다. 그래서 어떠한 혼란이 오더라도, 복음이 모든 민족들에게 선포될 때까지는 그분이 다시 오실 종말의 때가 아니라고 단호하게 가르쳤던 것이다.

그러면 환난이 마지막 때를 알리는 표징인가? 예수께서는 그 뒤에 표징이 드러난다고 이르신다. "(그러나) 그 무렵 환난에 뒤이어"(13,24)로 시점이 옮겨지며 분위기가 바뀐다. 앞에서 말한 지상의 각종 재난과 환난은 '진통의 시작'이고, 이제 말하는 우주적 파국이 종말을 알리는 표징이다. 환난에 이어 오는 그 표징의 정체는 무엇일까?

"해는 어두워지고 달은 빛을 내지 않으며…" 천체가 제 기능을 못한다는 언급(13,24)은 우주의 재앙을 나타내는 묵시문학의 전형적 표현이다. 이 구절은 이사 13,10에 근거한다("하늘의 별들과 별자리들은 제빛을 내지 못하고 해는 떠올라도 어둡고 달도 제빛을 비추지 못하리라" 에제 32,7; 아모 8,9; 요엘 2,10; 3,1-5 참조). 그런데 표현이 일부 바뀌었다. 이사야는 해와 달과 별이 모두 어두워진다고 했는데, 마르코는 해와 달이 어두워지되 별들은 하늘에서 "떨어진다"고 말한다(13,25). 이 차이가 의미하는 바는? 이사야서에 나오는 별은 천체에 해당하는 별 자체이지만, 헬레니즘 후기에 이르러 별에 새로운 의미가 덧붙었다. '권세 있는 이들'을 별로 표현하게 된 것이다. 그래서 하늘의 주인, 세력가들, 천사들, 신들도 별로 표현되었다. 그런즉 '별들이 하늘에서 떨어진다'는 말은 하늘과 땅의 권력층이 그 자리에서 밀려난다는 뜻이다. "하늘의 세력들은 흔들릴 것이다"(13,25)는 말도 같은 뜻이다. 결국 해가 어두워지고 별들이 떨어진다는 말은 하늘과 땅의 기존 질서가 흔들리는 혼돈이 오고, 그 뒤에 환난과 폭력이 멈추고 새로운 질서가 수립된다는 뜻이다.

누가 그 일을 하는가? 그때에 "사람의 아들이 큰 권능과 영광을 떨치며 '구름을 타고 오는 것을' 사람들이 볼 것이다"(13,26; 14,62). 이 모든 사건의 절정은 사람의 아들이 오시는 때이다. 그분이 오시는 것은 곧 "하느님의 나라가 권능을 떨치며 오는 것”(9,1)이다. 그분은 오셔서 천사들을 보내어 “자기가 선택한 이들을 땅 끝에서 하늘 끝까지(온 우주에서) 사방에서 모을 것이다”(13,27). 이 말씀은 “너희가 하늘 끝까지 쫓겨났다 하더라도, 주 너희 하느님께서는 그곳에서 너희를 모아들이시고 그곳에서 너희를 데려오실 것”(신명 30,4: 참조 즈카 2,10-16)이라는 약속의 실현이다. 박해와 시련을 참고 견디어 선택된 이(13,20.22)들은 복수하지 않고, 새 세계의 형성에 참여하는 구원과 기쁨의 시간을 가질 것이다. 끝까지 그분에게 충실한 이들의 모든 희망은 성취된다. 종말의 실제 모습은 사람의 아들이 와서 이루시는 온 우주의 변모이다. 초점은 ‘사람의 아들’이 누구인가에 모인다. 다니엘서는 “사람의 아들 같은 이”(다니 7,13)로 묘사하여 사람이 아니라고 시사하지만, 마르코 복음서는 예수라고 명확히 밝힌다(14,62). 그분께서 다시 오시어 당신이 받으신 전권을 행사하시는 때가 종말이요, 그때 하느님 나라가 온전히 구현될 것이다.

4. 정작 종말의 때는?(13,28-37)

그러면 그 기쁨의 때는 언제인가? 예수께서는 이제야 ‘종말의 때’를 묻는 제자들의 첫 번째 질문에 답변하신다. 그분은 앞뒤에서 두 가지 비유로 그때를 일러 주시고 그 가운데 경고 말씀을 넣어 이야기하신다[비유(13,28-29) - 경고 말씀(13,30-32) - 비유(13,33-37)]. 첫 번째 비유의 소재는 “무화과나무”다[13,28: 여기서 ‘비유’(*parabolē*)는 4장의 비유와 달리 둘을 나란히 놓고 깨닫게 하는 ‘교훈, 예시된 의미’를 뜻한다]. 하필 ‘무화과나무’가 등장하는가? 하느님께서 민족들을 심판하실 때 “무화과나무에서 열매가 시들 듯”(칠십인역 이사 34,4) 하시리라는 예언이 있었다. 마르코는 이와 연관하여 이미 앞에서 무화과나무가 말라 버린 저주를 언급한 바 있다(11,12-14.20). 팔레스티나에서 무화과나무는 다른 나무들과 달리 겨울에 잎을 다 떨군다. 이듬해 짧은 봄이 지나갈 때쯤(4월경) 첫 잎이 돋아난다. 그것을 보면 여름(또는 수확철. 아모 8,1; 요엘 4,13; 묵시 14,15 참조)이 곧 오리라는 것을 알게 된다(13,28). 이렇게 현상을 관찰하여 자연의 변화를 알아채듯, "이러한 일들이 일어나는 것을 보거든, 사람의 아들이 문 가까이" 왔음을 알아야 한다[13,29: 여기에 나오는 '사람의 아들'의 원문은 동사 *estin*으로 그/그것/그것들이 '있다'는 뜻이다. '그'(사람의 아들) 외에 '그것'(하느님 나라/통치)으로 보는 견해도 있다]. '이러한 일들'은 무엇인가? 앞에 나온 천체의 변화(13,24-25)일 수도, 더 앞에 나오는 "이 모든 일"(13,23)로도 볼 수 있다. 앞에서 거론한 환난과 큰 격변이 종말의 표징은 아니지만, 종말이 아주 먼 훗날의 일이 아니라 머지않아 올 것이다(29절에 나오는 '문'은 34절의 '문지기'와 연결된다).

이어서 예수께서는 그 시기를 좀 더 분명히 밝히신다. "내가 진실로(*amēn*) 너희에게 말한다. 이 세대가 지나기 전에 이 모든 일이 일어날 것"이라고 단언하신다(13,30). "이 세대"를 예수와 제자들의 동시대 사람들로 보면 시간의 폭이 무척 좁아진다. 그리고 "이 모든 일"은 무엇일까? "여기에 서 있는 사람들 가운데에는 죽기 전에 하느님 나라가 권능을 떨치며 오는 것을 볼 사람들이"(9,1) 있을 것이라는, 같은 내용의 말씀과 연결하면 그 일은 하느님 나라의 도래이다. 그러면 1세기 사람들이 기대한 하느님 나라의 도래, 사람의 아들이 오심을 알리는 표징은 무엇이었을까? 그리스도교 관점에서 그 일은 예수의 죽음과 부활일 수 있고, 또는 예루살렘 성전 파괴 사건으로 이해할 수 있다. 아무튼 사람의 아들이 오실 시기가 임박했음이 엄숙하게 확인된다. "하늘과 땅은 사라질지라도" 예수의 말씀은 결코 사라지지 않을 것이다(13,31; 참조 8,32.38; 이사 40,8; 51,6). 이 구절은 단락(13,28-37)의 중심에 위치하여 그분의 말씀이 갖는 놀라운 권위를 강조하고, 그 말씀을 신뢰하도록 이끈다.

그때는 정확히 언제인가? 앞에서 "이 세대가 지나기 전"이라고 밝히신 예수께서는 아버지(하느님) 외에는 "그날과 그 시간은 아무도 모른다"(13,32)고 선언하신다. 그리하여 임박했지만 정확히 알 수 없다는 두 말씀은 긴장 관계에 놓인다. 그 시간은 하느님의 섭리에 따라 이루어질 뿐, 하늘의 천사나 아들(예수)도 전혀 모른다. 앞에서 놀라운 예지와 통찰을 보이신 예수셨지만, 그분도 하느님의 뜻과 섭리와 주권에 대해서는 온전히 순종하신다(10,40 참조). 하느님 나라가 자라는 과정은 아무도 "모른다"(4,27). 그때는 회개하여 복음을 믿어야 할 때(*kairos*)요(1,15), 열매를 맺어 소출을 내야 할 포도 철(*kairos*, 12,2)이다. 그때를 아무도 모르기 때문에, 제자들에게 합당한 최선의 자세는 "조심하고 깨어 지키는"(13,5.9.23.33; 루카 21,36) 것이다. 하느님께서 자비로이 보여 주시는 표징을 분별하는 일이다. '깨어 지킴'(*agrypneō*)은 잠을 자거나 졸지 않는 상태지만, 의미상 '깨어 있음'(*grēgoreyō*, 13,34.35.37; 14,34.37.38)보다 주의를 기울여 관찰하는 자세를 말한다(에페 6,18 참조). 이런 자세는 모든 그리스도인에게 요구되지만, 특히 공동체의 지도자에게 더욱 절실하다(히브 13,17 참조). 결국 이 말씀이 종말의 때를 물은 제자들의 질문(4절)에 대한 답변이다.

마지막 가르침은 마지막 비유로 제시된다. 종말의 때를 알 수 있는 표지로, 무화과나무에 이어 멀리 떠난 주인과 종의 비유를 말씀하신다. 이 비유(13,34-36)에 나오는 주인도 포도밭 소작인의 비유에 나오는 주인처럼(12,1) 자기 집을 떠나 멀리 간다(마태 25,14; 루카 19,12 참조). 하지만 이 비유가 제자 공동체를 대상으로 한다는 점에서 성격이 전혀 다르다. 주인은 떠나기 전에 자기 종들에게 권한을 주어 각자에게 할 일을 맡기고 떠났다(13,34). 여기 나오는 '권한'(*exousia*)은 예수의 새로운 가르침에 담긴 '권위'(1,22.27), 죄를 용서하는 사람의 아들의 '권한'(2,10), 제자들에게 주셨던 구마의 '권한'(3,15; 6,7)과 같은 단어다. 따라서 종(*doulos*)이 제각기 지닌 권한(권위와 능력)과 역할은 주인이 없는 동안, 모든 이의 종(10,44)으로서 섬기는 데 쓰도록 주인에게 위임받은 것이라 할 수 있다. 그러므로 그리스도교 내부의 권한과 권력도 섬김으로 표현되어야 한다. 또 어떤 종은 깨어 있는 문지기로(13,34) 임명되듯, 각자의 역할이 다른 것은 성령께서 공동체를 위하여 다양하게 주신 은사와 직무라

할 수 있다(1코린 12,4-11; 로마 12,6-8 참조). 그 가운데 공동체가 꼭 해야 할 일이 복음 선포(13,10)다.

집주인은 떠나갔다. 이 비유의 초점은 주인이 돌아올 시각을 알 수 없다는 데 있다. 집을 떠난 주인이 다시 올 것이고 '집'이 공동체를 가리킨다(11,17 참조)고 볼 때, 주인은 '하느님 나라의 도래' 또는 '사람의 아들의 오심'(13,26-27)과 연관하여 하느님이나 예수로 생각할 수 있다. 이 비유에 예시된 시각("저녁 · 한밤중 · 닭이 울 때 · 새벽")은 모두 어두운 밤 시간이다(13,35). 어둠의 세력이 준동하는 때, 깨어 있기가 어려운 시간, 방심하기 쉬운 시간대다(고대에는 밤 여행이 몹시 위험해서 흔히 주인이 낮에 오리라 기대했다). 그래선가 이 시각을 수난 사화와 연결해 보는 견해도 있다(R. H. 라이트풋). ① 저녁 때는 최후의 만찬(14,17)과 예수의 안장 시각(15,42)이고, ② 한밤중은 베드로가 예수를 부인했던 시각(14,30)이며, ③ 닭이 울 때는 베드로가 세 번째로 부인한 다음(14,72)이고, ④ 새벽은 예수께서 로마인들에게 넘겨진 시각(15,1; 참조 6,48)이다. 그러나 무엇보다 이 비유의 생생한 실례는 겟세마니에서의 일이다. '깨어 있어라'는 경고에도 제자들은 '잠자고 있었던' 것이다(13,36; 참조 14,37.40.41).

첫 제자들에게 주시는 예수의 마지막 가르침은 한마디로 정리된다. "깨어 있어라"(13,37). 그릇된 열광주의(13,5ㄴ-6.21-23)와 잠으로 표현된 부주의한 무관심(13,36)이란 두 가지 위험에 빠지지 않도록, 본문은 제자들에게 '조심하고'(13,5.9.23.33) '깨어 지키라'(13,34.35.37)고 거듭 일깨운다. 그리고 예수께서는 이 고별 말씀을 모든 제자에게 준다고 분명히 밝히신다. "내가 너희에게 하는 이 말은 모든 사람에게 하는 말이다. 깨어 있어라"(13,37).

이 비유에서 집주인은 떠난 후 아직 돌아오지 않았다. 이 비유의 상황은 현재 주님의 부활과 재림 사이에서 주님의 부재不在를 체험하고 있는 초대 교회(가정교회)의 처지를 반영하고 있는 듯하다. 그래선가 초대 교회는 역사의 어둠 속에서 깨어 있으라는 이 말씀을 종말을 의식하며 살아가는 그리스도인의 삶을 지탱하는 머릿돌로 여겼다(마태 24,43-51; 루카 21,34-36; 1테살 5,2-8;

로마 13,11-13; 콜로 4,2; 1베드 5,8; 묵시 3,2).

마르 13장은 모든 복음의 지평을 종말까지 넓힌다. 교회 공동체가 역사를 시작부터 끝까지 바라보도록 비전을 키워 준다. 동시에 느슨하게 풀어져 방종하며 살지 않도록 긴장시킨다. 긴장한 상태에서 교회의 바른 자세를 끊임없이 찾고 유지하면서 부여받은 일을 성실하게 수행하라고 자극한다(13,13.33-36; 참조 4,26-29). 그러면서도 사람의 아들이 오시리라는 희망의 끈을 놓치지 말라고 격려한다. 역사를 직시하며 영광스러운 주님의 재림을 확실하게 믿고 기다리게 한다. 이 믿음과 희망은 유혹과 박해에 시달리는 그리스도인들을 지탱하고, 그들이 "끝까지 참고 견디어"(13,13) 주님의 승리를 맞도록 깨어 기다리며 살아갈 힘을 준다.

역사를 통해 숱한 사람이 종말의 표징을 제시하였지만, 여전히 세상은 존속하고 있다. 우리도 주님의 부활과 재림 사이의 기간에서 살고 있다. 그래서 사람들이 계산해서 재림의 날을 외칠 때마다, 마르 13장은 '지금이 주의해야 할 때'라고 일러 준다. 시한부 종말론이 거품을 일으킬 때마다 '정신을 바짝 차려라'고 그리스도인을 흔든다. 핵폭탄 등 현대의 묵시적 두려움이 커갈 때, 성경은 재앙의 현실을 인지하되 '아직 끝이 아니다'고 덧붙인다. 여기저기서 누군가를 마지막 예언자인 양 부추길 때, '그것을 믿지 말라'고 타이른다. 마지막 날을 알아맞추려는 온갖 시도에, 성경은 하느님의 아들도 그날을 모른다고 단순하게 말한다. 날짜를 맞추려는 자들은 세상을 포기한 채 세계의 멸망을 기다리지만, 예수께서는 이 세상을 돌보라고 당신께서 우리에게 주신 권한과 할 일을 깨우쳐 주신다.

때로는 개인의 삶에서 암과 같은 치명적 질병이나 재난을 겪으며 그리스도를 만나고, 그로 인해 지금까지 유지해 왔던 그의 세계가 붕괴되어 삶 전체의 질이 바뀔 수 있다. 그것이 마지막 사건은 아니지만, 각자의 갈릴래아에서(16,7 참조) 사람의 아들과 만나는 유사 종말 사건으로 볼 수 있다(임사 체험도 비슷하다).

교회는 연중 제33주일(나해)에 종말(13,24-32) 대목을, 대림 제1주일(나해)에 '깨어 있어라'(13,33-37)는 대목을 봉독한다. 교회는 '주님의 오심'이란 기쁜 소식을 선포하면서, 실제로 그분의 재림을 거의 기대하지 않거나 무엇인가 기대하기를 잊어 버린 신자들을 일깨운다. 이 대목에서 주님이 오신다는 '이 세대'를 때때로 전 인류의 존속 기간으로 해석하는 예도 있지만, 교회는 최초의 청중처럼 예수께서 자기네 생존시에 재림하리라고 절박하게 기대하라고 호소한다. 눈앞에서 하느님의 개입을 의식할 때 신앙인들은 습관처럼 살지 않고 좀 더 생생하게 살 수 있다.

1세기와 달리, 오늘날 많은 사람이 묵시적 비전을 거의 잊어 버렸다. 인간 역사의 지평을 넘어서 계신 하느님을 크게 의식하지 않고, 창조에서 종말에 이르는 그분의 계획에 관심을 두지 않는다. 13장은 묵시적 열광주의를 바로잡는 한편, 다른 면으로는 역사와 미래에 대한 회의주의와 무관심에 도전한다. 정치와 경제, 실용적 면에서만 미래를 기획하고 준비하는 이들에게, 이 장은 역사 속에서 현존하며 심판하고 구원하시는 분을 증언한다. 아울러 하느님 나라의 비전으로 살기보다 익숙한 교회 제도 속에서 타성에 젖어 있는 그리스도의 제자들에게, 세상에 투신하되 그분이 열어 젖힌 하느님 나라의 현존을 의식하고 희망하라고 흔든다. 기후 변화처럼 우리를 심각하게 위협하는 이 시대의 많은 문제를 묵시적 관점으로 바라볼 때, 예수께서 드러내신 하느님 나라의 빛으로 '시대의 표징'을 해석할 때, 우리는 보지 못하던 새로운 차원을 깨닫게 될 것이다.

제7부

예수, 죽으시고 부활하시다
(14,1-16,20)

복음의 마지막 순간이다. 이미 어느 정도 꼴이 잡힌 수난 사화이지만, 마르코는 사건의 진행 과정을 날짜와 시간별로 기록한다. 역사적 사실에 근거하여 객관적으로 쓰면서도 '복음 이야기'로 들려준다. '그리고'를 반복하여 이야기를 끌어가면서도 수시로 '그러나'와 '그런데'를 넣어 등장인물과 사건들을 대조하고 병행시킨다. 그런 가운데 슬하게 '아이러니'를 드러낸다. 또 역사적 현재 시제를 자주 써 사건의 현장에 있는 듯한 생동감을 부여한다.

제7부의 핵심어로 '넘기다'(*paradididōmi*)를 들 수 있다. 넘겨지는 이는 예수시다. 그분은 열둘 중의 하나인 제자 유다에게서 최고 의회로(14,42), 다시 로마 총독 빌라도에게로(15,1), 마지막으로 로마 군사들에게 넘겨지신다(15,15). 그리고 십자가에서 숨지신다. 그분의 시신은 빌라도 총독의 확인과 허락을 받아 백인대장에게서 아리마태아 출신 요셉에게 넘겨진다. 무덤에 모셔진 그분을 여자들이 찾아가나 그분을 만나지 못한다. 그분은 거기에 계시지 않지만 발현하지도 않으신다. '갈릴래아에서 뵙게 될 것이다'는 약속의 말씀(16,7)과 함께 복음의 끝은 활짝 열린 채 첫머리와 이어진다.

제1장 예수의 수난과 죽음 준비(14,1-42)

1. 예수의 죽음이 준비되다(14,1-11)

이제부터 본격적으로 예수의 수난 사화가 시작된다. '주님 수난 성지 주일'(나해)에 길게 봉독되는 복음(14,1-15,47 또는 15,1-39)의 첫머리다. 일찍이 제자들에게 이르셨던 십자가의 길(8,31.34 참조)이 실제 모습을 드러낸다. 이 사화는 무엇보다 탄탄한 역사적 전승에서 유래하였지만, 마르코 특유의 서술양식(끼워 넣기 등)으로 기술되어 있다. 한 예로 첫머리에 나오는 예수의 죽음 준비도 두 갈래로 소개된다.

ㄱ 수석 사제들의 음모(14,1-2)
　ㄴ 이름 없는 여자의 기름부음(14,3-9)
ㄱ′ 열둘 중 한 제자(유다)의 배반 음모(14,10-11)

때는 "파스카와 무교절 이틀 전"(14,1)이다. 마르코 복음서에서 예수께서는 파스카 만찬을 드시고(유다력으로 니산 달 15일) 안식일 전날에 돌아가셨으므로(15,42), 지금은 니산 달 13일(화요일 저녁부터 수요일 저녁)이다. 시간과 공간이 드러나지 않았던 13장에서 이제 현실의 시간과 장소로 옮겨진다. 옛 시대가 사라지고, '깨어 있어라'는 13장의 가르침이 현실에서 구현되어야 할 때가 이르렀다. 이제부터 실제로 소개되는 예수의 수난 여정은 명확한 시각에 분명한 장소에서 이루어짐으로써 역사적 사건으로 생생하게 드러난다(14,12.17;

15,1.25.33.42; 16,1-2 참조). 아울러 유다교의 가장 중요하고 거룩한 축제 및 당시 유다의 권력자들(유다 지도자와 로마 총독)과 예수의 죽음을 명백히 연관시켜, 하느님의 구원사 안에서 그 죽음이 지닌 의미를 뚜렷하게 보여 준다.

수석 사제들과 율법 학자들은 예수를 붙잡아 죽일 방도를 찾고 있었다(14,1-2). 갈릴래아부터 일기 시작한(2,1-3,6 참조) 양쪽의 갈등은, 세 번의 수난 예고(8,31; 9,31; 10,33-34)에서 두드러지다가 예루살렘(11,1-13,37)에서 확고해진다. 예수께서 복음 선포의 길을 포기하지 않고 끝까지 걸어오시기 때문이다. 그들은 그분을 죽여 그 길을 끝내려 한다. 그들이 신성 모독(14,64)과 다른 이유(15,3)를 내세워 예수를 죽이려 하지만, 근본 이유는 복음에 대한 그들의 두려움(11,18.32)과 시기(15,10) 때문이다. 그들이 법 절차에 따라 예수를 체포하기보다 '속임수'로 몰래 붙잡아 죽이려 하는 데서 이 점이 잘 드러난다. 그렇지만 예수에게 호응하는 백성이 소동을 일으킬 우려가 있기 때문에, 축제(파스카) 기간에는 피하자고 말한다(14,2; 참조 3,6; 11,18; 12,12). 하지만 그들의 계획이 어그러지면서, 예수의 죽음을 주관하시는 분의 뜻이 따로 있다고 알게 된다.

예수께서는 베타니아에서 나병 환자 시몬의 집에 계셨다(아마 그는 예수에 의해 치유된 이였는지 모른다. 1,40-45 참조). 그분은 갈릴래아에서 그러셨듯이(2,15 참조), 여전히 버림받은 밑바닥 사람들과 함께 머무르신다. 그분이 식탁에 앉아 계시는데(직역: "식탁에 기대어 계셨는데"로 손님으로 참석한 정식 만찬상을 뜻한다) 사건이 벌어진다. 난데없이 한 여자가 나타난다. 여자의 이름은 밝혀지지 않는다(여자의 도유는 네 복음서에 모두 나타나는 것으로 보아 예수 생전의 사건으로 추정되나, 기록 내용과 문맥과 의미에서 차이가 난다. 마태 26,6-13; 루카 7,36-50; 요한 12,1-8 참조). 그 여자는 알라바스터(반투명의 하얀 설화석고) 옥합을 깨트려 순수하고 값비싼 순 나르드 향유를 예수의 머리에 부었다(14,3: 시신에 도유할 때 옥합을 깨트린다. 깨트린 옥합은 시신 곁에 둔다).

'나르드 향유'는 인도의 히말라야 지방에서 자라는 방향식물인 나르드풀

(학명: 나르도스타키스 자타만시)의 뿌리와 줄기에서 추출하는 기름이다(나르드는 산스크리트어). 이 기름은 향기가 극히 좋아 임금의 잔칫상(아가 1,12)과 신부(아가 4,13-14)에게, 또는 죽은 이에게 예를 표하는 데 쓰였다. 그러나 수입품이라 값이 비쌌다. 함께 있던 몇 사람(제자들)이 '삼백 데나리온 이상'(14,5)이라고 말하는데, 농촌 품꾼의 일년 품삯에 해당한다(마태 20,2 참조). 그들은 엄청나게 비싼 향유를 예수의 머리에 부은 일을 "허투루 쓰는" 짓이라고 비난한다. 여자가 쓸데없는 곳에 향유를 허비한다는 불평이다. 팔아서 가난한 이들에게 자선하는 것이 더 나을 것이라는 주장이 뒤따른다(14,4-5). 파스카 축제 때 자선은 회개의 표시로 특별히 강조되었다. 하지만 그들이 가난한 이들에 대해 깊은 관심을 가져서 그랬다기보다, 여자가 불청객(잔치에는 남자만 초대된다)으로 와서 하는 일이 너무 지나치다고 참지 못한 것이다.

그러나(*de*) 예수께서는 오히려 그들을 꾸짖으신다. "이 여자를 가만 두어라. 왜 괴롭히느냐?"(14,6) 당신께 오는 어린이들을 막지 말고 그대로 놓아두라고 하신 말씀(10,14)과 일맥상통한다. 그분은 여인을 감싸며 거듭 칭찬하신다. "이 여자는 나에게 좋은 일을 하였다"(14,6). 보통 '좋은(*kalos*) 일'은 선善하고 명예로운 일을 뜻하며, 그런 일을 하는 이는 너그러운 사람이다. 구약성경에서 '머리에 기름을 붓는' 경우는 사제(탈출 29,7)와 임금(1사무 10,1; 2열왕 9,3-6)을 세울 때이다(그 밖의 일반 도유는 환대와 존경의 표시, 치유의 수단으로 널리 쓰였다). 그렇다면 여자는 당신의 예고처럼 죽고 부활하실 예수를 임금으로, 메시아로 선포하는 상징 행위를 한 셈이다(예수에 대한 도유는 자격 있는 남자가 일정한 예식에 따라 임금에게 행한 구약성경의 도유 행위와 대조된다). 그분이 메시아요 임금으로 곧 처형되실 것이기에 도유할 기회는 지금밖에 없다. 여자는 메시아요 임금이신 그분의 신분에 걸맞게 값비싼 향유를 부은 것이다(14,8). 향유를 바른 '몸'은 새로운 성전으로 공동체의 중심이 되실 것이다. 그러니 향유를 부은 일은 얼마나 좋은 일인가!

여자가 한 일은 시의적절하기 때문에 더욱 놀랍고 칭찬받을 만하다. 예수께서는 가난한 사람들이 늘 우리 곁에 있고(신명 15,1–11 참조), 그래서 원하기만 하면 언제든지 잘해 줄 수 있다고 이르신다(14,7). 가난한 이들을 돌보는 일은 계속 해야 할 중요한 일이지만, "그러나(*de*) 나는 늘 너희 곁에 있지는 않을 것이다"(14,7). 지금은 무엇을 먼저 해야 할 '때'인가? 마르코는 자주 그때를 강조한다. "신랑이 함께 있는 동안에"(2,19) 그분에게 어울리는 좋은 선물을 주어야 한다.

"이 여자는 자기가 할 수 있는 일을 하였다(직역: 자기가 가지고 있던 것으로, 그가 했다)"(14,8). 마르코만 쓴 이 독특한 표현은 그가 할 수 있을 때 '자신의 능력껏 했다'는 것을 뜻한다. 예수께서는 그가 "내 장례를 위하여 미리 내 몸에 향유를 바른 것이다"(14,8)고 밝히신다. 예수께서 당신의 장례가 임박하다고 느끼시듯, 지금 이 자리에서 여자 홀로 그때를 감지한다. 예루살렘에서 죽게 되리라는 그분의 수난 예고가 이루어지리라 믿고 그에 맞춰 응답한다(이 점에서 여자도 예루살렘 여정에 함께한 제자로 볼 수 있다. 15,41 참조). 유일하게 '깨어 있는' 제자이다. 그래서 자신이 할 수 있는 사랑을 한껏 표현하였다. 거부를 당하거나 수모를 받을 수도 있었지만 사랑의 행위에 자신의 모든 것을 쏟아 부었기 때문에 칭찬받을 만하다. 이 점에서 그는 성전의 과부(12,44 참조)와, 예수의 무덤을 찾는 여자들(16,1–2 참조)과 연속선상에 있다.

예수께서는 이 일이 영속된 가치를 지녔다고 확인하신다. "진실로(*amēn*) 너희에게 말한다. 온 세상 어디든지 복음이 선포되는 곳마다(13,10 참조) 이 여자가 한 일도 전해져서(직역: 말해져서) 이 여자를 기억하게 될 것이다"(14,9). 여자는 복음을 이해했고 그대로 이행했다. 이름도, 말도 없이 '그때'가 왔음을 민감하게 느끼고 적절하게 행동하는 예언자 같은 여인, 예수께서 돌아가실 때가 가까이 왔음도, 여자가 한 일의 의미도 전혀 느끼지 못한 채 돈 액수만 거론하는 눈먼 남성 제자들, 여자의 마음과 행위의 뜻을 읽고 감사와 격려로 응답하시는 예수. 여기서도 '여성'은 칭찬받는 참된 제자의 전형이다. 여자는 이름을 남기지 않았지만, 예수께서 유일하게 "기억하게 될"(14,9) 것이라고 밝힌 아름다운 행위를 남겼다. 그래서 복음 선포의 일부가 되었다. 그이처럼 돌아가시는 그분께 해 드리고 싶은 것이 있다고 하면, 그분은 가장 보잘것없는 이에게 하는 것이 당신에게 하는 것이라고(9,37) 하지 않으실까?

이름 없는 '여자'가 예수 곁으로 가까이 오는데, 이름 있는 '남자'는 예수 곁을 떠난다. 어둠 속에서 음모가 이어진다. 예수와 가장 가까운 '열둘' 가운데 하나(3,14-19; 14,10.20.43 참조)인 유다 이스카리옷은 예수를 수석 사제들에게 '넘기기로'(*paradidōmi*) 약속한다(14,10-11에 두 번 언급: 9,31; 10,33 참조). 속임수를 써서 예수를 잡으려는 그들은 기뻐하며 돈을 약속한다. 두 음모가 만나 무르익는다. 마르코는 유다가 스승을 배반한 동기를 밝히지 않고(이유가 '사탄'이라고 말하는 루카 22,3; 요한 13,27 참조) 돈만 언급한다(14,10). 그럼으로써 '그때'를 앞두고 돈(삼백 데나리온)에 상관없이 온전히 내놓는 섬김과 돈을 받으면서 스승을 넘기는 배신, 공개적이고 열정적인 사랑의 표현과 어둠 속에서 은밀히 진행되는 음모, 이름 없는 여자와 이름 있는 남자가 강하게 대비된다. 그런데 우리는 누구를 더 많이 기억하는가? 여자? 유다?

2. 예수, 마지막 만찬을 나누시다(14,12-25)

1) 마지막 만찬 준비(14,12-16)

다시 하루가 지난다. "무교절 첫날 곧 파스카 양을 잡는 날"(14,12)이 되었다. 마르코는 파스카 양을 잡는 니산 달 14일을 무교절의 첫날이라고 부르나, 이는 오해다(탈출 12,18에 따른 것이다). 니산 달 14일은 낮에 양을 잡고 방을 찾아서 만찬을 준비하는 파스카 준비일이다. 파스카 축제는 니산 달 15일 저녁에 만찬으로 시작한다. 그레고리오 달력으로는 최후의 만찬(성 목요일)과 무덤 안장(성 금요일)이 이틀이나, 유다력으로는 이 모든 사건이 니산 달 15일 하루 동안에 일어난다. 유다에서 하루는 해질녘(저녁 6시경)부터 다음날 해질녘까지이기 때문이다(그리스 로마 풍습에서 하루는 오늘날처럼 밤 0시부터 시작한다).

파스카는 이집트에서 종살이하며 고생하는 이스라엘 백성을 구원하신 야훼 하느님을 기억하며 감사드리는 역사적 축제이다. 그때 하느님께서 이스라엘 백성의 집 두 문설주와 상인방에 발라진 일 년 된 양이나 염소의 피를 보고 '거르고 지나가시어'(파스카) 그들 가운데 맏아들과 맏배의 목숨을 구하셨다(탈출 12,1-14 참조). 무교절(누룩 없는 빵의 축제)은 본래 봄에 햇곡식을 수확하면서 묵은 누룩을 넣지 않은 새 곡식으로 하느님께 감사드리는 농경 축제였다. 비슷한 봄철 시기에 지내던 두 축제가 결합된 뒤(유다의 요시야 임금 때로 추정), 무교절도 급히 이집트를 나오느라 누룩 넣지 않은 빵을 여행 양식으로 삼았던 탈출 사건과 연결되어 기념되었다(탈출 12,15-20.39). 무교절은 니산달 15일부터 21일까지 7일간 지내는데(레위 23,6; 민수 28,17 참조), 파스카는 첫날에 지낸다(탈출 12,1-28 참조). 이 축제는 삼대 순례 축제 중의 하나로 예루살렘에서 지내도록 규정되었다(자세한 내용은 탈출기 해설서 《어서 가거라》 156-164 참조).

파스카 준비일, 니산 달 14일(목요일 낮)의 일이다. 제자들이 파스카 음식을 드실 장소에 대해 스승께 상의드리자, 예수께서는 제자 두 사람을 예루살렘 성 안으로 보내어 어떤 사람의 인도를 받아 "내 방"(*katalyma*: 손님방을 뜻함. 루카 2,7의 "여관"도 같은 단어)을 찾아 준비하라고 이르신다(14,12-15). 예루살렘 성 안에서 파스카 만찬을 먹는 일은 예수 시대의 종교 관례였다. 사건은 예루살렘 입성 때처럼(11,1-6), 그 말씀대로 이루어진다(14,16). 예수께서는 제자들과 함께 드실 파스카 만찬을 세심하고 은밀하게 준비하셨다. 그분의 지시에 따라 제자 둘은 성 안에서 물동이를 메고 오는 남자를 만나 따라가게 된다(14,13). 여자들은 대부분 물동이를 메고 남자들은 가죽 부대로 물을 날랐기 때문에, 그 남자는 순례자들로 혼잡한 성 안에서도(당시 예루살렘 인구를 대략 오륙만 명으로 추정하는데, 축제 때에는 서너 배로 늘었다) 금방 눈에 띄었을 것이다. 그가 예수의 제자였는지는 알 수 없지만, 아무튼 파스카 만찬은 "이미 자리를 깔아 준비된 큰 이층 방"에서 제대로 준비되었다(14,15-16). 전통에 따르면 그 방은 예루살렘 시내의 남서쪽에 있었다고 전해진다.

2) 제자의 배반 예고(14,17-21)

"저녁때", 니산 달 15일이 시작하는 목요일 밤, 해가 지고 어둠이 깔렸을 때 예수 일행은 제자 둘이 준비한 그곳으로 이동한다(14,17). 며칠 전의 입성 때와 달리 은밀하게 두 제자만 아는 그곳으로 간다. 이때 동행한 '제자들'은 '열두 제자'로 좁혀져서 초점이 맞춰진다(14,18-20 참조). 유명한 라삐들이 제자들과 함께 파스카 예식을 하는 경우도 있었지만, 본래 파스카 식사는 가족과 함께하는 것이었다. 지금 예수와 함께 파스카 축제를 지내는 제자들은 그분의 새 가족으로 함께 식사하는 것이다(3,34-35 참조).

그분에게 이 식사는 마지막 파스카 축제요 지상 최후의 만찬이다(첫 번째 파스카는 억압의 땅 이집트에서 보낸 '마지막 만찬'이었다. 보그와 크로산, 169). '그들이 식탁에 앉아 음식을 먹고 있을 때에'(직역: '그들이 기대어 먹고 있는 동안' 14,18.22: 이 자세는 왼쪽 팔꿈치를 식탁에 받치고 비스듬히 누워 오른손으로 음식을 집어 먹고 마시던 그리스식의 식사 관습이다. 유다인들도 축제와 손님을 초청한 만찬 때에 이렇게 식사하였다. 따라서 방이 커야 했다), 예수께서 갑자기 엄숙하게 선언하신다. "내가 진실로(*amēn*) 너희에게 말한다. 너희 가운데 한 사람, 나와 함께 음식을 먹고 있는 자가 나를 팔아넘길(*paradidōmi*) 것이다"(14,18). 하느님께 받은 구원과 자유에 감사드리며 가족의 일치와 사랑을 나누는 축제의 자리에 떨어진 폭탄 선언이다. 열둘은 예수와 함께 있는 사람(3,14), 깊이 결속되어 있는 존재인데, 그렇다면 그자는 누구냐? 술렁거림이 확 번진다. 이제 초점은 열둘 가운데 하나와 예수의 관계에 맞춰진다. '나와 함께 음식을 먹는

니콜라스 게이, 유다의 배반, 1891, 트레티야코프 미술관, 모스크바.

자'는 시편에서 인용한 말씀이다. "제가 믿어 온 친한 벗마저, 제 빵을 먹던 그마저 발꿈치를 치켜들며 저에게 대듭니다"(시편 41,10; 참조 시편 38,12; 55,14; 요한 13,18). 가장 가까운 사람(14,20의 "나와 함께 같은 대접에 빵을 적시는 사람"도 같은 의미다)에게조차 배반당하여 부당하게 고통받으나, 하느님께서 그 정당함을 밝혀 주리라 믿는 의인(여기서는 예수)의 처지를 부각시킨 말씀이다.

"저는 아니겠지요?"(14,19) 제자들은 근심하며 차례로 묻는다(이런 수사적 물음은 부정적 답변을 기대한다). 그들은 자신들이 그런 일을 하리라고 결코 생각하지 않는다. 그렇지만 이 물음에는 자기 확신이 빠져 있다. 이 의문문은 제자들과 청중 누구나 배반자가 될 수 있다고 암시하는 듯하다. 예수께서는 다시금 열둘 가운데 한 제자의 배반을 지적하신다. "사람의 아들은 자기에 관하여 성경에 기록된 대로" 떠나가지만, 사람의 아들을 팔아넘기는 그 사람은 불행하다고 안타까워하신다(14,21). 구약성경에 사람의 아들이 겪는 수난과 그를 팔아넘기는 사람에 관한 '내용'은 없다. 따라서 이 말씀은 성경의 가르침을 충실하게 따른 결과로, 또는 당신의 약속을 이루시려는 거룩한 하느님의 뜻에 따른 것으로 이해할 수 있다(1코린 15,3-5 참조). 또 그분은 무척 모진 말씀도 하신다. "그 사람은 차라리 태어나지 않았더라면 자신에게 더 좋았을 것이다"(14,21).

예수께서는 이 자리에서 배반할 제자의 정체를 끝내 밝히거나 내쫓지 않지만, 독자는 이미 유다라고 알고 있다(3,19 참조). 유다는 만찬 내내 자리를 함께하면서 기회를 노리고 있다. 이 모습에서 그의 배반은 더 가증스럽게 드러난다. 그런 까닭에 수난 사화에 나오는 제자들의 배반, 부인, 도망이라는 세 가지 형태의 실패 가운데, 유다의 행동이 가장 심하게 비난받는다. 하지만 마르코는 '넘기다'는 동사를 대부분 수동형으로 표기하여, 예수를 넘기는 주체를 명확히 밝히지 않거나 '하느님'이라고 에둘러 표현한다(9,31; 10,33 등에 쓰인 이른바 '신적 수동태' 표현이다). 만약 하느님께서 예수에 대한 배반을 계획하셨다면, 유다는 거기에 필요한 '악역'을 맡았을 뿐인데 그를 비난할 수 있는가? 그래선가 본문은 열두 제자 중 한 사람이 예수를 배반할 것이라는 하느님의 계획만 밝히지, 그가 유다라는 사실은 가린다(14,18에서 '넘기다'는 동사는 능동형으로 표시되어 있다). 즉 사건은 하느님의 섭리에 따라 진행되지만, 거기에서 인간이 자유의지로 선택하는 행위에 대해 스스로 책임져야 한다는 뜻이다. 하느님께서는 사람을 통하여 일하시되, 그의 자유를 온전히 존중하시기 때문이다. 유다의 죄는 용서받을 수 있는가? 성령을 모독하는 죄 말고는 모든 죄를 용서받을 수 있다는 복음이 선포되었다(3,28-29). 창세기에서 요셉의 형제들이 요셉에게 한 일처럼(창세 37장; 45장; 50장 참조), 하느님께서는 유다의 악행도 쓰시어 구원에 이르는 문을 여실 것이다. 관건은 그가 하느님께 돌아와(회개) 하느님의 용서를 믿고 따르는가에 달려 있다.

3) 새 계약의 식사(14,22-25)

한 제자의 배반을 예고한 예수의 말씀으로 분위기는 몹시 침울해졌다. "그들이 음식을 먹고 있을 때", 이번에도 예수께서 놀라운 말씀을 하신다. 하지만 이번에는 당신께서 당신의 몸과 피를 주신다는 사랑의 계시이다. 14장의 중심이요, 조건 없이 제자들을 위하시는 예수 사랑의 절정이다.

마르코를 비롯한 공관복음서 저자들은 예수께서 제자들과 가졌던 마지막 만찬을 파스카 식사로 묘사하면서, 예수의 죽음과 파스카 축제가 갖는 공통된 의미를 부각시킨다. 반면에 요한 13장에 따르면, 최후의 만찬은 파스카 식사가 아니라 전날의 저녁식사이다. 예수께서도 식사 전에 세족례를 행하실 뿐 성찬례와 관련된 말씀을 하지 않으신다. 그렇다면 어느 쪽이 정확한가?

여러 의견이 제시되었다. 전승의 차이로 설명하려는 견해도 있고(J. A. 피츠마이어는 마태오와 마르코가 예루살렘 전승을, 루카와 바오로가 안티오키아 전승을 토대로 했다고 본다. 예레미아스는 요한도 안티오키아 전승에 포함시킨다), 사용한 전례력이 달랐다고 보는 의견도 있다. 하지만 분명한 것은 예수께서 파스카 기간에 돌아가셨으며, 그리스도인들은 시초부터 그 사실에서 신학적 의미를 성찰했다는 점이다. 즉 예수께서 우리를 사탄에게서 해방시키고 생명을 주기 위해 어린양으로 희생되셨다는 것이다. 공관 복음사가들은 예수께서 제자들과 파스카 식사를 하면서 제정하신 성찬례를 통하여 이를 분명히 밝힌다. 요한은 파스카 양이 성전 경내에서 도살되는 순간에 하느님의 어린양이(요한 1,36) 돌아가셨다고 말함으로써 그리스도의 죽음이 갖는 의미를 드러낸다. 바오로 사도는 단순하게 "우리의 파스카 양이신 그리스도께서 희생되셨기 때문입니다"(1코린 5,7)고 고백한다(1베드 1,19 참조). 결국 신약성경의 원천 자료들은 한결같이 역사적 사건에 근거하나, 역사가 아니라 복음을 전하고자 했기 때문에 그 사실을 해석하여 전해 주는 것이다.

마르코 복음서에서 예수께서는 파스카 식사를 주관하시면서도 그것의 가

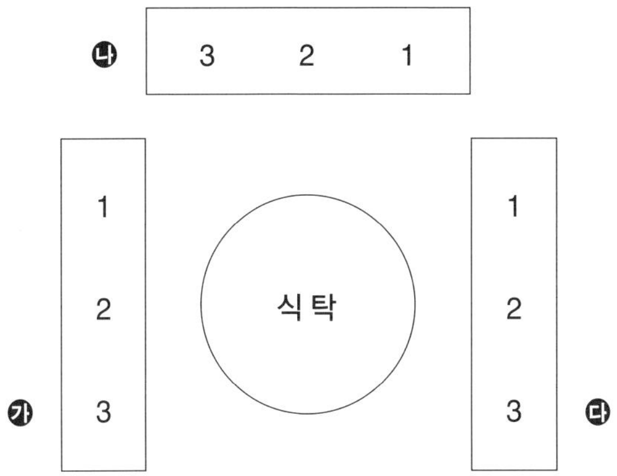

식사 좌석 배치도

㉮ 주인 가족 자리
㉯㉰ 손님 자리
㉮-1 주인(가장): 예수
㉮-2 요한(요한 13,23)
㉯-3 상석: 유다(14,20)

장 특징적 요소인 양이나 누룩 안 든 빵, 쓴나물, 질의응답('하가다' 예식)에 대해 전혀 언급하지 않으신다. 대신 빵과 포도주를 새롭게 해석하여 당신과 동일시하신다. 그분은 "빵을 들고, 찬미(축복)를 드리신 다음, 그것을 떼어 주시며, 말씀하셨다"(14,22). "잔을 들어, 감사를 드리신 다음, 주시니"(14,23; 참조 마태 26,26-29; 루카 22,14-23; 1코린 11,23-25). 이 모든 표현은 빵과 포도주에 대한 유다의 전통 축복문과 연관된다. 하지만 마르코 복음서에서 이 단어들은 앞에 두 차례 나온 빵의 기적과 연관된다. '빵을 들고… 찬미를 드리신 다음, 떼어… 주시며'(6,41). '빵을 들고 감사를 드리신 다음, 떼어서… 주시며'(8,6). 이 두 잔치의 뜻이 마지막 만찬에 와서 명확하게 드러난다.

유다인과 이방인 모두를 배불리 먹이신 그 '잔치'는 의인과 죄인의 구분을 넘어 모든 이를 받아들이는 하느님 나라의 축제를 예표한다. 그들에게 주시는 '빵', 생명의 물질적 토대는 바로 메시아이신 예수의 몸이요, 하느님께 내놓은 그분 자신이다. "받아라. 이는 내 몸이다"(14,22). 떼어진 빵처럼 이제 예수의 몸은 폭력으로 산산이 부서질('떼다'의 *klaō*는 '부서뜨린다'는 뜻) 것이나, 그것은 많은 이에게 나눠져 그들에게 생명을 주고 조각난 삶을 온전케 할 것이다.

예수께서 드신 "잔"(14,23)은 '죽음의 잔'(10,38-39; 14,36) 또는 '구원의 잔'

을 의미한다(시편 116,13; 참조 23,5). 그분은 잔에 담긴 '붉은 포도주'를 "계약의 피"(14,24)로 설명하신다(계약보다 피를 더 강조). 성경에서 생명을 상징하는 피가 흐르는 것은 폭력으로 인한 죽음을 가리킨다. 야훼 하느님과 이스라엘 백성은 시나이 계약(옛 계약)을 맺을 때, 수송아지의 피를 제단과 백성에게 뿌렸다(탈출 24,3-8). 피를 통해 하느님과 이스라엘 백성은 생명을 나누는 관계를 맺었고, 백성은 생명을 바쳐 그것을 지키겠다고 서약했다. 이제 골고타에서 예수께서는 "많은(*polys*) 사람(이 셈족 관용어는 '헤아릴 수 없이 많은 사람, 곧 사람 전체'를 뜻하는 포괄적 표현이다. 예레미아스, 《신약신학》 417)을 위하여" 피를 흘리실 것이다(14,24; 참조 10,45). 이는 "내 피" 곧 '새로운 계약'(예레 31,31-34; 1코린 11,25; 루카 22,20 참조)을 맺는 "계약(*diathēkē*)의 피"로 드러난다. 유다 문화에서 피를 마시는 행위는 율법을 어기는 혐오스러운 일로 있어서는 안 된다(동물의 피도 마시면 안 된다). 그러나 그리스도인은 예수의 피를 마셔 그분과 생명의 관계를 맺고, 그분의 수난과 죽음에 동참할 힘을 받는다.

비록 배반자의 존재가 그늘을 드리우고 있지만(14,17-21), 예수께서는 그의 정체를 폭로하거나 쫓아내지 않고 그를 포함한 제자들을 모두 똑같이 먹이신다. 제자들은 하나의 빵을 떼어 먹었고 하나의 잔을 돌려 마셨다(14,23ㄴ). 그리하여 참석한 모든 이가 하나로 일치된다. 마르코는 '나를 기억하여 이를 행하여라'(1코린 11,24-25)는 내용을 기술하지 않아 성찬례의 제도화를 강조하지 않는다(그는 도유한 여자를 "기억하게 될 것"이라고 강조한다). 대신 예수께서 하신 활동과 죽음의 최종 의미를 밝힌다. 즉 예수께서는 모든 이가 하느님과 하나가 되고 그분의 나라에서 충만하게 살도록 당신의 생명을 내놓으셨으며, 이를 통해 하느님과 일치하고, 자발적으로 당신을 따르면서 당신의 잔을 함께 마실(10,39) 제자들도 서로 일치를 이룰 것이라고 일러 준다.

예수께서는 식사 중에 1차 선언을 하셨는데(14,18) 식사를 마치면서 다시금 엄숙하게 선언하신다. "진실로(*amēn*) 너희에게 말한다. 내가 하느님 나라에서 새 포도주를 마실 그날까지, … 마시지 않겠다"(14,25). 이 식사는 그분이 지상에서 베푸시는 마지막 잔치다. "포도나무 열매로 빚은 것(포도주)"은 기쁨을 나누는 잔치에 걸맞다. 이제 지상 잔치는 끝났다. 그러나 영영 끝난 것은 아니다. "그날까지" 한계가 그어진다. 그날, 새 계약이 온전히 실현될 하느님 나라가 올 때, 사람의 아들이 영광에 싸여 오실(9,1; 13,26) 때 종말의 잔치가 벌어질 것이다. 그분의 엄숙한 약속은 확실히 이루어질 것이기에, 이 말씀은 희망과 승리의 선언이다.

성찬례에는 파스카 축제로 표현된 야훼 하느님의 구원과, 예수 그리스도의 수난과 죽음을 통한 구원의 의미가 가득 차 있다. 그 밑에는 제자들의 배반도 깔려 있다. 모든 과거의 기억뿐 아니라 그분의 현존과 미래에 맛볼 천상 잔치도 함께 어우러져 있다. 그리스도인은 초기부터 성찬례에서 인간의 허약함을 감싸는 극진한 주님의 사랑을 체험하고, 공동체와 함께 믿음을 고백하며, 그분의 오심을 기다리는 공통의 갈망으로 일치해 왔다. "주님께서 오실 때까지, … 여러분은 이 빵을 먹고 이 잔을 마실 적마다 주님의 죽음을 전하는 것입니다"(1코린 11,26). 또한 성찬을 끝낼 때 드리던 아람어 기도 '마라나 타'("저희의 주님, 오십시오!" 1코린 16,22)에서도 같은 신뢰와 희망을 엿볼 수 있다(〈디다케〉 10,6).

교회는 세족례를 행하는 성목요일이나 주님 수난 성지 주일의 복음에서 이 단락을 봉독한다. 그리스도교의 중심 전례 행위인 성찬례를 제정하는 이 복음 단락과 함께 읽는 제1독서는 탈출 24,3-11; 민수 9,1-3.11-12; 신명 16,1-8 등이다. 우리는 이 본문을 통해 파스카 축제와 모세의 계약과 성찬례의 연속성을 살펴볼 수 있다. 제2독서는 1코린 5,6-8; 10,16-21이다. 이 본문은 그리스도께서 우리의 파스카 양이시며 그분의 몸과 피에 참여함으로써 친교를 맺고 일치한다는 것을 일러 준다. 우리는 이러한 성경 구절을 묵상함으로써 하느님의 구원 계획 안에서 예수의 죽음이 갖는 구원의 뜻을 더 깊이 깨닫게 된다. 그리하여 온 인류에게 주님의 몸과 피를 나누기 위한 복음 선포에 헌신하고, 그들의 굶주림과 목마름을 채워 줄 정의 구현에 힘쓸 것을 다짐한다.

3. 예수, 겟세마니에서 기도하시다(14,26-42)

유다인들은 파스카의 마지막 축복 뒤에 감사하는 마음으로 할렐 시편의 두 번째 부분(시편 115-118편)을 불렀다. 예수 일행도 마찬가지로 시편 118편을 찬미가로 불렀을 것이다. 예루살렘 입성 때 불렀던(11,9) 바로 그 시편이다. 입성 때와 달리 지금은 음모와 배반으로 혼란스러운 상황이다. 그래서 이 시편은 임박한 예수의 죽음 너머로 다가오는 하느님 나라의 영광을 위해 하느님께 감사드리며 깊은 신뢰를 갖도록 제자들을 격려한다. 아마도 예수 일행은 찬미가를 부른 다음 예루살렘의 남동쪽 성문을 빠져 나가 키드론 골짜기를 거슬러 북동쪽으로 가서 예루살렘 동쪽에 있는 올리브 산으로 갔으리라(14,26; 참조 2사무 15,30).

1) 제자들의 배반과 갱신 예고(14,27-31)

예수께서는 겟세마니로 가시는 도중에 다시금 제자들의 배반을 예고하신다. "너희는 모두 떨어져 나갈〔직역: 걸려 넘어질(*skandalizō*)〕 것이다"(14,27). '떨어져 나가다'는 말은 고난 때문에 신앙을 포기하는 경우를 표현한다. 말씀을 들으면 곧 기쁘게 받지만 "말씀 때문에 환난이나 박해가 일어나면 곧 걸려 넘어지고"(4,17) 마는 경우다. 예수를 따른 제자들, 초대 교회의 그리스도인들도 '모두' 그렇게 걸려 넘어질 것이다. 세 번째 배반 예고이다(14,10-11.17-21). 듣기 거북하고 몹시 씁쓸한 말씀이나, 누구나 부인할 수 없는 생생한 삶의 체험이 아니던가?

예수께서는 구약성경 한 구절을 입에 올리신다. "내가 목자를 치리니 양들이 흩어지리라"(14,27; 참조 이사 5,3.6.10). 본래 이 구절은 하느님께서 마지막 때에 충실치 못한 목자와 믿지 않는 양 떼를 심판하겠다고 경고하시는 즈카르

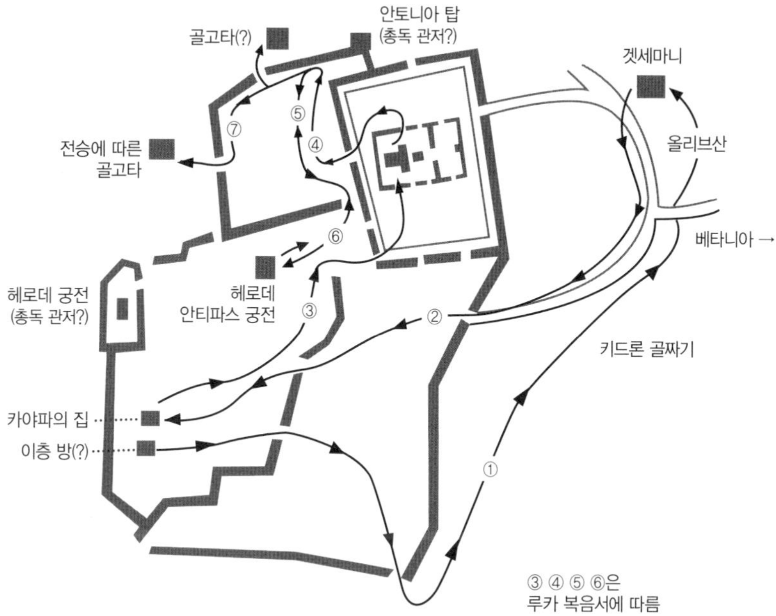

예수께서 최후의 만찬을 하신 뒤 걸으신 수난 여정

야의 신탁 예언 중의 일부다(즈카 13,7). 그 예언에는 '칼아 일어나 목자를 쳐라'고 명령으로 표현되었는데, 여기서는 "내"가, 곧 하느님께서 직접 목자를(6,34 참조) 치시리라고 바꾸어 인용된다. 즉 그리스도의 수난은 하느님께서 주도하시는 필연적 사건임을 보여 준다. 또 즈카르야서는 양 떼(이스라엘 백성)를 흩어지게 하려고 목자(지도자)를 치는 데 반해, 마르코 복음서에서는 목자(예수)를 친 결과로 양(제자)들이 흩어진다. 제자들의 도망은 예수 수난에 따르는 부수적인 것일 뿐이다.

슬픈 예고 뒤에 좋은 기별이 잇따른다. 예수께서는 바로 부활과 재회를 약속하신다. 희망의 메시지다. "그러나 나는 되살아나서〔직역: 일으켜져서(*egeirō*)〕 너희보다 '먼저' 갈릴래아로 갈 것이다"(14,28). 그분은 양 떼를 이끄는 목자로서 제자들보다 늘 '앞에 서서 가신다'(10,32; 14,28; 16,7). 흩어진 양 떼, 도망한 제자를 다시 만나겠다는 그분의 약속은 그들에 대한 용서와 화해를 의미한다

(에제 34,11-16.23-24). 그들은 하느님 나라의 복음이 선포되었던 갈릴래아에서 다시 만날 것이나, 그곳으로 가기 전에 먼저 예루살렘에서 수난을 겪어야만 한다.

하지만 제자들은 예수의 약속 말씀을 흘려 듣는다. 제자들을 대표하여 으뜸제자 베드로가 나서서 스승의 첫 번째 말씀을 반박한다. 앞에서 야고보와 요한이 '우리는 할 수 있다'고 자신했듯이(10,39), "모두 떨어져 나갈지라도 저는 그러지 않을 것"(14,29)이라고 장담한다. 예수의 말씀이 이루어진다 하더라도, 자기는 예외가 될 것이라는 모순이다. 그러면서 그는 자기와 다른 제자들을 구분한다. 전에 카이사리아 필리피에서 있었던 사태(8,33)가 재현된다. 그러자 예수께서는 하나하나 꼬집어 진지하게 이르신다. "진실로(*amēn*) 너에게 말한다. 오늘 이 밤, 닭이 두 번 울기 전에(해돋이 전 새벽) 너는 세 번이나 나를 모른다(*aparneomai*, 관계를 끊는다는 강한 뜻. 초대 교회에서 '배교'를 의미)고 할 것이다"(14,30). 예수께서 시간까지 분명히 밝혀 말씀하시자, 베드로 역시 더욱 힘주어 "죽는 한이 있더라도"(14,31) 결코 스승님을 모른다고 하지 않겠다고 맹세하듯 장담한다. 다른 제자들도 "모두 그렇게 말하였다"(14,31). 이러한 장담이 어떤 마음에서 나왔는지 곧 판명될 것이다. 그것도 한두 시간 안에.

2) 예수의 기도와 제자들의 잠(14,32-42)

그리고 예수 일행은 겟세마니(히브리어/ 아람어 *gat shemani*는 '기름 압축기'란 뜻)로 갔다. 키드론 골짜기 동편의 올리브 산 기슭에는 올리브 나무가 많아 그 열매로 기름을 짜는 틀도 많이 있었던 듯하다. 예루살렘 성 밖의 외진 장소이다(예루살렘 동쪽 성벽에서 90m쯤 떨어져 있다). 예수께서는 제자들을 한 지점에 앉아 있어라 하고, 심복 제자 세 명만 따로 데리고 가신다. 중요한 계시의 순간에 함께했던(5,37; 9,2 참조), 특히 장차 있을 일을 일러 주시며 "깨어 있어라"

는 예수의 마지막 당부를 들었던 그들이다(13,3-37). 그들은 여기서 다시금 스승과 함께 "남아서 깨어 있어라"는 특별한 명령, 간절한 호소를 듣는다(14,34). 하지만 그들은 또 예수께서는 어떻게 하셨는가? 이 대목의 핵심은 둘의 대조에 있다.

겟세마니에서 예수께서는 "공포와 번민에 휩싸이기 시작하셨다"(14,33). 왜 그러셨는지 나와 있지 않으나, 기도 내용과 연관하면 죽음의 공포가 그분에게 덮친 듯하다. 그분은 지금 죽음과 무관한듯 평온하게 바라보지 못하신다. 그분의 "마음(*psychē*)이 너무 괴로워 죽을 지경"에 이른다(14,34; 참조 시편 42,5). 보통 때는 서서 기도하시지만, 지금은 앞으로 조금 나아가 "땅에 엎드리"신다(14,35). 지극히 간절하게 기도드릴 때 취하는 자세다. 더 어찌할 수 없는 무능함의 표현이다. 그분은 당신의 약함과 두려움과 인간적인 뜻을 솔직하게 고백한다. 그래서 '하실 수만 있으면 그 시간이 저를 비켜 가게 해 주십사'고 기도하신다. '하실 수만 있으면', 하느님의 권능을 의심하는 말이 아니다. 하느님의 뜻을 다시 확인하고픈 것이다(14,36; 참조 10,27). "그 시간"(13,32)은 하느님 나라가 오는 결정적 시기인데, 여기서는 예수의 수난과 죽음의 때다. 예수께서는 수난의 '그 시간'이 당신을 비켜 가고 죽음의 '잔'이 거두어지는 것을 바라면서(14,35-36.39), 이스라엘의 의인들이 그랬듯이 하느님께 구원을 탄원하신다(시편 30,8-10; 40,13-17; 42,9-11; 43,1-2.5; 55,4-8; 61,1-3; 116,3-4 참조). 그분은 하느님의 뜻을 이루기를 원하나, 가능하다면 다른 방법으로 하기를 바라신다. 수난은 시련인 동시에 시험이요 유혹이다(14,38; 참조 1,12-13). 사탄과 치르는 투쟁의 절정이다.

그렇기에 예수께서는 하느님께 기도하신다. 일찍이 가르치신 대로(9,23; 10,27 참조), 하느님께서는 어떤 일이든 다 하실 수 있다고 확신하기 때문이다. 하느님이야말로 참된 생명의 주인이시다. 그분은 하느님을 "아빠(아람어 *abba*) 아버지(그리스어 *pater*)"라 부르신다(14,36). 사랑과 존경을 가득 담아 자녀가 부모를 부르는 '아빠'는 하느님과 그분이 사랑하시는 아들 예수의 독특한 유대 관계를 잘 보여 준다(로마 8,15; 갈라 4,6 참조). 생사의 갈림길에서 그분은 세례 때처럼 홀로 하느님과 소통하신다. 고난과 의심, 고민의 어둠 속에서도 하느님을 신뢰할 수 있는가 하는 유혹과 싸우신다. 그래서 세 차례에 걸쳐 거듭 기도하신다. 마침내 예수께서는 당신의 생명과 미래를 완전히 아버지 뜻에 맡기신다. 하느님을 깊이 신뢰하기에 그분의 자유와 주권을 온전히 존중하신다. "그러나 제가 원하는 것을 하지 마시고 아버지께서 원하시는 것을 하십시오"(14,36). "기도하며 청하는 것이 무엇이든 그것을 이미 받은 줄로 믿어라"(11,24)는 가르침대로, 그분은 아버지께서 가장 좋은 선물로 응답하셨다고 믿으신다. 그래서 다가오는 일을 하느님의 뜻으로 확고히 따르신다. 기도는 자기를 뛰어넘어 하느님께 가는 파스카의 길이다. 그 길로 이끄시는 하느님과 동행하는 방식이다. 종이 주인에게, 자녀가 부모의 뜻에 순종하는 정도를 넘어, 예수께서는 기꺼이 하느님의 신비 속으로 깊이 들어가려는 결단을 보이신다. 아마 이것이 '이제 되었다(*apechō*: 상업상 '돈이 다 치뤄졌다, 계산이 끝났다'는 뜻)'라는 말씀의 의미리라(14,41).

예수께서 기도를 마치고 돌아와 보시니 세 제자는 자고 있었다(14,37). 베드로의 다짐은 깨졌다(14,29.31). 예수께서는 그에게 말씀하실 때 그를 옛 이름인 시몬으로 부르신다. "시몬아, 자고 있느냐? 한 시간도 깨어 있을 수 없더란 말이냐?"(14,37; 참조 3,16) 다시 말해 한 시간도 깨어 있을 힘이 없느냐? 시몬의 "눈이 무겁게 내리 감겨"(14,40) 아무것도 보지 못하는 것은 부르심 받기 전의 옛 사람으로 돌아갔다는 표시처럼 보인다. 아니면 어둠의 세력이 눈을 뜨지 못하게 무겁게 내리누르고 있다고 암시하는 듯하다. 그들은 올리브숲의 짙은 어둠 속에서 마음속 다짐과 간절한 지향과 달리, '깨어 있어라'는 예수의 말씀에 순종할 수 없었다. 왜 그렇게 되었을까?

예수께서는 제자들에게 "유혹에 빠지지 않도록 깨어 기도하여라"고 이르신다. "마음은 간절하나 몸이 따르지 못"하기 때문이다(14,38; 참조 시편 51,12). 사람 안에 있는 신적 요소인 '마음'(*pneuma*) 곧 영은 인간의 한계를 넘어 하느님께 응답하려 애쓴다. 하지만 인간의 취약한 부분인 '몸'(*sarx*)은 사라질 수밖에 없는 요소인데도 유한한 자기를 보존하는 데 집착한다. 마음은 성령의 초월적 요구에 민감하나 몸은 둔하다. 사람은 늘 이 둘의 갈등과 분열을 겪으며 살고 있는데, 통합하려면 기도해야 하고 기도 중에 성령의 힘을 받아 영이 이끄는 생활을 해야 한다(로마 8,1-7 참조). 그러나 제자들은 죽을 만큼 괴로운 예수의 마음을 느낄 만큼 민감하지 못했고, 기도하여 유혹을 물리치지도 못했다. 제자의 길이 위협받는 줄도 모른 채, 아주 중요한 순간에 몸의 지배에 눌려 잠만 잤다. 잠은 준비되지 못한 자세, 무지, 무관심, 안일함 등을 의미한다(4,38에 나오는 예수의 잠과 대조). 그래서 세 차례나 찾아와서 함께 위기를 넘기고자 했던 스승에게 응답하지 못했다(13,36 참조).

겟세마니에서 드러난 예수와 제자들의 모습은 신앙과 삶의 시련, 종말의 때에 어떻게 응답해야 하는지 두 가지 유형을 보여 준다. 둘 다 똑같이 몸을 지닌 연약한 사람이었다. 한쪽은 그토록 괴로운 가운데 깨어 기도하여 하느님께 나아갔다. 다른 한쪽은 기도하지 않아 하느님의 도움을 받지 못했다. 기도한 이는 "시간이 되어"(14,41) 사람의 아들이 넘겨질 때가 오자 당당하게 나서신다. "사람의 아들은 '죄인들(유다인과 로마인)의' 손에 넘어간다. 일어나 가자"(14,41-42). 예수께서는 마지못해 끌려가지 않으신다(요한 14,31 참조). 하느님의 뜻을 온몸으로 받아들여 순종하는, 기도 중에 하느님께 울부짖어 응답받은 이의 담대한 선언이다. "보라, 나를 팔아넘길 자가 가까이 왔다"(14,42). 하느님의 나라가 더욱 가까이 왔다(1,15).

제2장 예수의 체포와 최고 의회의 신문(14,43-72)

1. 예수, 제자의 배신으로 체포되시다(14,43-52)

"예수님께서 아직 말씀하시고 계실 때에… 유다가 다가왔다"(14,43). 예고했던 순간이 닥쳤다. 열둘 중의 셋은 잠자다 깼고, '열둘 중의 하나'는 다가온다. "수석 사제들과 율법 학자들과 원로들이"(14,43) 보낸 무리(*ochlos*)도 함께 온다. 유다는 미리 일러 둔 신호대로 즉시 예수께 다가와 "스승님(*rhabbi*)!" 하면서 입을 맞춘다(*kataphileō*는 매우 정중하고 친밀한 입맞춤을 말한다. 14,45). 제자가 스승께 다가와 빰에 입맞추는 인사 속에 숨겨진 거짓과 죽음의 쓰디씀. "사랑하는 이의 매는 신실하고 미워하는 자의 입맞춤은 헤프다"(잠언 27,6; 참조 2사무 15,5; 20,8-10) 하였건만, 예수께서는 입맞춤을 마다하지 않으신다.

입맞춤을 신호로 무리가 손을 대어 예수를 붙잡았다(14,46). 야밤에 외딴 곳에서 예수를 전격 체포한 이들은 대사제 휘하에 있는 성전 경비병으로 추정된다. 그들은 성전 경내를 경비하고 질서를 유지하는 임무를 맡고 있었다. 그들이 "칼과 몽둥이"(14,43)로 중무장하고 한밤에 조용히 습격한 것으로 보아 예수의 제자들이 폭력으로 맞서리라고 예상했던 것 같다. 어둠 탓일까, 어수선한 분위기 탓일까? 칼부림이 발생하여 대사제의 종의 귀가 잘린다. 정황으로 볼 때 이 사건은 축제를 마치고 기도하러 온 제자들의 소행이 아니라, 칼을 들고 온 체포조 가운데서 벌어진 자중지란自中之亂인 것 같다(반면에 루카 22,35-38.49-51은 한 제자의 소행으로, 요한 18,10-11은 제자 베드로의 행위로 기록한다). 아무튼 이 사건 안에 '칼'이 등장하여 '칼아 일어나 목자를 쳐라'는 구약성경의 예언(즈카 13,7)이 이루어진다.

다들 긴장하여 두려워하고 있는데, 예수께서 무리 앞에 '나서시어' 말씀하신다. 당신께서 낮에 성전("강도의 소굴" 11,17)에서 가르치실 때는 붙잡지 않고, 한밤에 몰래 무장하고 와서 전혀 무장하지 않은 예수를 '강도' 잡듯이 잡으려는 그들(강도의 하수인)의 음모와 거짓과 두려움을 폭로하신다(14,48-49ㄱ). 왜 지금 이러한 악이 허용되는가? 그분은 "성경 말씀이 이루어지려고"(14,49ㄴ), 성경 전체에 깃들어 있는 하느님의 구원 의지가 구현되기 위해 이리되었다고 밝히신다.

위기의 순간, 제자들은 엄숙한 맹세(14,31)를 내팽개치고 "모두 예수님을 버리고 달아났다"(14,50). 체포의 두려움 때문일까? 줄행랑쳐서 제자들이 모두 떨어져 나갈 것(14,27)이라는 예수의 예언은 이루어진다. 결국 예수의 제자 양성은 실패하고 말았는가?

그런데 마르코는 알몸에 아마포만 두른 채 예수를 '따라갔던' 한 젊은이가 사람들에게 붙잡히자 알몸으로 달아났다고 따로 소개하고 있다(14,51-52). 이 이름 없는 '젊은이'는 누구인가? 사도 요한?(암브로시오, 크리소스토무스, 베다), 예수의 사촌 야고보?(에피파니우스), 예수와 제자들에게 파스카 식탁을 마련해 준 집주인?(테오필락투스), 이런 묘한 방식으로 슬쩍 등장한 복음사가 자신?(19세기의 여러 학자) 등 추측은 다양했다. 또 다른 논의로 이 사건은 포티파르의 아내에게서 도망간 요셉(창세 39,12) 이야기를 발전시킨 사화인가, 아니면 용사들이 '그날에는 알몸으로 도망치리라'는 예언(아모 2,16)에서 나왔는가? 과연 이 기사는 역사적 근거에서 나온 것인가, 마르코가 현실감을 주기 위해 끼워 넣은 허구인가?

오늘날에도 풀이는 여러 갈래이다. 그중 한 줄기는 이 기사가 "알몸으로 달아날" 정도로 공포에 짓눌려 도망치는 제자들의 실패를 뚜렷하게 보여 주는 예라고 본다. 다른 줄기는 이 젊은이를 나중에 하얗고 긴 겉옷을 입고(순교자 상징) 예수의 무덤 안에 앉아 있는 젊은이와 연결한다(16,5-7). 젊은이가 버린 아마포가 예수의 시신을 감싼 '아마포'로 나온다(14,52; 15,46). 그리하여 아마포 수의를 입으셨다가 부활하여 벗어 버리신 분이 알몸으로 달아났다는 젊은이의 큰 수치를 씻어 주실 것이며, 달아난 제자들을 만나시리라는 암시를 미리 깔아 놓은 것으로 본다. 즉 젊은이를 제자 공동체의 표상으로 보며, 목숨을 구하러 달아난 그들이 순교를 통해 생명을 얻으리라고 예시한 것이다(마이어, 368-369). 제자들이 달아났지만 그분은 그들과의 관계를 완전히 끝내지 않았다는 뜻이다. 또 다른 줄기는 본래의 의미를 잃어버린 사건 보도로 여긴다.

2. 예수, 최고 의회에서 신문을 받으시다(14,53-72)

1) 최고 의회의 신문(14,53-65)

한밤중에 체포되신 예수께서는 두 차례 신문을 받으시는데, 그 사이에 베드로의 이야기가 끼어 있다. 그럼으로써 예수와 베드로, 그리스도와 제자의 처신이 날카롭게 대조된다.

먼저 예수께서 끌려가신 곳은 대사제의 집이다. 대사제는 본래 종신직으로 상속되었는데, 하스모네아 왕조 때에 임금이 대사제를 겸하였다. 로마 통치 시대에는 임금과 로마 총독이 주로 다섯 가문의 수석 사제 중에서 대사제를 지명하였다. 기원후 6년부터 66년까지 재임한 18명의 대사제 가운데, 예수 당시의 대사제였던 카야파(18-36년 재직)가 가장 오래 재임하였다(평균 재임 기간은 4년. 대사제 명단은 J. C. 판데어캄, 318-323 참조). 이를 보면, 그가 얼마나 로마에 충성하며 관계를 매끄럽게 이끌어 왔는지 쉽게 알 수 있다. 그의 집은 예루살렘 성 안의 북서쪽 시온 산 위에 있었다. 예수께서 마지막 만찬을 하신 이층 방으로 전해지는 집에서 멀지 않은 곳이다. '예수 체포'라는 긴급 뉴스를 들은 수석 사제들과 원로들, 율법 학자들이 '모두' 허겁지겁 달려온다(14,53). 심야에 최고 의회의 긴급 회의가 벌어진다. 안건은 '예수의 처리 문제'다. 물론 처리 방침은 이미 정해졌다(11,18; 12,12 참조). 그들은 '예수님을 죽이려고'(14,1.55) 작정하고 있었다. 신문 절차는 하나의 요식 행위였다.

유다 법정에서는 증언을 중시했다〔14,55-60에 '증언'(*martyria*)이 여섯 번 나온다〕. 적어도 두 명의 증인이 필요했으며, 피고와 원고측 증인들의 증언이 일치되어야 유죄로 인정되었다(14,59; 참조 민수 35,30; 신명 19,15). '증언'이 한 형제의 생명과 명예를 좌우할 수 있기에, '거짓 증언'은 엄격히 금지되었다(십계명: 탈출 20,16; 신명 5,20 참조). 하지만 현실은 달랐다. 거짓 증언으로 무죄하게 고통받는 의인의 슬픔(시편 27,12; 35,11; 109,2)이 예수의 경우에도 드러난다. "사실 많은 사람이 그분께 불리한 거짓 증언을 하였지만, 그 증언들이 서로 들어맞지 않았던 것이다"(14,56). 증언이 일치되지 않으면, 피고는 무죄다(《바빌로니아 탈무드》, 산헤드린 4,10). 필요하면 진상 조사를 다시 하거나 새로운 증인을 확보해야 한다.

다시 몇몇 거짓 증인이 나서, 예수께서 사람 손으로 지은 성전〔*naos*: 성전 뜰을 포함한 성전 전체(*hieron*)를 가리키지 않고 하느님의 현존 자리인 성소만 의미한다〕을 허물고, 손으로 짓지 않는 다른 성전(*naos*)을 사흘 안에 세우겠다고 말했노라고 증언했다(14,58). 예수께서 성전의 기능을 정지시키고(11,15-19), 무화과나무를 통해 성전의 운명을 암시하며(11,12-14.20-25), 성전의 파괴를 예언하신 적은 있다(13,2). 하지만 '스스로' 성전을 허물겠다고, 또는 사흘 뒤에 사람 손으로 짓지 않은 다른 성전을 세우겠다고 주장하신 적은 없다. 그 증언은 거짓이다. 그러나 그 증언은 더 깊은 의미에서 아직 누구도 진정한 의미를 모르고 있지만, 역설적으로 참되다. 건물이란 물질에 근거한 성전 체제는 사라지고, "사흘 만에"(8,31; 9,31; 10,34) 부활하신 그리스도의 몸이라는 영적 실재로 새 성전이 설 것이다. 그 성전이 겉으로 드러나는 모습은 마지막 때를 사는 그리스도교 공동체이다. 마르코는 예수의 죽음과 부활에서 이 진실이 드러난다고 암시한다(15,38; 참조 1코린 3,16; 2코린 6,16; 에페 1,20-22; 히브 8-9장).

그들의 거짓 증언도 서로 들어맞지 않아 신문이 제대로 이루어지지 않자(14,59), 최고 책임자인 대사제가 직접 나선다. 그는 '한가운데'로 나서서 예수에게 답변을 재촉한다. "당신은 아무 대답도 하지 않소?"(14,60) 예수께서는 "자기 입을 열지 않았"던 주님의 종처럼(이사 53,7), 불의한 신문에 응하지 않겠다는 듯 아무 대꾸도 하지 않으신다. 긴장이 고조되는 가운데, 마침내 대사제가 비장의 칼을 뽑아든다. "당신이 찬양받으실 분의 아들 메시아요?"(14,61) 정면 승부수다. '찬양받으실 분'은 하느님을 나타내는 경건하고도 완곡한 표현이기 때문에, 질문은 '하느님의 아들 메시아인가'라는 물음이다. 복음서 첫머리(1,1)에서 공표된 두 가지 칭호가 함께 언급된다. 제자들을 대표하여 베드로가 예수를 그리스도로 고백했고(8,29), 더러운 영들이 그분을 하느님의 아들로 알아보았으나(1,24-25; 3,11-12), 두 칭호를 함께 사용한 사람은 대사제가 최초이다. 특히 예수께서는 그중의 어느 칭호도 스스로 주장하신 적이 없다. 그렇다면 마지막 자리에서는 어떻게 하실 것인가?

모든 시선이 예수에게 쏠린다. 질문 자체가 극도로 중요하기에 긴장은 최고조에 달한다. 마침내 그분의 입술이 열린다. "그렇다[*egō eimi*: "나다" 또는 "내가 (그)다]"(14,62). 이 답변은 유다인들에게 너무나 중요한 관용어, 하느님께서 나타나실 때 당신을 가리키던 말씀이 아닌가(탈출 3,14). 예수께서도 앞에서 사용하셨지만("나다." 6,50), 지금처럼 그 뜻이 분명하지 않았다. 그토록 입조심을 시키시던 분이, 처음이자 마지막으로 당신의 신원을 이 칭호들로 드러내신다. 이 답변은 유일무이한 예수와 하느님의 관계를 드러낼 뿐만 아니라, 수난이 시작된 지금 시점이야말로 그 칭호의 참된 의미를 드러낼 때임을 보여 준다. 십자가 없는 그리스도는 존재하지 않기 때문이다(반면에 이 답변을 "내가?"라는 의문형으로 옮겨, 예수께서 '사람의 아들'이란 신원만 밝혔다고 보는 견해도 있다. 마태 26,64; 루카 22,70 참조). "하느님의 진리는 인간의 불의와 잔혹함을 통해 드러난다"(빌헬름, 248).

예수께서는 곧이어 사람의 아들이 오신다는 내용을 덧붙이신다. "너희는 사람의 아들이 전능하신 분(*dynamis*)의 오른쪽에 앉아 있는 것과 하늘의 구름을 타고 오는 것을 볼 것이다"(14,62). 그러면서 주제와 시점이 바뀐다. '나'는 '너희'로, '하느님의 아들 메시아'는 '사람의 아들'로, '이다'(현재)는 '볼 것이다'(미래)로 바뀐다. 초점은 현재의 고백에서 미래의 기대로 옮겨진다. 지금 피의자로 신문을 받고 계신 예수께서 수난을 당하시나, 장차 하느님께 고양된 사람의 아들 곧 심판관으로 "하늘의 구름(천상 존재)을 타고" 오실 것이다(시편 80,15-18; 110,1; 다니 7,13 참조). 그분은 오셔서 "모든 민족들과 나라들"을 심판하고 통치하실 것이다(다니 7,14). 언제 그런 모습을 '볼 것'인가? 부활하신 그리스도를 만남으로써, 또 당신이 선택한 이들을 모으기 위해 사람의 아들로 다시 오실 때(13,27) 그러할 것이다. 지금 여기서 예수의 핵심 칭호 세 가지가 모두 긍정된다. 그분은 단호히 약속하신다. 믿는 이에게는 기대와 격려의 말씀이요, 믿지 않는 이에게는 강력한 도전의 말씀이다. 우리는 그 약속에서 힘을 받는가?

이 말을 듣자 대사제는 자기 옷을 찢는다(14,63). 유다인들은 커다란 고통과 슬픔과 죄의 고백 순간에(2열왕 18,37-19,4), 재판이 모욕당할 때(《미쉬나》, 산헤드린 7,5) 옷을 찢었다. 대사제는 지금 예수께서 자신을 심판자와 주님으로 자처했으며, 그리하여 하느님의 주권을 훼손하고 그분을 모독하는 '신성모독'죄를 범했다는 뜻에서 그런 몸짓을 한 것이다. 대사제에 이어 의원들이 '모두' 나서서 그분이 "사형을 받아야 마땅하다고 단죄하였다"(14,64). 유다에서 신성 모독은 하느님의 거룩한 이름을 욕되게 부르는 경우이고(레위 24,10-16), 메시아나 사람의 아들이라고 주장하는 것에는 적용되지 않았다. 예수 시대를 전후한 몇 세기 동안 메시아로 나선 여러 사람 중에 재판에 넘겨진 이는 하나도 없다. 그래서 최고 의회의 단죄는 적법하지 않다. 마르코의 견해를 보면, 진정한 신성 모독은 예수 안에 현존하며 움직이시는 성령을 모독하는 일이다(3,29).

예수 시대보다 후대에 라삐 예후다(135–220)가 편집한 《미쉬나》의 산헤드린 법조문에 비춰 보면, 예수의 신문 사건에서 재판정을 열 수 없었던 파스카 축제일에 재판한 일, 성전에 마련된 정식 법정이 아니라 대사제의 집에서 재판한 일, 증언이 일치되지 않았는데도 단죄한 일, 피고의 증언으로 재판을 시작하지 않고 고발자의 진술로 시작한 일, 신문과 선고 사이에 적어도 하룻밤이 지나야 하는데 그 밤에 선고한 일 등이 모두 불법이다. 사형 선고와 신성모독에 관한 내용도 마르코 복음서의 기술 내용과 퍽 다르다. 따라서 이 회의는 공식 재판이 아니라 대사제 중심의 비밀 회의거나 청문회일 수 있다. 예수 시대의 공식 재판 절차에 대해 현재까지 밝혀진 것이 별로 없지만, 마르코는 최고 의회가 예수를 죽이는 데 주된 역할을 했다고 기록한다(신문 사실 외에 신문에 관한 세부 내용은 초대 교회에서 형성된 것으로 여긴다).

재판은 끝났다. 몇 사람(의원들?)이 예수께 침을 뱉고 그분의 얼굴을 가리고 때리면서 조롱한다. 특히 "알아맞혀 보아라"(*prophēteyō*, 예언하라)는 조롱(14,65)은 매우 신랄하다. 예수께서 미래의 일을 예언하시는 것을 듣고, 그렇게 잘 알면 얼굴을 가린 채 구타하는 사람들도 알아맞혀 보라고 비웃는다. 시종들까지 그분의 뺨을 때린다(14,65). 예수께서는 주님의 종(이사 50,6)처럼, 굴욕과 고통을 몸으로 겪기 시작하신다. 수난을 예고했던 말씀(10,33–34)이 이루어진다. "그분은 하느님을 모독한 자로, 적어도 명시적으로는 아니지만 하느님을 부정한 사람으로, 하느님의 거룩함에 반기를 든 사람으로 죽임을 당하셨습니다. … 하느님은 당신의 거룩함을 사람의 개념으로 평가하지 않았기 때문에 죽임을 당하셨습니다"(토마스 머튼, 74).

여기서도 예수께서는 박해와 전쟁 중에 고소되고 비난받으며 박해받는 초기 그리스도인이 어떻게 처신해야 할지 일러 주시며, 그들이 당하는 고통의 의미를 일깨우신다. 작가 루이스가 말하길, 고대인들은 죄를 민감하게 느껴서 마치 피고가 재판관에게 다가가듯 하느님께 다가갔다. 허나 죄의식이 결여된 현대인들은 스스로 재판관이 되고, 하느님께서 피고석에 계신다. 지금 우리의 자리는 어디일까? 누구를 무슨 이유로 단죄하는가?

2) 첫 제자 베드로, 예수를 부인하다(14,66-72)

예수께서 체포될 때 도주했던 "베드로는 멀찍이 떨어져서 예수님을 뒤따라 대사제의 저택 안뜰까지 들어가, 시종들과 함께 앉아 불을 쬐고 있었다"(14,54). 그는 불을 쬐면서 자신을 따뜻하게 덮힌다. 안온함을 즐긴다. 그러나 그 불빛으로 그의 정체가 드러난다. 집 안의 윗쪽에서 예수에 대한 공식 신문이 진행되는 동안, 집 밖의 안뜰 아랫쪽에서는 베드로에 대한 비공식 신문이 이루어진다.

먼저 대사제의 하녀가 물었다. "당신도 저 나자렛 사람 예수와 함께 있던 사람이지요?"(14,67) "함께 있는" 사람(3,14) 곧 제자라는 말이다. 아무런 권한도 없는 하녀의 말이지만 매우 위협적이다. 그러자 베드로는 그가 무슨 말을 하는지 "알지도 이해하지도 못하겠소"(14,68) 하며 얼버무린다. 그가 바깥뜰로 나가자 닭이 울었다. 베드로를 보고 다시 하녀가 말한다. "이 사람은 그들과 한패예요"(14,69). 베드로는 재차 자신이 예수 공동체의 구성원이 아니라고 좀 더 강하게 부인한다. 그러자 곁에 서 있던 이들이 그의 북부 억양을 책잡아 하녀를 거든다. "그들과 한패임에 틀림없소"(14,70). 마지막으로 베드로는 "거짓이면 천벌을 받겠다고"(저주하고) 맹세하면서 예수와의 관계를 단호하게 부인한다. "나는 당신들이 말하는 그 사람을 알지 못하오"(14,71). 그는 '예수'라는 이름조차 언급하지 않은 채, 마르코 복음서에서 마지막 말을 남긴다.

마르코에서 '알다, 이해하다'는 말은 예수를 따르는 데 중요한 개념이다. 사실 이제까지 제자들은 예수의 말씀과 하느님 나라의 신비를 제대로 알거나 이해하지 못했다(6,52; 8,17-18; 9,6.32). 지금 베드로도 '예수와 함께 있다'는 제자의 길이 무엇인지, 예수가 누구인지 제대로 알지 못하고 있다. 그런 면에서 모른다는 그의 말은 진실이다. 또 다른 아이러니다. 그는 그분과 그분의 말씀을 부끄럽게 여겼으며(8,38 참조), 십자가로 가는 예수의 운명에 결부되지 않으려 했다. 결국 죽어도 스승을 배반하지 않겠다던 그의 장담(14,29.31)은 허세요 만용이었음이 폭로된다.

그가 세 번째로 부인하자 곧 닭이 두 번째 울었다(오전 3시쯤). 닭은 베드로에게 그가 배반하리라던 스승의 예언(14,30)을 떠올려 주었다. 베드로는 그 "말씀이 생각나서 울기 시작하였다"(14,72). 그 뒤로 베드로는 나타나지 않는다. 제일 먼저 제자로 불린 그는 제일 마지막까지 따랐지만, 끝까지 함께 있는 데 실패했다. 그의 미래는 열려 있는 채 남겨진다. 그러나 우리는 말씀을 기억하고 계속 울었던(미완료형) 베드로에게서 진한 회개의 몸짓(2코린 7,10 참조)을, 그렇게 형편없이 실패한 베드로에게 갈릴래아에서 재회할 것을 알리는 예수의 말씀(16,7)에서 새 출발의 희망을 엿볼 수 있다. "'베드로의 통곡'이 전 인류와 또 나 자신의 통곡이었던 것처럼 나도 또한 베드로인 것을 깨달을 것이고 감사할 것이며, 부러워할 것이다. 이것이 복음의 사실이다"(김교신, 〈성서조선〉, 1930년 11월호).

대사제 집 안팎에서 나란히 신문 받은 예수와 베드로. 이 상반된 한 쌍은 세상에서 갖가지 압력을 받는 그리스도인이 어떻게 행동해야 하는지 보여 주는 본보기다. 예수께서는 우리가 무엇을 해야 하는가를, 베드로는 무엇을 피해야 하는가를 알려 준다. 예수에 관한 증언은 서로 일치하지 않으므로 거짓이다. 베드로에 관한 증언은 일치되므로 유효하다. 예수께서는 스스로 진실(자신의 신원)을 밝혀 생명을 잃지만, 마침내 생명을 구하신다. 그분은 유죄로 판결받았지만 무죄다. 베드로는 자신을 구하려고 진실(자신의 신원)을 부인하며 위증하였지만, 자신을 구하지 못한다. "정녕 자기 목숨을 구하려는 사람은 목숨을 잃을 것이고, 나와 복음 때문에 목숨을 잃는 사람은 목숨을 구할 것이다"(8,35).

초대 교회의 반석 베드로의 실패 이야기는 아마도 역사적 사실이었을 것이다. 이 이야기는 초기 그리스도인의 삶에서 자주 회자되었을 것이다. 마르

신문 받는 예수와 스승을 부인하는 제자 베드로, 11세기,
슈트트가르트 기도서 세밀화, 뷔르템베르크 주립도서관, 슈트트가르트.

코 시대의 그리스도인들은 권력 기관의 신문을 받고 죽을 위험에 처한 경우(예수처럼)도 있었지만, 일상에서 하녀처럼 공권력은 없으나 적대하고 배척하는 가족이나 이웃 때문에 신앙을 위협받는 경우(베드로처럼)가 더 자주 있었다. 베드로는 환난과 배척에 걸려 넘어진(4,17) 대표적 예다. 초대 교회 때 순교자도 많았지만, 배교자나 변절자 또한 숱했다. 그러면 그들은 영원히 그리스도교 공동체에서 배제되어야 하는가? 그들이 돌아오고자 했을 때 다시 받아들이고 화해해야 하는가? 첫 제자 베드로의 이야기는 '주의하라'는 경고이자 복음으로 들린다. 우리의 구원은 하느님의 가이없는 사랑에 달려 있기 때문이다. 하느님께서는 가장 그럴 듯하지 않는 재료로 새 공동체(교회)를 세우신다. 그리고 맹세하며 부인한 제자 베드로를 공동체의 반석으로 삼으신다(마태 16,18; 요한 21,17). 그분의 "힘은 약한 데에서 완전히 드러"(2코린 12,9)나고, 그분의 용서는 그분의 말씀만큼이나 확실하다. 이것이 하느님의 복음, 기쁜 소식이다.

제3장 마지막 신문과 십자가형(15,1-47)

1. 예수, 빌라도에게 재판을 받으시다(15,1-20)

1) 최고 의회의 결의(15,1)

마침내 날이 밝아 이른 아침이 되었다(15,1). 수난의 밤 시간은 넷으로 구분되어 시간별로[저녁, 한밤중, 닭이 울 때, 새벽/아침(*prōi*): 13,35=14,17.30.72; 15,1] 진행되었다. 이제 밤은 지나고 최종 재판이 진행될 금요일(니산 달 15일의 계속) 낮이 밝는다. '아침'은 예수의 마지막 날에 진행될 다섯 가지 사건의 시점(유다 시각 아침/ 현대 시각 6시, 3시/ 9시, 6시/ 낮 12시, 9시/ 오후 3시, 저녁/ 오후 6시쯤: 이 구분은 로마 군대의 경계 근무 교대 시간과 일치한다. 사도 12,4 참조) 중 첫 번째다. 로마인들은 해 뜰 녘부터 일하는 게 관례였고, 유다인들은 축제일인 데다 안식일이 다가와서 아침부터 서둘렀다.

수석 사제들은 곧바로 '온 최고 의회와 의논한 끝에' 예수를 결박하여 끌고 가서 빌라도에게 '넘겼다'(*paradidōmi*, 15,1). 왜 그래야 했을까? 최고 의회는 성전과 관련된 분쟁, 성전 불법 침입, 일반 종교 사건에 대해서는 나름대로 처리할 수 있는 권한과 경찰력을 갖고 있었다(사도 18,12-16 참조). 그러나 사형은 오직 로마의 공권력만이 결정할 수 있었다(요한 18,31). 그러니까 최고 의회는 예수를 단순한 '신성 모독자'로 처리하지 않고 로마에 넘겨 사형 선고를 받게 하려는 확고한 의지를 갖고 있었던 것이다.

2) 빌라도의 신문과 판결(15,2-15)

헤로데 대왕을 이어 유다 일대를 다스리던 아르켈라오스가 실정으로 쫓겨난 뒤(6년), 로마는 그의 영토(유다와 이두매아, 사마리아)를 황제의 속주로 만들고 기사 계급 출신의 총독을 파견하여 통치하였다. 총독 정치는 몇 년(헤로데의 손자인 아그리파스 1세가 다스리던 41-44년)을 제외하고는 유다 독립항쟁이 발발한 66년까지 계속되었다. 티베리우스 황제가 임명한 폰티우스 빌라도는 26년부터 36년까지 비교적 길게 총독으로 재임하였다. 시리아 총독의 감독을 받는 유다 총독은 반란과 국경 분쟁, 세금 등 로마의 관심사만 직접 관장하였고, 일반 내정은 대부분 최고 의회에 위임하였다. 따라서 최고 의회의 구성원들은 최대한 로마에 협조하는 것이 자신들과 민족이 사는 길로 여겼다. 특히 로마를 반대하는 폭동이 일어나지 않도록 애썼다.

축제 때면 예루살렘의 인구는 갑자기 늘어난다. 그래서 만약에 있을지 모를 폭동을 막기 위해 총독은 거주지인 카이사리아에서 예루살렘으로 와 있었다. 로마군은 성전 북서쪽 높은 곳에 자리잡은 안토니아 요새에 주둔하였다. 이 요새는 느헤미야 때 처음 세워진 뒤 하스모네아 왕가가 재건하였고, 헤로데 대왕이 증축하여 케사르의 잠정적 후계자였던 마르쿠스 안토니우스를 기념하여 명명하였다. 이 요새의 창문을 통해 로마 군인들은 성전 구역에서 벌어지는 유다인들의 활동을 직접 감시하였고, 일이 생기면 요새와 성전을 잇는 계단을 통해 즉각 개입하였다. 총독은 예루살렘에서 성전 건너편 티로포에온 골짜기 서쪽에 있던 헤로데 왕궁에 머물렀던 것 같다. 이 왕궁에 예루살렘 재판소가 설치되어 있었는데, 재판은 주로 그 건물 앞쪽에서 이루어졌다.

빌라도 앞에서 진행된 예수의 재판은 최고 의회의 재판과 똑같이 진행된다. 각각에서 예수는 신문 받고, 조롱받고, 사형으로 단죄된다. 이러한 병행구는 앞에서 예고했던 대로("… 그를 다른 민족 사람들에게 넘겨" 10,33), 유다인과 이방인, 성전 체제와 로마 제국이 모두 예수의 죽음에 연루되었다는 사실

니콜라스 게이,
빌라도 앞에 서신 예수,
1890,
트레티야코프 미술관,
모스크바.

을 강조하려는 마르코의 구도에서 비롯된 것 같다. 두 신문 대목은 다음과 같이 구성된다.

ㄱ: 대사제가… 예수님께, "당신은 아무 대답도 하지 않소?" – 침묵
ㄴ: 대사제는 다시 "당신이… 메시아요?" "그렇다"(14,60–62).

ㄴ′: 빌라도가 예수님께 "당신이… 임금이오?" "네가 그렇게 말하고 있다."
ㄱ′: 빌라도가 다시 예수님께, "당신은 아무 대답도 하지 않소?" – 침묵 (15,2.4–5)

빌라도는 다짜고짜 묻는다. "당신이 유다인들의 임금이오?"(15,2: 네 복음서에 공통된 이 질문의 강세는 "당신이"에 있다). '유다인들의 임금'이란 칭호는 헤로데

임금에게 부여되었는데, 로마가 임명한 '신하로서의 임금'이란 비웃음이 깔려 있다(이 점에서 명실상부한 독립 주권을 쥔 '이스라엘의 임금'이란 칭호와 구분된다. 15,32 참조). 그 뒤로 임금으로 임명된 자가 없기에, 만약 누가 임금으로 자처하면 그는 로마 황제의 권위를 거스르는 반란자일 것이다. 아마 최고 의회가 메시아라 하신 예수의 답변(14,62)을 '유다인들의 임금'으로 바꾸어 고소했을 것이다. 이 칭호는 마르코 복음서에 처음 등장한다.

예수의 답변은 참 아리송하다: "네가 그렇게 말하고 있다"(이 답변의 강세도 "네가"에 있다). 긍정도 부정도 아닌 헷갈리는 답변이다. 여기서 그분 말씀의 진정한 의도는 무엇인가? 마르코 복음에서 예수께서는 '하느님 나라(왕국, 왕정)'란 말 외에 임금과 관련된 언어를 전혀 쓰지 않으셨다. 그분에게 유일한 임금은 하느님뿐이다. 따라서 '임금'이라는 칭호가 빌라도나 유다인들이나 제자들이 기대한 그런 존재를 가리킨다면, 예수의 대답은 단호히 '아니다'이다. 다만 고난받고 처형되어 하느님의 왕정에 참여하는 메시아, 사람의 아들로서 유다인들의 임금을 가리킨다면, 답변은 '그렇다'이다.

수석 사제들이 계속해서 여러 가지 이유로 예수를 고소하지만(15,3), 예수께서는 철저히 침묵하신다. 그분의 침묵에는 고난받는 의인(시편 38,13-14)과 고난받는 주님의 종(이사 53,7)의 모습이 깃들어 있으며, 자신을 고소하고 재판하는 자들의 권위를 부정하는 뜻이 담겨 있다. 빌라도가 다시 물어도 예수께서 계속 침묵하시자, 그분을 "이상하게 여겼다"(15,4-5). 빌라도는 권위를 앞세우는 완고한 총독이었다. 자신이나 로마의 권위에 조금이라도 대항하는 자들을 무자비하게 짓밟았다. 그런 그가 '유다인들의 임금'이라는 반역 혐의로 고소된 예수에게서 아무런 혐의점을 찾아내지 못하였다. 그는 경험을 통해 예수께서 수석 사제들의 '시기'(그분의 놀라운 권능과 권위에 대한 질투일까?) 때문에 끌려 왔음을 알아차렸다(15,10).

마침 사람들이 오늘날의 특별 사면처럼, 축제 때마다 자기들이 요구하는 죄수 하나를 풀어 주는 관례를 시행해 달라고 요청한다(15,6.8). 네 복음서는 모두 이 관례를 소개하지만, 다른 일반 문헌에서는 찾아보기 어렵다. 만약 빌라도가 이런 관례를 시행했다면, 이는 축제 중에 폭발할지 모를 군중의 불만을 무마하기 위한 통치술이었으리라. 빌라도는 이 관례의 적용 대상자로 유다인들의 임금 예수를 원하는지 군중에게 묻는다(15,9.12). 그러자 수석 사제들이 배후에서 군중을 부추겨 바라빠를 풀어 달라고 청하게 하였다(15,11). 바라빠(아람어 *bar abba*로 '아버지의 아들'이란 뜻)는 무장을 하고 로마인과 그 협조자들을 암살하는 시카리파 같은 반란군이었던 것 같다(15,7). 군중이 원하는 애국자였다. 여기에 나오는 군중은 일반 백성이라기보다 로마 법정에 들어올 수 있도록 수석 사제들이 동원한 사람들로 여겨진다,

빌라도가 예수(아빠, 아버지의 사랑받는 아들이기에 그분 역시 *bar abba*이다)에게 어떤 조치를 원하는가 묻자, 군중은 거듭 소리 지른다. "십자가에 못 박으시오"(15,13-14). 그들은 예수를 임금으로 모시기를 계속 거부하고, 하필이면 로마가 반역자들에게 집행하는 십자가형을 동포에게 행하라고 요구한다. 그런 모습은 "도대체 그가 무슨 나쁜 짓을 하였다는 말이오?"(15,14) 하며 수사의문문으로 예수의 무죄를 암시하는 빌라도와 대조된다. 더욱 큰 소리로 잔인한 처형을 요구하는 군중의 모습은 예수의 말씀에 의해 큰 소리를 지르며 쫓겨 나간 더러운 영들의 '울부짖음'을 연상시킨다(1,26; 3,11; 5,5.7; 9,26 참조). 그들도 어떤 강한 세력에게 사로잡혀 있는 듯하다.

마침내 판결이 떨어진다. 빌라도는 '군중을 만족시키려고' 바라빠를 풀어주고 예수를 십자가형에 처한다(15,15). 그는 예수의 유죄를 확인하지 못했다. 그러나 냉혹한 정치인인 그에게 예수의 유무죄를 다투는 사법 정의는 최우선 관심사가 아니었다. 종교를 비롯하여 어떤 문제로든 소란해지지 않는 것, 제국의 안정을 깨트리지 않아 자기 신분에 위협이 없는 것, 지금 웅성거리는 군중을 달래는 것이 더 중요했다. 그도 유다의 지도자들처럼(14,2) 군중의 여론을 의식하여 대세를 따랐다. 빌라도, 수석 사제, 군중의 관계는 요한을 죽인 헤로데, 헤로디아와 그의 딸의 관계와 비슷하다(6,24 참조). 요한과 예수의 운

명이 다시 겹쳐진다.

십자가형, 반란 노예나 독립을 꾀한 식민지의 항쟁 주모자, 상습범 등 세 부류의 중죄인을 처단하는, 본인과 가족에게 극도의 치욕과 고통을 안겨 주는 끔찍한 로마의 형벌이 예수에게 내렸다. 십자가형이야말로 "가장 잔인하고 혐오스러운 형벌"(키케로), "가장 비참한 죽음"(요세푸스)이었다. 누가 그분을 죽였는가? 본문은 최고 의회와 로마 제국(총독)의 합작품임을 밝힌다(사도 3,13-15참조). 이해관계는 달랐지만 기존의 권력 체제를 확고하게 지키려는 공통의 속셈에서. 하느님의 정의는 외면당했다. 예수께서는 당신을 둘러싼 이 소동 가운데 침묵으로 그들에게 대항하신다.

재판은 끝났다. 십자가형으로 가는 첫 번째 절차는 채찍질이다(15,15). 여자와 원로원 의원, 군인(탈영병 제외) 외의 사형수에게는 반드시 처형 전에 채찍질하는 것이 로마의 관례였다. 로마는 유다와 달리 채찍질의 횟수를 정해 놓지 않았다. 더구나 가죽끈 채찍 끝에 쇳조각, 양뼈 조각 등을 달아 채찍질의 강도가 아주 셌다. 벌거벗긴 채 채찍질 당한 자들은 살이 찢어져 뼈가 드러날 정도였으며, 피를 너무 흘려 순환기성 쇼크에 빠져 죽는 자도 드물지 않았다. 예수께서도 밤새 이리저리 끌려다니며 신문 받느라 4km가 넘는 길을 걷고, 조금도 먹지 못하고 쉬지 못한 터에 채찍질을 당하여 몹시 쇠약해지셨으리라 추정된다. 마지막으로 그분은 군사들에게 '넘겨진다'(15,15).

3) 예수, 로마 군사들에게 조롱당하시다(15,16-20)

이미 앞에서 예수께서는 최고 의회에서 참석자들과 하인들에게 조롱을 받으신 바 있다(14,65). 이제 그분은 총독 관저의 뜰에서 로마 군사들(유다인은 입대하지 않았으므로 모두 이방인)에 의해 조롱당하신다. 그리고 십자가 위에서 다시 한 번 조롱당하실 것이다.

로마 군사들은 예수에게 왕가의 전통 복장인 자주색 옷을 입히고(1마카

10,20.62; 11,58), 왕관을 대신하여 가시관을 씌우며, '유다인들의 임금, 만세!' 하고 인사한다(이는 본래 로마 황제에게 하는 인사다. "Ave, Caesar" '황제 폐하 만세!' 이 모든 것이 그분의 역설적 왕직을 강조한다). 또 그분의 머리(위엄의 상징)를 갈대(왕홀의 상징)로 때리고, 침을 뱉고, 무릎을 꿇고 엎드려 경배한다(15,17-19). 이 모든 일은 그분을 패배한 '임금'처럼 조롱하는 짓이다. 그리하여 예수의 예고(10,34)와 구약성경의 예언(이사 50,6)이 어떻게 성취되는지 생생하게 드러난다. 마르코는 조롱을 두드러지게 강조하여 신앙 때문에 조롱당하고 있는 초대 교회의 그리스도인들을 격려한다(루카는 이 대목을 뺐다). 그들이 겪는 모욕을 이미 예수께서 겪으셨기 때문이다.

군사들은 예수의 자주색 옷을 벗기고 본래의 겉옷을 입힌 다음(그분은 두 번 발가벗기는 수치를 겪으신다), "십자가에 못 박으러 끌고 나갔다"(15,20). 이제 예수께서 십자가를 지시는 순간에 다다랐다. 지금 고통받고 계신 그분에게서 임금 중의 임금(묵시 19,16)이신 모습뿐 아니라, 하느님의 초라함이 드러난다. 하느님께서는 예수 안에서 부당하게 비난받고 불의에 희생되는 비참한 이들을 만나신다. 마치 히브리 종들을 구하러 내려 오신 그때처럼(탈출 3,7-8 참조), 예수께서는 약함을 통해 권능을, 사랑을 통해 권위를 행사하신다. 그리하여 생명과 구원의 하느님께서 일하시는 방식이 어떠한지, 인간의 모든 생각을 넘어 혁명적인 모습을 보여 주신다.

상황은 정리되었다. 그러나 청중(독자)의 판결은 남아 있다. 박해를 받던 마르코 복음서의 최초 청중(독자)처럼, 다른 초기 그리스도인들은 빌라도 앞에 선 예수를 자신의 본보기로 이해했다. "그리스도께서도 여러분을 위하여 고난을 겪으시면서, 당신의 발자취를 따르라고 여러분에게 본보기를 남겨 주셨습니다. … 그분께서는 모욕을 당하시면서도 모욕으로 갚지 않으시고 고통을 당하시면서도 위협하지 않으시고, 의롭게 심판하시는 분께 당신 자신을 맡기셨습니다"(1베드 2,21-23; 참조 1티모 6,12-13). 신앙인들도 자신의 이해관계를 민감하게 고려하며 대세를 추종하는 경우가 드물지 않다. 사실 소속 집단의 그릇된 관행이나 방침을 거부하고 정의와 진리를 따를 때 수반되는 조롱과 따돌림, 손실은 얼마나 극심한가. 이른바 '내부 고발자'들이 그러하다. 그런 면에서 예수야말로 당시 유다인 세계, 인간 세계의 진정한 내부 고발자였을 것이다. 그리고 거기에 수반되는 십자가를 지고 따르라는(8,34) 예수의 말씀에 진지하게 응답하여 그분을 따르는 신앙인도 그러하였다. 그들은 지금도 예수와 함께 세상의 흐름을 거슬러 오른다. 생명의 원천으로.

2. 예수, 십자가형을 받으시다(15,21-32)

십자가형을 받은 이의 발목 유골로 큰 못이 박혀 있다. 1세기, 이스라엘 박물관, 예루살렘.

십자가! 그것은 왜 그토록 강력한가? 마르코의 이야기는 절정으로 치달린다. 십자가 죽음으로 갈수록 마르코는 말을 아낀다. 아니, 말하기가 힘겹다는 듯 아주 단순하고 간결하게 한 마디씩 토해 낸다.

이제 예수께서는 십자가를 지고 형장으로 가신다. 로마는 십자가 처형 장면을 공개하여 군중이 도발하지 못하도록 겁을 주었다(콜로 2,15 참조). 본래 십자가의 세로 막대는 형장에 박혀 있고(때로는 길가의 나무를 그대로 사용했다), 죄수는 자신이 매달릴 가로 막대를 목과 팔에 매달고 갔다. 하지만 그 막대는 길이 1.5-1.8m에 무게가 34-57kg이나 되기 때문에, 채찍질로 기진한 죄수가 지고 가기에는 너무 무거웠다. 마르코는 십자가의 길에서 일어난 사건을 하나만 알린다. 로마 군사들이 길 가던 키레네 사람 시몬에게 강제로 예수의 십자가를 지게 하였다는 것이다(15,21). 그들은 공무를 위해 사람을 징발해 쓸 수 있는 권한을 가졌다(마태 5,41 참조). 이는 예수께서 퍽 기진하여 도저히 십자가를 지고 갈 형편이 되지 않았다는 반증이다.

키레네는 북아프리카 해안(지금의 리비아)에 있던 로마의 식민지로 유다인들이 많이 살았고, 초대 교회의 중심지 중 하나였다. 시몬의 아들들(알렉산드로스와 루포스)이 그리스와 로마 이름을 가진 점으로 보아 그가 해외교포 유다인임을 알 수 있다. 그가 다시 팔레스티나로 돌아와 살고 있는지 순례차 왔는지 알 수 없지만, 그는 시골에서 올라오다가 붙잡혀 십자가를 졌다. 여기서 눈에 쏙 들어오는 것이 그의 이름이다. '시몬' 하면 얼른 떠오르는 사람이 첫 제자 베드로다. 그런데 십자가를 지고 가시는 스승을 돕는 이는 또 다른 '시몬'이다. 그 시몬은 어디 가고, 이 '시몬'이 웬일이냐? 이것 역시 제자들에 대한 또 하나의 풍자다. 마르코 복음서에서 이름이 나오는 예는 흔치 않다. 시몬과 그의 아들들의 이름까지 기억된 것을 보면, 시몬의 행동이 매우 의미 있게 받아들여진 듯하다. 또 그가 나중에 그리스도인으로 살지 않았을까 싶다. 본인의 뜻과 상관없이 예수의 죽음에 연관된 시몬처럼, 살다가 뜻하지 않게 갑자기 고난의 현장에 끌려들어가는 경우가 있을 수 있다. 원하지도, 기대하지도, 생각하지도 않았던 이 만남의 의미는 무엇일까?

예수께서는 빌라도 총독 관저에서 예루살렘 성 밖으로 나가 골고타로 끌려가신다(15,22). 오늘날 이 길은 '십자가의 길'(Via Dolorosa , 고통과 슬픔의 길)이라 불린다. 빌라도가 헤로데 궁전에서 재판하였을 가능성이 매우 크지만, 현재의 십자가 길은 고대의 그리스도교 전승에 따라 안토니아 요새(현재 위치는 엘 오마리에 학교 내)에서 시작한다. 600m쯤 되는 십자가의 길에 마련된 14처는 프란치스코회가 순례자들의 요청에 따라 마련한 것이다. 그중 일부는 복음서에 기인하였지만, 나머지는 그리스도교의 전승에서 비롯하였다.

성 안에서는 사형 집행을 금지했기 때문에, 예수께서는 성 밖에 있는 골고타로 끌려가셨다(15,22). 골고타〔아람어 *gulgultā'*, 라틴어 Calvaria, 해골(Calva)에

십자가의 길 제3처 예수 첫 번째 넘어지시다, 예루살렘, 이스라엘.

서 유래)는 왕정 시대부터 돌을 캐던 11m 정도의 바위 언덕으로, 울퉁불퉁한 모습이 마치 해골 같다 하여 '해골 터'란 이름이 붙여진 듯하다(성 밖의 해골 곧 두개골은 버려졌다가 머릿돌이 된 이를 연상시킨다. 12,10 참조). 이 바위 언덕이 지진으로 황폐해져 방치되다가 로마 시대 때 성 안에서 보이는 그곳을 십자가 형장으로 활용하였다. "예수님께서도 당신의 피로 백성을 거룩하게 하시려고 성문 밖에서 고난을 받으셨습니다. 그러니 진영 밖으로 그분께 나아가 그분의 치욕을 함께 짊어집시다"(히브 13,12-13). 그 뒤 헤로데 아그리파스 1세가 예루살렘 바깥에 '세 번째 성벽'을 쌓으면서 골고타도 성 안으로 들어왔다(예수께서 죽으시고 묻히신 곳은 지금의 '거룩한 무덤 성당' 자리로 전해진다).

로마 병사들이 십자가에 못 박을 때 하던 관행대로, 통증을 다소 잊게 하려고 몰약을 탄 포도주를 예수께 드렸으나, 그분은 받지 않으셨다(15,23; 참조 잠언 31,6; 시편 69,22). 고통을 온전하게 받아들이시려고, 또는 포도주를 마시지 않겠다는 당신의 서원(14,25)에 따른 것이라고 볼 수 있다. 그들은 "예수님을 십자가에 못 박았다"(15,24ㄱ). 마르코는 그분의 고통스러운 모습 등을 전혀 기술하지 않고, 단 세 단어로 그 엄청난 일을 객관적으로 기술한다. 그 속에 담긴 실제 십자가형 과정은 이러하다. 죄수의 옷을 벗긴 다음, 그가 지고 온 가로 막대에 팔뚝이나 손목을 묶거나 못 박는다(머리 1cm에 길이는 13-18cm 되는 쇠못을 사용했다). 그런 다음 가로 막대를 들어올려 세로 막대에 고정한다. 보통 세로 막대는 1.8-2.4m 정도였기 때문에 새나 들짐승이 달려들면 죄수는 속수무책이었다. 마지막으로 발목을 세로 막대에 묶거나 못 박는다. 발을 받치는 발판은 예수 시대 이후에 생긴 것으로 추정한다(그리스도교 미술에서 십자가 발판은 7세기 이후에 나타났다). 대신 세로 막대 중간 쯤에 작은 나무 막대를 붙여 죄수가 엉덩이를 붙이게끔 하였다. 이는 죄수의 고통을 덜어 주려는 의도가 아니라 고통을 연장시키려 만든 것이다.

이어서 로마 군사들은 주사위를 던져 그분의 겉옷을 나눠 가졌다(15,24ㄴ). 한때 치유의 도구로 쓰였던(5,27; 6,56 참조) 겉옷이 주인처럼 찢겼다. 옷이 귀했던 고대에 사형수의 옷을 사형 집행자에게 나눠 주는 관습은 오래되었다. 그러나 마르코는 이 모든 일을 의인의 탄원시편인 시편 22편과 연결하여 풀이한다. 즉 로마 군사들이 예수의 옷을 나누려고 주사위를 던지거나(15,24; 참조 시편 22,19; 요한 19,24), 머리를 흔들면서 모독하는(15,29-32; 시편 22,7-8; 마태 27,43) 행위로 이 시편 말씀이 실제 역사에서 이루어졌다고 본 것이다(이렇게 해석하는 것을 소위 '역사적으로 실현된 예언', 또는 회고적 방식이라 부른다).

십자가의 가로 막대 윗부분에는 죄수의 죄목을 적은 명패가 붙어 있었다. 사람들에게 그런 죄를 짓지 말라는 경고판이다. 예수의 죄명 패에는 "유다인들의 임금"이라고 쓰여 있었다(15,26). 아이러니한 죄목이다. 도저히 임금답지 못한 임금, 무력한 임금을 당시 세계에서 가장 강력한 임금인 로마 황제가 처형하며 비웃는다. 예수뿐 아니라 유다인 전체에 대한 경멸이다. 그뿐인가, 가장 비폭력적인 임금의 좌우에 폭력으로 로마와 싸웠을 두 강도(*lēstēs*)가 우뚝 서 있다(15,27: 회개하는 강도 이야기는 루카 23,39-43에만 나온다). 로마인들은 임금 예수를 강도들의 우두머리로 세워 비웃는다. 제자들이 탐내던 그 자리(10,37 참조)에 열둘 대신 강도 둘이 자리 잡은 아이러니.

십자가는 경고의 의미를 극대화하기 위해 누구나 볼 수 있는 길가에 세워졌다. 그래서 길을 지나가던 자들까지도 "머리를 흔들며" 그분을 모독하였다(15,29-30; 참조 시편 22,8; 애가 2,15). 예수께서 사흘 안에 성전(*naos*, 성소)을 다시 짓겠다고 했다는 거짓 증언을 들어(14,58) "십자가에서 내려와 너 자신이나 구해 보아라" 하며 모독한다(*blasphēmeō*). 그들은 예수를 하느님을 욕보이는 거짓 예언자로 여겨 모독하지만, 사실은 그들이 예수와 함께 계신 성령(3,39)과 하느님(14,64)을 모독하고 있다. 아이러니는 계속된다. 예수를 적대하는 수석 사제들과 율법 학자들도 불편했던 마음을 쓸어내리며, 그분을 비웃고 조롱하는 대열에 합류한다. "다른 이들은 구원하였으면서 자신은 구원하지 못하는군"(15,31). 그들도 예수께서 사람들을 '구원하셨다는 것'을 인정하나, 그분께서 구원의 연장선상에서 십자가에 달리셨다는 것을 알지 못한다. 오히려 그들은 "이스라엘의 임금 메시아께서 지금 십자가에서 내려"온다면 보고 믿겠다고 제안한다(15,32: "이스라엘의 임금"이란 야훼 신앙에서 나온 전통적 표현이 "유다인들의 임금"이란 죄명 패와 묘한 아이러니를 이룬다). 갈릴래아에서 바리사이들이 요구했던 것처럼(8,11), 영광과 승리의 메시아라는 표징을 보여주면 기꺼이 믿겠다는 말이다. 모든 사람을 놀라게 할, 자기들이 기대하고 생각하는 멋진 기적을 요구하는 또 하나의 유혹이다. 세 번째로 그분과 함께 십자가에 달린, 같은 처지에 놓인 강도들마저 그분을 모욕한다(15,32). 그분은 모든 이에게 버림받아 철저히 홀로 계신다.

마르코는 예수께서 받으신 모욕이 얼마나 큰지 다른 사항보다 상세히 적는다. 이러한 장면은 조롱받으며 무능하게 죽는 분을 메시아로 믿을 수 있는지 청중(독자)에게 묻는다. 과연 특별한 기적을 보지 않고도, 예수께서 십자가에서 내려오시는 것을 보지 않고도 믿을 수 있는가? 남들을 살리려고 자기 목숨을 버리는(8,34-35), 메시아의 진리를 알아들을 수 있는가? 이러한 예수의 길, 십자가의 길을 받아들일 수 있는가? 그때는 어떠했고, 지금 우리는 어떠한가?

3. 예수, 숨지시다(15,33-41)

마르코는 예수 생애의 마지막 장면을 다음과 같이 구성한다.

첫 번째 징조: 세 시간 동안의 어둠
  첫 번째 부르짖음: 시편 22,2
    곁에 서 있던 이들: "엘리야를 부르네"
    어떤 사람이 신 포도주를 드리다: "엘리야가 와서…"
  두 번째 큰 소리: 예수 숨지시다
두 번째 징조: 성전 휘장이 찢어짐

예수의 십자가 죽음은 로마 일력에 따른 시간의 표지에 따라 고조된다. 그분이 십자가에 못 박힌 때는 아침 아홉 시(제3시)였고, 낮 열두 시(제6시)부터 그분이 죽으셨던 오후 세 시(제9시)까지 어둠이 온 땅을 덮었다(15,33). 가장 밝은 시각에 덮친 이 어둠은 실제 사건이라기보다(이 특이한 사건을 기록한 자료는 없다), 구약성경처럼 심판(탈출 10,22)과 종말론적 예언(이사 13,9-10; 50,3; 아모 8,9; 예레 15,9; 요엘 2,2; 3,4 참조)의 실현을 알리는 상징적 의미로 쓰인 것 같다. 또 어둠은 로마 군사들이 섬기던 무적의 태양신 미트라(*Mithra*)의 무력함을 드러내기도 한다. 바야흐로 커다란 우주적 재난 뒤에 해가 어두워지고(13,24) 사람의 아들이 권능과 영광을 떨치며 오실 때가 된 것이다(13,26). "온 땅"(유다 또는 세계)이란 표현도 이러한 상징성을 강조한다. 어둠은 버림받은 자의 외침을 감싸듯 두텁게 덮여 있다.

저녁기도를 드리는 오후 세 시, 이제껏 침묵하시던 예수께서 큰 소리로 하느님께 부르짖으셨다. "엘로이 엘로이 레마 사박타니?", "저의 하느님, 저의 하느님, 어찌하여 저를 버리셨습니까?"(15,34) 이 구절은 고통받는 의인(다윗으로 간주되었던)이 버림받은 극도의 비통함을 토로한 시편 22,2을 아람어로 읊으신 것이다. 이 소리는 신뢰의 표현도, 찬미의 노래도 아니다. 하늘을 향한 비통한 울부짖음이다. 너무나 멀리 계신 하느님, 곁에 계시지 않는 듯한 하느님을 느끼는 고통이 드러난다. 하느님께 완전히 버림받은 듯한 깊은 외로움과 극도의 절망을 표현한다. 그런데 이 시편은 처절하게 구원을 호소하면서 시작하나, 24절부터 분위기가 바뀌어 하느님을 찬양하는 노래로 끝난다. 따라서 이 인용 역시 어떤 책이나 기도의 첫 구절을 인용해서 그 책이나 기도문의 전체를 가리켰던 관행을 반영한 것으로 볼 수 있다[가령 창세기의 히브리어 성경 제목은 첫 단어인 '브레쉬트'(한처음에)이다]. 고난받는 의인처럼, 예수께서도 지금 자비로우신 하느님에게 버림받은 것처럼 보이지만 마지막엔 의롭다고 입증될 것이라는 신뢰의 표현인 셈이다

곁에 서 있던 사람들 가운데 몇이 이 말씀을 듣고 엘리야 예언자를 부르는 것으로 오해한다(15,35). 아람어 '엘로이'(*elōi*)는 '저의 하느님'이란 뜻인데, 발음상 엘리야로 오해하기 어렵다(그러나 그리스어 청중은 비슷한 말로 여길 수 있다고 보기도 한다). 그래서 몇몇 학자들은 예수께서 시편 22편을 더 읊는 가운데 11절의 말씀 "당신은 저의 하느님이십니다"(*Eli atta*)를 읊으셨다고 본다. '엘리 아타'라는 발음이 '엘리야 타'(*Elijja ta*, '엘리야여 오소서'란 아람어)로 쉽게 오해할 수 있기 때문이다. 예언자의 도움을 청한다고 생각한 어떤 사람이 그 일이 벌어지는지 보려고, 해면을 신 포도주(군사들의 음료)에 적셔 예수의 입에 갖다 댄다(의로운 자의 탄식인 시편 69,22 참조). 그분의 의식을 깨우려는 것이다. "자, 엘리야가 와서 그를 내려 주나 봅시다"(15,36). 다들 엘리야는 기적을 행할 능력을 지녔다고 믿었다. 거룩한 변모 때 나타났던(9,2-8 참조) 그는

어둠을 찢고 나타날 것인가? 아니다. 그는 이미 왔지만 사람들이 그를 제멋대로 다루었기에(6,14-29; 9,13).

마지막 반전은 없다. 아무런 응답도, 기적도 나타나지 않는 가운데 예수께서는 큰 소리를 지르고 숨을 거두셨다(15,37). 십자가형을 받은 사람으로서는 매우 빨리, 여섯 시간만에 숨지셨다. 사인은 과다 출혈로 인한 쇼크와 질식, 급성 심부전으로 추정된다. 그분은 하느님 나라를 거부하는 세상의 권력과 유혹에 맞서 싸우시고, 불의하게 고통받는 인간의 가장 밑바닥까지 함께하시면서, 그 바닥에서 솟아오르는 하느님의 놀라운 사랑으로 인간의 삶과 운명을 뒤바꾸셨다. 그러한 그분의 죽음은 사람이 결코 기대하거나 이해할 수 없는 방식으로 당신을 드러내신 하느님의 계시다. 하느님께서는 시작(세례: 1,10-11)과 중간(변모: 9,7)에서 예수의 신원을 알려 주신 것처럼, 삶의 마지막 자리인 십자가에서 두 가지 사건을 통해 예수의 진정한 신원을 보여 주신다. 예수의 죽음이 마지막 때의 사건임을 알려 주신다.

하나는 예수께서 마지막 숨을 내쉬셨을 때(*ekpneō*) 바로 "그때에" 성전(*naos*) 휘장이 위에서 아래까지 두 갈래로 찢어진 일이다(15,38). 마치 돌아가시면서 세상에 내보낸 그분의 영(*pneuma*)이 성소와 지성소(가장 거룩한 하느님의 공간, 탈출 26,31-37; 2역대 3,14; 히브 9,3) 사이를 가리는(때로는 성소 입구를 가린다. 탈출 26,36; 민수 3,26 참조) 천을 찢어 놓은 듯하다(이 사건 역시 실제 사실이라기보다 상징적 의미를 가진다. 로마가 성전 휘장을 전리품으로 가져갔다고 한다). 휘장이 찢어짐으로써 특히 지성소에 현존하신다고 믿었던 하느님께 나아가는 길이 모든 이에게 활짝 열렸으며, 하느님의 은총과 현존이 온 세상에 가득 차게 된다. 예수의 죽음이 '헌 옷(성전 체제)을 심하게' 찢어 놓은 것이다(2,21 참조). "사람 손으로 지은" 성전은 막을 내리고, 사람 손으로 짓지 않은 "새" 성전인 그분의 몸이 우뚝 선다("그분께서는 그 휘장을 관통하는 새롭고도 살아 있는 길을 우리에게 열어 주셨습니다. 곧 당신의 몸을 통하여 그리해 주셨습니다." 히브 10,20). 하느님의 거룩한 현존이 그분을 통해 드러났기 때문이다. 그럼으로써 하느님께서는 그리스도 안에서 세상을 당신과 화해하게 하셨다(2코린 5,19 참조).

또 하나의 사건은 백인대장(80명의 부하를 거느리는 로마군 장교)의 고백이다. 그는 예수의 십자가형을 집행하는 적대자이지만 가장 가까운 위치에서(마주 서서) 마지막까지 지켜보았다. 그는 그분께서 숨을 거두시는 것을 보고 "참으로 이 사람은 하느님의 아드님이셨다"(15,39)고 고백한다. 형의 집행을 지휘하던 이방인이 비참하게 돌아가신 그분을 하느님의 고귀한 아들로 유일하게 알아보는 역설적 사건이다. 그의 눈을 열어 준 것은 예수의 권능과 기적이 아니라 그분의 무력한 죽음에서 흘러나온 하느님의 은총이다(로마인 백인대장은 그분이 돌아가실 때 일들을 보고 헬레니즘식의 존경과 경외의 표현인 "하느님의 아들"이란 표현을 쓴 것이지 신앙고백은 아니라는 주장도 있다. 그러나 마르코는 그 고백을 원래 의도를 넘어서는 뛰어난 증언이요 계시로 받아들이고, 이방인의 첫 신앙고백으로 소개하였다. 또 이 고백은 당시 '신의 아들'로 불리던 로마 황제의 칭호를 내부에서 정면으로 부정하는 것이기도 하다). 누구나 십자가 아래에 머무르는 이는 하느님의 은총과 성령에 힘입어 하느님의 진리를 깨닫고 증언할 수 있다.

하느님께서는 사람이 전혀 생각하지 못한 모습으로 역사에 들어오시어, 예수를 통해 불의하게 고통받는 이들의 운명과 함께 하시며 당신의 놀라운 사랑을 드러내신다. 그리고 예수를 메시아, 임금이자 하느님의 아들이며 고난받는 사람의 아들로 선언하신다. 십자가는 그분의 역설적인 옥좌다. 못 박혀 들어올려지는 것은 그분의 즉위식이다. 신하는 두 강도이고, 그분의 백성은 그분을 죽인 적들에 포함된다(로마 군대는 유피테르 신전이 있는 로마의 카피톨리누스 언덕까지 행진한 뒤 승리를 선언하였는데, 같은 방식으로 골고타 언덕에서 그분의 개선이 역설적으로 드러났다고 보는 견해도 있다).

로마 군사와 적대자들이 예수의 십자가에 가까이 있었다면, 예수를 따르는 여자들은 멀리서 지켜보고 있었다. 그들은 갈릴래아부터 그분을 따르며 시중들었고, 그분과 함께 예루살렘에 올라온 이들이다(15,41). '예수를 십자가까지 따르다'(*akoloytheō*), '시중들다'〔섬기다(*diakoneō*)〕는 제자직의 기본 바탕이다(9,35; 10,43). 예수께서 몸소 행하여 강조하셨던 제자의 모습이 여성 제자들에게서 나타난다(남성 제자들이 '섬겼다'는 말은 없다). 예수께서는 철저한 가부장제에 속해 있던 당시 여성들에게 결코 꿈 꿀 수 없었던 놀라운 비전과 가능성을 열어 주셨다. 그분을 통하여 그들은 하느님 나라가 가져온 자유와 기쁨을 맛보았던 것 같다. 그들의 진지하고 뜨거운 응답은, 남성 제자들이 해야 하나 하지 않는 일을 도맡아 하는 모습으로 나타난다(1,31ㄴ; 12,41-44; 14,3-9 참조). 그들은 '집'을 떠나 '길'로 나섰다. 그들은 끝까지 예수를 버리지 않고 예루살렘까지 따라 십자가 아래서 그분의 죽음을 증언한다(15,40-41). 그들도 십자가 사건의 의미를 온전히 이해하지 못하지만, 그분을 사랑하고 따랐기에 그분의 죽음과 부활까지 보게 된다. 그런데 그들은 왜 지금 '지켜보고' 있을까?

그중에서 이름을 밝힌 세 명의 여인이 중요한 증인이다. 곧 마리아 막달레나(막달라 출신의 마리아: 루카 8,1-3; 요한 20,11-18 참조), 작은 야고보와 요세의 어머니 마리아(신원을 알 수 없다), 살로메(1세기에 가장 흔했던 여성 이름)이다(15,40). 이 세 증인은 세 명의 남성 심복 제자(베드로 · 야고보 · 요한)을 대신하여 예수의 죽음과 부활을 잇는 연결 고리이자, 부활하신 주님과 제자들을 잇는 생명줄이 될 것이다. 그럼으로써 당시 사회에서 '꼴찌' 대우를 받던 여자들이 '첫째'가 되는, 하느님 나라의 새로운 질서와 신비를 엿보게 한다.

예수 그리스도의 십자가는 역사와 상황에 따라, 때로는 승리와 영광의 표지, 고난과 투쟁, 연대감의 표지로 다양하게 이해되었다. 오늘날 십자가는 하늘의 네온, 가슴의 장식품으로 흔하게 널려 있다. 그 십자가들은 무엇을 드러내고 있는가? 그것이 하느님 나라를 선포하다 세상의 권력에게서 받는 고난과 치욕의 표지요, 이미 현존하는 새 세계의 안내판이며, 구원의 문이자 생명을 바치는 지극한 사랑의 표지임을 보고 있는가? "예수와 그분의 하늘 왕국을 사랑하는 사람들은 많지만, 그분의 십자가를 견뎌 내는 이들은 거의 없다"(토마스 아 켐피스, 《준주성범》 11,1).

4. 예수, 무덤에 묻히시다(15,42-47)

사람이 죽으면 묻힌다. 그분도 돌아가신 뒤에 묻히셨다. 이 당연한 사실을 왜 신경에 담아 고백하고 있을까? 또 예수께서 안장되실 때 아리마태아 요셉과 여자들이 그곳에 있었다는 사실은 어떤 의미인가? 이 단락의 초점은 그분의 '몸'(시신, 15,43.45.46)에 있다.

때는 안식일 전날의 저녁때, 금요일 해 질 녘(오후 여섯 시쯤)이다(15,42). 끔찍한 사건이 막을 내릴 시점이다. 이때 새로운 인물이 등장한다. 예루살렘 북서쪽 지중해변 요빠에서 가까운 아리마태아 출신의 요셉이다. 그는 명망 있는 의회 의원이었는데, 지방의회 의원일 수도 있지만 정황으로는 최고 의회 의원으로 여겨진다. 그렇다면 예수를 죽이는 데 시발점이 되었던 최고 의회가 끝머리에 다시 나타난 셈이다. 요셉은 하느님 나라(1,15; 13,37 참조)를 열심히 기다리던 사람이었다(그런데도 하느님 나라의 선포자를 죽이는 일에 함께한다. 아이러니다. 6,11; 9,37; 10,15; 12,34 참조). 그는 매우 충실하게 율법을 지키는 의로운 유다인이다. 그래서 율법(신명 21,22-23)에 따라 안식일이 시작되기 전에 십자가에 달린 시신을 매장하여 땅이 부정해지지 않게 하려고 나섰다. 아니면 십자가에 달린 동족(유다인)에 대한 자비의 표현일 수도 있다(토빗 1,17-18; 2,3-4.7-8 참조).

그는 빌라도에게 "당당히"(용기 있게, 마르코만 기록함) 들어가 예수의 시신을 내 달라고 청한다(15,43). 빌라도는 예수가 생각보다 빨리 죽은 것을 의아하게 여겨 현장 책임자였던 백인대장에게 확인한 뒤 예수의 시신을 내주었다(15,44-45: 십자가형을 받은 사람이 숨지는 데는 보통 1-2일, 길게는 3-4일까지 걸렸다). 십자가형을 받은 죄수의 시체는 여러 날 방치되어 사람들에게 경각심을 주었고, 또 그러는 사이에 시체가 많이 훼손되어 장례를 제대로 치를 수 없게 하였다(장례를 치르지 못하면 죽은 이는 안식을 누리지 못하며 수치를 당한다고 믿었다. 그 시체를 버리거나 공동묘지에 묻었지 가족이나 친구에게 넘기지 않았다). 따라서 예수의 장례는 매우 이례적인 일로, 이는 안식일 전날인 데다 요셉이 명망 있는 의회 의원이었기 때문에 가능했다. 또 이 과정에서 나타난 로마인들의 증언과 확인을 통해 예수께서 확실히 숨지셨음을 알 수 있다.

요셉은 예수의 시신을 아마포로 싼 다음 바위를 깎아 만든 무덤에 안장하였다(15,46). 아마도 이 바위 무덤은 예수께서 돌아가신 골고타에서 멀지 않았을 것이다(고대 전승에 따르면 60m 정도 떨어졌다). 채석장이었던 골고타 주변에는 쉽게 파낼 수 있는 석회암 바위굴이 많았고, 하느님 나라가 예루살렘에서 시작한다고 믿었던 유다인들은(수세기 동안 그리스도인들이 교회의 제단 가까이에 묻히고 싶어했듯) 그곳을 개조하여 곧잘 가족 무덤으로 썼다(마태 27,60은 그곳을 요셉 소유의 새 무덤으로 소개한다). 무덤 내부에는 여러 벽감을 만들어 차례로 시신을 안치했다가 1-2년 후에 유골을 수습하여 무덤 안쪽에 있던 유골함에 두었다. 그리고 동물이나 부랑자들이 들어가지 못하도록 커다란 돌로 입구를 막았다. 예수의 무덤도 그러했다. 마르코는 무덤이 돌로 막혀 있다는 점을 강조하여(15,46; 16,3-4), 예수께서 확실히 돌아가시고 묻히셨다는 것을 거듭 증거한다.

유다인들은 안장할 때 시신을 씻고 향유를 발라 부패의 악취를 조금이라도 줄였는데, 요셉은 이 일을 하지 않았다. 안식일이 임박해서 시간이 없었기 때문일 것이다. "안식일의 주인"(2,28)께서 안식일 제도에 밀려 합당한 대우를 받지 못하고 급히 묻히는 모욕을 당하셨으니, 아이러니는 계속된다. 십자가 죽음과 안장 과정을 지켜보고 있던 여성 제자들은 얼마나 마음이 찢어졌을까? 그래서 그들은 그분이 어디에 묻히시는지 똑똑히 보고(15,47) 사랑하는 스승께 향료를 바르기 위해 나중에 다시 올 것이다. 물론 그 향유를 이름 모를

헤로데 임금이 만든 가족 무덤의 돌 문.

여자가 이미 발라드렸지만(14,3-9).

요셉은 예수의 제자가 아니나, 제자들이 해야 할 스승의 장례를 치렀다(요한의 제자들처럼. 6,29 참조). 그는 예수를 안장하는 일로 명예가 깎이고 오해받을 수 있었지만, 향유 부은 여인처럼 자신이 할 수 있는 일(14,8 참조)을 다 했다. 동기에 관계없이 요셉의 행위만 놓고 볼 때, 예수의 죽음이 로마인 백인대장처럼, 그분의 적대 세력들 가운데서 변화를 일으켰다고 볼 수 있을까?

상황 끝. 예수께서는 죽으시고 묻히셨다. 돌 문이 모든 것을 가렸다. 죽음에 관련된 이들이 모두 모여 입을 맞춘다. 의회 의원, 로마의 관리와 군사, 그리고 갈릴래아에서 온 여자들이 예수께서 '십자가에 못 박혀 죽으시고 묻히셨다'고 한결같이 증언한다. 예수의 시신이란 말이 거듭 나오면서 이를 확증한다. 실제로 초대 교회에서는 1세기 말부터 4세기 초까지 그리스도 논쟁을 치열하게 벌였다. 일부 사람들은 예수께서 가짜로 죽었다고 하거나, 혼수 상태로 넘겨졌다가 깨어났다고 주장했다. 그러나 교회의 정통 신앙은 성경과 전승에 힘입어 예수의 죽음과 안장의 사실성을 확인하고 규정하였다. 아울러 예수께서는 온전히 인간이며 온전히 하느님이시라고 고백하였다. 이 믿음과 고백은 신경에 기록되어 지금까지 변함없이 지속되고 있다. "… 한 분이신 주 예수 그리스도, … 참 하느님에게서 나신 참 하느님으로서… 동정 마리아에게서 육신을 취하시어 사람이 되셨음을 믿나이다. … 십자가에 못 박혀 수난하고 묻히셨으며…"(니케아 신경).

예수께서는 지금 시신이 되어 무덤에 계신다. 그분은 죽어야 많은 이의 몸값으로 당신의 생명을 주실 수 있었다(10,45). 그분은 분명히 죽으셨다. 무덤에서 사탄은 승리자로 나타난다. 예수께서 해방자가 아니라 생명 없는 몸으로 "힘센 자의 집"(3,27)에 들어가시기 때문이다. 무덤은 그분의 지상 여행에서 가장 낮은 지점이다. 하느님만 바라보고 인간을 뜨겁게 사랑하며 그분이 걸으신 길은 결국 십자가와 무덤에서 끝났다. 인간의 운명 가운데 그분이 겪지 않고 떠맡지 않은 것은 없다. "그분께서는 하느님의 은총으로 모든 사람을 위하여 죽음을 겪으셔야 했습니다"(히브 2,9).

무덤은 말이 없다. 금요일 저녁부터 긴 침묵이 흐른다. 언제 이 침묵이 깨질까? 마르코 복음서에는 명시되지 않으나, 초기 그리스도인들은 예수께서 죽으셨을 때 이미 죽은("잠든" 1코린 15,18) 많은 의인과 성도들("감옥에 있는 영들" 1베드 3,19)에게 복음을 전하셨고(1베드 4,6) 부활시키셨다고 믿었다("무덤이 열리고 잠자던 많은 성도들의 몸이 되살아났다." 마태 27,52). 이 믿음의 흔적이 사도신경에도 남아 있다. "… 죽으시고 묻히셨으며 '고성소에 내리시어'…." 고성소古聖所(라틴어 limbo)의 본래 의미는 죽은 이들이 가는 저승이다. 그런데 교회에서는 그리스도의 구원을 기다리던 구약의 선조들이 대기했던 장소와, 세례를 받지 못하고 죽은 어린이들의 대기 장소를 고성소라 부른다(이 단어는 7세기 이후 사도신경에 쓰인다). 결국 예수 그리스도의 죽음이 현재와 미래뿐 아니라 과거까지 유효하게 영향을 미친다는 믿음의 한 표현인 셈이다.

제4장 예수의 부활(16,1-20)

1. 예수의 부활이 선포되다(16,1-8)

끝이 끝이 아닌 때는 언제인가? 참으로 긴 두 밤이 지났다. 돌아가신 지 사흗날, 결정적인 때다("사흘째 되는 날에 우리를 일으키시어" 호세 6,2). 주간 첫날, 그러니까 일요일 아침 해가 떠오를 무렵이다. 이제 예수의 죽음을 덮었던 어둠은 사라졌다. 빛이 비치면서 새로운 이야기가 시작된다.

예수의 무덤가에 두 마리아와 살로메가 나타난다. 예수의 죽음과 안장을 지켜봤던 바로 여자들이다(15,40.47). 마음 같아서는 안식일이 끝난 지난 밤에 찾아오고 싶었지만, 향료를 산 뒤(16,1) 하룻밤을 초조하게 보내자마자 향료를 들고 한달음에 온 것이다(16,2-3). 예수의 몸에 향유를 발라 드리는 것, 이미 아마포에 싸였지만 어떻게든 그분에게 마지막으로 사랑과 존경을 표현하고 싶은 것이다. 그들은 무덤으로 가면서, "누가 그 돌을 무덤 입구에서 굴려 내 줄까요?"(15,3) 하고 걱정한다. 매우 큰 돌 문이 걱정되었다면 왜 남성 제자들을 데려가지 않았을까? 막연하게 도움을 기대하고 갔는데, 이게 웬일인가? 그들이 "눈을 들어 바라보니"〔*anablephō*(올려다보다)+*thōreō*(보다)를 연결하여 눈을 크게 뜨고 뚫어지게 바라본다는 뜻〕 그 큰 돌이 "이미 굴려져 있었다"(16,4: 정확히 누가 했는지 모르지만 하느님께서 하신 일로 암시하는 신적 수동태 완료형).

아니 벌써 누가 다녀갔나? 무슨 사고가 났나? 기뻐하기보다 당황하고 걱정하는 여인들이 무덤에 들어가 보니, 컴컴한 내부에 하얗고 긴 겉옷을 입은

웬 '젊은이'가 예수의 시신이 놓였던 자리의 오른쪽에 앉아 있는 게 아닌가?(16,5) 심복 제자들이 원했던 자리(10,37), 메시아의 자리(12,36), 사람의 아들의 자리(14,62)인 "오른쪽"은 함께한다는 연대와 권능의 상징이다. 젊은이가 입은 하얀 옷은 예수의 변모 때 옷을 연상시키며(9,3), 부활의 영광과 기쁨을 표현한다(순교자의 옷으로 표현된 묵시 7,9.13 참조: 이 옷은 첫머리의 1,6에 나오는 요한의 옷과 뚜렷이 대조된다). 그는 분명히 예수가 아니었다. 교회는 이 젊은이를 하느님의 심부름꾼인 천사로 여겨 왔다(마태 28,2에는 "주님의 천사"로, 루카 24,4에는 "남자 둘"로 나온다). 그가 전하는 메시지가 이 대목의 핵심이며 복음 전체의 열쇠이기 때문이다. 여자들은 그를 대하고 "깜짝 놀랐다"(16,5: 같은 단어가 9,15과 14,33에 나온다). 두려움과 놀라움의 표현이다.

그러자 젊은이는 여자들에게 말한다. "놀라지 마라. 너희가 십자가에 못 박히신 나자렛 사람 예수님을 찾고 있지만, 그분께서는 되살아나셨다. 그래서 여기에 계시지 않는다"(16,6). 이제 나자렛 사람 예수는 전과 달리 "십자가에 못 박히신" 분으로 불린다(역사의 한 사람으로 '출신지'와 '죽은 방식'이 함께 연결되어 기억된다). 이제껏 군중(1,37), 예수의 친척들(3,32), 수석 사제(11,18; 12,12; 14,1) 등이 예수의 활동을 금지시키거나 죽이려고 그분을 찾았고, 여자들은 마지막 경의를 표하려고 그분을 찾았다. 하지만 그분은 그들이 찾는 곳에 계시지 않는다.

그분은 "되살아나셨다"(*egeirō*, 2,12; 6,14.16 참조). 인간의 경험과 기대를 넘어 글자 그대로 하느님께서 그분을 일으키셨다. 하느님께서는 예수를 일으키셨듯이, 예수와 일치해 있는 당신의 자녀들도 일으키실 것이다. 하느님께서 주시는 영원한 생명과 구원이 모습을 드러낸다. 이제 예수께서는 "여기" 무덤 속에 계시지 않는다. 그분은 죽음의 세계가 아니라 생명의 세계에 계신다. 여자들은 잘못 찾아왔다. 젊은이의 말 속에는 예수의 약속을 기억하고 믿고 그분을 맞이하러 갈릴래아로 갔어야 하는데 왜 무덤으로 왔느냐는 질책이 담겨 있다. 죽여서 묻고 난 뒤 다 끝났다며 손 털고 안심하던 자들이 크게 놀라게 되었다. "보아라, 여기가 그분을 모셨던 곳이다"(16,6). 텅 빈 무덤, 예수를 영영 가두거나 묶어 놓으려 했던 모든 노력이 헛수고로 돌아간 증거. 상황은 뒤집혔다. 이제 어딜 가야 예수를 만날 수 있겠는가?.

젊은이는 말한다. "가서 제자들과 베드로에게 이렇게 일러라. '예수님께서는 전에 여러분에게 말씀하신 대로 여러분보다 먼저 갈릴래아로 가실 터이니(직역: 현재형으로 '가고 계시니'), 여러분은 그분을 거기에서 뵙게 될 것입니다'"(16,7). 전에 말씀하셨다고? 마지막 만찬을 마치고 겟세마니로 갈 때 제자들의 배반을 예언하며 말씀하셨던 약속(14,28에는 미래형)이다. 마르코 복음에서 사건은 항상 '그분이 말씀하신 대로' 일어났다. 그러니 재회의 약속도 신뢰할 수 있다("뵙게 될 것"이라고 미래형으로 기술됨). 제자들이 달아나고 베드로가 부인해도 하느님의 구원 계획은 끝나지 않았다. 젊은이의 메시지는 베드로를 비롯하여 좌절한 제자들을 다시 불러, 그들의 잘못을 용서하고 새 출발을 약속한다. 감히 청할 수 없었던 그들에게 하느님께서 선물을 주신다. 그분의 부활도 큰 기쁨이지만, 그분이 먼저 앞서 가고 계시는 것도 큰 기쁨이다. 우리 역시 그분의 인도를 따라 앞으로 나아갈 수 있기 때문이다.

왜 갈릴래아로 돌아가야 하는가? 갈릴래아는 베드로를 포함한 제자들과 여자들의 출신지이며, 일상생활의 장소이다(마태 28,16-20; 요한 21,1-14 참조). 숱한 병자들이 치유를 호소하고, 더러운 영들이 회당에도 있으며, 굶주림과 억압으로 신음하는 곳이다. 또 제자들이 처음으로 부름을 받아, 사도로 파견되고, 하느님 나라에 관해 배운 곳이다. 또 초기 그리스도인들이 혹독한 배척과 박해를 받으면서 모든 민족들에게 복음을 선포하고 있는(13,9-13.22) 상황이기도 하다. 갈릴래아로 가라는 말씀은 절망과 좌절에 웅크려 있던 그들의 잘못을 용서받고 그 자리에서 제자의 삶을 다시 시작하라는 또 하나의 소명이다. 이는 그들이 최선을 다해 살아서도 아니고, 남들보다 더 선해서도 아니다. 오직 그들이 소명에 응답하여 그분과 관계를 맺은 그분의 사람이기 때문이다. 따라서 이 초대의 말씀은 눈멀고 믿음 없는 그들에게 거저 베푸시는 은총이다.

예수 생전에 제자들은 그분의 신원에 대해 침묵하라고 명령받았다(7,31-37; 8,22-26). 잘못 알고 있었기 때문이었다. 그러나 지금 여자들은 예수의 말씀을 상기시키며 그분의 부활을 알리라고 명령받았다. 이제는 그분을 알리고 선포할 때다. 허나 여자들은 "무덤에서 나와 달아났다. 덜덜 떨면서 겁에 질렸던 것이다. 그들은 두려워서 아무에게도 말을 하지 않았다"(16,8). 결국 그들은 젊은이가 시키는 대로, "가서 제자들과 베드로에게"(16,7) 주님의 약속 메시지를 전하지 않았다. 누구보다도 충직한 제자였던 그들이 기쁜 소식을 전하지 않고 달아나 침묵하다니! 그들마저 남성 제자들처럼(14,50) 걸려 넘어지고 마는가? 그렇다면 모든 제자들이 실패한 것이다. 끝까지 신뢰할 수 있는 분은 유일하게 예수뿐이다. 하느님께서는 우리의 실패를 넘어 일하신다.

믿을 만한 고대 사본들(바티칸 사본, 시나이 사본 등)과 학자들에 따르면, 마르코 복음은 16,8로 끝난다. 그런데 8절은 여러 단어로 이루어진 절에서 보통 두 번째로 오는 전치사 '가르'(*gar*, 왜냐하면)란 그리스어로 어정쩡하게 끝난다. 그래서 초대 교회는 여러 갈래로 이를 보완하려고 애썼다. 오늘날 학자들도 16,9-20이 마르코 복음에 덧붙은 부분이라는 사실에 모두 동의한다. 하지만 이렇게 끝난 이유에 대해서는 논란이 많다. 복음사가가 집필을 마무리하지 못한 이유가 있었는지, 8절 이후에 있던 원래의 끝부분을 잃어 버렸는지, 아니면 복음이 실제로 16,8에서 무뚝뚝하게 끝났는지 의견이 갈린다. 하지만 최근에는 대다수 문학적 근거에서 16,1-8을 원래 마르코 복음의 끝으로 보고 있다.

그렇다면 마르코 복음서에서 부활의 예언은 성취되나, 부활하신 예수의 발현은 결코 일어나지 않는다(다른 세 복음서, 외경들과 달리). '행복한 결말'이 아니다. 극적 반전도 없다. 젊은이의 말과 빈 무덤만으로 예수 부활을 확증할 수 있는가? 이를 어떻게 받아들여야 할까? 끝까지 따라온 청중(독자)은 당황하고 혼란을 느낀다. 다시 8절로 되돌아가 보자. 여자들이 겁에 질려 달아난 것은 당연하다. 누구든지 생각할 수 없었던 신적 존재와 만나면 극도의 전율과 두려움에 싸이게 된다. 지금 여자들은 예수의 부활 소식을 들었으나, 부활하신 예수의 현존을 체험하지 못했다. 부활하신 예수는 이제 그들이 익히 알던 나자렛 사람 예수가 아니다. 그들이 어떻게 '죽은 자의 부활'이란 신비를 단박에 깨달을 수 있겠는가!(9,10.32 참조) 당대에 부활에 대한 믿음이 널리 퍼져 있었지만, 그것은 마지막 때에 죽은 모든 이가 부활하리라는 일반적 기대였다. 그런데 예수께서는 종말이 오기 전에(물론 이로써 종말이 시작되었지만) 홀로 부활하셨다. 이미 여러 차례 제자들에게 알려 주셨지만, 그 일을 겪은 지 이천 년이 지난 지금도 그렇듯이, 부활의 메시지는 언제나 인간의 기대를 뛰어넘어 신비롭고 당황스럽다. 게다가 빈 무덤 역시 해답이 되기보다 경악과 혼란을 더해 주었을 것이다. 그렇다면 어쩌란 말인가? 이렇게 허무하게 끝나다니!

마르코 복음서는 시작과 끝에서 모두 하느님께서 하신 놀라운 일을 알린다. 하느님 나라의 선포와 부활의 선포라는 기쁜 소식이 앞뒤에서 호응한다(1,14-15; 16,7). 죽음의 터 광야에서 새 세계가 움텄고, 죽음의 자리 무덤에서 새 세계가 찬란하게 드러났다. 주님의 길을 마련하라고 외쳤는데, 십자가의 길이 마련되었다. '뒤에 오시는 분'은 이제 '못 박히신 분'으로 선포된다. 입구가 열린 예수의 바위 무덤처럼, 마르코 복음서의 결말도 청중(독자)에게 활짝 열려 있다. 복음서의 최종 마무리는 그들에게 맡겨져 있다. "하느님의 아드님 예수 그리스도의 복음"(1,1). 이 복음을 믿고 받아들여 살아가는 것은 각자의 몫이다. 복음서의 끝머리에 선 우리도 여자들처럼 부활의 신비 앞에 경외와 두려움으로 떨고 있지 않는가? '달아날 것인가 아니면 믿고 찾아갈 것인가?' '먼저 가시는' 그분이 각자의 갈릴래아에 있는 우리를 부르신다. 들을 귀 있는 사람은 누구나 듣고 응답할 수 있다. 그분은 이미 앞에서 우리가 알아야 할 것을 다 말씀하셨다. 우리가 언제 어느 곳에서 그분을 뵐지 모른다. 다만 우리에게 열린 길은 하나다. 갈릴래아에서 예루살렘에 이르는 십자가의 길에서,

그분과 동행하며 나아가는 여정에서 눈이 열려 그분과 하느님 나라를 보리라 믿을 뿐이다.

2. 부활하신 예수, 나타나시다(16,9-20)

이 단락은 확실히 마르코의 원래 본문이 아니다. 이는 두 본문의 어휘와 표현 양식, 문체와 신학이 다르기 때문이다. '믿음과 선교'를 강조하는 내용으로 보아 2세기쯤에 다른 세 복음서와 사도행전을 참고해서 첨가한 것으로 여긴다. 이렇게 덧붙인 이유는 다른 복음서와 달리 여자들의 침묵과 도주로 끝난 것을 걸림돌로 여겼기 때문이리라. 아무튼 이 단락 역시 정경의 일부로 받아들여졌으므로 주의 깊게 새겨들어야 한다.

예수께서는 제자들에게 세 차례 발현하셨다. 제일 먼저 마리아 막달레나(16,9-11; 루카 24,10-11; 요한 20,11-18 참조)에게, 시골로 가는 길에서 두 제자(16,12-13; 루카 24,13-35 참조)에게, 마지막으로 열한 제자들의 식탁 모임(16,14-18; 마태 28,16-20; 루카 24,36-49; 요한 20,26-29 참조)에 나타나셨다. 그런데 묘하게도 '예수'란 이름은 19절에서만 언급되고 나머지는 모두 '그분'이란 대명사로(《성경》은 모두 "예수님"으로 옮김) 언급된다. 또 앞에서 빈 무덤의 젊은이는 예수께서 '되살아나셨다'(*egeirō*, 문자 그대로 '일으켜지셨다')고 말하는 데 반해, 여기서는 예수께서 '부활하셨다'(*anastas*, 16,9)고 적는다. 그럼으로써 하느님께서 부활시키셨다는 의미가 약화된 반면 예수의 신성이 한층 강조된다. 시간이 흘렀다는 반증이다. 주간 첫날 새벽에 예수를 '본' 세 여자 가운데 마리아 막달레나만 언급된다(16,9). 베드로에게 나타나신 것도 전혀 언급되지 않고, 세 번의 발현도 갈릴래아에서 일어나지 않는다.

발현 기사에서 강조되는 바는 예수께서 부활하여 나타나셨다고 전하는

"말을 듣고도 믿지 않는" 제자들의 불신앙이다(16,11.13.14). 제자들("예수님과 함께 지냈던 이들" 16,10)과 열한 제자(16,14ㄱ)는 예수 생전에도 그랬듯이(4,40; 9,19 참조), 부활 후에도 "불신과 완고한 마음" 때문에 꾸중을 듣는다(마태 28,17ㄴ 참조). 부활이 주는 새로운 현실을 믿고 받아들이기가 그토록 어렵기에, 힘들게 선교하다가도 걸려넘어지곤 하는 그리스도인들에게 마르코는 계속 믿고 기도하라고 강조한다. "저는 믿습니다. 믿음이 없는 저를 도와주십시오"(9,24).

그럼에도 "불신과 완고한 마음"(16,14)을 지닌 제자들에게 예수께서는 당신이 시작하신 복음 선포의 사명을 맡기신다. "너희는 온 세상에 가서 모든 피조물에게 복음을 선포하여라"(16,15: 루카 24,36-49; 마태 28,16-20 요약). 갈릴래아에서 하느님의 복음을 선포하셨던(1,14-15) 예수의 뒤를 이어, 제자들은 온 세상의 모든 피조물에게 기쁜 소식을 선포해야 한다. 굳은 믿음을 지닌 사람만이 복음을 선포할 수 있는 게 아니다. 자기의 부족한 믿음을 고백하면서도 예수의 말씀에 순종하여 복음을 선포하면, 성령의 은총을 받아 믿음이 성장한다. 하느님께서 함께하시기 때문이다(13,10 참조).

복음 선포에 대한 응답은 믿느냐, 안 믿느냐이다. 비그리스도인들은 믿음과 믿음의 공적 고백인 세례를 받으라고 초대된다. 믿고 세례를 받는 사람들은 멸망으로부터 구원을 받겠지만, 듣고도 믿지 않는 사람들은 단죄를 받을 것이다(16,16). 이러한 모습은(예수의 포용하는 태도와 다르다. 9,40 참조) 다신교 및 이단 신앙과 치열하게 싸웠던 2세기 이후 교회의 배경에서 이해할 수 있다. 최근에 개종한 그리스도인이든 열심히 선교하는 그리스도인이든, '믿는 이들'은 특별한 표징을 약속받는다(16,17-18). '예수의 이름으로' 이루어지는 구마와 새로운 언어를 말하는 은사, 뱀과 독으로부터 보호받는 이적과 치유 같은 표징은 복음의 진리를 증거하는 하나의 도구일 뿐 목적이 아니다. 예수께서는 표징을 청하는 바리사이들의 요구를 일축하신 적이 있다(8,11 참조). 오늘날 복음이 살아 있고 참되다는 것을 드러내는 표징은 무엇일까? 사람들의 눈길을 끄는 이적인가? 아니면 예수께서 보여 주신 유일한 '표징'인 십자가인가?

오늘날 교회는 이천 년 전보다 믿음이 성장했는가? 하느님께서 계시지 않는 듯 사는 일상생활, 약하고 보잘것없는 이보다 힘있는 이를 우선하는 사회체제, 주님께 충실하기보다 자기 주변에 고착된 교회, 갖가지 형태의 권력을 추종하는 그리스도인 등 우리 주변에도 여전히 '불신과 완고한 마음'이 드러난다. 그러므로 부활하여 우리 가운데 살아 계시는 예수를 만나기 위해 오늘날에도 '갈릴래아'로 가야 한다.

마지막으로 "주"(*kyrios*) 예수께서는 승천하여 하느님의 오른편에 앉으셨다(16,19). 그분은 이제 지상에서 몸으로 현존하지 않고, 하느님의 영역에서 영으로 충만하게 계신다. 그분만이 '주님'이시기에 지상의 어느 권력자도 주님으로 설 수 없다. 제자들은 떠나가서 곳곳에 복음을 선포했는데(16,20ㄱ), 부활하신 주님께서 "그들과 함께 일하시면서" 표징들을 뒤따르게 하여 말씀을 확증해 주셨다(16,20ㄴ).

이 '긴 끝맺음'과 달리 2세기에는 16장 8절에 붙여진 '짧은 끝맺음'으로 된 사본들도 있다(고대 라틴어 사본, 보비엔시스 사본 등). "그 여자들은 자기들에게 분부하신 모든 것을 베드로와 그 동료들에게 간추려서 이야기해 주었다. 그 뒤에 예수님께서도 친히 그들을 통하여 동쪽에서 서쪽에 이르기까지, 영원한 구원을 선포하는 거룩한 불멸의 말씀이 두루 퍼져 나가게 하셨다. 아멘."

"요셉의 뜰에는 찢겨진 포도나무가 버려져
잎도 없고 생명도 없이 말라 버렸는데
부활 아침 그 나무엔 싹이 돋았고
사십 일이 되자 땅에서 하늘까지 미치었고
곧 온 세상이 그로 뒤덮였다.
지친 그대들이여, 그 그늘로 들라."
(제라드 멘리 홉킨스, '타작마당과 포도주 술틀'에서)

개정판 참고 문헌

1. 국내 문헌

강일상, 《마가복음의 기적 이야기》, 대한기독교서회, 2007.

구제홍 외, 《예수의 비유》, 대한기독교서회, 2009.

요아힘 그닐카, 정한교 옮김, 《나자렛 예수 – 말씀과 역사》, 분도출판사, 2002.

안셀름 그륀, 김선태 옮김, 《예수, 자유의 길 – 마르코 복음 묵상》, 분도출판사, 2004.

로버트 귤리히, 김철 옮김, 《마가복음(상)》, 솔로몬, 2001.

조지 W. E. 니켈스버그, 박요한 영식 옮김, 《고대 유다이즘과 그리스도교의 기원》, 가톨릭 출판사, 2008.

로즈, 데이빗 외, 양재훈 옮김, 《이야기 마가》, 이레서원, 2003.

존 도나휴, 박노식 옮김, 《어떻게 비유를 해석할 것인가?》, 강남대학교출판부, 2007.

브루스 J. 말리나, 심상법 옮김, 《신약의 세계 – 문화인류학적 고찰》, 솔로몬, 2000.

메츠거, B. M., 장동수 옮김, 《신약 그리스어 본문 주석》, 대한성서공회, 2005.

민경식, 《신약성서, 우리에게 오기까지》, 대한기독교서회, 2008.

박창환 역, 《신약성경》, 코리아엠마오, 2007.

박태식, 《예수의 논쟁사화》, 늘봄, 2009.

리차드 A. 버릿지, 김경진 옮김, 《네 편의 복음서, 한 분의 예수》, 기독교연합신문사, 2000.

클라우스 베르거, 박두환 옮김, 《신약신학의 역사 1》, 민들레책방, 2003.

마르쿠스 보그·존 도미닉 크로산, 오희천 옮김, 《예수의 마지막 일주일》, 중심, 2007.

레이먼드 E. 브라운, 김근수 외 옮김, 《신약 개론》, 새 번역판, CLC, 2008.

E. P. 샌더스/ M. 데이비스, 이광훈 옮김, 《공관복음서 연구》, 대한기독교서회, 1999.

서인석, 《네 믿음이 너를 구원하였다 – 마르코의 기적과 구마 이야기》, 성서와함께, 2007.

소순태 엮음, 《가톨릭 교회와 말씀 전례에 따른 성경 공부 해설서, 마르코 복음서·요한 복음서》, 가톨릭출판사, 나해 1(2008), 나해 2(2009).

칼 헤르만 쉘클레, 조규만·조규홍 옮김, 《신약성경신학 제1권》, 가톨릭출판사, 2007.

루돌프 슈낙켄부르크, 김병학 옮김, 《복음서의 예수 그리스도》, 분도출판사, 2009.

암브로시오 스뻬레아피꼬, 박요한 영식 옮김, 《마르코 복음서 : 첫 번째 복음서의 영성》, 가톨릭출판사, 2002.
신현우, 《마가복음의 원문을 찾아서》, 웨스트민스터출판부, 2006.
크레이그 A. 에반스, 김철 옮김, 《마가복음(하)》, 솔로몬, 2002.
엘레나 보세띠, 박찬용 옮김, 《위험을 무릅쓰고 믿어라 : 마르코 복음서 묵상》, 인천가톨릭대학교출판부, 2009.
영원한 도움 성서연구소 편저, 《복음서 - 성서사십주간 전정판》, 성서와함께, 2008.
존 F. 오그래디, 박태식 옮김, 《네 복음서와 예수 전승》, 바오로딸, 2003.
캐롤라인 오시에크, 김경진 옮김, 《신약의 사회적 상황》, 기독교문서선교회, 1999.
데이빗 웬함 외, 박대영 옮김, 《복음서와 사도행전》, 성서유니온선교회, 2007.
이현주, 《예수에게 도를 묻다 - 이현주 목사의 마르코 복음서 읽기》, 삼인, 2005.
조태연, 《예수 이야기 마가 ① ②》, 대한기독교서회, 2002.
게르트 타이젠, 류호성 외 옮김, 《복음서의 정치경제학》, 대한기독교서회, 2002.
샤를르 페로, 백운철 옮김, 《초대 교회의 예수, 그리스도, 주님》, 가톨릭대학교출판부, 2001.
리처드 A. 호슬리, 박경미 옮김, 《갈릴리 : 예수와 랍비들의 사회적 맥락》, 이화여자대학교 출판부, 2006.
황봉철, 《내 사랑, 마르코 : 마르코 복음서 해설》, 불휘, 2005.

2. 외국 문헌

Achtemeier, Paul J, & Green, Joel B. & Thompson, Marianne Meye, *Introducing the New Testament - Its Literature and Theology*, William B. Eerdmans Publishing Company, 2001.
Beck, Robert R. *Nonviolent Story: Narrative Conflict Resolution in the Gospel of Mark*, Orbis Books, 1996.
Bryan, Christopher. *Preface to Mark : notes on the Gospel in it's literary and cultural sttings*, Oxford University Press, 1998.
Charlesworth, James H., ed. *Jesus and Archaeology*, William B. Eerdmans Publishing Company, 2006.
Donahue, John R., S.J. and Harrington, Daniel J., S.J. *The Gospel of Mark*, The Liturgical Press, 2002. 〈해링톤〉
Hanson K.C. and Oakman, Douglas E. *Palestine in the time of Jesus*, Fortress Press, 1998.
Healy, Mary, *The Gospel of Mark*, Catholic Commentary on Sacred Scripture, Baker Academic, 2008.
Humphrey, Hugh M. *from Q to "Secret" Mark*, T & T Clark, 2006.
Lamsa, George M. *Gospel Light*, Harper & Row, 1992.
Malbon, Elizabeth S. *Mark's Jesus*, Baylor University Press, 2009.
Meier, John P. *A Marginal Jew*, Doubleday, vol. Ⅰ(1991), Ⅱ(1994), Ⅲ(2001), Ⅳ(2009).
Michael Cahill, Trans. & ed., *The First Commentary on Mark- An Annotated Translation*, Oxford University Press, 1998.

Moloney, Francis J. *The Gospel of Mark: A Commentary*, Hendrickson Publishers, 2002.

Oden, Thomas C. and Hall, Christopher, *Mark*, Ancient Christian Commentary on Scripture, NT Ⅱ, InterVarsity Press, 1998.

Pregeant, Russell, *Encounter with the New Testament - An Interdisciplinary Approach*, Fortress Press, 2009.

Shiner, Whitney. *Proclaiming the Gospel - First Century Performance of Mark*, Trinity Press International, 2003.

Snosdrass, Klyne R. *Stories with Intent - A Comprehensive Guide to the Parables of Jesus*, William B. Eerdmans Publishing Company, 2008.

Wilhelm, Dawn Ottoni, *Preaching the Gospel of Mark*, Westminster John Knox Press, 2008. 〈빌헬름〉

3. 기타 문헌(인용 서적)

《가톨릭 교회 교리서》(개정판), 주교회의 교리교육위원회 옮김, 한국천주교중앙협의회, 2008.

안젤름 그륀, 한연희 옮김, 《자기 자신 잘 대하기》(개정판), 성서와함께, 2009.

김혜윤, 《봉인된 시선을 넘어 – 묵시문학에 대한 새로운 이해》(수정판), 성서와함께, 2009.

_____, 《두려움이 삶을 삼켜버려도 – 다니엘서 해설》(수정판), 성서와함께, 2009.

노평구 엮음, 《김교신 전집 1 인생론》, 부키, 2001.

토마스 머튼, 오지영 옮김, 《새 명상의 씨》, 가톨릭출판사, 1996.

에버하르트 베트게 엮음, 고범서 옮김, 《디트리히 본 회퍼의 옥중 서간》(개정신판), 대한기독교서회, 1995.

앨버트 벨, 오광만 옮김, 《신약 시대의 사회와 문화》, 생명의 말씀사, 2001.

부활의 라우렌시오 수사, 서울 가르멜 여자 수도원 편역, 《하느님 현존의 수련》, 서울 가르멜 여자 수도원 발간.

아우구스띠누스, 성염 역주, 《그리스도교 교양》, 교부 문헌 총서 2, 분도출판사, 1989.

요아킴 예레미아스, 정충하 옮김, 《신약신학》, 새순출판사, 1990.

M. 엘리아데, 정진홍 옮김, 《우주와 역사》, 현대사상사, 1976,

조철수 역주, 《선조들의 어록 – 초기 유대교 현자들의 금언집》, 초기 유대교 문헌 총서 1, 성서와함께, 1998.

조철수, 《유대교와 예수》, 길, 2002.

최진석, 《노자의 목소리로 듣는 도덕경》, 소나무, 2001.

J. C. 판데어캄, 박요한 영식 옮김, 《초기 유다이즘 입문》, 성서와함께 총서 연구 2, 성서와함께, 2004.

하영호, 《마가의 탄식》, 씨뿌리는 사람들, 2009.

Schroer, Silvia, & Staubli, Thomas. *Body Symbolism in the Bible*, trans. Linda M. Maloney, The Liturgical Press, 2001.

초판 참고 문헌

1. 국내 문헌

강요섭, 《복음의 시작 – 길의 건설 : 마르코 복음서에 대한 문학적·사회학적 해석》, 한국신학연구소, 1991.

고병려, 《마가복음의 이해》, 종로서적, 1981.

J. 그닐카, 한국신학연구소 번역실 옮김, 국제성서주석 《마르코복음 Ⅰ·Ⅱ》, 한국신학연구소, 1986.

김득중, 《마가복음의 부활신학》, 컨콜디아사, 1981.

김득중 편저, 《마가복음 연구》, 나단, 1989.

김지철, 《내가 너를 기뻐하노라 – 마가복음의 신학적 명상》, 두란노, 1995.

김지철, 《마가의 예수》, 한국성서학연구소, 1995.

김춘호, 《마르코 복음서 강화》, 분도출판사, 1984.

다카와 켄미(田川健三), 김명식 옮김, 《마가복음과 민중해방》, 사계절, 1983.

도널드 스니어, 임정남 옮김, 《예수는 누구인가》 – 마르코 복음서의 해설, 풀빛, 1984.

도널드 시니어, 박태원 옮김, 《예수의 고난》, 분도출판사, 1990.

라이너 딜만, 안명옥 옮김, 《그리스도인의 행위와 예수 추종 – 마르코 복음서를 중심으로》, 생활성서사, 1994.

루돌프 불트만, 허혁 옮김, 《공관 복음서 전승사》, 대한기독교서회, 1971.

루돌프 슈네켄부르크, 황종렬 옮김, 《신약성서 영적독서를 위한 마르코 복음》, 성요셉출판사, 1991.

룻겔쉔케, 김홍언 옮김, 《고난에서 영광에로》, 천주교 광주대교구 성서부, 1989.

박수암, 《마가복음》, 대한기독교서회, 1996.

박수암, 《마가복음 13장과 마가복음》, 장로회신학대학출판부, 1993.

베르너 H. 켈버, 서중석 옮김, 《마가의 예수 이야기》, 한국신학연구소, 1987.

이영헌, 《마르코가 전하는 하느님의 아들 예수 그리스도》, 생활성서사, 1992.

정양모, 《마르코 복음 이야기》, 성서와함께, 1996.

정양모 외 엮음, 《네 복음서 대조》, 분도출판사, 1993.

H. C. 키, 서중석 옮김, 《새 시대의 공동체 – 마가복음 연구》, 대한기독교출판사, 1983.

R. 파브리스, 오영민 옮김, 《마르코의 예수》, 성바오로출판사, 1990.

호세 까르데나스 빠야레스, 이종렬 옮김, 《民衆의 예수 – 마르코 복음에 의한 고찰》, 성요셉출판사, 1987.

2. 외국 문헌

Bargil Pixner, *with Jesus through Galilee according to the fifth Gospel*, corazin publishing, 1992.

C. Clifton Black, *The Disciples according to Mark*, JSNT 27, JSOT Press, 1989.

Ched Myers, *Binding the Strong Man : A Political Reading of Mark's Story of Jesus*, Orbis Books, 1988.

D. E. Nineham, *Saint Mark*, Penguin Books, 1963.

John J. Kilgallen, S. J., *A brief Commentary on the Gospel of MARK*, Paulist Press, 1989.

John R. Donahue, S. J., *The Gospel in Parable*, Fortress Press, 1988.

Lamar Williamson JR., *Mark*, John Knox Press, 1983.

Robert A. Guelich, *Word Biblical Commentary 34 A·B : Mark*, Word Books, 1989.

Sean P. Kealy, *Mark's Gospel: A History Of Its Interpretation*, Paulist Press, 1982.

Stephen Mitchell, *The Gospel According to Jesus*, Harper Perennial, 1993.

Wilfrid Harrington, O. P., *MARK*, Veritas Publications, Dublin, 1979.

Willi Marxen, *MARK the Evangelist*, Abingdon Press, 1969.

3. 기타 문헌

안병무, 《갈릴래아의 예수》, 한길사, 1993.

이진희, 《유다적 배경에서 본 복음서》, 컨콜디아사, 1997.

정태현, 《놀라운 발견》, 바오로딸, 1996.

보 라이케, 한국신학연구소 번역실 옮김, 《신약성서 시대사》, 한국신학연구소, 1992.

빌리발트 뵈젠, 황현숙 옮김, 《예수 시대의 갈릴래아》, 한국신학연구소, 1998.

엘리스 리브킨, 신혜란 옮김, 《무엇이 예수를 십자가에 못박았는가》, 한국신학연구소, 19963.

제러드 맨리 홉킨스, 김영남 옮김, 《불멸의 금강석》, 성바오로출판사, 1992.

E. P. 샌더스, 황종구 옮김, 《예수와 유대교》, 크리스챤 다이제스트, 1994.

F. 벨로/ R. A. 홀슬리, 한국신학연구소 편역, 《예수시대의 민중운동》, 한국신학연구소, 1990.

H. 헨드릭스, 《예수에게서 복음서까지》, 분도출판사, 1985.

H. 보어스, 박익수 옮김, 《예수는 누구였는가?》, 대한기독교서회, 1996.

J. 예레미아스, 《예수의 비유》, 분도출판사, 19884.

J. 예레미아스, 한국신학연구소 번역실 옮김, 《예수시대의 예루살렘》, 1988.

R. A. 홀슬리, 이준모 옮김, 《예수운동》, 한국신학연구소, 1993.

*도판 저작권 표시

김병학 84, 202, 375; 성서와함께 122; Bibliothéque nationale, Paris 316(아래); Bayerische Staatsbibliothek, München 156, 177; British Library, London 34; Capitoline Museum, Rome 385; El Escorial, Real Biblioteca, Madrid 103, 291; Hebrew University, Jerusalem 299, 316(위); Israel Museum, Jerusalem 373; Louvre Museum, Paris 196; Foto Marburg 312; Kariye Museum, Istanbul 163; Museo nazionale romana Rome 58; National Library, Athene 34, 60, 94, 97; National Museum of Damascus, Damascus 326; The Orient Press Company 39; Ôsterreichische Nationalbibliothek 14, 28; Photo C. G. Rasmussen 320; Rheinisches Landsmuseum, Trier 281; Tret'yakov Gallery, Moscow 72, 227, 368; Vatican Biblioteca 252; Vatican Museum, Rome 244; Wüettembergische Landesbibliothek Stuttgart 365.

예수님을 따라

성서가족을 위한 마르코 복음서 해설(개정판)

서울대교구 인가: 1998년 4월 8일
초판 1쇄 펴낸날: 1998년 5월 9일
개정판 1쇄 펴낸날: 2010년 2월 10일
16쇄 펴낸날: 2025년 8월 19일

엮은이: 성서와함께 편집부
펴낸이: 나현오
펴낸곳: 성서와함께

주소: 06910 서울특별시 동작구 흑석로13길 7
전화: (02) 822-0125~7 / 팩스: (02) 822-0128
인터넷서점: www.withbible.com
전자우편: order@withbible.com
등록번호 14-44 (1987년 11월 25일)

ISBN 978-89-7635-256-9 94230
978-89-7635-908-7 (세트)